CICO
浙江交通集团

浙江省高速公路建设
创新与实践系列丛书

论文集

『浙江省高速公路建设创新与实践系列丛书』

编写委员会◎编著

人民交通出版社股份有限公司
北京

内 容 提 要

本书为"浙江省高速公路建设创新与实践系列丛书"的论文集篇,收录论文47篇,包括四个篇章:科学管理篇、设计建设篇、智慧交通篇、企业文化篇。本书涵盖了杭州绕城西复线智慧高速建设过程中所用到的新材料、新工法、新结构,施工组织等方面的创新思路及方法,基于大数据的综合路网管理、实时感知、快速响应、智能决策的新型智能交通体系相关内容。为智慧高速的发展建设提供了良好基础。

本书可供智慧高速公路建设管理人员、建设工程技术人员和运营管理人员参考,也可供其他感兴趣的人员参考。

图书在版编目(CIP)数据

浙江省高速公路建设创新与实践系列丛书. 论文集 / "浙江省高速公路建设创新与实践系列丛书"编写委员会编著. — 北京 : 人民交通出版社股份有限公司, 2021.12

ISBN 978-7-114-17452-0

Ⅰ.①浙… Ⅱ.①浙… Ⅲ.①高速公路—道路建设—浙江—文集 Ⅳ.①U412.36

中国版本图书馆CIP数据核字(2021)第128020号

浙江省高速公路建设创新与实践系列丛书

Lunwenji

书　　名:论文集
著 作 者:"浙江省高速公路建设创新与实践系列丛书"编写委员会
责任编辑:郭晓旭
责任校对:孙国靖　宋佳时
责任印制:张　凯
出版发行:人民交通出版社股份有限公司
地　　址:(100011)北京市朝阳区安定门外外馆斜街3号
网　　址:http://www.ccpcl.com.cn
销售电话:(010)59757973
总 经 销:人民交通出版社股份有限公司发行部
经　　销:各地新华书店
印　　刷:北京交通印务有限公司
开　　本:787×1092　1/16
印　　张:20
字　　数:472千
版　　次:2021年12月　第1版
印　　次:2021年12月　第1次印刷
书　　号:ISBN 978-7-114-17452-0
定　　价:68.00元
(有印刷、装订质量问题的图书由本公司负责调换)

浙江省高速公路建设创新与实践系列丛书

丛书编审委员会

本册编写委员会

主　编：郑求才

副主编：方勇刚　方树君　赵　溦　郑建立

编　委：李丕伟　梁爱学　叶　旻　陶　力

方江平　郑汉敏　魏显威　林　华

沈思立　王赵明　王昊阳　孙美华

沈丽丽　王彦琴　吴智豪

PREFACE

序

秦驰道大道通衢，京杭运河贯通南北，茶马古道驼铃声犹响，“一带一路”再续千年东西交融……，交通运输自古以来就是经济的脉络和文明的纽带，不仅具有显著的基础性、战略性、先导性和服务性功能，更是民生之本、发展之源、兴国之器、强国之基。党的十九大提出了建设交通强国的重大战略，中共中央、国务院先后印发了《交通强国建设纲要》和《国家综合立体交通网规划纲要》，为我国未来交通发展擘画了宏伟蓝图、指明了奋斗方向。我们要坚持以人民为中心的发展思想，牢牢把握交通“先行官”定位，推动交通发展由追求速度规模向更加注重质量效益转变，由各种交通方式相对独立发展向更加注重一体化融合发展转变，由依靠传统要素驱动向更加注重创新驱动转变，着力打造一流设施、一流技术、一流管理、一流服务，加快建设人民满意、保障有力、世界前列的交通强国。

习近平总书记指出，质量体现着人类的劳动创造和智慧结晶，体现着人们对美好生活的向往。浙江地处我国东南沿海，号称“七山一水二分田”，境内山岭纵横，水系密布，且随着交通建设主战场从平原地区向山区、沿海和岛屿转移，高速公路项目面临重特大工程多、桥隧比例高、软基处理难、施工环境复杂等一系列挑战。“十三五”期间，作为浙江省高速公路建设管理的主力军，浙江交投高速公路建设管理有限公司积极开展“品质工程”创建活动，精于专、作于细、成于勤，经过多年的实践探索，使“品质工程是科学管理下干出来的”理念逐渐成为全员共识，并以该理念为行为准绳，创造性地构建了“1 + N”建设管理模式，开展“2 + 2 + 2”制度建设，打造“三化”管理，发挥技术创新和管理创新先导作用，落实工程质量全过程精细管控，追求工程本质安全，实现了高速公路建设项目质量、安全、造价、信息化等管理水平的全面提升，在行业内树立了一个有鲜明特色的学习标杆。

“十四五”是我国开启全面建设社会主义现代化国家新征程的第一个五年期，也是推动交通运输高质量发展的“重要转型期”和“关键突破期”，任务艰巨、使命光荣。在“十四五”开局之年，浙江交投高速公路建设管理有限公司组织有关力量，精心谋划，编著完成了这套“浙江省高速公路建设创新与实践系列丛书”，以系统工程的思维，全面总结了“十三五”期间浙江高速公路品质工程建设经验。丛书分为前期篇、建设篇、综合篇、智慧篇、绿色篇、党建篇、论文集和画册共8册，汇集了浙江交投高速公路建设管理有限公司打造品质工程的有益探索和感受体会，内容丰富，案例翔实，既有关键技术的创新突破，也有实践经验的凝练提升，具有很强的针对性和学习借鉴价值，为我们全力打造精品工程、样板工程、平安工程、廉洁工程塑造了浙江样板，贡献了浙江智慧。

在新的历史时期，持续“打造百年平安品质工程”，加快实现交通建设的高质量发展，需要我们坚持创新驱动，增强发展动能；坚持生态优先，实现绿色低碳；坚持学习互鉴，促进共同提高。他山之石，可以攻玉，这套系列丛书具有显著的先进性、专业性、实用性，可读性也较好。我们期待着广大交通工程建设从业者继往开来，广泛交流，不断开拓创新，积极探索实践，不断提升技术、管理和服务水平，让创新与实践在公路建设领域蔚然成风、持续焕发出勃勃生机，为新时代交通强国建设赋能加力。

开卷有益，希望大家不要错过。

周伟

2021年12月21日

FOREWORD 前言

2019 年 9 月，中共中央、国务院印发的《交通强国建设纲要》明确提出将大力发展智慧交通，推动交通发展由依靠传统要素驱动向更加注重创新驱动转变，推进数据资源赋能交通发展，加速交通基础设施网、运输服务网、能源网与信息网络融合发展，构建泛在先进的交通信息基础设施。为了推动智慧交通的建设，交通运输部于 2018 年开展了“新一代国家交通控制网和智慧公路九省市试点工程”建设，杭州绕城西复线作为试点工程之一参加建设。

本书收录了浙江交通集团杭州绕城西复线建设管理工作人员的论文共 47 篇。全书共分为 4 章，其中第一篇科学管理篇包含道路建设过程中统筹资源利用的整体决策、项目管理模式、公司制度建设、工程计量及财务管理、科学高效的交通建设管理方式等方面的内容总结及创新论文。第二篇设计建设篇包含工程设计、系统设计、安全设计、工程美学设计、景观设计、人性化设计、施工组织等方面的创新思路及方法；公路主体建设的桥梁、隧道、路基、路面等的先进工艺和工法，以及标准化施工、质量检测认定等方面的论文。第三篇智慧交通篇包含基础设施数字化、基于大数据的综合路网管理、实时感知、快速响应、智能决策的新型智能交通体系。包含智慧高速、云监理、物联网等，在道路建设过程中运用的新材料、新工法、新结构等方面的论文。第四篇企业文化篇包含企业党建、形象宣传、重大工程总结、特色管理方面的创新论文。

本书涵盖了杭州绕城西复线智慧高速建设过程中所用到的新材料、新工法、新结构，施工组织等方面的创新思路及方法，基于大数据的综合路网管理、实时感知、快速响应、智能决策的新型智能交通体系相关内容。为智慧高速的发展建设提供了良好基础。

编　者

2021 年 4 月

CONTENTS 目录

第一篇　科学管理篇

第二篇　设计建设篇

第三篇　智慧交通篇

第四篇　企业文化篇

科学管理篇

高速公路大型EPC项目业主合同管理实践的研究分析

方树君
(杭州都市高速公路有限公司)

摘 要 文章阐述了大型高速公路项目EPC新模式下合同各方的关系、职责,重点分析了高速公路EPC模式下合同管理的特点及现状,结合项目管理的实践,探讨了高速公路EPC模式下项目业主合同管理的重点及在完善合同条款、加强设计变更、索赔管理和材料价格波动调差管控等合同管理方面的建议做法。

关键词 科学管理 高速公路 EPC项目 业主 合同管理

1 引言

杭州绕城高速公路西复线G25富阳至G60诸暨高速公路联络线工程路线全长33.33km,建设工期36个月,2020年第四季度建成通车。项目采用双向六车道高速公路标准,设计速度采用100km/h,路基宽度33.5m。项目概算投资93.2亿元,资本金比例是45%,为政府还贷项目。该项目为省重点工程,是杭州都市经济圈的重要组成部分,是第19届亚运会的重点配套工程,也是服务世界物联网大会、连接乌镇的路线之一。根据浙发改基综函〔2016〕748号文件批复,土建工程采用设计施工总承包(以下简称EPC)模式建设,通过公开招标方式确定承包人,由浙江交工集团股份有限公司(牵头人)、天津城建集团有限公司、安徽省交通规划设计研究总院股份有限公司组成联合体负责实施,合同价为42.8亿元。

2 EPC新模式下合同管理各方的关系、职责

交通运输部于2006年发布了《关于开展公路工程项目设计施工总承包试点工作的通知》(交公路发〔2006〕702号),率先在广东、河北、福建、陕西和北京进行试点。2015年6月,交通运输部以第10号令正式发布了《公路工程设计施工总承包管理办法》,自2015年8月1日起施行,自此设计施工总承包模式在各省区市正式逐步推行[1]。

EPC是工程项目总承包的一种模式,一个EPC项目即一个合同标段,总承包人是EPC总承包项目的第一责任人,若是由多家单位组成联合体的总承包人,牵头人负总责。总承包人对建设项目的设计、采购、施工整个过程负责,对工程质量、安全、进度及建设工程的所有专业分包人的履约负总责。

在 EPC 模式下,结合 EPC 的合同结构形式,业主对总承包项目的管理一般有两种模式——过程控制模式(设计-施工总承包)和事后监督模式(交钥匙总承包)。本项目采用的 EPC 合同结构形式为设计-施工总承包(DB)模式,业主聘请监理工程师监督总承包人的各个环节,并签发支付证书,业主通过监理工程师的监督介入对项目实施过程的管理。业主方需要通过合同管理来维护自身的利益,确保工程建设的质量、安全和进度,避免工期的延误或者出现项目建设纠纷问题。

EPC 监理受业主的委托,对总承包人的设计、采购、施工等各个环节进行监督管理。

3 EPC 模式下合同管理的特点及现状优点

在高速公路 EPC 模式建设管理中,业主可通过合同管理来减少工程风险、扩大效益,但由于 EPC 模式的特殊性,业主对项目建设的管控能力有限,管控手段比传统模式有所减少,只有通过合同来约束项目建设工期、工程质量及成本等,方可利用合同管理手段维护业主利益[2]。高速公路 EPC 模式新颖,还处于探索阶段,在合同管理中普遍存在以下几个方面的现状。

3.1 EPC 合同管理配套制度有待完善

目前,我国公路工程设计施工总承包缺乏制度的支持,相关的法律、法规体系和合同、管理体制等都不完善。截至目前,全国各省区市尚未发布关于公路工程设计施工总承包在招标投标、施工图审查、合同备案、质量安全监督、施工许可、竣工验收备案、计量管理、变更管理、档案管理、审计决算等环节的各项管理制度和流程,在 EPC 的计量和变更管理上也没有标准和范本。

鉴于 EPC 项目合同的特殊性,本项目创新性地采用大清单计量和价格指数调差,不仅合理控制了工程造价,也有效提高了工作效率。对材料调差采用价格指数调差,无须统计材料的消耗量,相对信息价调差少去了烦琐的计算和争议;采用大清单计量,变更单价采用小清单,使计量的计算、编制、审核工作量大大减少,提高了计量效率。但在前期大、小清单编制及大清单计量规则的制定过程中也碰到了不少问题,存在一些争议,花费了较多的精力。

3.2 合同的规范性、严谨性有待加强

由于高速公路 EPC 项目招标文件及合同文件没有相应的标准范本,在 EPC 合同文件、合同条款内容制定时可能会出现用词不规范、不严谨的现象,出现开口或模糊的内容或合同边界界定不清晰,从而导致合同出现漏洞,若在前期谈判中又没有及时发现、及时封堵,将导致合同管理的风险增大。如在本项目上就存在以下问题:业主和总承包人在总承包风险金是否存在上限额度,能否突破的问题上存在争议,使造价控制难度增加;房建场地防护工程的设计、施工是否含在合同范围内,土建与附属的设计界面等,双方在实施过程中认识不一。

3.3 合同管理的综合管控水平有待提升

公路建设中 EPC 项目建设管理可参考的经验不多,在合同谈判过程中双方对条款的理

解不一,认识不一,必然会出现一些偏差或争议,影响合同的签订或延误工程的推进,往往最终会各退一步,当项目建设过程中出现问题时,业主承担的风险就会增大,难以为业主利益提供保障。如临时用电方面,虽然约定了永临结合的相关事项,但对其费用承担方面未作明确约定。在合同进度管理方面,虽然合同中对项目的施工工期、设计工期有明确的约定,但总承包人和业主对工期的起算点、有效工程进度、延期原因分析及处理上的认识会产生偏差、有分歧点,易引起工程进度管理问题或工期纠纷。

3.4 磨合期长,沟通渠道不畅通

在顶层设计上,由于高速公路 EPC 项目缺少行业行政管理配套支持,如何既确保 EPC 项目合法合规又能创新驱动面临很大困难。在项目管理中,管理各方及联合体成员对 EPC 项目的理解、认识不够、诉求不一,导致管理磨合期长,沟通渠道不够畅通,实施过程中的问题不能及时解决,致使相应的工作搁置,影响关联工作[3]。如在设计及施工阶段的优化降造上,业主和总承包人及联合体成员间(设计、施工及分包单位)的认识不一、诉求不同,导致降造工作难度增大,业主分成部分执行起来工作量大,困难重重。

3.5 承包商的合同履约意识、契约精神有待提升

在合同履行及合同问题处理上不够重视,在工程质量提升、进度管理、降造管理上往往忽视合同的约定,对合同问题处理不及时,专业的 EPC 合同管理人才不足。

4 EPC 项目业主合同管理重点和建议做法

4.1 完善合同条款的编制、审查,规范合同管理

对于 EPC 项目,项目业主应该提前谋划项目建设管理的架构,明确质量、工期、造价管控及设计优化目标或要求,在 EPC 招标文件相关条款或合同协议中予以明确、落实[4]。合同文本、条款要由工程技术、合同管理、财务、法律等专业人员进行审查研究,加强合同的规范性管理,以防合同存有漏洞,避免出现工程纠纷、索赔或法律漏洞等问题。对开口或模糊的内容或合同边界界定不清晰的尽量明确,将风险合理合规地转移到总承包方,减少业主的管控风险。

在 EPC 总承包合同中要约定好各方的权责,明确法律责任,减少业主方的管理成本,明确项目业主在利用合同来维护自身利益时需要应用到的违约处理(惩罚)、限制与责任等内容。比如对工程质量、工期延误、节点进度的违约处理,对工程项目施工质量、施工安全、设计优化、变更及造价控制等进行限制,为保证项目的质量及业主方的项目建设成本提供保障。

4.2 加强合同执行的督查和履约的监管,实现合同目标

树立合同管理意识,认识到合同管理的重要性,要自合同签订开始,依据合同约定来管

理,做好合同执行的过程督查。在处理相关事件或问题时,要回归到合同,首先要考虑合同对此是如何约定的,再从是否符合规范标准、符合习惯做法或其经济合理性等方面进行判断、处理。在遵守执行合同的同时,对合同中未明确的事宜,也要运用合同意识和思维来处理,要体现出契约精神和公平公正的原则,合理保护业主利益。

在合同执行过程中,要做好履约的监管,尤其是对人、机、料及资金等生产要素的投入要严格按照合同监管,必须要满足工程建设的需要,这也是合同履约管理的基础,也是合同中约定的质量、进度等目标实现的关键途径。

4.3 强化设计变更、索赔的管理,做好风险防控

EPC 项目要利用模式的优势,充分发挥设计施工的融合,注重价值工程工作。业主在合同中可以约定限额设计,优化设计的指标和要求,做好成本节约的激励、分成机制,过程中强化设计变更、索赔的管理,做好变更、索赔及设计差错、遗漏影响工程质量、造价风险的防控。

在实施过程中,由于现场实施环境、地质条件的变化或设计图纸的不完善,EPC 的设计变更及现场签证工作是不可避免的。在变更管理上要根据合同区分总承包人、业主各自承担的风险,优化不能降低功能和质量,严格对变更的管理,加强对设计变更内容和工程量的审查监督,既要保证项目功能的实现,又要保证工程质量和成本的控制,既要高效又要程序到位。

施工过程中,合同管理人员要深入现场,对照图纸察看施工情况,及时掌握项目实施动态,做好项目同期记录,对合同执行过程中往来的信函、工作联系单、会议纪要、审核记录及相关文件资料通过档案化、信息化管理,确保完整、真实,为今后的索赔和反索赔、竣工结算提供依据,做好准备工作。对于潜在的或已发生的索赔,及时根据合同约定、法律等相关规定给出专业的意见,及时与总承包人进行商谈,必要时请第三方或者行业主管部门协调处理,无法协调的,最终通过合同约定的争议解决方式来解决。

4.4 注重材料价格波动风险的管控,有效控制造价

据有关研究测算,在山区高速公路中,材料费用在工程建安费中的占比为 60% ~70%,材料价格波动对工程造价的影响程度较大[5]。本项目合同价 42.8 亿元,受主材涨价的影响,根据招标文件约定的主要材料调差方式估算,主材调差金额约 2.6 亿元,占合同额的 6%。如何使用好建设资金,维护各方利益,保证合同造价的合理性,减少合同纠纷,加强主材调差的前期策划和价格波动风险的管控显得尤其重要[6]。

材料调差有价格指数调差和信息价调差两种方式,本项目采用的是价格指数调差,相对传统信息价调差无须计算统计结构工程数量及材料的消耗量,大大省去了调差计量过程中的计算工作量,既避免了调差工程量的计算纠纷,又提高了计量工作效率。要保证调差结果与价格波动的实际影响基本相一致,确保调差的合理、准确,在制定价格指数调差规则前,需对本项目所需要调差的主材(可调因子)确定一个权重值或测算一个允许范围(最终的权重由投标单位投标时确定),明确基本价格指数。各主材(可调因子)权重的确定可根据概(预)算的材料用量和材料价格,结合经验确定,有条件的可以通过建模确定。

在材料价格波动风险的控制上，传统做法是业主和承包人各自承担一定的风险，在基期价格一定的幅度（钢筋、水泥、钢绞线、沥青等主材常规为±5%，地材为±10%）内不做调整，超出部分按实调整。对于 EPC 项目，材料价格波动对项目业主造价管控的风险可通过以下途径予以实现：一是在预算阶段，通过科学合理的测算，在清单中设定一项材料波动影响风险金，不管材料涨跌，总额包干，将相关风险转移到总承包人，总承包人在后期实施中可通过与材料供应商的锁价、对冲等方式来规避风险。二是由业主和总承包人在一定范围内承担各自的风险，合理设置价格浮动范围，对超出范围部分按实调差，调整合同价。三是对于短平快的 EPC 项目，材料价格可不做调差，将材料波动风险转移至总承包人，但要保证工程造价的合理性。

5 结语

在高速公路 EPC 项目中，合同管理贯穿于整个项目，是一个系统性的工作，业主要通过合同管理来保护自身利益和进行风险管控[7]。在管理过程中难免会和总承包方产生一些分歧或争议，碰到一些问题，需要提前谋划，完善制度，加强履约督查，进一步规范合同管理，加强总结，共同提升合同管理水平，共同解决[8]。如何实现 EPC“质量优、造价低、工期短”的目标还有待进一步研究、探索。

参考文献

[1] 王新荣. 对高速公路 EPC 项目现存问题的探讨[J]. 工程经济,2020,5:5-8.

[2] 刘解放,姚广成. 基于 EPC 总承包模式的分包管理[J]. 公路交通科技(应用技术版),2014,10:10-16.

[3] 李强.“施工图设计-施工”EPC 模式下高速公路建设管理探究[J]. 西南公路,2018,4:65-67.

[4] 李洪超,高幸. 高速公路大标段 EPC 总承包商选择方法探讨[J]. 公路与汽运,2019,4:164-171.

[5] 何晓琴. 影响山区高速公路造价的一些工程技术问题探讨[D]. 重庆:重庆交通大学,2012.

[6] 吕磊涛. 高速公路 EPC 总承包项目费用控制研究[J]. 建筑经济,2016,5:31-35.

[7] 赵红兵. 基于 EPC 合同模式的公路项目风险管理[J]. 经济与管理,2019,3:296-298.

[8] 李介立,杜学文. 在实践中优化 EPC 模式[J]. 施工企业管理,2013,3:86-88.

高速公路建设项目合同履约人员变更业主审核研究

陈　阳　方树君　楼建军　蓝　璟
(杭州都市高速公路有限公司)

摘　要　人员履约管理是高速公路建设项目合同履约管理的重要内容之一，对项目建设顺利推进具有极其重要的意义。本文旨在通过相关研究分析，进一步规范建设单位对参建单位人员变更的审核，强化对高速公路建设项目施工、监理等参建单位主要管理人员的履约管理，保障参建单位人员要素投入。本文以杭州绕城高速公路西复线杭绍段工程为依托，在全面梳理项目施工、监理单位合同履约人员变更数量及变更原因等信息的基础上，分析了合同履约人员变更申报材料审核中常见的问题，总结提炼了相应的审核要点，并提出了“一查二对三考究”的人员变更审核三步法，为类似工程建设管理提供参考。

关键词　高速公路　履约管理　业主审核　人员变更

1　引言

合同管理贯穿于高速公路项目建设始终，是质量、安全、进度等各项建设管理的核心和基础，各参建单位多通过合同与项目法人(建设单位)发生关系。合同履约管理是全过程合同管理的实质性环节，是促进各参建单位按照合同文件的相关约定，投入与建设需求相适应的人员、材料、机械设备、资金等要素，确保项目高质量、高水平地如期建成的关键。其中，人员因素作为建设项目人、机、料等建设要素中最活跃的因素，对项目建设顺利推进有着至关重要的作用。如何确保作为项目建设主要力量的施工、监理单位投入的履约人员在资质和资历上能满足项目建设需求，是项目建设单位首要考虑的问题之一。

2　相关研究进展

王韶松[1]指出在工程实施阶段应注意承包商及分包商实际参加建设人员及其素质，把好工程参建人员进场关，不符合合同要求的人员和队伍绝不允许进场。由旭伟[2]分析了人员履约率低的原因以及人员履约率低对项目建设可能造成的不良影响，并提出了适当降低人员资质要求、严格投标人员有无在建项目审核等保证人员履约率的措施。杨贤伟[3]、钟生林[4]均认为建设工程施工合同管理贯穿于合同订立和履行的全过程，业主方项目管理人员应在工程开工后，及时核对承包商人员和机械配置，从而在资源方面保证工程建设基本要素的投入。李宇炜[5]等立足建设管理单位角度，从高速公路项目人员履约管理的概念、作用以及人员履约的现状入手，分析了人员履约不到位的原因，提出了招标阶段合理设置人员资质要求、允许有限人员有限次数的变更、严格人员变更审查、制定人员履约管理办法、完善履约考评机制等办法。任明武[6]认为注重优秀监理工程师和项目经理的选择，及时更换不合格的监理工程师、项目经理是夹岩工程合同管理取得成功的重要措施之一。此外，江艳茹[7]、杜吉丽[8]等也都对合同履约管理机构及人员要求提出了相应的建议。

交通部发布的《公路工程标准施工招标文件(2009 版)》[9]和交通运输部发布的《公路工程标准施工招标文件(2018 版)》[10]中均在第 4.6.3 条列出，承包人安排在施工场地的主要管理人员和技术骨干应与承包人承诺的名单一致，并保持相对稳定。未经监理人批准，上述人员不应无故不到位或被替换；若确实无法到位或需替换，需经监理人审核并报发包人批准后，用同等资质和经历的人员替换。

综上所述，以往研究中，更多地关注于对人员履约重要性的定性研究，而从人员履约管理具体操作层面开展研究的成果相对较少。

3 人员变更原因、申报材料常见问题及审核要点

3.1 人员变更主要原因

以杭州绕城高速公路西复线杭绍段项目(以下简称“本项目”)为依托，经搜集所有土建工程施工、监理单位人员变更的申报、审批材料，统计得出：人员变更的主要原因有离职、生病、不称职(建设单位强制更换)等，分别占到45%、17%和26%，其余的还有因个人家庭原因等导致的变更。施工单位人员变更原因中离职、生病、不称职及其他分别占比61%、3%、26%和10%；监理单位人员变更原因中离职、生病、不称职及其他分别占比25%、35%、26%和14%。

由上述数据可见：①施工单位因人员离职产生的变更所占的比例远高于监理单位，施工单位人员流动性较监理单位更大；②监理人员因病申请变更所占比例远高于施工单位，这与施工单位整体年龄结构中，中青年占比较大密不可分；③施工单位、监理单位变更人员中，因建设单位要求更换所占的比例完全相同，这从一个侧面反映出，建设单位在项目参建人员履约管理中，对施工单位和监理单位一视同仁，没有偏袒；④因其他原因产生的人员变更，施工单位与监理单位接近，总体占比均较小。

3.2 人员变更申报材料常见问题及审核要点

3.2.1 申报材料一般要求

人员变更申报材料一般要求包括格式要求和内容要求。关于格式，一般各省区市交通工程质监局(总站)，或类似机构有统一的要求，参照执行即可；申报材料内容要求主要指申报材料中需列入的人员资质、项目经历等的证明文件，一般可从招标文件中投标人须知或项目专用合同条款、合同格式附件部分，合同文件中的合同协议书附件、补充协议书或承诺部分以及建设单位合同履约管理相关规章制度中查找。以本项目为例，人员变更审核需提供

的资料包括身份证、毕业证、职称证、执(职)业资格证书、劳动合同、社保以及业绩证明、从业评价等的扫描件或清晰可辨的复印件(一般要求彩印)。

3.2.2　申报材料常见问题及审核要点

以本项目为例,申报材料中较常见的问题主要有材料不完整、存在逻辑错误,以及材料造假等。

(1)项目经历描述内容不完整。部分岗位有人员特定专业从业年限的要求,或者有特定规模、等级桥隧构造物施工或监理经历的要求。其中,对有类似项目从业年限要求的,要根据提供的从业项目经历,逐个累加时间,审核是否达到招标文件等要求的年限。对有特定规模结构物施工、监理经历要求的,对施工人员可要求承包人提供相应项目的规模,拟投入人员在项目中实际参与工作内容的描述,并要求项目建设单位盖章证明。对监理人员可要求提供监理项目鉴定书,鉴定书后一般附有参建人员姓名及从事的岗位等,并可通过网络查询验证结构物规模的真实性。

(2)人员资质证书造假。人员资质证书主要有学历证书、职称证书和执(职)业资格证书三大类。在初步核验基础上,如对职称证书真伪仍存有疑虑,可要求提供职称评审通过的地方人力资源部门或职称评审机构的正式发文;如对执(职)业资格证书真伪存有疑虑,可以在浙江交通诚信系统、浙江监理诚信系统、浙江省建筑市场监管与诚信信息系统、全国建筑市场监管公共服务平台、交通运输部公路水运工程试验检测管理信息系统等交通以及建筑诚信系统平台进行核验。诚信系统平台一般也提供部分企业、人员资历的信息。对安全生产考核合格证书等有使用有效期的证书,要注意证书是否在有效期内以及证书的注册登记单位与承包人单位名称是否一致;学历证书可通过学信网进行查询,造假可能性较低。

此外,鉴于当前跨专业就业的情况较普遍,参建单位申报的变更人员中,难免出现非土木工程专业人员。在实际操作中,可要求提供项目经历信息及证明材料,还可通过约定试用期,待试用期合格后再作评价的方法。如试用期工作不合格,则视为承包人违约,并作相应的违约处罚,以此来促使承包人选用能胜任人员到岗。

(3)提供不实的在职或离职证明。基于当前国内交通建设“大、干、快、上”的背景以及企业经营效益等的原因,一般情况下施工、监理单位总体专业技术人员调配均较紧张,为了使得人员流动手续合乎合同文件的约定,对拟调入其他项目的人员,往往试图通过申报人员离职,将人员更换出项目;对一些急需岗位人员,自己单位又无合适人选的,借用外单位人员作为自有人员申报变更。

对因离职申请变更的,一般可要求提供离职申请和单位关于人员离职的批复,如解除劳动合同证明等,并要求提供停止社保缴存的证明,或要求在一至两个月后提供不再缴存社保证明,或在其他单位缴存社保证明。对项目经理等有证书注册要求的也可要求一并提供证书注销证明。

对合同履约人员是否为参建单位自有人员的判断,一般可要求同时提供人员劳动合同和社保缴存证明,两者一致,并与中标单位名称相同的,可以认定为自有人员。特别是针对社保在子(分)公司缴纳的情况,需区别对待。因分公司不是独立法人,社保在分公司缴纳的可视为母公司人员；子公司因是独立法人，不可视为母公司人员，且相互之间不可予以互认。

此外，部分人员系承包人新招聘人员，社保还在办理中，一般可要求提供承诺，并待第一期社保到账后再提供社保缴存证明。

(4)变更材料前后内容逻辑错误。这一类错误多出现在因参建单位人员履职不力，建设单位要求更换履约人员的申报材料中。通常情况下，建设单位为加快人员更换进程，往往会提前口头通知参建单位更换履约人员，待发文流程完结，正式通知递交至参建单位时，参建单位可能已完成申报材料递交，且签署的递交日期可能早于建设单位通知签发的日期，造成前后逻辑错误。

(5)因病变更材料说服力不足。对因病申请变更的，要求提供相应的经等级医院(对项目经理、总工，监理办总监等重要岗位的人员变更，一般要求三乙及以上)加盖医疗诊断专用章或类似职能印章的诊断书，审核时要对病情是否需要入院治疗或需长期卧床静养作重点关注。

(6)其他。对无在建项目的相关证明材料，除在诚信系统中查询外，建设单位还应要求承包人提供单位开具的证明材料，证明项目经理、总监等关键岗位人员无在建项目。

对监理人员有信用评价累计扣分要求的，通过交通行业主管部门官方网站进行查询。监理人员变更要求出具业绩登记截止表格，以示已结束上一个监理项目。对未在浙江交通诚信系统办理诚信登记的部分监理人员，一般要求提供承诺书，承诺在变更至本项目后即办理诚信登记。监理人员业绩可在浙江交通诚信系统中查询验证。

此外，为确保提供的人员变更材料的真实性，一般要求对提交的人员变更申请材料每一页都加盖中标人单位公章，也可采用所有材料加盖骑缝章的形式。

4 “一查二对三考究”人员变更审核三步法

基于上述内容，并结合日常工作总结，提出了“一查二对三考究”的三步法人员变更审核步骤。

“一查”就是要查阅拟变更履约人员资质、资历等的相关要求，以及是否构成违约、违约处罚方式等的全部内容。

“二对”就是在全面掌握履约人员要求的基础上，逐项核对变更申报材料，查找申报材料是否有缺漏、错误。

“三考究”是整个人员变更审核流程中最为关键的环节，最考验建设管理人员的管理水平。“三考究”就是在完成申报材料核对后，再对整个变更申请材料进行反思、回顾，思考有无缺漏或者欠考虑的内容。如前文所述的职称证造假就是在“三考究”环节发现的。

本项目四年建设期间，项目建设指挥部始终高度重视合同履约人员的管理，定期梳理合同履约人员管理关系，严控人员变更，基于“一查二对三考究”的人员变更审核方法，确保了变更后人员能胜任工作岗位；四年来未发生因变更后人员不能胜任岗位工作而导致工作延误的情况，在确保参建单位主要管理人员要素投入，进一步促进高质量、高水平地建成本项目的同时，还促成了工程建设人员在项目间的流动，助力了省内乃至国内其他交通建设项目管理水平的提升。

5 结语

高速公路建设项目参建单位众多,参建人员群体庞大,各方关系错综复杂。本文所述的履约人员变更审核管理仅基于正常的建设合同关系而言。当前交通强国建设正在九州大地提速推进,浙江作为首批国家交通强国建设试点地区,环杭州湾智慧高速公路等“十大千亿”“百大百亿”重大工程亟须大量的交通建设领域专业管理人员,同时各类人员将不可避免地在各个项目之间流转。作为建设单位,进一步地规范人员变更审核操作步骤,提升人员变更审核工作效率,不断强化人员履约管理,对提升项目建设质量,加快项目建设推进具有重大意义。

参考文献

[1] 王韶松. 浅谈公路工程施工阶段的业主造价管理[J]. 北方交通,2007,09:77-78.
[2] 由旭伟. 提高项目人员履约率的探讨[J]. 建筑,2009,12:33-34.
[3] 杨贤伟. 工程项目业主合同管理的研究[J]. 新经济,2014,23:9-10.
[4] 钟生林. 工程项目业主合同管理的探讨[J]. 企业研究,2015,04:73-74.
[5] 李宇炜,罗吉庆. 高速公路建设项目人员履约管理的探讨[J]. 山西建筑,2016,19:247-248.
[6] 任明武. 浅谈水利工程建设合同管理[J]. 工程经济,2019,10:78-80.
[7] 江艳茹. 谈如何加强合同履约管理[J]. 民营科技,2014,11:115.
[8] 杜吉丽. 高速公路的合同履约管理[J]. 交通世界,2018,09:122-123.
[9] 交通部. 公路工程标准施工招标文件(2009 年版)[S]. 北京:人民交通出版社,2009.
[10] 交通运输部. 公路工程标准施工招标文件(2018 年版)[S]. 北京:人民交通出版社股份有限公司,2018.

公路工程施工安全管理模式创新

谢海波[1] 楼一标[2]
(1. 杭州绕城高速公路西复线杭绍段工程建设指挥部;2. 杭州全晟安全技术有限公司)

摘 要 为贯彻执行“安全第一、预防为主、综合治理”的安全生产方针,树立“以人为本,安全发展”的理念,力求实现工程施工“零亡人”的安全目标,所有工程建设参与者,不论甲方与乙方,不论行业监管与各方服务单位,无不为之竭尽心力,孜孜履职,以求项目工程平稳平安,顺利完工。然而工程施工安全风险无处不在,问题隐患随时可生,安全管理无时不承担着巨大压力。在此形势下,如何实施安全管理模式创新,革除陈旧内容,更好发挥安全管理成效,就形成了当下的课题。本文对编制安全管理大纲、落实安全生产责任制、严格监督安全生产条件、提升本质安全水平等问题,阐明了其重要意义以及解决方法,并通过西复线工程实践检验,结果表明是有效而且必要的,应广泛推广。

关键词 公路工程 安全管理 新型模式 创建

1 引言

在当今形势下,公路工程建设规模宏大,点多线长,参与人员众多,施工设备广泛使用,在有限时间、资源的条件下,顺利完成项目安全生产既定目标,必须科学地、系统地梳理项目安全生产特点和重点,并严格遵照相关法律法规、标准规范和行政监管的要求,有针对性地做好安全管理顶层设计,编制安全管理大纲,明确参建各方的安全管理任务和职责,以一部纲领性文件,指导施工过程中的日常安全管理以及关键时期和工程关键节点的施工安全管理,形成目标明确、标准统一、程序清晰、奖罚分明的安全管理机制,以保证项目建设全过程的规范有序,平稳发展。

2 落实安全生产责任制

贯彻落实全员安全生产责任制,尤其是各参建单位的安全生产责任制,是保障项目工程建设顺利推进的重点工作。国务院、浙江省和省交投集团出台了相关规范性文件,为项目工程贯彻落实全员安全生产责任制提供了依据。项目公司牵头,制定各参建单位安全生产责任制,并通过签订安全生产责任书和考核机制,督促安全生产责任制全面落实。通过联动方式,与政府方各单位之间形成安全生产责任共识。各参建单位根据项目公司要求,将责任制落实到每个部门、作业班组以及所有岗位人员,横向到边、纵向到底,责任书人人签、层层签,有目标有考核有奖惩,确保全员安全生产责任制落到实处。

3 严格监督安全生产条件落实到位

3.1 安全队伍到位

配备数量和能力符合要求的安全管理人员,是项目建设的基本安全生产条件。项目管理公司应将安全管理人员到位纳入合同要求,并按照合同严格实施安全管理队伍的考勤、继续教育及能力考核管理。监理单位应配备安全专监,施工单位应设置专职安全副经理(或安全总监),结合项目建设实际,通过网格化管理,明确各安全管理队伍的职责和管理区域,将安全管理各项工作落到实处。

3.2 安全检查到位

安全检查是项目建设安全管理的基本工作,是项目风险评估和隐患排查的基本方法。通过开展日常检查、专项检查、特殊条件下的安全检查等,在关键工序施工、恶劣天气、重大社会活动时期开展安全专项检查和隐患排查。安全检查原则上每月组织一次,安排专业人员开展安全检查和隐患排查,及时发现项目建设中各类安全管理问题和现场安全隐患。安全检查应做好检查记录、检查结果的统计分析等台账,同时对检查发现的隐患应马上通知施工单位,做好隐患的整改落实工作。监理单位和项目管理公司应再次检查并验收隐患整改情况,做好安全检查的闭环管理。

3.3 安全投入到位

各参建单位应根据合同规定要求,制定安全生产费用提取及使用管理制度。根据规定和项目建设实际,做好安全经费的计划、实际投入,保障项目建设安全经费的足额提取及专款专用,确保安全生产条件的有效落实。施工单位应及时投入满足项目建设安全需要的安全费用,监理单位应及时做好安全经费的现场确认工作,安全管理技术咨询服务单位和审计单位应做好安全经费使用的审核把关,确保安全经费有效规范使用。

3.4 应急管理到位

3.4.1 完善应急预案体系

建设单位应编制项目突发事件应急救援综合预案,各监理单位和施工单位应根据综合预案,结合项目特点,分析安全风险,编制坍塌、高处坠落、防台、防汛、消防、触电、人员落水、突发灾害性天气(大雾、雷暴、强阵风等)等针对性、实用性和可操作性较强的事故专项应急预案和现场处置方案。预案应与当地行业主管部门及地方政府预案相衔接,建立顺畅的联动机制,并按规定做好相关预案的评审和备案工作。

3.4.2 建立相对稳定的应急救援队伍

根据项目工程建设实际需要,组建专(兼)职应急救援队伍,明确应急队伍建立的准则、人员组成和任务要求等。对有关人员应定期开展专业应急技能培训，组织相关应急预案演练。并向全体员工普及应急知识，推行现场处置方案卡片化，明确突发情况下“做什么、谁来做、怎么做”，确保在事故发生的第一时间能够保护现场、开展必要的应急处置和自救互救，提高处置突发事件的应急救援能力。

3.4.3 配备必要的应急救援物资

施工单位应根据预案要求，针对本项目可能发生的事故类型和后果严重程度，结合应采取的措施，配备必要应急救援物资，并做好应急物资的检查管理工作，确保关键时候拿得出、用得上。

3.4.4 组织开展应急预案演练

按照相关规定，施工单位每年应选择1~2个预案，采用桌面推演或实地演练的方式开展演练。在总结评估演练效果的同时，要对预案进行补充、完善和修订，不断提高预案的实用性、可操作性，以及人员的自救能力和安全意识。

3.4.5 建立专业技术专家库

建设单位应根据项目建设过程中风险管控的需要，建立相关行业专家库，发挥专家在应急工作中的作用，保证突发事件发生时，应急救援工作能迅速取得由专家提供的技术支持。

4 强化本质安全，降低安全风险

本质安全广义指“人、机、物、法、环”这一系统表现出的安全性能，通过优化资源配置和提高其完整性，使整个系统安全可靠。从安全管理学角度分析，本质安全是安全管理理念的转变，表现为对事故由被动接受到积极事先预防，以实现从源头杜绝事故，保护人身安全。施工实践中，施工单位应做好施工安全专项方案管理，保障技术方案的安全可靠，积极开展安全科技创新活动，引入先进适用的安全设备设施，按照“化繁为简、减负提效”的原则，运用先进的技术成果，如安全技术创新、管理机制创新和信息技术应用等，以技术手段保障施工安全，切实提高本质安全水平。

如何行之有效地强化本质安全，降低安全风险，在源头上应从以下几个方面考量。

4.1 提高施工单位对作业班组的综合管理

班组强则工程优，施工单位应抓好施工现场安全标准化、施工班组的安全标准化、设备管理规范化、安全管理网格化工作，重点抓好施工单位三类人员及特种作业人员管理。严抓落实持证上岗，专职安全员人数配备、安全员网格管理、继续教育等，严格执行相关规定；特种作业人员持证上岗，做好安全技术交底、班前教育、再教育培训工作，建立特种作业人员档案管理，“一人一档”。锤炼一支有较强实力安全管理一线队伍，将大大提高施工质量和安全的基本保障。

4.1.1 抓工地安全标准化

根据项目标准化管理要求，项目公司应编制工地安全标准化手册，明确在项目建设驻地的场站标准化、通道标准化、防护标准化等建设标准和考核验收标准,将标准化考核评价纳入施工单位平安工地建设的考核评价内容之一。

4.1.2　抓班组安全标准化

施工单位应建立班组标准化考核评价标准,将班组标准化与项目首件制有机结合,并通过月考核办法,将班组作业安全标准化落到实处。对考核优秀的班组进行奖励,对不合格的班组进行教育培训,并采取有效措施(如末位清退制等),确保班组作业安全,以工匠精神培育、筛选高素质一线作业人员。

4.1.3　抓设备管理规范化

引进设备安全管理顾问,由专业人员负责项目建设设备的专业管理,尤其是桥梁施工各类特种设备的管理工作,确保设备管理规范、安全、可靠。

4.1.4　抓安全管理网格化

建立完善安全责任网格化监管平台,形成纵向到底、横向到边的安全监管责任体系。

(1)建立完善项目参建各方(设计、施工、监理等)的安全生产责任体系。各参建单位内部,如项目部与职能科室、班组,班组与个人,总包与分包都要建立逐级责任制。责任制体系应体现管技术必须管安全、管业务必须管安全的要求,做到党政同责、一岗双责,并通过层层签订责任书的形式,明确工作目标和责任边界。

(2)施工单位、班组要配备相对固定的安全生产网格员,形成安全生产网格体系,并赋予网格员相对独立的安全生产信息报告、巡视、安全纠察等职责,督促全员安全责任制在一线岗位的落实,使整个安全管理纵横成网,不留死角,互联互通,互为补充。

(3)充分运用安全生产网格化监管信息平台,推动安全生产信息采集录入和动态更新、事件派送交办、现场处置、结果反馈、治理复查等事项的信息化管理。强化信息前端采集工作管理和信息安全保障,实现问题早发现、信息早报告、隐患早治理、复查早提醒。严密安全动态监管,实现信息全过程留痕。

(4)建立完善安全生产网格工作考核机制,鼓励将考核情况与责任单位、网格员待遇挂钩,充分调动网格每一环节的工作积极性,充分调动一线员工的积极性,鼓励开展安全生产隐患群众监督举报,推进安全生产专群结合、群防群治、齐抓共管。

4.2　抓好安全生产经费的监督管理

“兵马未动,粮草先行”,安全生产专项经费是用于改善安全生产条件的重要保障。参建各方根据有关规定,建立安全经费管理制度,明确使用范围、使用及支付管理流程;业主单位对安全生产经费实施有效监管,确保专款专用。实际操作中,很多项目业主未能实施有效监管,管理支付流程欠规范,使得施工单位将安全经费截留、挪用或纳入生产经营利润,给安全管理留下严重的隐患。

安全生产经费支付流程如下:工程项目开工前,施工单位应根据不同阶段对安全生产和文明施工的要求,编制项目安全生产经费使用总体计划、年度计划、月度计划,并上报业主单位。施工单位在月底编报当月投入使用的安全生产经费使用报表(按项目清单编制,附相关凭证)及下个月的安全生产费用使用计划,经项目负责人签字盖章后与当月工程款计量支付表同时报送监理工程师审核。PPP项目公司对经监理工程师签字确认的安全生产经费使用报表进行审核确认后,与当月工程款同时计量支付给施工单位。施工单位应设立安全生产经费使用台账,确保安全经费的合理使用。

4.3 实施安全过程控制

安全过程控制是实现本质安全的重要环节。安全过程控制的落实要建立在安全生产责任制基础上。项目公司工作重点应放在对施工单位的监督和管理上,监督施工单位自身的安全、管理体系是否有效运行,管理机构是否健全、是否作为,安全管理人员是否尽职尽责;动态监控在施工工程中是否对安全隐患有效排查和整改,安全措施是否按规定落实到位。

4.3.1 抓好施工单位安全教育工作

实现"人"的本质安全。通过安全管理组织机构网络,对安全管理人员实施安全教育和安全交底,监督施工单位应在注重实效上下功夫,将各种形式的安全教育、班组活动、安全(技术、操作规程)交底向人性化和常态化引导,既要提高全员的安全意识,又要使安全管理人员在安全管理经验、施工作业人员在操作技能上都有所提高。

4.3.2 落实好"三同时"

实现"机""物"的本质安全。工程施工阶段,加强对施工单位安全"三同时"的审查和监管,加强新工艺、新设备、新技术的投入与应用,确保"安全第一,预防为主"的理念渗透到机械设备、安全防护、临时用电、工程临时辅助设施在采购、设计、施工、安装、试用、投产的各个阶段,从而在本质上消除隐患。

4.3.3 加强安全管理制度的执行力

实践"法"的本质安全。安全管理制度、安全技术规范是工程项目安全管理行为的基础和准则,工程项目安全管理制度和技术规范执行力的强弱直接关乎安全管理系统运行效果。因此,从一定意义上来说,加强制度执行力度就是实践"法"的本质安全。实践"法"的本质安全,就要从安全制度、安全规范、安全生产计划方面入手,不断推进落实,检查安全管理落实成效,考评并督促施工单位改进工作,形成PDCA四个环节的循环式管理。从而使施工单位在施工现场安全管理、安全技术规范落实、特种作业管理、安全检查、安全内业管理等方面的管理水平不断提高,管理效果不断增强,从源头上最大限度控制人的不安全行为,消除机和物的不安全状态。在对施工单位安全管理进行考评的同时,将安全管理考评结果录入施工单位数据库,作为施工单位是否合格的重要参考指标。这对业主单位在选择施工单位环节上,无疑也起到了强化本质安全的作用。

4.3.4 加强施工现场标准化建设

实现"环境"的本质安全。施工作业环境是工程项目变动最为活跃的因素,在安全管理实际操作中也是最不易把控的因素。实现环境的本质安全,固化并改善施工作业环境最有效的方法就是加强施工现场标准化建设。项目公司按照项目安全总体策划,将标准化模式进行推广,施工单位根据实际情况落实工程现场封闭管理,对施工场地规划、材料堆放、消防设施、安全警示标牌、施工临时用电配备、“四口”及“五临边”防护设施、防风防台及防暑降温设施等进行标准化布置,从而在源头上使施工作业环境得到优化和改善,降低安全事故风险。

5 创新安全管理模式和方法

高速公路项目具有投资、建设的整体规模大、项目业态涉及面广的特点,因此与一般工程项目相比在安全管理模式和方法的就要求有新的调整。

5.1 安全管理机构创新优化

安全管理机构采用传统模式设置,在对接各层级安全机构时,工作效率和执行力强度上受到一定的削弱。建设单位单一的安全管理部门在管理层级上都面临“多对一”和“一对多”的管理瓶颈。因此,根据项目实际情况,协同安全质量部实施对接业主、标段施工项目部,落实施工现场安全过程管控。起到了较好的承上启下,同级协同的作用。

5.2 确保安全管理人员的专业化程度、素质和数量

建设项目安全管理依靠制度抓落实,但落实制度、实施管理流程最终还是要靠人来执行。对安全管理人员,尤其是专职安全管理人员的数量也是实际管理工作的客观需求。高速公路项目的安全管理专业化程度要求较高,需要专职安全员在施工用电、特种设备管理、职业健康、综合治理等多个方面实施安全过程管控。因此,优化专职安全管理人员的数量、素质和专业水平是高速公路项目安全管理的客观要求。加强安全管理队伍建设是实施安全管理的重要基础工作;一要强化企业培训工作以确保数量,二要加强从业人员考核以提高素质,三要确保队伍稳定以确保专业经验的积累。

5.3 创新多变的管理方法

高速公路项目大多数为大中型工程项目,系统性较强,仅依靠检查、下文件、总结会等常规管理方法在管控效能和效果上已满足不了本质安全管理的需求,因此多维化创新管理方法将是安全生产管理新常态的必由之路。当今已处于信息、科技高速发展的时期,充分利用信息科技平台实施安全管理工作将是新的发展趋势,安全隐患微信曝光平台、安全信息网络报送、施工现场安全网络适时监控适时广播、BIM 技术安全管理等将使安全管理方法更加丰富,也将大幅度提高安全管理的效能。

5.4 整合社会资源,引进第三方安全管理服务

安全生产社会化服务是企业落实主体责任的技术支撑,是提升本质安全水平的有效补充。通过购买服务,引入社会第三方监管力量,隐患治理方式从原来的“业主单位督促、施工单位整改”转变为“业主监督管理、中介专业服务、施工单位整改落实”的闭环运作模式,专

业化程度、精细化水平明显提升，参建各方的安全发展理念得到进一步提高。鼓励有经验、专业化程度高的专项研究单位等第三方技术服务机构参与项目安全管理，探索和推广项目技术服务、安全技术服务，促进质量和安全管理水平的提高，是目前普遍采用的新型管理手段，对促进项目工程安全管理水平提升具有重要作用。

5.5 建立安全生产保障机制

5.5.1 监督检查保障

通过建立项目部自查、监理督查、建设指挥部抽查、行业主管部门督查的方式，促进项目安全管理基础条件落实、各项安全管理制度的落实和标准化管理的落实，将安全管理方法和措施落到实处，及时发现安全隐患，及时督促施工单位整改落实，实现施工安全风险和隐患的双控管控，将安全管理门槛前移，降低安全风险，严控安全事故的发生，确保安全目标的实现。

5.5.2 文化保障

安全管理的重点和难点是人的安全意识的培养，结合质安文化进工地要求，做好项目建设安全文化设计谋划，并落到实处，提高人的安全意识，做到人人懂安全、会安全、能安全，从业人员从“要我安全”向“我要安全”到“我能安全”的转变，从而实现安全管理全员、全过程、全方位无死角。

5.5.3 经费保障

安全管理从人员、设备到现场防护设施配备，尤其是现代化的科技手段，需要一定的安全经费保障。参建各方根据有关规定，建立安全经费管理制度，明确使用范围、使用及支付管理流程，确保安全生产条件。

5.5.4 考核评价保障

项目管理公司应制订安全生产目标考核办法，根据安全生产“一岗双责”和安全生产网格化管理要求，明确安全管理责任田，实行安全首问制，定期开展安全生产目标和责任制考核，严格奖惩兑现，并将考核结果与平安工地考核、施工单位诚信评价相结合，有效促进安全管理。

5.5.5 职责保障

各参建单位安全职责明确，并每年按时签订安全责任书和实施安全目标考核。

(1)指挥部安全职责。指挥部在项目建设中发挥主导作用，主要职责包括：制定项目总体安全生产工作目标及思路，组织签订安全生产工作目标责任书，建立健全安全生产组织机构及管理体系，传达贯彻上级部门关于安全生产工作的要求，开展安全生产监督检查反馈发现问题，召开安全生产工作会议研究部署安全生产工作，考核评价各单位安全生产工作目标完成情况，组织开展“平安工地”创建“安全生产月”等活动，组织开展“平安工地”考核评价并报送评价结果，督促安全生产费用有效投入并审核、及时支付。

(2)监理单位安全职责。监理单位是项目工程建设中确保安全的最核心监督力量，主要职责包括:按合同要求派驻安全监理人员,结合责任书内容制订安全生产监理工作计划,建立健全方案审查、设施验收、督促整改和旁站监理等安全生产管理制度并严格执行,监督施工单位安全生产管理和技术措施的制订和执行情况,及时组织召开安全生产会议,开展安全监督检查,对发现存在的安全问题督促施工单位及时整改,监督、审查施工单位安全生产费用的使用情况,开展监理合同段的"平安工地"自查考核评价并及时报送考核结果,检查、督促施工单位开展"平安工地"创建"安全生产月"等活动。

(3)施工单位安全职责。施工单位是项目工程建设中实现生产安全的责任主体,主要职责包括:配备足额满足工作要求的专职安全生产管理人员,明确各项安全生产管理工作和各类型事故的控制目标,建立健全安全生产管理制度和覆盖各工种的安全操作规程并严格执行,对分包单位的安全生产工作进行统一管理,特种设备、专用设备在投入使用前办理登记手续,及时编制安全专项施工方案并组织评审,在各分项工程施工前严格实施安全技术交底,开展安全检查及时消除安全隐患,召开和积极参加安全生产会议,制定完善的安全应急预案并定期组织应急救援演练,保证安全生产费用足额专款专用,按要求开展"平安工地"创建和"安全生产月"等活动,确保"平安工地"考核结果能达到"示范"标准。

公路建设项目施工安全管理是一个庞大的系统工程,现有形势下存在很大探索空间,同时,"四新技术"不断推广,加速了安全管理更多新问题的产生,客观上就需要不断创建安全管理新型模式,以适应、克服不断出现的新问题。项目开工之初,编制完成安全管理大纲,形成安全管理顶层设计,做到目标明确、方法具体,并在管理过程中落实。落实安全生产责任制,不仅提高岗位人员的安全意识,规范生产过程中的安全行为,落实一岗双责,切实做到尽职免责,失职追责。严格监督安全生产条件有效落地,是确保施工安全的基础。基础不牢,大厦将倾,安全事故就会不可避免发生,因此,强化、严格监督安全生产条件落实,是安全管理的重要内容。总之,公路工程安全管理是一个复杂的系统工程,只有不断完善、不断创新,多管齐下,筑牢安全防线,消除事故隐患,全员参与,保驾护航,才能顺利完成项目建设,确保施工安全。

参考文献

[1] 国家安全生产监督管理局. 企业职工伤亡事故分类:GB 6441—1986[S]. 北京:中国标准出版社,2011.

[2] 中华人民共和国交通运输部. 公路工程施工安全技术规范:JTG F90—2015[S]. 北京:人民交通出版社股份有限公司,2015.

高速公路工程新增单价业主方审核流程及审核要点研究

陈 阳 方树君 蓝 璟 楼建军
（杭州都市高速公路有限公司）

摘 要 新增单价是高速公路工程变更计量中时常遇到的工作内容，及时、合理地确定变更工程计量中涉及的新增单价，对加快工程计量和资金周转，确保高速公路工程质量、安全和进度均具有重要的意义。本文旨在通过相关研究，进一步规范业主方对工程新增单价的审核，提高审核结果的准确性和审核效率，进而提升高速公路工程项目整体投资效益，为类似工程项目建设管理提供参考。本文以杭州绕城高速公路西复线杭绍段项目为依托，在全面梳理项目新增单价审批过程中遇到的问题的基础上，结合以往相关文献的研究成果，提出了“一核二判三研析”的高速公路工程新增单价业主方审核流程，并对其中的审核要点进行了详细阐述。

关键词 高速公路 造价管理 不平衡报价 单价审核

1 引言

当前，高速公路工程施工承包合同仍大都采用单价合同形式。高速公路土建及交安、机电等附属工程在建设实施过程中，受到项目所在地自然环境、社会因素等的多重影响，工程变更时有发生，往往涉及新的工程内容，要计量支付变更工程费用，首先要确定新的工程内容的单价。同时，及时、合理地确定变更新增单价，并进行工程变更部分计量支付，对加快工程资金周转，确保公路工程的进度和质量具有重要的意义[1]。此外，确定变更工程新增单价还是开展工程结算和决算的前提和基础。

2 相关研究进展

交通运输部先后共发布过3版公路工程施工招标文件范本[2-4]，都是以工程量清单招标方式为前提编制的。以2009年版为例，公路工程专用合同条款第15.4节中变更的估价原则表述为以下5点：①如果取消某项工作，则该项工作的总额价不予支付；②已标价工程量清单中有适用于变更工作的子目的，采用该子目的单价；③已标价工程量清单中无适用于变更工作的子目，但有类似子目的，可在合理范围内参照类似子目的单价；④已标价工程量清单中无适用或类似子目的单价，可在综合考虑承包人在投标时所提供的单价分析表的基础上，由监理人按第3.5款商定或确定变更工作的单价；⑤如果本工程的变更指示是因承包人过错、承包人违反合同或承包人责任造成的，则这种违约引起的任何额外费用应由承包人承担。近20年来关于公路工程新增单价的研究也基本上基于这3个范本展开。

2010年以前，进行相关公路工程新增单价研究的主要有苏田斌、王韶松和葛胜先等。苏田斌[5]提出以清单报价为基础是确定变更单价的根本原则，对于清单中无相似项目的，需要协商单价。国内通行的做法是按照部编制办法和预算定额计算项目的预算单价，与国外遵循大家都公认的算法来协商单价的操作方式类似。王韶松[6]指出在工程实施阶段，业主应注意加强对实施过程中材料采购的监控及实时记录，确保在后期材料调差及费用索赔事宜中占据主动。葛胜先[7]提出了直接利用类似单价等七类新增项目单价的计算方法。祝朝旺[8]阐述了公路工程新增单价确定的依据、基本类型、确定方法原则，并对谈判程序的各个环节的内容及注意点进行了分析研究。

2010年以后，研究者在前人的研究成果基础上，多从公路工程新增单价编制流程及注意事项和确定方法两方面开展更广泛的研究。编制流程方面主要成果有：王丽红[8]基于同望造价软件，对公路工程新增单价编制流程中预算资料搜集等7个步骤进行了细致阐述，并列举了部分编制过程中需注意的问题；温永超[9]对公路工程新增单价申报程序及计算步骤进行了描述、分析，总结了清单单价产生变化的主要原因，提出了新增单价确定过程中易发生的问题并给出了建议。新增单价确定方法研究方面主要成果有：张玉峰等[10]认为在编制新增单价时，材料单价可以采用省区市交通造价部门发布的指导价，或采用承包人提供的材料正式发票上的材料价格，或通过对材料市场价格调查得来单价；高德风[11]提出了现有单价计价法等三种合同清单外项目单价的确定方法；丁燕[12]指出了确定变更项目单价时不得选用存在不平衡报价的单价作为参考；王积鹏[13]、骆书彩[14]通过工程实例，阐述了直接套用清单单价等4种确定变更单价的方法及其适用条件。此外，董菲[15]针对施工阶段造价管控，提出了注重工程量和单价审核。张中岳等[16]特别指出，在公路工程施工中一旦涉及新的项目，要保证单价计量标准的统一。

综上所述，以往研究中对新增单价编制的流程及新增单价确定方法均有较多的研究，但基于建设单位审核角度，对新增单价合理性审核流程及审核要点方面的专题研究甚少。本文旨在以浙江交投集团杭州板块下辖杭州绕城高速公路西复线杭绍段项目为依托，在全面梳理项目新增单价审批过程中遇到的问题的基础上，结合以往相关文献的研究成果，提出高速公路工程新增单价建设单位审核的具体操作流程和审核要点，以进一步提高业主方新增单价审核结果的准确性和审核效率，进而提升高速公路工程项目整体投资效益。

3 新增单价申报常见问题

通过梳理发现，前文所述王丽红[9]所提及的新增子目具体包含工作内容、定额单位换算、定额消耗量调整、定额取费类别调整等新增单价编制过程中的注意点，以及温永超[10]所提及的单价申报理由或依据不充分、工程量计算错误、定额或费率选用错误等新增单价编制过程容易出现的问题，在本项目中也或多或少有所体现。

此外,还发现了材料单价选用错误或虚报材料单价的情况。如某交安标段在申报 ETC 车道支付宝移动支付终端设备新增单价时,设备采购价格为 35000 元/套,并提供了询价记录。记录显示时间较工程实施时间早。基于电子产品更新换代较快、价格变化较快的实际情况,审价人员联系了提供询价的单位,核实了工程实施时设备价格已降低至 20000 元以下的事实,最终调低了新增子目综合单价。

4 新增单价审核流程及审核要点

结合文献研究和对本项目已批复新增单价梳理的结果,认为关于工程变更涉及新增单价的审核,总体上仍应围绕《公路工程标准施工招标文件》中第 15.4 节对变更的估价原则的条款展开。其中的第 2、3、4 三条,在审核新增子目单价时,可按从上到下的顺序进行对照套用。此外,在进入新增单价审核流程前,还需要掌握变更工程新增单价组价的相关基础资料。上述的几个步骤概括为"一核二判三研析",各审核步骤及审核要点如下。

4.1 "一核"

"一核"包含两方面的核查,分别为新增单价合理性核查和申报材料完整性核查。

新增单价合理性核查可对应到上述变更估价原则的第 5 条。根据省内设计变更管理的一般操作流程,施工单位可以变更申请单的形式提出变更申请,经监理单位审核后,报建设单位审批,审批后由监理单位发下变更令;由其他单位提出的设计变更,一般由设计单位签发技术联系单,经建设单位审核后,由监理单位下发变更令。

从上述的变更申报一般操作流程可见,正常情况下,在变更工程新增单价申报前,监理单位应已就变更工程下发了变更令。在核查时,可以此为核查标准。有部分建设单位出于变更令中变更金额与变更报告单中变更金额尽量一致的考虑,存在先签批变更报告单,后由监理单位出具变更令的情况。针对这种情况,可以变更申请单是否已审批,或设计技术联系单是否已经建设单位审核并下发为核查标准。

新增单价审核基础资料主要有施工单位已标价工程量清单、设计单位技术联系单及变更工程量等附件图表、施工单位变更申请单及材料价格调查资料等附件图表,监理单位关于工料机消耗等的现场签证资料,由设计、施工、监理和指挥部签署的现场办公记录、招标文件(含工程技术规范及工程量计量规则等),招标文件中约定的计量支付相关的其他建设单位管理办法以及施工单位、监理单位关于新增子目的组价文件。核查新增单价申报材料完整性时可从这些方面进行对照。

4.2 "二判"

"二判"即在第一步核查完成的基础上,判断新增单价确定方法是否正确。

首先,对于与原有清单中子目工作内容、工序完全相同,且计量单位一致或可通过简单一维换算调整为一致的变更子目,可依据变更估价原则第 2 项条款,直接套用原有清单子目进行计价。其次,对于与原有清单子目工作内容、工序等基本相同,仅涉及个别工、料区别的，可依据第3项条款，通过对不同的工、料进行抽换的方式，按类似子目进行单价确定。再次，对于已标价工程量清单中无适用或类似子目的新增单价，需要采用重新组价的方式，组价时尤其要注意定额及人工、材料等单价的选用要符合招标文件等的要求，重新组出来的价格还需要按照中标价相对于招标控制价的下浮比例进行下浮。

在这一步骤中，尤其要注意对施工单位投标清单中不平衡报价的识别与判定。方俊等[17]认为，结合评标工作的一般情况，在评标中可假定某清单项目报价在偏离其评价基点±10%（含10%）的范围内浮动是合理的，报价偏离幅度高于或低于评价基点±（10%～25%，含25%）的范围属于较不平衡报价，报价偏离幅度超过±25%的范围则属于严重不平衡报价，其中的评价基点可采用招标控制价中相应清单项目价格下浮一定幅度（如25%～30%）的值，也可采用评标基准价，还可采用两者的平均值。

判断新增单价确定方法是否正确这一步骤的审核要点，在于在审核新增单价前，须掌握原有已标价工程量清单子目内容、主要施工工艺及计量规则等，对于一些不另行单独计量的部分也要了然于心。

4.3 “三研析”

“三研析”，即新增单价准确性的研究与分析。

首先，对于依据变更估价原则第2项条款确定新增单价的情况，仅需经过直观的判断或简单的换算即可确定新增单价取值是否准确。例如，同为M7.5浆砌片石排水沟，施工单位已标价工程量清单中有截面积为0.9m^2的排水沟，变更增加了截面积为1.59m^2的排水沟，基于相同体积单价一致的原则，经简单换算，即可得出结果。其次，对于依据变更估价原则第3项条款的情况，一般就需要借助工程造价软件。例如，某隧道洞内变电所地面采用15cm厚C25素混凝土，其下为基岩，经查阅设计文件并分析，认为其作用和做法与隧道路面结构中的混凝土垫层（找平层）类似，而施工单位已标价工程量清单中有隧道洞内水泥混凝土垫层（C20混凝土，厚15cm）子目，且无明显的不平衡报价，借助软件将定额中的C20素混凝土抽换为C25素混凝土，即可得出C25素混凝土单价。再次对于依据变更估价原则第4项条款确定新增单价的情况，基本相当于将施工单位编制新增单价的工作重做一遍。具体流程王丽红[8]、温永超[9]已有较完整的描述。

该步骤的审核要点主要有以下三项：①做好对变更工程量的复核，部分技术联系单提供数量可能存在多算的情况，施工单位一般不会主动调低，作为审价人员则需要加强工程数量核实；②对于未在招标文件中规定材料基期价格或未含在省厅发布造价信息中的材料单价，则需要通过询价或其他途径获取，可要求提供询价材料，为确保材料价格的准确性，审核人员或第三方审核人员也可再次独立询价；③仅需对完全重新组价的新增单价进行下浮，而对按照投标清单类似子目或参照子目申报的新增单价无须下浮。

5 结语

根据相关研究成果，一般公路工程施工阶段资金投入占到了工程造价的70%左右，施工阶段公路工程造价管控,对工程整体造价影响为5%～20%。由此可见,基于高速公路建设项目动辄上百亿的投资,在高速公路建设项目实施阶段,加强对变更内容新增单价的审核、管控,继而做好施工阶段工程整体造价管控,对降低高速公路项目全过程造价,提高投资效益仍具有不小的意义。

参考文献

[1] 祝朝旺.公路工程新增单价的谈判艺术[J].交通标准化,2010,10:125-128.

[2] 中华人民共和国交通部.公路工程国内(外)招标文件范本(2003年版)[S].北京:人民交通出版社,2003.

[3] 中华人民共和国交通部.公路工程标准施工招标文件(2009年版)[S].北京:人民交通出版社,2009.

[4] 中华人民共和国交通运输部.公路工程标准施工招标文件(2018年版)[S]北京:人民交通出版社股份有限公司,2018.

[5] 苏田斌.公路工程单价合同中变更单价的确定方法[J].交通标准化,2007,05:141-144.

[6] 王韶松.浅谈公路工程施工阶段的业主造价管理[J].北方交通,2007,09:77-78.

[7] 蔔胜先.高速公路新增项目单价确定方法[J].交通科技与经济,2009,05:121-123.

[8] 王丽红.公路工程新增单价编制流程及注意事项[J].科技创新与应用,2016,14:234-235.

[9] 温永超.公路工程新增单价问题分析[J].黑龙江科技信息,2016,16:233.

[10] 张玉峰,晋敏.公路工程新增单价定价方式关键技术研究[J].公路交通科技(应用技术版),2014,02:226-228.

[11] 高德风.高速公路工程合同清单外项目单价确定方法[J].公路交通科技(应用技术版),2015,11:278-280.

[12] 丁燕.公路工程变更项目单价确定计算方法探讨[J].科技资讯,2015,09:125.

[13] 王积鹏.公路工程变更单价的确定方法[J].山东交通科技,2017,03:121-123.

[14] 骆书彩.公路工程变更单价的确定方法探究[J].黑龙江交通科技,2020,03:231-233.

[15] 董菲.工程造价的动态管理及控制问题[J].交通世界,2018,12:152-153.

[16] 张中岳,张超.公路工程施工阶段造价管理控制[J].科技风,2020,18:171.

[17] 方俊,龚越,胡光和.建设项目招标不平衡报价识别机制研究[J].建筑经济,2017,02:63-67.

高速公路建设项目安全管理规划研究

付　波[1]　李　治[2]

（1. 浙江杭宣高速公路有限公司;2. 重庆交大交通安全科技研究院有限公司杭州分公司）

摘　要　安全生产关乎社会和谐稳定和企业生存发展，保障建设项目生产安全是工程高效推进、创优争先的前提和基础，安全生产中的安全管理是项目管理的重要组成部分。本文以作者参建的高速公路项目为例，对高速公路建设项目安全管理规划进行了深入研究。研究深度解读了相关法律条文规定，吸收采纳了国内外安全生产先进管理理念和管理模式，普及应用了前沿的科学技术手段，创新实现了施工现场智慧化运行图景。此次研究有助于高速公路建设项目构建一套完善的安全管理模式，其中包括安全管理体系规划（责任体系、制度体系、培训体系、救援体系、预防体系）、安全生产标准化建设要求及实施手段、安全保障能力提升和安全文化等各个方面。

关键词　安全　大纲　管理　建设项目　高速公路

1　引言

公路工程建设作为高危行业，具有建设规模大、里程长、施工工艺复杂、地质地形复杂等特点。施工队伍庞大、参建人数众多、施工作业点多、投入的设备多，决定了施工现场危险源相对较多，而且我国公路工程项目的安全工作多属于经验型管理，受人员水平、各方面重视程度的影响较大，给安全管理带来很大难度。

因此，安全管理一直都是公路工程参建单位关注的重点内容。在公路工程施工安全管理中，管理观念不够先进，制度建设不够完善，这些对公路工程的施工安全产生了十分不利的影响。在安全管理过程中，安全管理体系的规划与建设是首要环节，项目安全管理要基于系统的理念，立足于事前预防、事中控制、综合防范，针对项目安全工作所面对的各种因素，提前进行项目安全管理规划，可更好地为项目后续的安全工作提供明确的管理方向及思路，实现防患于未然。

为全面落实《安全生产法》，切实抓好案例工程的安全生产工作，项目建设单位根据交通建设工程安全管理的要求，并结合项目的特点和实际情况，对项目建设期间安全管理进行了规划，编制了安全管理大纲，进一步明确了项目安全管理的目标、内容和手段，为安全工作的开展提供指导。

2　工程概况

案例工程采用《公路工程技术标准》（JTG B01—2014）中双向四车道高速公路标准，设计速度100km/h,路基标准宽度26.0m;路线全长约85.5km,全线设置桥梁约23.3km/70座,隧道约33.7km/29.5座,桥隧结构物长度占路线总里程的66.7%;设互通立交9处,其中枢纽式互通2处,一般互通7处;设服务区2处,停车区1处。

案例工程位于浙西山区丘陵地带,走廊狭窄,土地稀缺,环境敏感,生态脆弱,具有山区高速公路特征,施工条件相对恶劣,加上项目建设规模大,给安全管理带来较多困难。安全管理具有以下特点:①桥隧比例高,其中特大桥有4座、特长隧道3座、长隧道8座;②山区地形复杂,施工场地受限,施工便道转弯半径小、纵坡大;③交叉干扰多,沿线多处跨越现有高速公路及国省道,一处穿越现有高铁,还存在管线、高压线等干扰;④沿线存在岩溶等不良地质路段,路基高边坡也较多。

3 安全管理体系规划

3.1 安全生产责任体系

责任制是安全生产的核心,是改进安全状况的根本途径、基本方法和工作平台。高速公路安全生产责任体系应按照"安全第一,预防为主,综合治理"的方针,坚持"管生产必须管安全"和"谁主管谁负责"原则,做到全员参与、全面覆盖和全过程管理。一是责任清单化,实行全员安全生产责任制,依法依规明确各岗位安全责任清单,做到清单中每一项安全责任描述标准化,保障安全生产责任有效落地,切实提升安全责任管理的可控、能控和在控水平。二是履责痕迹化,按照"全领域、全方位、全过程"要求,让安全管理活动留下印迹,做到部署留痕、培训留痕、检查留痕、整改留痕等。同时把握好痕迹的度,做到与目标管理相一致,避免过度留痕。

3.2 安全生产制度体系

国务院颁布的393号令《建设工程安全生产管理条例》,进一步规范了建设工程的安全生产行为,明确了安全生产的基本原则和主要制度。高速公路参建单位应按照相关文件要求,根据各自的安全生产责任及责任划分,从制度制定、制度实施、制度修订等各方面建立健全本单位安全生产管理制度和操作规程,确保项目安全生产管理工作制度化、规范化、标准化。同时通过加强制度学习、抓好制度宣传、强化部门监督、兑现奖惩措施、建立文化体系、实施反馈机制等方面强化制度落实。各参建单位在制度执行过程中,应根据出现的问题和项目内外部环境变化情况,对原有制度中无法适应和满足安全工作要求以及与新的文件要求不符的条款及时进行修订完善,使制度建设实现闭环管理。

3.3 安全教育培训体系

《安全生产法》(2014年修订)对生产经营单位和从业人员进行安全生产教育培训做了明确的规定。高速公路项目应从规范教育培训行为、提高教育培训可操作性等方面入手提高教育培训的质量和效果。案例工程依托项目动态管理系统,实现人员信息录入和教育培训、考试的信息化和数字化管理，人员基本信息通过电子设备直接扫描录入系统，人员教育培训和考试按岗位分级分类管理。同时建设安全教育培训中心，设有培训学校、安全体验馆、VR 虚拟现实体验、安全展示厅、职工书屋、文体活动室等场所丰富教育培训的形式和内容。

3.4 应急救援管理体系

《国务院关于进一步加强企业安全生产工作的通知》提出："建设更加高效的应急救援体系，主要包括加快国家安全生产应急救援基地建设，建立完善企业安全生产预警机制，完善企业应急预案等内容"。高速公路项目应从应急预案编制、应急保障、预案演练、预案修订等方面建立科学高效的应急救援管理体系。预案编制应加强横向和纵向衔接，既要形成指挥部到项目部上下贯通的应急管理工作体系，又要加强与当地政府应急预案的衔接。应急保障要整合现有的应急资源，提高救援人员的装备、水平，并与相关方面保持联系，使其提供应急期间的医疗、治安保卫、交通维护和运输等应急救援力量的支援。应急演练应结合项目所处地理自然环境以及特点，联合相关单位，通过桌面推演和现场演练等多种方式开展。应急预案应根据演练情况、相关法律法规及上位预案、安全风险及应急资源的变化情况及时修订。

3.5 双重预防管理体系

在生产过程中，生产安全事故风险和隐患是客观存在的，风险和隐患虽然不是事故，但可能导致事故的发生。如果能及时发现风险和隐患，并进行有效的管控和治理，事故发生的可能性就极大地降低。因此将风险管控与隐患排查两个体系有机结合，准确分析和把握安全生产的特点、规律，坚持风险预控、关口前移，实现把风险控制在隐患形成之前，把隐患消灭在事故之前，防范遏制事故是一项重要措施和预防手段。案例工程双重预防机制[2]建设分别从目标、体系、内容、原则和实施 5 个层面进行"1245"的安全管理模式。"1"指一个目标，即遏制安全事故，提高项目本质安全水平的目标；"2"指两道防线，即风险分级管控和隐患排查治理；"4"指四个原则，即风险优先原则、系统性原则、全员参与原则、持续改进原则；"5"指五项落实，即责任落实、措施落实、资金落实、时间落实、信息化落实。

4 安全生产标准化建设

《安全生产法》明确规定：生产经营单位必须推进安全生产标准化建设，提高安全生产水平，确保安全生产。案例工程在项目建设期间全面开展安全生产标准化建设，实现班组安全生产规范化、制度化、程序化、精细化管理，实现桥梁、隧道、路基、临时设施等各施工现场的安全规范有序，全面提升班组作业标准化和工点标准化水平，规范施工现场安全管理。

4.1 安全生产标准化主要内容

安全生产标准化建设主要包括施工现场安全标准化和班组作业安全标准化建设。

施工现场的安全标准化建设，主要包括隧道、桥梁、路基施工安全标准化、安全标识标志标准化、通道安全标准化、临时设施安全标准化、临边防护标准化、临时用电安全标准化、特种设备及专用设备管理和防护标准化等，按照工点标准化的要求，认真做好对标管理，并积极谋划工作亮点，各标段之间通过学习观摩，经验借鉴等方式取长补短，共同提高，同时加强过程中的监督检查和考核，及时组织开展阶段性总结，不断提升，持续改进，形成全线安全标准化作业场面。

施工班组的安全管理往往是项目建设的一个薄弱点和难点。班组作业安全标准化的主要流程包括班前会、班中巡查和班后总结三个环节。班前会即班组作业前召开的会，由班组长向班组成员布置工作任务、传达工作要求和开展安全教育。班中巡查由安全员或技术员负责落实，根据班组情况确定检查频率，检查内容主要包括设备运行情况、作业环境危险因素及“三违”行为等，并填写检查表格。班后总结是指班组作业结束后，由班组长主持，对当天工作任务及执行安全规程情况进行小结并填写日志，对表现好的和违章作业的班组成员分别给予表扬和批评。在上述各环节中，项目安全管理人员通过现场巡查、视频监控及内业检查等方式确保相关工作的正常开展。

4.2 三个管理手段

案例工程建立安全首件认可制，选定分部分项工程中第一件（批）产品作为首件工程，编制安全首件实施方案，主要内容包括现场安全防护设施和安全标志标牌的布局规划、现场平面布置图、现场“5S”管理示意图等，经监理批准后实施，完成首件工程后经监理验收后示范推广，使后续工程安全标准均不低于首件工程标准。

案例工程实施安全生产网格化管理[4]，项目施工期间按照路、桥、隧等分部分项工程分类，科学划分安全生产网格，每个网格明确安全责任人，建立横向到边、纵向到底的安全生产网格体系。网格人员严格实行“一岗双责”，签订责任书，明晰工作职责，强化对责任区域的安全管理和检查，将安全生产责任落实到生产过程的每个区域和环节。

企业可持续发展项目 SCORE[5]是由国际劳工组织开发，促进中小企业改善工作场所的管理培训和咨询项目。案例工程在项目全面推广 SCORE 项目，作为项目安全管理的一个重要手段，提倡全员主动参与、“自下而上”的管理理念，与企业传统的“自上而下”管理模式进行互补，进一步促进项目管理层与员工之间的沟通与合作，减少生产过程中一些不必要的浪费，排除隐患，进一步规范施工现场安全生产标准化建设，改善施工作业环境，保障员工职业安全和健康。

5 安全保障能力建设

5.1 科技化支撑

案例工程通过机械化和自动化等科技化[6]手段不断推进机器减人、机器换人，从源头上管控物的不安全状态和人的不安全行为，提升项目本质安全水平。如在梁板预制中推广使用先进的液压模板降低安全风险，提高工程质量；在起重机械上推广使用自动启停装置保障运行安全；在隧道施工中推广使用两机（多臂凿岩台车、自动湿喷机械手）、一桥（自行液压仰拱栈桥）、六台车（自动化立拱台车、二衬预检台车、自动化防水板铺挂台车、带逐窗入模浇筑系统二衬台车、二衬养护台车、电缆沟台车）等设备以减少作业人数和工作强度；在工程车辆管理方面推广安装可视化倒车系统和 GPS 系统提高运输安全等。

5.2 智慧化管理

案例工程利用创新智慧化技术手段，对项目进行安全管理。如通过技术手段，尝试利用远程视频监控系统实现事件智能识别功能，可以对未佩戴安全帽、班前讲台出勤、值班情况等事件进行识别，并及时预警，实现智慧化现场安全检查。通过智慧化临时用电，减少潜在的用电事故隐患。通过智慧化人车通行，降低场内交通风险。通过智慧监理，将动态系统、物联网、视频监控、等信息化手段与数字化监理系统和监理记录仪整合，规范监理管理行为等。

5.3 社会化服务

案例工程根据项目特点，引入社会上专业的安全技术服务，提升项目安全生产管理专业化水平。如引入综合安全技术咨询服务、特种设备安全咨询服务、社会保险有关服务、灾害天气预警服务等。

5.4 安全生产费用管理

项目安全生产费用应用于完善和改进项目安全生产条件，安全生产费用管理应坚持“规范计取、合理计划、计量支付、确保投入”的原则。为进一步规范安全生产费的计取与使用，可对单项费用超过一定金额或非常规的安全费用使用实行事前审批，项目部将单项费用使用计划提前报监理办审批，明确此项费用归类为哪项费用大类以及使用范围、具体用途、预算等。在安全生产费用使用方面，应引导施工单位采用定型化、装配式的施工安全防护设施，鼓励安全、先进的设施设备的推广应用，在费用计取时优先酌情考虑。

5.5 安全生产文化建设

安全文化是安全管理的灵魂，是触及职工灵魂深处的一种启迪和唤醒，在潜移默化中激发职工安全生产意识，让职工产生发自内心的自觉行动，是安全生产长治久安的根本保证。高速公路项目应通过各种方式进行安全生产文化建设，如“我当一天安全员”活动、工人全家福照片墙、质安文化进工地、美丽班组、美丽工人、质量安全文化体验馆、安全生产月、安全生产大讲堂、SCORE 文化等，因地制宜，充分利用项目场地，进行安全文化宣传，确立参建人员安全红线意识，规范其安全行为，为安全生产工作创造团结和谐、积极向上的良好氛围，以文化管理促进项目安全实施。

6 结语

项目安全管理要围绕“依法治安、责任保安、学习知安、标化强安、科技兴安、文化促安”这几个方面来开展项目安全管理，树立先进的安全管理理念，建立完善的安全管理体系，为项目生产安全顺利实施提供保障。

参考文献

[1] 中华人民共和国交通运输部. 公路工程技术标准:JTG B01—2014[S]. 北京:人民交通出版社股份有限公司,2015.

[2] 刘博. 基于双重预防机制化工安全管理创新模式[J]. 技术与创新管理,2020,04:469-473.

[3] 交通运输部工程质量监督局. 公路水运工程施工安全标准化指南[M]. 北京:人民交通出版社,2013.

[4] 何厚全. 建筑工程重大危险源网格化安全监督体系研究[D]. 南京:东南大学,2015.

[5] 施永伟. 强化企业自主管理落实全员安全责任——SCORE 项目推进做法与成效[J]. 劳动保护,2018,09.

[6] 安全监管总局. 关于推动安全生产科技创新的若干意见[J]. 中国应急管理,2016,10.

浅谈临金高速公路临安至建德段工程造价控制方案

梁　斌
(杭州都市高速公路有限公司)

摘　要　工程造价管理是一门集技术、经济、管理于一体的综合学科，尤其在高速公路飞速发展、工程造价节节攀升的当下，如何做好工程造价管理引人深思。本文结合临建高速公路实际，浅谈合理有效控制高速公路工程造价的方案。

关键词　高速公路　工程造价　方案

1　引言

临金高速公路临安至建德段工程是亟须打通的浙皖省际高速公路通道，也是《长江三角洲地区区域规划》(国函〔2010〕38 号)和《长江三角洲城市群发展规划》(国函〔2016〕87 号)中的重点项目，对于完善长三角高速公路网，加快长三角一体化发展具有十分重要而深远的意义。路线起于浙皖交界的千秋关，路线往南经过杭州市临安区、桐庐县、建德市，终于杭新景安仁互通处，设安仁枢纽与杭新景高速公路相接。路线全长 85.5km。

项目采用《公路工程技术标准》(JTG B01—2014)中双向四车道高速公路标准，设计速度 100km/h，路基标准宽度 26.0m，路线全长约 85.5km(其中主线共设置桥梁约 23.3km/70 座，隧道约 33.7km/29.5 座，桥隧结构物长度占路线总里程的 66.7%)，概算总投资 206.483 亿元。

2　造价控制目标

项目竣工决算不超批复概算(不含征地拆迁及政策增长因素)。

项目竣工决算同初始批复概算相比节概 2% 及以上，力争土地征迁费用控制在批复概算内，政策性原因调整除外。

3　重要举措

3.1　精心谋划促建设

根据高速公路的具体建设任务，在项目前期就提前介入，做好项目定位和规划，明确建设项目的指导思想和目标,并在项目工可、招投标文件编制、初步设计及施工图设计等前期各项工作中落实目标。同时,充分发挥自身主体的组织优势,强化建设项目管理工作,精心谋划工程建设投资影响因素较大的规划设计、建设机制、标段划分、施工招标文件编制等,并做好预测风险分析评估及应对。

3.1.1 正确定位,做好规划

在制订建设项目目标时,要树立项目全周期寿命成本理念,统筹规划项目总体方案,以全局角度考虑问题,全方位优化方案,有效地促进项目全寿命内降低成本。

3.1.2 建立良好的建设管理机制

按照"政府建设环境保障、业主专业化管理"的模式,合理设置组织机构。

3.1.3 科学划分标段,合理利用资源,降低施工难度,提高施工机械等利用率

在标段划分上,充分考虑地形地貌、施工便道便桥、社会环境、工程难易程度,土石方等自然资源的利用,避免资源分配失衡造成不必要浪费,在项目建设决策上节约工程造价。

3.1.4 注重合同文件重要条款的宏观决策

高速公路建设中工程材料费在造价中占了60% ~70%,也是整个项目建设成本控制的关键。为避免主材价格波动较大增加投资或影响施工,根据以往建设管理经验,深入调查建设市场,针对钢筋、水泥、沥青等主材制定合理的材料调差补偿办法,以减少项目投资。

采取委托专业招标代理初步编制招标文件,并通过公司内部经验丰富的专业人员对具体条款全面进行审核、修订,尽可能避免合同条款出现漏洞、歧义等现象;同时通过公司内部各专业人员或委托其他有资质单位对工程量清单编制重新审核,避免出现工程数量重列、漏列或与图纸不符等情况,而被投标人利用采取不平衡报价,造成了很多的不当支出。在合同实施期间,注重合同履约意识,采取定期或随机方式检查承包人合同要求人员、机械到位情况及工程节点完成情况,并严格按照合同规定进行奖罚,避免承包人合同履约不到位或合同执行不到位,避免不必要投入,有效控制工程造价。

3.2 把握核心创新机制

影响项目投资最大的阶段,是约占建设周期1/4 的技术设计结束前的工作阶段。其中,初步设计影响约占75% ~95%,技术设计影响约占35% ~75%,施工图设计影响约占5% ~35%。特别是地质勘察资料是否足够精确,设计线位是否合理对工程造价影响最大,也是投资控制的核心;核心工作就是提高地质勘察工作质量,选择经济强的设计线位。

3.2.1 引入地质监理

强化对地质勘察工作监管,尤其加强对外业中地质钻探设计位置、数量,探槽深度及采样完整性和内业的室内试验、资料整理、地质评价的监管。

3.2.2 引入路线线位设计咨询单位

路线设计对整个高速公路项目工程造价影响最大,强化地质勘察工作作用,目的是为优

化路线设计提供设计参数。随着测绘技术的发展,通过电子图选择线、定线,设计人员的水平、经验对线位设计起决定作用,如何克服设计线位脱离现场是决定线位设计经济性的关键。

为此,在高速公路路线测设阶段引入路线线位设计咨询服务单位,动态跟踪、咨询勘察设计单位的路线布设,对线路所经走廊带进行实地踏勘,提出路线合理、经济的建议是非常有益的举措。

3.3 创新务实精管理

3.3.1 信息化管理实现管理规范化

作为工程项目的建设单位要实时应对施工、设计、监理、政策的不断变化,确保工程项目建设的顺利进行,实行信息化管理至关重要。项目信息化管理主要运用信息技术实现建设项目内外部信息在管理机构内的准确、快捷的流动,其关键就是实现设计信息、施工信息、管理信息的有效整合,完成工程链与管理链的有效集成,实现整个工程设计、建设、管理的数字化,包含了对项目管理机构的管理优化和流程重组。

3.3.2 创新机制严把工程变更

山区高速公路发生变更量最大、最不可控的因素是工程地质变化,拟研究建立路堑边坡实时评价动态设计机制,对隧道地质开展地质预报,提高边坡岩体、隧道围岩判别的预见性、准确性,正确选择支护方式,减少过强支护和避免因支护不当失稳情况,合理控制工程变更。

3.3.3 创新工程计量系统,实现高效、便捷、严谨、准确计量

根据高速公路以往的计量软件系统的使用经验,结合计量管理制度和动态管理系统要求,对计量系统进行深度开发,将工程划分、质保资料、计量单元进行集成。

3.3.4 加强现场勘察,优化细化设计

山区高速公路地形复杂、地质多变、植被茂密,对勘察、设计造成较大的模糊性,易出现方案不合理、不准确等,因此在整个建设过程中,强化设计方案的现场核对、现场优化设计尤为重要。

3.4 协调联动保顺利

3.4.1 创造无障碍施工环境

在施工前期,联合当地政府力量,做好政策处理工作,同时依托“阳光工程”平台,网上设置施工干扰因素专栏,及时曝光干扰问题,以便尽早解决,尽可能做到路上问题、路下解决。创造无障碍的施工环境,提高效率,推进项目顺利开展,从而有效降低成本。

3.4.2 合作互动共收益

强化与施工单位、地方政府负责政策处理的指挥部沟通、协调工作,对项目建设中出现的问题各方通力合作解决,以减少各方的费用支出。

3.4.3 严格监管资金

通过与银行协商,订立建设单位、施工、银行三方资金监管协议,规范各施工单位建设资金合法使用,避免非法外流。同时,施工按需求注入流动资金,保证建设资金满足正常生产需要,为工程顺利推进保驾护航,提高生产效率。

3.4.4 现场协调减干扰

工程施工进行动态、实时监管,针对性做好同一作业面多家单位施工的协调、衔接,确保各单位各项工作开展顺利,避免各承包人之间因未提前做好相关协调工作,导致相互制约,影响施工进度。

4 结语

公路工程造价的管理与控制是个复杂过程,因此应将分阶段控制和有效控制、全过程控制融合到一起才能真正起到对公路工程进行经济效益控制的目的。

参考文献

[1] 中华人民共和国交通运输部.公路工程技术标准:JTJ B01—2014[S].北京:人民交通出版社股份有限公司,2015.
[2] 中华人民共和国交通部.公路路线设计规范:JTJ D20—2006[S].北京:人民交通出版社,2006.
[3] 徐家钰,程家驹.道路工程[M].2版.上海:同济大学出版社,2004.

高速公路项目建设合同法律风险探讨

唐张文

(浙江杭宣高速公路有限公司)

摘　要　目前,我国已经出台第一部《民法典》,修改了部分建设施工合同的条款,这些条款对于建设施工产生了一定的影响。本文将以建设单位为出发点和落脚点,围绕临金高速公路临安至建德段,把《民法典》作为核心,讨论合同风险的相关内容。本文主要分为3个部分,①介绍临建高速公路项目的基本情况;②围绕临建高速公路项目,阐述可能面临的合同风险的特点、种类以及会造成的不利影响,通过比较《民法典》中的建设施工合同并根据相关的法律法规,特别是《民法典》的内容,提出切实可行的防范措施和建议,争取把临建高速公路项目建设成品质工程;③根据《民法典》的内容,阐述在建设施工领域的未来的趋势和建议。在《民法典》中多次出现保护环境、节约资源、绿色环保,这就要求临建高速公路在施工过程中,必须符合《民法典》的绿色原则,争取把临建高速公路项目建设成绿色工程。

关键词　高速公路建设　品质工程法律风险　《民法典》　合同指南

1　引言

近年来,我国高速公路迅速发展,对于促进国家经济发展,改善人民出行条件,其作用毋庸置疑。但是在发展过程中,也出现了行业陋习,如普遍存在的转包和违法分包,分包单位资质造假,施工单位挂靠等问题。如因转包或者违法分包造成建设施工合同无效时,《民法典》对此做出了修改,可能会造成施工单位不必要的损失。这不仅不能保证工程质量,而且也会造成高速公路行业的畸形发展。合同是贯穿于高速公路建设所有环节,是其重要组成部分,既是重要推手,又是有力保障,但是其中也隐含了一些法律风险。因此,临建高速公路项目必须根据《民法典》的内容,及时发现、合理规避合同风险,同时拟定一份合同指南,引导参建单位尊重合同、按照合同约定行使权力和履行义务。

2　项目概况

临建项目起于浙皖交界的千秋关隧道,与宁宣杭高速公路安徽段顺接。路线往南经临安、桐庐、建德,终于杭新景高速公路安仁枢纽。全长约85.5km(临安44.7km,桐庐36.5km,建德4.2km),采用双向四车道高速公路标准,设计速度100km/h,路基宽度26m。全线主线共设桥梁23.3km/70座,隧道约33.7km/29.5座,桥隧比66.7%。项目总投资约206.48亿元,建设工期42个月。

3 合同法律风险的含义和特点

3.1 合同法律风险的含义

合同是企业从事经济活动取得经济效益的桥梁和纽带,但同时也是产生风险的根源。

合同的法律风险是指在合同订立、生效、履行、变更、转让、终止及违约责任的确定等过程。由于外部的法律环境因素、合同主体因素、合同内容因素以及合同行为的程序不规范等因素,从而使企业的现有利益受到减损,承担经济损失和民事法律责任的风险。

3.2 合同法律风险的特点

合同法律风险存在多样性。临建高速公路建设周期长达42个月,涉及临安、桐庐、建德三个县域,牵扯人员多,这决定了在高速公路建设过程中,会有不同类型的合同,如买卖合同、租赁合同、承揽合同、建设施工合同等。合同种类越多,其中隐含的法律风险也越多。

合同法律风险具有专业性。高速公路建设不仅涉及的合同种类多,而且内容更专业。既涉及基础的法律知识,又要根据项目的具体内容,掌握与项目相关的法律。同时还必须熟悉招投标法、建筑法,建设工程的相关法律。

合同法律风险涉及全过程。高速公路建造本质上是多个主体之间在签订合同的基础上,实施的多种具有法律意义的行为。高速公路项目风险因素贯穿于整个项目周期,不以人的意志为转移,具有客观性和普遍性。从前期立项、工可阶段,勘察设计到施工建设阶段,每个阶段都会涉及合同。如在工可阶段,一般建设单位会委托有资质的单位编制工程可行性研究报告,那么双方就需要签订委托协议。

4 合同法律风险种类

在高速公路项目建设过程中,合同法律风险种类多样,情况复杂多变。在这里只讨论常见的几种合同。

4.1 转包合同

4.1.1 转包的定义

《建筑工程质量管理条例》第78条第3款:本条例所称转包,是指承包单位承包建设工程后,不履行合同约定的责任和义务,将其承包的全部建设工程转给他人或者将其承包的全部工程肢解以后以分包的名义分别转给他人承包的行为。《民法典》第七百九十一条规定发包人不得将应当由一个承包人完成的建设工程肢解成若干部分发包给数个承包人;承包人不得将其承包的全部建设工程转包给第三人或者将其承包的全部建设工程肢解以后以分包的名义分别转包给第三人。法律明确规定,无论是发包方还是承包方都不得转包。

4.1.2 转包的原因及危害

转包无论在国际还是在国内都是被明令禁止的,但是转包现象仍然频频发生。该行为不仅扰乱市场秩序,还会对工程质量造成不利影响。一方面,各承包人受利益驱动,牟取不正当利益,甚至买卖标的,更恶劣的是各单位"层层转包,层层扒皮",严重扰乱工程建设的市场秩序,违背诚实信用原则。另一方面,因层层转包之后,导致建设资金不足,施工方为节省资金,会偷工减料,滥竽充数,导致该工程在质量、安全等方面存在隐患,如果强行改变极有可能导致工程延缓和工程质量的降低以及施工成本的增长;并且在层层转包之后,施工单位可能是不具备招标文件中规定的资质条件,也没有相应的施工技术。一旦工程出现问题,各方出现互相扯皮,互相推诿,加剧矛盾。

4.2 分包合同

4.2.1 分包的定义

《民法典》第七百九十一条规定总承包人或者勘察、设计、施工承包人经发包人同意,可以将自己承包的部分工作交由第三人完成,其实这就是发包。法律规定工程分包是允许的,分为专业分包和劳务分包,分包后可以降低工程成本,提高整个工程建设的效率,控制工程质量。

4.2.2 分包的原因和危害

但是实践中存在很多违法分包,特别是以劳务分包代替专业分包和多次分包这两类。以劳务分包代替专业分包为例:建设高速公路涉及环节多,技术复杂,所以总承包单位必然会有一些技术薄弱点,就会实施专业分包,比如爆破、路面等。但是在建设过程中,一方面可能是专业分包对于资质和人员的要求比较高,一些企业由于自身原因未取得相应的资质和专业的技术人员和管理人员,没有专业分包的资格;另一方面是由于审批严格,专业分包要由建设单位审批,而劳务分包只需要通过监理办审批即可。所以一般来说,承包单位会选择劳务分包,而非专业分包。此类违法行为会导致工程质量有瑕疵,甚至不能通过竣工验收,是不合格工程。

5 法律处理原则

对于合同风险,有许多方法可以解决,如平等协商、仲裁、诉讼。但是转包和违法分包是法律所禁止的,就必须承担一定的法律责任。首先,转包或者违法分包是无效的,最高院《关于审理建设工程施工合同纠纷案件适用法律问题的解释》第四条规定承包人非法转包、违法分包建设工程或者没有资质的实际施工人借用有资质的建筑施工企业名义与他人签订建设工程施工合同的行为无效。其次,既然合同无效,施工方可能会拿不到足额的工程价款,根据《民法典》规定,合同无效时,且工程验收合格后,可以根据合同折价补偿,并不是之前的足额支付,这其实是严格施工方的民事责任。第三,不仅要承担民事责任,可能还会承担行政或是刑事责任。《建筑法》第六十七条第一款规定:"承包单位将承包的工程转包的,或者违反本法规定进行分包的，责令改正，没收违法所得，并处罚款，可以责令停业整顿，降低资质等级；情节严重的，吊销资质证书。如果因转包或是违法分包启用了没有资质的企业，因而造成施工事故，还可能会处罚刑法，例如重大安全责任事故罪等。所以各个单位应该加强合同管理，提高合同的签约质量和抵抗法律风险的能力。

工程建设过程中，对合同管理的内容、合同管理的方式，各单位理解上和执行上尚存在较大的偏差，合同执行过程中还有大量的分歧存在，导致工程建设不够顺畅，不能有序推进。为了更好地加强高速公路参建各方的合同履行意识，开展合同管理工作，目前，临建项目正在制定合同管理指南；该指南不仅包括合同的管理，还囊括了人员、机械、工期等内容，通过该指南引导参建单位尊重合同、按照合同约定行使权力和履行义务。如果能在全省进行推广此指南，则不仅可以有效地合同管理，而且能够及时避免一些不必要的合同法律风险。

6　高速公路未来发展趋势

2020 年，我国出台了新中国第一部《民法典》。该法典是体现我国社会主义制度优越性，满足人民美好愿望，符合时代进步的法律，是一部固根本，稳预期，利长远的基础性法律。《民法典》是人民生活的百科全书，全面影响人民群众的生活，与高速公路建设密切相关的建设工程合同也做了一些调整。主要是增加了第七百九十三条和第八百零六条，第七百九十三条第一款规定建设工程施工合同无效，但是建设工程经验收后合格的，可以参照合同关于工程价款的约定折价补偿承包人的具体情况，这其实是严格施工方的责任。第七百九十三条第二款规定发包人对因建设工程不合格造成的损失有过错的，应当承担相应的责任。这里的相应责任包括民事、行政甚至是刑事责任，相当于加重了发包方的过错责任。这一条款是民法典中对施工方和发包方影响最大的条文，双方在之后的合同签订过程中，应避免使合同无效的因素。如发包方在招标时一定要严格审核投标人的资质是否符合招标文件的要求，同时要查清该企业是否存在挂靠等会使合同无效的情况。第八百零六条，该条款是吸收了司法解释后制定的。一方面规定发包人可以解除合同的事项，只有承包人转包和违法分包，无论是以什么样的形式转包，在《民法典》中，一律是发包方可以解除合同的法定事项，实际是限制了承包方的权利。

除了以上两个条款会对建设施工的主体造成影响之外，《民法典》中出台了绿色原则。绿色篇章”充分体现了习近平总书记的生态文明思想，彰显了宪法精神，贯彻了新时代新发展理念，彰显了清新的生态伦理精神，为生态文明思想在我国法律中的全面贯彻奠定了规范基础，为用“最严格的制度、最严密的法治保护生态环境”提供了民法制度保障。在《民法典》中一共用 18 个条文专门规定“绿色原则”、确立绿色制度、侵权责任的追究，衔接绿色诉讼，形成了系统完备的“绿色条款”体系。第九条规定民事主体从事民事活动，应当有利于节约资源、保护生态环境，确立了进行民事活动必须遵循的基本原则。第五百零九条规定当事人在履行合同过程中，应当避免浪费资源、污染环境和破坏生态，在合同履行过程中要承担的基本义务。第一千二百三十二条规定侵权人违反法律规定故意污染环境、破坏生态造成严重后果的，被侵权人有权请求相应的惩罚性赔偿。如今绿色发展理念已经已被《民法典》

吸纳，对建设施工也提出了更高的要求。临建项目是山区高速公路的代表，桥隧比达到66.9%，对于环保的要求是比较高的。但是临建高速公路项目在施工过程中，运用现代技术，各标段预制场形成“沉淀池＋废水处理池”的两池标配；拌和站形成拌和楼全封闭＋料仓半封闭的两封闭标配；全线的7条机制砂生产线（3条为塔楼式生产线），形成“生产线全覆盖＋负压除尘”的除尘体系；交叉路口、场站出口形成“便道硬化＋围挡（洗车池）＋喷淋”的降尘体系，严格落实保护环境，节约资源，绿色发展的模式。

7 结语

本文主要是围绕临金高速公路临安至建德段工程，分析了该项目的风险特点，包括分包及转包的可能会造成的危害。同时，结合《民法典》关于建设施工的合同，对建设施工提出了更高的要求。临建项目在施工过程中，始终贯彻保护环境、节约资源、绿色发展的模式，争取把临建项目建设成品质工程，绿色工程。

参考文献

[1] 付金璐. 试析建筑工程中的违法分包非法转包及应对策略[J]. 现代国企研究，2015，(18)：146.

[2] 龚雪林. 转包、分包和借用资质情形下的建设工程施工合同效力分析——兼论建设工程施工合同司法解释有关效力规定[J]. 社会科学，2014，12：74-79.

[3] 周松. 高速公路项目风险管理分析[J]. 科技经济市场，2017，(10)：179-181.

[4] 孙辉. 论建设工程价款优先受偿权的行使[D]. 上海：华东政法大学，2019.

[5] 中国法制出版社. 中华人民共和国民法典[M]. 北京：中国法制出版社，2020.

[6] 陈水军. 建筑业企业工程项目风险防范初探[J]混凝土世界，2019，(09)：91-93.

[7] 袁荣华. 民法典编纂下建设工程价款优先受偿权的继承与完善[D]. 武汉理工大学，2018.

[8] 余向阳. 民法典“绿色篇章”蕴含丰富的时代精神[N]. 人民法院报，2020-08-19(002).

高速公路项目建设合同管理探讨

吴亭亭
(浙江杭宣高速公路有限公司)

摘　要　高速公路工程项目的合同管理贯穿整个建设过程,是业主实行全面管理的重要环节。高速公路的建设是通过合同约定的形式完成,进行合同管理依据合同开展工作是所有参建单位应尽的义务和责任。目前建设过程中施工单位、监理单位、建设单位均在开展合同管理工作。加强合同管理有利于高速公路建设有条不紊地进行,在严格的合同管理下,各参建单位自觉信守和履行合同,能够确保建设项目的质量、进度、安全。为了达到预期目标,建设项目管理者要合理应用管理职能和制度对合同签订和执行的全过程实施监督和管理,并针对合同条款进行规范、科学的管理,对不同环节进行检查和分析,做好合同管理规划,加强合同管理体系和制度建设,制定出完善可行的合同管理制度,根据工程具体情况确定合同管理工作的重点,使得合同管理工作有的放矢。在合同管理方面借鉴国际先进经验,加速建立和完善市场经济需求的新的合同示范文本;加大合同管理力度,保证合同的全面履约;推行合同管理人员持证上岗制度,督促项目各参建单位严格按照合同约定履行合同义务,顺利完成项目。本文主要探讨了高速公路建设过程中合同管理的特点和作用,并站在业主单位的角度对优化合同管理提出意见和建议,以供同行参考。

关键词　合同管理　作用　措施　高速公路

1　引言

临金高速公路临安至建德段工程(以下简称临建项目)是亟须打通的浙皖省际高速公路通道,也是《长江三角洲地区区域规划》(国函〔2010〕38 号)和《长江三角洲城市群发展规划》(国函〔2016〕87 号)中的重点项目,项目对于完善长三角高速公路网,加快长三角一体化发展具有十分重要而深远的意义。项目起于浙皖交界的千秋关隧道,与宁宣杭高速公路安徽段顺接。路线往南经临安、桐庐、建德,终于杭新景高速公路安仁枢纽。

临建项目是 2022 年杭州亚运会配套工程,其中,先行段将于亚运会前建成,也是浙江省和安徽省亟须打通的省际"断通路"之一,安徽省部分已于 2015 年 12 月 19 日建成。项目建成后,将进一步完善长三角和浙皖两省高速公路网络,有利于提高浙江西部地区经济的发展,加强长三角对周边地区的经济辐射,对国家长三角一体化战略起到推动作用。

项目主要参建单位情况如表 1 所示。

临建项目主要参建单位一览表 表1

类　别	单位名称
建设单位	杭州临建高速公路工程建设指挥部
设计单位	浙江省交通规划设计研究院，杭州市交通规划设计研究院
施工单位	TJ01：浙江交工集团股份有限公司
	TJ02：中交三公局第一工程有限公司
	TJ03：浙江交工路桥建设有限公司
	TJ04：浙江交工金筑交通建设有限公司
	TJ05：中铁一局集团有限公司
	TJ06：中交一公局集团有限公司
监理单位	JL1：北京华宏工程咨询有限公司
	JL2：浙江公路水运工程监理有限公司
	JL3：杭州交通工程监理咨询有限公司

本文将结合工作实践，围绕对参建单位合同履约管理，总结出合同管理经验，浅谈体会，以供参考。

2　高速公路建设中合同管理的特点

高速公路建设中合同管理是从招标工作开始的，招标工作是基础，如果招标工作失误就会导致合同履行过程中产生很多合同管理的困难。要充分利用招标过程中的投标商资格审查、资信评价、业绩评价，尤其是项目负责人和技术负责人的经历和业绩评价，选择履约能力强、诚信好的施工单位，为履约过程中的合同管理减少困难。临建高速公路中标的施工单位都是国企和央企，资信和业绩优异，履约能力强，项目部管理标准规范，大大减少了指挥部的合同管理困难。

合同管理是多目标的综合管理，合同管理的目标是建设项目的目标，是要在限额投资内保质保量地完成高速公路的建设。这是一个进度、质量、安全和造价相互关联的综合目标；还要兼顾社会和运营效益，多目标的相互关联使得合同管理复杂化。临建项目先行标段是亚运会的配套工程，工期紧、体量大，这就促使施工中要加大人员和机械的投入，要求指挥部合同履约管理工作更加细化更加严格，保证人员和机械设备的履约从而保障项目进度、质量和安全。

高速公路建设规模较大、工期较长、技术较复杂，受自然条件及征迁等不确定因素影响，在施工过程中很容易发生工程变更和索赔，大量的变更索赔是合同管理艰巨的工作。临建项目已经批复准予施工许可，全线坟墓迁移已完成，苗木迁移基本完成，全线房屋拆除535户，占总拆迁民房536户的99.8%；企业17家，完成签约17家，拆除16家。临安杆线迁改基本完成。桐庐进入迁改攻坚期，征迁工作有序推进。建德施家村虽因社保政策调整引起主线推进受阻，但指挥部通过不同渠道向上沟通协调，形成合力解决此问题，为项目施工提供要素保障。

3 合同管理在高速公路工程建设中的作用

合同管理是建设项目管理的一个重要的手段,能够保障艰巨的建设项目顺利完成。合同的法律效力明确了建设单位和各参建单位在项目施工中的权利和义务,双方都应以合同条款为行为依据,认真履行各自的义务,任何一方违反了合同规定的内容,都必须承担相应的法律责任。

临建项目建设过程中,依照工程量清单、合同条款、技术规范、安全要求等进行工程计量,在“有据可依,据实计量”的原则下,核实已完工程的数量,工程计量要求真实、准确、及时,为项目进度提供资金保障;合同管理可以帮助工程在建设开工后,合理安排和监督施工的顺序、资金到位的情况、制定各种切实可行的计划,以起到控制施工进度的作用。

合同签订完成各参加单位进场后,建设单位要及时开展合同履约检查,对照招标文件及合同中承诺的履约人员、机械设备等进行履约情况检查,对履约不到位情况进行处罚。各个参建单位要严格按照合同条款要求根据项目实际建设情况安排人员、材料、机械等进驻现场,确保项目顺利开展。

合同管理是项目管理的核心和依据,它能够有效地控制造价、更好地完成工作、更好地保证工程建设的安全,所以在高速公路的工程建设中推行合同管理的方式是非常必要的。只有合作双方对合同中的内容及规定都认同并且严格遵照执行,履行合同中的各项义务和要求,保证合同内容的公平与公正,才能使合同真正发挥其应有的作用。在进行了合同管理的情况下,高速公路工程建设能够提高效率、保证工程安全,取得最大化的经济效益。

4 提高高速公路项目建设合同管理水平的措施

4.1 加强履约管理,保障项目有序推进

4.1.1 人员管理方面

全线3家监理单位,6家施工单位,履约主要管理人员均采用钉钉人脸识别实时上传考勤设备进行考勤,实时掌握履约人员考勤情况。在日常考勤管理的基础上,适时开展对履约人员在岗情况进行突击检查,加强对主要人员的管理,严格按照相关制度开展人员变更工作。在严格按照相关制度进行人员管理的同时,为降低新冠疫情影响,武汉解封之前对身处疫情严重地区或暂无法返岗人员,采取人员临时替岗方式,直到主要人员返岗,保障各监理办、项目部有序运转。

4.1.2 机械设备管理方面

各施工标段根据招标文件中有关机械设备配置要求,结合经审批的实施性施工组织设计,制订机械设备进场计划,经监理办、指挥部审批后作为机械设备履约管理的依据。指挥部要求各标段按照机械设备进场计划及时完成已进场机械设备报验手续,以此作为机械设

备到场的依据,统一施工单位机械设备台账格式,并督促施工单位及时建立、更新机械设备台账。指挥部按季度对机械设备进行履约检查,并及时汇总检查情况通报全线各监理办和项目部。

4.1.3　资金管理方面

施工单位在项目所在地开设基本银行账户和进城务工人员工资专用账户,指挥部与各监理单位、施工单位及相关银行均签订了资金监管协议,各监理单位、施工单位大于50万元的款项均需经指挥部同意才能支付,保证项目资金专款专用。目前全线监理单位、施工单位第一期预付款均已拨付,第二期预付款均已审批,近日将拨付相关款项。各施工单位目前资金充足,能够满足项目施工需求。后续随着项目推进和各施工单位资金情况,将按照招标文件要求督促各施工单位投入流动资金,以保障项目推进资金需求。按照省厅相关文件精神,按分例拨付计量款至进城务工人员工资专用账户,以保障进城务工人员的权益。

4.2　规范施工分包和劳务管理,保障项目推进质量

除行业部门和招标文件规定不得专业分包的主体工程,鼓励各施工单位进行专业分包,提升项目建设质量。指挥部对专业分包合同采用审批制度,劳务分包和机械租赁合同需要监理审批,指挥部备案制度。为规范施工分包管理,指挥部在省交通运输厅《浙江省公路水运工程施工分包管理实施细则》的基础上制定出台了《临建高速施工分包管理实施方案》,明确了分包合同审批备案的规定以及分包范围、分包管理台账等。本项目部专业、劳务分包单位均经过施工标段母公司遴选和内审,并经母公司审批同意签订。为保障进城务工人员的权益,体现国有企业的社会责任,落实社会综治维稳的要求,各标段在项目部的监督下,与进城务工人员签订劳动合同,开展安全教育,项目部统一办理进城务工人员工资卡,确保发放到每位进城务工人员手上,并由项目部统一委托银行代发进城务工人员工资。

4.3　严格计量、变更管理,有效控制合同造价

本项目采用工程计量软件系统,各施工单位进场后即开展0号清单编制,复核工程量清单,对分部分项进行划分,以此为基础进行WBS拆分,为进行工程计量做好基础工作。为有效管理工程变更,临建指挥部成立了变更委员会,定期组织变更事项审议,以保证工程变更的合理性和透明度,推动高质量建设项目,并有效控制合同造价。本项目推进过程中,严格按照工程变更先审批后实施的规定对工程变更进行管理。

4.4　优化招标文件内容,提前策划项目管理

(1)在监理招标文件人员设置中精简监理员数量,提高监理员门槛,设置一定数量具有中级职称的监理员作为骨干力量,提升监理团队整体综合能力。

(2)将监理办试验检测抽检工作剥离出来,通过公开招标择优选择试验优秀的第三方检测单位成立中心试验室来承担原监理的试验抽检工作。从而确保试验检测数据独立性和客观性,强化建设单位管控力度、保障工程质量。

(3)将路面工程纳入路基施工标段同时招标,有利于路基土石方作为路面材料被充分利

用,从而降低工程造价。同时路面工程动员预付款与路基工程按比例在不同时间节点支付,确保路面进场时有适当的启动资金。

(4)在招标文件中充分考虑部分项目可以按永临结合规划并组织实施,统筹考虑施工、养护和营运,减少了不必要的重复投入,合理地控制了工程造价(例如:临时用电与永久用电相结合;预制场地和管理用房相结合,弃渣场与碎石加工场相结合等)。

(5)在招标文件中明确视频监控、安全风险评估、安全方案评审、安全咨询等将来容易产生争议的费用出处。

(6)每个标段设置一名党组织书记加强基层党组织力量。

4.5 清单化、标准化管理,推动合同程序化管理

清单化、标准化管理是提升管理水平、提高工作效率和工作成果质量,避免出现工作遗漏的有效管理方式。指挥部合同处梳理全年规定工作25项,明确工作内容、工作频率和完成时间以及责任人。如:根据相关制度要求,督促施工单位对履约情况进行月度自查,监理单位对施工单位的履约情况进行月度检查,指挥部进行季度检查,强化履约管理。指挥部制定统一的人员、机械设备、工程变更、工程计量、农民工管理的相关台账表式及资料格式,以便于施工单位、监理单位及指挥部数据统计,保证资料完整性。指挥部多次组织合同条线开展业务交流活动,比如指挥部对相关制度进行了宣贯,对统一的表式填写进行宣贯和说明,请监理3标和土建3标进行了业务交流等,取得了良好的效果,后续将不定期组织合同条线各项交流活动。

4.6 加强对监理的管理

监理管理服务全过程全方位,微观管理的科学性、严密性和有效性能够保证建设项目的合同管理质量,强化监理单位在项目建设过程的作用。充分发挥监理人员的作用对本项目高质量高水平推进起到非常重要的作用。严格把关监理人员进场审批,通过对监理人员的考核督促监理人员履职尽职,调动监理人员主观能动性,承担应负的责任,发挥其应有的作用。

5 结语

合同管理在高速公路工程项目管理中具有十分重要的地位和作用,需要建设单位、监理和施工单位共同配合和努力。行业主管部门要加大执法力度,确保工程质量、工期和投资效益,提高合同履约率,维护合同各方的合法权益。高速公路建设要强化合同意识,正确理解合同的意义,重视合同履约,以合同履行义务、要求权利。同时要着力培养能胜任高速公路工程建设合同管理的专业人才,只有这样才能提高高速公路工程建设者的整体素质和竞争力。

参考文献

[1] 闫楠.高速公路建设合同管理的探讨[J].房地产导刊,2016(5).

[2] 陈春燕. 简述高速公路项目合同管理[J]. 基层建设,2018(6).
[3] 赵雪飞. 对高速公路建设项目管理思路的探讨[J]. 工程管理前沿,2016(3).
[4] 马超. 浅谈高速公路工程项目管理中的合同管理[J]. 防护工程,2019(2).
[5] 向明. 试析高速公路工程项目管理中的合同管理[J]. 建筑建材装饰,2016(9).
[6] 陈佳伟. 加强高速公路施工承包合同管理探讨[J]. 建筑科技,2017(7).
[7] 汪仕旭. 高速公路工程建设中合同管理的问题[J]. 城镇建设,2020(10).
[8] 段明. 探析高速公路造价的控制与合同管理[J]. 建筑学研究前沿,2018(6).

浅谈 EPC 管理模式在国内高速公路中的应用

刘徐光
（杭州都市高速公路有限公司）

摘　要　结合 G25 富阳至 G60 诸暨高速公路联络线项目实例，介绍 EPC 管理模式在国内高速公路中的应用。

关键词　EPC 管理模式　高速公路　应用

1　引言

G25 富阳至 G60 诸暨高速公路联络线起自 G25 长深高速公路扩容杭州段中埠枢纽（起点桩号 K114 + 114.357），路线经杭州富阳区、萧山区和绍兴诸暨市，终于杭金衢高速公路直埠枢纽南侧，设直埠南枢纽与 G60 杭金衢高速公路相接（终点桩号为 K149 + 460.858），联络线全长约 33.3km，项目签约合同价为 42.86 亿元。

联络线工程共设置桥梁 5843.4m/25.5 座（含互通主线桥、主线上跨分离立交桥），其中大桥 5185.9m/17.5 座，中小桥 655.5m/8 座；隧道 13560m/10 座，其中特长隧道 3542m/1 座，长隧道 8227m/5 座，中隧道 769.5m/1 座，短隧道 1022.5m/3 座；互通式立交 4 处，收费站 3 处，服务区 1 处，养护工区 1 处，隧道救援站 2 处，具有必要的交通安全、服务等设施。同步建设大源互通连接线长约 3.4km，楼塔互通连接线长约 1.6km。

本项目采用交通运输部颁发的《公路工程技术标准》（JTG B01—2014）双向六车道高速公路标准设计，设计速度 100km/h，路基宽度为 33.5m，路线全长 35.2km，互通连接线采用设计速度 60km/h 的二级公路标准建设，路基宽度 12m，汽车荷载均为公路-Ⅰ级。

2　项目 EPC 管理模式做法

2.1　机构的融合

建立成员单位协调机制，现场驻点设计，成立设计施工融合部门，建立工作联系单制度，引进第三方咨询机构。

2.2　理念的融合

通过多次沟通交流座谈，组织 7 次专家座谈会，组织赴省内其他项目及江苏、安徽、上海等地考察交流，联合体成员之间、联合体与项目业主、监理单位之间凝聚共识，在本项目设计施工融合、设计优化方向、推进装配化、创建 EPC 品质工程方面达成共识，统一思想，为实现项目的目标奠定了基础。

2.3 技术的融合

2.3.1 实施互动设计

结合施工组织和工期要求开展针对性设计，如本项目起点枫树湾大桥，由于受驻军坞特长隧道施工工期的影响，上部预制梁板无法运输安装，设计对上部结构进行优化，采用钢板组合梁结构形式，解决梁板运输问题；联合开展土石调配设计；发挥设计参与施工的主动性、服务性，体现 EPC 优势，过程中加强设计与施工的无缝衔接，隧道、高边坡开展针对性动态设计。

2.3.2 精细化设计

结合本项目的特点，分析施工过程中常见问题，提出针对性控制措施，达成精细化设计。如结合沿线钢筋集中加工场地布置情况，对于运输距离较远的桩柱钢筋笼，通过增设三角支撑钢筋等措施，解决运输、吊装过程中的变形问题。预制 T 梁马蹄钢筋与预应力孔道冲突，通过碰撞试验，优化每个马蹄钢筋的弯起角度，避免冲突、优化受力结构。对于部分桥隧结合路段，填方路基长度短、土方量小的部位，难以压实的，采用素混凝土或泡沫轻质土填筑，保证施工质量。

2.3.3 统筹设计

联合体设计单位与施工单位按照事前详细策划，过程中多次开会研究讨论，发挥各自优势共同编制施工组织方案。开展施工便道、隧道洞口临时施工场地与永久路面相结合的永临结合设计；结合本项目工程规模，与施工单位共同进行“三集中”临建设计；发挥设计单位优势，与联合体施工技术人员一起参与钢栈桥、高墩支架、深基坑支护、大块模板等受力验算。开展科研技术创新等措施，实现技术融合。

2.3.4 创新设计

结合本项目特点，发挥 EPC 设计引领，积极引进新工艺、新材料、新技术和新设备，提高施工效率、提升工程品质。

本项目设计创新主要以装配化为方向，采用集中预制的方式，安全有保障、质量更优、可降低现场施工对环境的影响，是行业发展的趋势。

(1)采用了钢板组合梁与预制墩柱结合的设计方案(图 1)，下部为桩基础、承台预埋钢筋、预制墩柱预埋灌浆套筒连接、不需要盖梁墩顶支座安设钢板组合梁。结构新颖，可实现工厂标准化预制，质量有保证；现场可快速拼装，工期有保障。构件提前预制后，墩柱拼装工期 1 个月，可紧跟钢梁上部结构安装工期 1 个月，常规现浇墩柱与盖梁施工 2 个月，等待混凝土龄期及工序衔接安装梁板需要 2 个月，相比预计可节约 2 个月工期。

(2)本项目装配式通道按照管型和箱型两种形式(图 2)。

本项目共设置 42 道装配式涵洞、通道。其中：装配式管涵 4 道；装配式管通 24 道；装配式箱通 14 道。

利用装配化桥梁十店线分离桥 1 ~7 号墩的位置建设预制厂(完成桩基施工后建设厂站),可充分利用装配化桥梁快速安装的优势,不影响总工期。同时全线涵洞通道装配化设计也体现了 EPC 项目推广装配化,积极为行业发展做贡献。

(3)结合本项目小构件预制工厂化的条件,空心六角块、边沟、盖板、拱形骨架护坡等采用预制设计(图 3),实现集中工厂化预制与装配。

图 1 钢板组合梁应用效果图

图 2 装配式涵洞、通道结构图

a)六角块

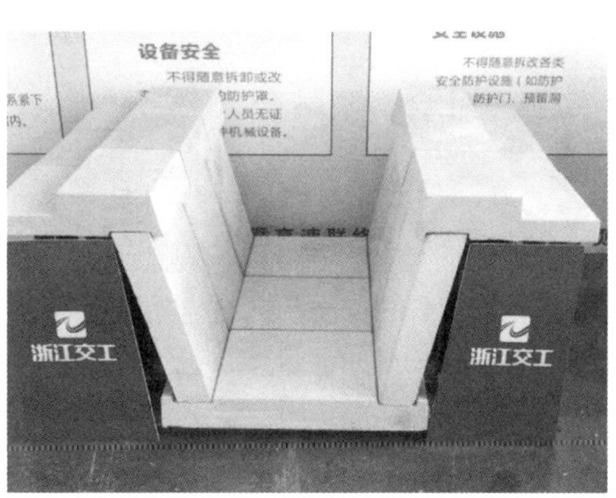

b)路堤边沟

图 3

c)梳型盖板

图3 小构件预制效果

2.4 计量模式的创新

监理人根据本合同的规定,在承包人提交施工图设计文件30d内,支付"2.勘察设计"费用的40%;施工图设计文件经上级交通主管部门批复后30d内,支付至"2.勘察设计"费用的70%;交工验收后15d内支付至"2.勘察设计"费用的95%;缺陷责任期满后15d内支付剩余的勘察设计费。

施工过程中,编制EPC项目小清单、大清单上报评审并审批。编制本项目工程细目的常规工程量清单,并按形象数量汇总为形象大清单,提供了路桥隧各专业工程形象计量的建议方案。

监理人应该根据《公路工程施工监理规范》(JTG G10—2016)中的要求和本合同的规定,对承包人提出的已完工程量按照总价包干、清单明细参考、进度总额支付的原则,即以承包人施工图分项工程量清单作为进度统计计算的基础,考核分项或分部工程进度比例,按对应比例的承包人所报工程量清单数量及单价进行计量参考,当清单中某项支付子目达到工程量及合价90%时即暂停计量,剩余10%支付款待该清单明细工作内容全部完成后经监理工程师签认且扣除应扣留款项后一次支付。

2.5 社会资源融合

2.5.1 借助交通运输部公路科学研究所大平台

聘请交通运输部公路科学研究所为代表的第三方服务团队,以本项目为依托,立项开展"公路建设项目EPC创新机制与品质工程评价体系研究"的课题,探索在优化EPC模式下,研究建立品质工程的评价体系,提炼总结研究成果,填补EPC模式的一些空白,形成一批可复制、可推广的经验。

2.5.2 摒弃等靠要思想 开创以借代征新模式

本项目在红线内土地报批尚未完成的情况下,EPC项目部摒弃等靠要的思想,通过加强与地方指挥部及各级政府之间的沟通,充分利用地方各项政策,深入考虑拆迁户的利益诉求,创造性地提出了“以借代征”的征迁模式,尽早取得了隧道口、主线桥等多块关键位置红线内土地使用权,以临时借地形式将土地使用合法化,有力地推动了工程建设的全面推进。并经多方协调,实现了诸暨段红线内借地免缴复耕押金,为项目节省了大量资金的占用问题。

3 项目 EPC 管理模式存在问题

3.1 健全配套管理制度

目前,对交通工程 EPC 模式项目专用管理制度,只有交通运输部《公路工程设计施工总承包管理办法》,省内尚没有相应配套制度。

3.2 规范设计变更管理

EPC 项目计价的大原则是总价合同,一般以初步设计进行招标,在实施过程项目存有较大不可预见因素,而部分因素是因施工组织管理因素调整造成的,对造价影响会较大。如开挖石方利用率、隧道围岩变化等。由于施工图优化,对土地征用、房屋拆迁的变化造成的相关造价影响等。

3.3 明确建设业主与承包人责任界面

根据交通运输部和浙江省相关条例规定,业主要承担全面管理责任。但 EPC 建设日常管理模式与传统项目管理制度要求有所不同,对施工环节管控主体不一致,承担的责任主体应有所区别。

3.4 规范联合体成员管理职责

EPC 项目的承包单位一般都是由施工、设计单位组成的联合体,且一般均由施工单位担任牵头人。由于各方的利益、对 EPC 管理的认识和自身管理能力的不同,会造成各联合体成员在职责上发挥不充分,牵头单位未真正发挥牵头人的作用,联合成员间融合不够,设计融合办公室未发挥作用。

4 结语

通过机构、理念、技术、计量模式以及社会资源等的融合与创新,本项目在 EPC 管理模式下得到充分的应用。

参考文献

[1] 中华人民共和国交通运输部. 公路工程施工监理规范:JTG G10—2016[S]. 北京:人民交通出版社股份有限公司,2016.

浅谈浙江省公路建设项目工程计量过程中常见的问题及对策

刘　军
(杭州都市高速公路有限公司)

摘　要　工程计量是项目合同管理的重要组成,是业主掌握工程进度、做好费用控制及资金安排的重要依据和手段,为了进一步提升浙江省公路建设项目计量管理水平,明确各阶段合同各方的责任与义务,保障发承包方的权益,作者通过对浙江省近几年公路项目工程计量过程中存在问题的梳理、总结、分析、研究,从项目实施各阶段影响工程计量准确性、时效性的问题出发,分析其形成原因,提出解决这类问题的对策,为发承包方做好工程计量管理提供了依据。

关键词　公路项目　工程计量　常见问题　对策

1　引言

工程计量是业主在工程实施阶段按照合同约定的招(投)标文件及有关规定所确定的方法,对承包人符合上述要求的已完工程进行测量、计算、核查并确认已完工程的实际数量的过程,是业主掌握项目进度,做好合同管理、统筹资金安排的重要依据和手段。《公路工程标准施工招标文件》(2009 年版)及《浙江省公路工程施工招标文件范本》(2015 年版)中"技术规范"对一般性工程的计量进行了约定,不同项目招标实施前,业主或其委托的招标代理机构会根据施工图中各分项工程涉及工作内容对招标文件通用"技术规范"进行修改完善,从而形成"项目专用技术规范"。施工图设计深度、招标工程量清单编制的准确性、"项目专用技术规范"调整的合理性等因素都会影响项目计量管理工作。

目前,浙江省公路建设项目计量管理水平较建设初期已有较大的提高,但仍存在诸多问题,影响着浙江省交通建设综合管理水平的进一步提升。本文指出浙江省公路建设项目计量管理过程中常见的问题,分析其形成原因,提出解决这类问题的对策。

2　常见问题及其形成原因分析

2.1　因勘察设计深度不足核实计量数量问题较多

招标人在编制招标工程量清单时往往会直接摘取设计图纸工程数量表中的数据作为招

标工程量清单,根据浙江省近几年各项目指挥部对设计单位设计图质量普遍存在问题的反馈意见,直接摘取工程数量表中数据作为招标工程量清单将直接影响中期计量准确性,对于已参与过价格调整的,如果金额较大也会对费用扣回产生影响。目前设计图纸中普遍存在的问题还有:①工程数量表中所列与通过细部图尺寸计算所得数量不一致;②设计说明里提到要施工的内容,却没有做具体设计;③隐蔽工程施工图设计数量与现场实施规模存在较大差距,无法满足计量要求;④本应属于承包人为完成工程内容所要做的附属工作,却将附属工作工程量混入应计量工程数量,有时往往很难分辨,这就造成工程量清单复测确认结果不准,以目前监理单位多以总量控制作为计量管理的主要手段,图纸少给的数量承包人一般会提出增补,但多给的数量往往会被全部计量很少能扣回。

2.2 计量规范及条款不够明确引发合同纠纷

《公路工程标准施工招标文件》(2009 年版)及《浙江省公路工程施工招标文件范本》(2015 年版)第七章技术规范虽然在每个子目都有对应的计量条款,但是仍然存在部分计量条款释义不够明确,从而引发合同纠纷。如:①桥梁钢筋计量条款中"固定、定位架立钢筋"缺少明确的定义,由于部分钢筋的设置具有多重作用,这就使得类似于承台竖向短钢筋、防撞护栏预埋钢筋是否应予以计量很难判定;②路面结构层计量条款中按"铺筑"的"平均面积",分不同厚度以平方米计量,此处影响"平均面积"的"铺筑"宽度是应该取铺筑层顶面宽的平均、底面宽的平均、还是应该取铺筑层顶面与地面的平均宽度在技术规范中未明确;③盖板涵、箱涵地基处理可另行计量的"特殊处理"有哪些,未能明确。这些示意不够明确的计量条款往往引起业主与承包人之间的合同纠纷。

2.3 工程变更费用审核不严引起计量金额错误

发生工程变更内容的计量时,首先须要确定工程数量和应归属子目的单价,对于变更后出现清单漏项的往往需要根据组价原则的优先顺序重新确定新单价,这时若把关不严,往往会出现变更后子目单价应降低核减费用的最终却未核减,从而造成计量错误。如某项目坡面排水系统原设计为预制 C30 混凝土梯形边沟,为加快施工进度经各方研究将其变更为现浇 C30 混凝土梯形边沟,边沟尺寸、混凝土标号均同变更前一致,照此变更后的现浇 C30 混凝土梯形边沟单价应较原设计预制 C30 混凝土梯形边沟单价有所降低,但该项目计量引用"新增细目单价可套用相近相似细目单价"原则依然采用预制 C30 混凝土梯形边沟单价进行计量,造成计量金额错误。

2.4 监理单位投入不足影响中期计量的准确性

公路建设项目往往点多线长,各工程内容完成情况不同可计量比例也不同,如路基填筑分层施工在验收合格后须按"m^3"多次计量,钢筋混凝土预制梁板钢筋绑扎、7d 混凝土龄期强度、28d 混凝土龄期强度、吊装完成情况分 4 次才能将该子目计量完,这些往往都需要监理进行多次交验。目前,监理单位为了节约成本,往往只会按合同最低要求投入人员、车辆、设备,而且很多监理人员要同时身兼数职,既要完成监理岗位职责又要兼顾监理机构办公室、财务、后勤等岗位工作，真正投入到监理工作的时间往往很少，这就造成已完工程项目未能及时校验或未校验就进行下一步骤的施工，最后只能通过总量控制计量。

2.5 因施工、质检等交验资料编制问题影响计量

施工、质检等交验资料是工程计量的重要依据，相关资料编制的及时、规范与否直接影响工程计量支付，发生此类问题大概有以下几个方面原因：

(1)在实际项目建设过程中大部分承包人重施工轻内业，施工、质检等交验资料跟不上实际工程进度，往往会影响计量的申报。

(2)部分承包人为精简项目部人员将施工资料包给“专业”的“资料公司”，虽然“加快”了出资料的速度，但这些“资料公司”往往距项目千里之外，资料编制人员仅凭借施工图纸和相关规范“编”数据，造成施工基础资料与现场实际不符。

(3)由承包人自身水平不足，或审查单位对施工、质检等交验资料的要求不同，造成项目初期各方在确定交验资料标准上磨合时间较长，影响计量。

3 建议及对策

当前浙江省公路建设项目所涉及的计量问题不仅会影响建设单位的利益，也会影响承包人的利益，因此需及时纠正此类问题，减少其对项目建设的不利影响。

3.1 加强对勘察设计的审查建立勘察设计人员相关考核机制

针对因勘察设计深度不足引起的计量问题，可以从以下方面着手：

(1)加强勘察设计单位资格审查的同时，建立勘察设计人员专业能力、设计水平、责任心等考核评比指标，针对项目大小或复杂程度，优化设计团队人员组成。

(2)加强设计各阶段中设计校核、设计评审的作用，让审查意见不单停留在方案中。

(3)完善设计单位信用评价考核标准，增加设计人员考核项，督促其不断提高设计能力及服务水平。

(4)建立隐蔽工程多方联测确认制度，确保联测确认结果与隐蔽工程实际相符。

3.2 建立招标文件编制沟通机制完善计量条款

对于计量条款示意不明确而引发的问题可从以下几方面着手：

(1)招标人在编制招标文件前应尽量收集几年因计量条款示意不明确而造成工程量清单复测确认数量与招标工程量清单数量存在较大差异的子目及清单漏项细目，分析其产生原因，及时修订“项目专用技术规范”避免类似问题重复出现。

(2)在“项目专用技术规范”编制时，建设单位应邀请设计单位各章节负责人、招标代理共同参与，针对设计文件中较为特殊的工程内容，在各方充分讨论论证后，完善相应技术条款及招标工程量清单。

3.3 提高从业单位人员要求科学分工合理安排强化据实计量要求

因监理单位原因出现计量问题主要是由于其投入不足、且从事合同管理人员素质不高；其次是计量控制手段单一、未制定有效的奖惩措施。因此，可从以下方面着手：

(1)提高监理单位的人员要求，增加合同管理人员的同时，合理安排监理机构内部人员分工。

(2)加强各单位从事计量工作人员的岗前培训，提高其业务水平及职业操守。

(3)推广使用成熟的项目管理平台及计量软件，实现计量数据与现场的同步化。

(4)明确职责，制定可操作性的奖惩措施，严肃计量的申报、审核、批复。

3.4 统一标准规范内业资料管理

因施工、交验等自检资料编制不规范影响计量往往是人为因素占比较大。为此，可从以下方面着手：

(1)项目开工前组织各从业单位技术人员按照规范要求对本项目施工、质检等所需校验资料的填写进行讨论，统一标准、形成模板提高工作效率。

(2)加强同行业主管部门、质检部门的沟通交流，必要时可聘请其作为专家，规范指导项目质检资料的填写。

(3)建设单位应加强对交验资料的抽查频率，加大对“数据造假”单位的处罚，并将其失信行为列入年度信用评价考核范围。

3.5 加强费用变更的审查、监督力度

费用变更审查不严致使计量错误的原因主要是由于变更后产生新增细目需要重新确定单价。为此，可从以下方面着手：

(1)在宣贯《变更管理办法》时加强对新增子目单价确定原则中优先顺序的释析。

(2)建立完善变更的专家评审制度、奖惩制度以及责任追究制度。

(3)充分发挥监理单位作用，明确其在工程变更审查过程中职责，杜绝“二传手”现象。

(4)对于较、重大变更可根据变更规模大小、复杂程度，视情况聘请第三方咨询机构对整个变更情况进行审查，确保项目资金安全。

4 结语

计量工作是项目建设的重要一环，它不仅是业主掌握工程进度、做好费用控制及资金安排的重要依据和手段，也是承包人履行合同及时获取建设资金及企业利润的重要方式。解决好计量过程中遇到的问题既是合同管理的要求，也是合同各方获取各自权益的需要，因此合同各方都应重视并做好计量工作，以保障项目建设的正常进行。

参考文献

[1] 交通运输部职业资格中心．交通运输工程技术与计量[M]．北京：人民交通出版社股份

有限公司,2019.

[2] 交通部.公路工程标准施工招标文件(2009年版)[S].北京:人民交通出版社,2009.

[3] 张婧宇.研究公路工程招投标项目造价确定与计量支付问题[J].黑龙江交通科技,2017,9(283):207-208.

[4] 高德风.公路工程计量工作中常见的问题及对策[J].公路交通科技(应用技术版),2007,0(5):167-168.

[5] 廖盛春,叶开云.公路工程计量支付管理中常见的问题及对策[J].交通建设与管理,2015,0(6):330-331.

[6] 廖腾达.高速公路工程施工计量工作的加强措施[J].交通世界,2017,10(4):134-135.

[7] 申保有.公路工程计量支付管理现状及对策[J].科技展望2015,(16):226-227.

[8] 刘燕.朱小容.基于业主投资控制的公路工程中期计量支付问题与对策[J].石家庄铁道学院学报(社会科学版),2008,9(3):19-23.

[9] 何丽涛.公路工程计量工作中常见的问题及对策[J].交通世界(工程技术),2015,11:32-33.

高速公路建设项目土地规税费标准研究分析

周　立　卢亚恒　吴　页
（杭州都市高速公路有限公司）

摘　要　高速公路的建设，对于沿线经济社会的发展起着重要的作用，在早期高速公路建设时，地方会给予各种优惠政策以推动高速公路项目的落地。随着经济社会发展水平的提高，交通基础设施建设的多样化，高速公路项目建设的政策红利越来越少，征收土地的成本也越来越高，形势与政策的多变也导致部分土地费用在缴纳上存在问题。本文重点梳理了在建设用地报批前后要缴纳的各项土地规税费的标准，并通过调查了解部分项目实际缴纳的情况，对在土地规税费缴纳上存在的问题进行了深刻分析，最后，对土地规税费的概算编制和缴纳提出建议。

关键词　政策　耕地占补平衡　规税费　标准

1　引言

为进一步规范建设项目土地规税费测算和缴纳，根据各级人民政府和行业主管部门颁发的相关政策文件，结合项目实际情况，对项目涉及的耕地占用税、耕地开垦费、耕地占补平衡指标、标准农田占补平衡指标、新增建设用地土地有偿使用费以及社会保障费用的缴费依据和计费标准进行了梳理，为项目缴纳各项费用提供参照依据。

2　土地相关规税费文件

2.1　耕地占用税

2.1.1　执行文件

（1）《浙江省人民代表大会常务委员会关于耕地占用税适用税额的决定》：明确各县市区缴费标准（详见浙江省耕地占用税税额表）；明确非耕地缴费标准按耕地60%执行。

（2）《浙江省财政厅关于印发浙江省耕地占用税实施办法的通知》（浙财农税字〔2008〕17号）：（第五条）明确基本农田缴费标准按耕地150%执行；（第七条）铁路线路、公路线路、飞机场跑道、停机坪、港口、航道占用耕地，减按每平方米2元的税额征收耕地占用税；公路线路，具体范围限于经批准建设的国道、省道、县道、乡道和属于农村公路的村道的主体工程以及两侧边沟或者截水沟。

(3)参考文件:《中华人民共和国耕地占用税法》(中华人民共和国主席令第十八号,自2019年9月1日起施行);《关于发布《中华人民共和国耕地占用税法实施办法》的公告》(财政部公告2019年第81号,自2019年9月1日起施行);《国家税务总局关于耕地占用税征收管理有关事项的公告》(国家税务总局公告2019年第30号,自2019年9月1日起施行)。

2.1.2 征收范围

非农业建设经批准占用的耕地、园地、林地、草地、农田水利用地、养殖水面、渔业水域滩涂以及其他农用地。

2.1.3 缴费标准

耕地每平方米25~50元;非耕地按耕地的60%收取;基本农田加收50%。详见表1。

浙江省耕地占用税税额表(元/m^2) 表1

地区	占用耕地税额	占用非耕地税额	占用基本农田税额
杭州市、宁波市、温州市、绍兴市、台州市的市本级 义乌市	50	30	75
嘉兴市、湖州市、金华市、舟山市的市本级 宁海县、余姚市、慈溪市、象山县、瑞安市、乐清市、嘉善县、海盐县、海宁市、平湖市、桐乡市、德清县、诸暨市、东阳市、永康市、温岭市、临海市、玉环市	45	27	67.5
衢州市、丽水市的市本级 建德市、桐庐县、淳安县、永嘉县、苍南县、平阳县、长兴县、安吉县、嵊州市、新昌县、岱山县、嵊泗县、武义县、浦江县、兰溪市、常山县、龙游县、江山市、三门县、天台县、仙居县、青田县、遂昌县、缙云县、龙泉市	35	21	52.5
开化县、文成县、泰顺县、磐安县、云和县、松阳县、庆云县、景宁畲族自治县	25	15	37.5

注:1. 市本级的范围包括所辖各区。

2. 非耕地是指园地、林地、草地、农田水利用地、养殖水面、渔业水域滩涂以及其他农用地。

2.2 耕地开垦费

2.2.1 执行文件

(1)《浙江省人民政府办公厅关于进一步加强耕地占补平衡管理的通知》(浙政办发〔2014〕25号):七(一)调整耕地开垦费收缴标准。建设项目确需占用耕地的,建设单位要依法依规缴纳耕地开垦费,委托当地政府落实耕地占补平衡责任。自本通知下发之日起,耕地开垦费按《浙江省人民政府关于调整耕地开垦费征收标准等有关问题的通知》(浙政发〔2008〕39号,明确每个县市区标准)规定的收缴标准的2倍收取,占用基本农田、标准农田的,耕地开垦费按照《中共浙江省委办公厅浙江省人民政府办公厅关于建立完善耕地保护共同责任机制扎实做好耕地保护工作的通知》(浙委办〔2012〕55号,明确按两倍标准)规定收取。对使用省统筹补充耕地指标落实耕地占补平衡的建设项目,耕地开垦费按每平方米75元标准缴纳。

(2)《中共浙江省委浙江省人民政府关于加强耕地保护和改进占补平衡的实施意见》(浙委发〔2018〕10号):二(四)占用永久基本农田示范区耕地的,按照当地耕地开垦费最高标准的三倍执行。

(3)参考文件:《中共浙江省委办公厅、浙江省人民政府办公厅关于建立完善耕地保护共同责任机制扎实做好耕地保护工作的通知》(浙委办〔2012〕55号);《浙江省人民政府关于调整耕地开垦费征收标准等有关问题的通知》(浙政发〔2008〕39号)。

2.2.2 征收范围

非农业建设经批准占用的耕地、园地。

2.2.3 缴费标准

一般耕地(包括园地)每平方米40~72元,基本农田、标准农田2倍即80~144元,示范区3倍:120~216元。使用省统筹补充耕地指标落实耕地占补平衡的建设项目,耕地开垦费按每平方米75元标准缴纳。详见表2。

耕地开垦资金结算标准(元/m^2)　表2

市县名单	标准
杭州市上城区、下城区、江干区、拱墅区、西湖区、滨江区,宁波市海曙区、鄞州区、江北区、镇海区、北仑区,温州市鹿城区、龙湾区、瓯海区	72
湖州市吴兴区、南浔区,嘉兴市南湖区、秀洲区,绍兴市越城区,舟山市定海区、普陀区,台州市椒江区、黄岩区、路桥区	64
杭州市萧山区、余杭区、富阳区、宁波市鄞州区、余姚市、慈溪市、乐清市、瑞安市、苍南县、桐乡市、平湖市、海宁市、绍兴市、诸暨市、上虞区、金华市婺城区、金东区、东阳市、义乌市、永康市、衢州市柯城区、衢江区、临海市、温岭市、玉环市、丽水市莲都区	56
其他县(市):杭州市临安区、建德市、桐庐县、淳安县、奉化区、宁海县、象山县、永嘉县、洞头区、文成县、平阳县、泰顺县、嘉善县、海盐县、德清县、长兴县、安吉县、嵊州市、新昌县、兰溪市、浦江县、武义县、磐安县、龙游县、江山市、常山县、开化县、岱山县、嵊泗县、天台县、三门县、仙居县、龙泉市、青田县、庆元县、云和县、缙云县、松阳县、遂昌县、景宁县	40

注:此处耕地包括耕地和园地。

2.3 补充耕地和标准农田指标(省内跨市)

2.3.1 执行文件

《浙江省国土资源厅　浙江省财政厅　浙江省物价局关于进一步做好补充耕地指标标准农田指标调剂和省统筹补充耕地的通知》(浙土资发〔2018〕20号):确定耕地和标准农田指标调剂价格和程序,提高省统筹补充耕地补助和使用价格。

2.3.2 适用范围

省内跨市补充耕地、标准农田指标调剂工作。

2.3.3 指标调剂价格

(原则两年调整公布一次,本通知自2018年10月1日起施行)。

（1）补充耕地指标价格：补充耕地数量指标 15 万元/亩[①]，补充水田指标 15 万元/亩，粮食产能指标每亩每百公斤 1 万元。产能计算公式：（16-等级）×面积×15×100。详见表 3。

（2）补充标准农田指标价格：一等标准农田 7 万元/亩，二等标准农田 4 万元/亩。一等、二等标准农田质量等级由设区市农业部门认定。

（3）省统筹补充耕地补助和使用价格：数量指标 5 万元/亩，水田指标 5 万元/亩，粮食产能指标每亩每百公斤 1 万元。详见表 4。

浙江省跨市补充耕地指标调剂价格表（万元/亩） 表 3

耕地质量等	旱地	水田	耕地质量等	旱地	水田
1 等	30	45	9 等	22	37
2 等	29	44	10 等	21	36
3 等	28	43	11 等	20	35
4 等	27	42	12 等	19	34
5 等	26	41	13 等	18	33
6 等	25	40	14 等	17	32
7 等	24	39	15 等	16	31
8 等	23	38	—	—	—

注：1. 省厅挂牌价格：补充耕地数量指标 15 万元/亩，补充水田指标 15 万元/亩，粮食产能指标每亩每百公斤 1 万元（即 1 万元/亩）。
2. 实际交易价格需按双方协商情况确定。

浙江省省统筹补充耕地补助和使用价格表（万元/亩） 表 4

耕地质量等	旱地	水田	耕地质量等	旱地	水田
1 等	20	25	9 等	12	17
2 等	19	24	10 等	11	16
3 等	18	23	11 等	10	15
4 等	17	22	12 等	9	14
5 等	16	21	13 等	8	13
6 等	15	20	14 等	7	12
7 等	14	19	15 等	6	11
8 等	13	18	—	—	—

注：数量指标 5 万元/亩，水田指标 5 万元/亩，粮食产能指标每亩每百公斤 1 万元。

2.4 跨省补充耕地指标

2.4.1 执行文件

《国务院办公厅关于印发跨省域补充耕地国家统筹管理办法和城乡建设用地增减挂钩节余指标跨省域调剂管理办法的通知》（国办发〔2018〕16 号）。

2.4.2 征收范围

原则上限于交通、能源、水利、军事国防等领域的重大建设项目。经国务院批准补充耕

① 1 亩≈666m^2。

地由国家统筹的省、直辖市,应缴纳跨省域补充耕地资金。

2.4.3 缴费标准

以占用的耕地类型确定基准价,以损失的耕地粮食产能确定产能价,以基准价和产能价之和乘以省份调节系数确定跨省域补充耕地资金收取标准。对国家重大公益性建设项目,可按规定适当降低收取标准。公式示例:〔20 + (16 − 8) × 2〕 × 1.5 = 54(万元)。详见表5。

浙江省跨省域补充耕地指标统筹价格表(万元/亩) 表5

耕地质量等	旱地	水田	耕地质量等	旱地	水田
1等	60	75	9等	36	51
2等	57	72	10等	33	48
3等	54	69	11等	30	45
4等	51	66	12等	27	42
5等	48	63	13等	24	39
6等	45	60	14等	21	36
7等	42	57	15等	18	33
8等	39	54	—	—	—

2.5 新增建设用地土地有偿使用费

2.5.1 执行文件

(1)财政部国土资源部《关于调整部分地区新增建设用地土地有偿使用费征收等别的通知》(财综〔2009〕24号):明确各区县新增建设用地土地有偿使用费征收等别。

(2)财政部、国土资源部、中国人民银行《关于调整新增建设用地土地有偿使用费政策等问题的通知》(财综〔2006〕48号):确定新增建设用地土地有偿使用费征收标准。

2.5.2 征收范围

土地利用总体规划确定的城市(含建制镇)建设用地范围内的新增建设用地(含村庄和集镇新增建设用地);在土地利用总体规划确定的城市(含建制镇)、村庄和集镇建设用地范围外单独选址、依法以出让等有偿使用方式取得的新增建设用地。

2.5.3 缴费标准

14~80元/m^2。详见表6。

新增建设用地土地有偿使用费征收等别(元/m^2) 表6

等别	标准	县市名单
四等	80	杭州市(滨江区拱墅区江干区上城区西湖区下城区)、宁波市(海曙区鄞州区江北区)
六等	56	温州市(龙湾区鹿城区瓯海区)
七等	48	嘉兴市(南湖区秀洲区)、绍兴市越城区、台州市(黄岩区椒江区路桥区)、杭州市萧山区、宁波市(北仑区镇海区)、湖州市(南浔区吴兴区)
八等	42	杭州市余杭区、宁波市鄞州区、义乌市
九等	34	慈溪市绍兴市、余姚市、舟山市(定海区普陀区)、诸暨市

续上表

等别	标准	县市名单
十等	28	东阳市、富阳区、海宁市、乐清市、丽水市莲都区、临海市、衢州市柯城区、瑞安市、上虞区、温岭市、永康市、金华市(金东区婺城区)、玉环市
十一等	24	嘉善县、临安区、桐乡市
十二等	20	德清县、奉化区、海盐县、建德市、平湖市、嵊州市、桐庐县、新昌县、象山县、兰溪市、平阳县
十三等	16	安吉县、苍南县、长兴县、龙游县、宁海县、永嘉县、嵊泗县、衢州市衢江区、江山市、青田县
十四等	14	常山县、淳安县、岱山县、洞头区、缙云县、景宁畲族自治县、开化县、磐安县、浦江县、庆元县、三门县、松阳县、遂昌县、泰顺县、天台县、文成县、武义县、仙居县、云和县、龙泉市

2.6 社会保障费用

2.6.1 执行文件

(1)浙江省征地补偿和被征地农民基本生活保障办法(浙江省人民政府令第264号):交通、能源、水利等单独选址的建设项目,征地补偿费及被征地农民的相关社会保障费用应当足额列入工程概算。各项补偿费用和保障资金及应当提取的社会保障风险准备金应当及时足额到位。

(2)浙江省人民政府关于调整完善征地补偿安置政策的通知(浙政发〔2014〕19号):以划拨方式供地的建设项目,政府补贴资金由用地单位承担。

(3)浙江省人力资源和社会保障厅等5部门《关于完善被征地农民衔接转入企业职工基本养老保险政策的通知》(浙人社发〔2017〕59号):从2017年1月1日起,在保持原政府出资标准基础上,按照被征地农民人数,由当地政府以参保时上一年度当地在岗职工平均工资为缴费基数,按18%的缴费比例,一次性提取5年的费用充实当地社保风险准备金,所需资金由当地政府从土地出让收入等资金中安排,专项用于弥补企业职工基本养老保险基金缺口。

(4)项目沿线县(市、区)的社保文件。

2.6.2 征收范围

以被征收农用地核定的安置人数或以划拨土地面积为基数核算社会保障费用,具体参照项目所在县(市、区)政策文件执行。

2.6.3 缴费标准

缴费标准参照项目所在区、县政策文件执行。

3 部分项目规税费缴纳执行情况

对浙江省近几年建设的部分高速公路建设项目进行了调研和分析,除耕地开垦费在实际结算时根据不同的耕地占补方案存在地方差异,建设项目基本上都按以下标准依法依规缴纳规税费。

3.1 耕地占用税

交通(主线)建设用地2元/m^2(政策优惠),安置用地、经营性用地按省级文件规定缴纳

(35 ~ 50 元/m^2)。

3.2 耕地开垦费

按省级文件规定缴纳(40 ~ 56 元/m^2)。其中部分项目不用缴纳耕地开垦费(纯耕地部分)。

3.3 耕地占补平衡指标

按省级文件规定缴纳水田 35 万元/亩,旱地 20 万元/亩。

3.4 标准农田占补平衡指标

一等田 7 万元/亩,二等田 4 万元/亩。

3.5 新增建设用地土地有偿使用费

按部级文件规定缴纳(20 ~ 24 元/m^2)。划拨用地不需缴纳,安置地超出 1 : 1 部分的面积需要缴纳。

3.6 社会保障费用

社会保障费用根据各区县政策执行。

4 项目规税费在前期对接中存在的问题

4.1 概算与实际缴纳差异较大

因对土地分类、数量的核算方式不同,导致初步设计概算中规税费与实际发生的存在较大差异。设计单位在做土地前期调查时,因人员配备专业不强、调查时间不足、基础数据缺失等原因,对土地的分类采用现场核定与地形图套合的方式,因缺乏土地荒芜、农田水利失修等因素考虑,导致水田和旱地两大关键指标数量差异较大;另外,受土地政策和土地指标调剂市场影响,水田和旱地指标的收费标准也有较大的浮动。以上两个因素导致耕地占补平衡指标费概算与实际缴纳差异较大。

4.2 地方行业部门收取规税费不规范

行业部门负责规税费收缴的经办人员对政策了解不全面,出具的规税费缴纳通知与建设单位核算的并不一致,如耕地占用税、新增建设用地有偿使用费等,对于公路项目,均存在缴费上的优惠政策,而经办人员由于对政策上的不熟悉,参照一般项目对规税费进行核算,导致出具的缴费单超过本该缴纳的费用。对于建设单位,如果对规税费标准不加以甄别、判断,将会承担不必要的损失。

4.3 政策层面缴费依据不清晰

根据国家耕地占补平衡相关政策,要求"占多少,补多少",建设单位不能自行补充的,可委托当地政府进行补充,并缴纳耕地开垦费。根据现行条件,建设单位自行补充很难实现,缴纳耕地开垦费,是建设单位实现项目所在地耕地占补平衡的唯一途径。但是随着新增耕地的逐年减少,项目所在地政府更倾向于外购耕地指标解决占补平衡,外购耕地指标的价格根据解决方式的不同呈现出多样化的状态。对建设单位而言,只需要拿到耕地指标完成耕地占补平衡任务,但费用却由只缴纳耕地开垦费变成了同时缴纳耕地开垦费(缴于项目所在地政府)和耕地占补平衡指标费(缴于补充耕地所在地政府)。耕地开垦费作为一项涵盖了开垦耕地成本、维护资源的补偿性收费,是有很强的指向性的收费,在当前项目所在地政府普遍不接受委托补充耕地的前提下,该费用的强制性收取已没有意义,且额外增加建设单位的建设成本。目前,大部分区县已注意到耕地开垦费的问题,并能够在建设单位的争取下予以免除,但由于省级文件中尚存在20%的耕地开垦费缴纳省财政的政策,耕地开垦费问题仍然不能彻底解决,耕地开垦费与耕地占补平衡指标费之间的关系仍旧难以理顺。

5 土地相关规税费测算及缴纳建议

土地规税费是建设用地供应环节的一项重要内容,涉及建设单位、设计单位和地方行业部门等多个利益主体间的博弈,因此,对于规税费的测算及缴纳工作要格外重视。根据项目经验,提以下建议。

5.1 关于土地规税费测算建议

设计单位承担土地规税费测算的主体责任,在编制项目概算时,要合理测算项目用地,细化土地分类、数量等数据,并严格根据土地相关规税费文件的要求,做足费用预算,做到不漏项不缺项。建设单位应统筹做好土地规税费的核算管理工作,同时根据概算合理安排资金的使用,一旦发现有超概风险,应停止费用缴纳,及时安排跟踪审计单位进行核查并给出意见,并反馈至地方政府。确需调整概算的,应协调当地政府共同做好调概工作。

5.2 关于土地规税费缴纳建议

(1)耕地占用税,对已建项目还未缴纳费用的可向当地主管部门争取以9月1日新实施的标准结算;尽量争取请当地自然资源部门将除安置用地外的用地归入主体工程,享受政策红利。

(2)耕地开垦费,根据耕地和标准农田占补平衡指标具体的落实情况并由建设单位另行付费的前提下,可与当地人民政府和主管部门协调争取耕地开垦费减免政策。

(3)耕地和标农占补平衡指标,在项目立项阶段尽量明确具体的占补方案,优先争取省统筹解决耕地和标准农田占补平衡指标。

(4)耕地国家统筹,根据浙江省已上报申请国家统筹的二批项目的情况,国家统筹审批周期长,尽量在报批工作启动前进行申请,在申请时核实项目用地面积,清除安置用地等不能使用国家统筹指标的用地。

(5)新增建设用地土地有偿使用费,高速公路项目主要涉及城市(含建制镇)建设用地范围内的新增建设用地和范围外有偿使用方式取得的建设用地(服务区),该费用需要在正式获批前缴纳,建议主管部门审查通过后及时对接地方(县级)落实缴费手续。

(6)社会保障费用,建议以土地批复前出台的社保文件为准,项目指挥部在与地方的政策处理过程中,应积极争取尽早缴纳社保费用,降低在报批过程中因社保标准提高造成的资金风险。

参考文献

[1] 浙江省人民代表大会常务委员会关于耕地占用税适用税额的决定[Z].

[2] 浙江省财政厅关于印发浙江省耕地占用税实施办法的通知(浙财农税字〔2008〕17号)[Z].

[3] 中国法制出版社. 中华人民共和国耕地占用税法[M]. 北京:中国法制出版社,2019.

[4] 中华人民共和国耕地占用税法实施办法[Z].

[5] 国家税务总局关于耕地占用税征收管理有关事项的公告[Z].

[6] 浙江省人民政府办公厅关于进一步加强耕地占补平衡管理的通知(浙政办发〔2014〕25号)[Z].

[7] 中共浙江省委 浙江省人民政府关于加强耕地保护和改进占补平衡的实施意见(浙委发〔2018〕10号)[Z].

[8] 浙江省国土资源厅 浙江省财政厅 浙江省物价局关于进一步做好补充耕地指标标准农田指标调剂和省统筹补充耕地的通知(浙土资发〔2018〕20号)[Z].

[9] 国务院办公厅关于印发跨省域补充耕地国家统筹管理办法和城乡建设用地增减挂钩节余指标跨省域调剂管理办法的通知(国办发〔2018〕16号)[Z].

[10] 关于调整部分地区新增建设用地土地有偿使用费征收等别的通知(财综〔2009〕24号)[Z].

[11] 关于调整新增建设用地土地有偿使用费政策等问题的通知(财综〔2006〕48号)[Z].

[12] 浙江省征地补偿和被征地农民基本生活保障办法(浙江省人民政府令第264号)[Z].

[13] 关于完善被征地农民衔接转入企业职工基本养老保险政策的通知(浙人社发〔2017〕59号)[Z].

浙江省高速公路落实耕地指标对策研究

周　立　卢亚恒
(杭州都市高速公路有限公司)

摘　要　随着耕地保护观念的深入人心,各级政府和行业部门对耕地占补平衡工作也越来越重视,本文从建设工程实际出发,梳理浙江省耕地占补平衡指标解决方式及优缺点,通过比较分析,找出适合每个高速公路建设项目的耕地占补平衡方案,并在项目建设基本程序上,提出每个阶段落实占补平衡工作的具体举措,为高速公路建设用地报批工作的顺利推进打下坚实的基础。

关键词　高速公路　耕地占补平衡　比较分析　国家统筹

1　引言

浙江素有七山一水两分田之说,如何平衡经济发展与耕地保护工作,是当下社会一定要面对的现实问题。经济的腾飞离不开基础设施的完善,基础设施的完善难以避免占用大量的农田,作为高速公路建设单位,一方面要承担起按时通车的建设任务,另一方面也要担负起耕地占补平衡工作的社会责任。选择合适的方式落实耕地占补平衡,成为摆在建设单位面前的一道选择题。

2　耕地占补平衡工作存在的问题

2.1　耕地占补平衡指标落实难

《土地管理法》第三十条规定:“国家实行占用耕地补偿制度。非农业建设经批准占用耕地的,按照‘占多少,垦多少’的原则,由占用耕地的单位负责开垦与所占用耕地的数量和质量相当的耕地;没有条件开垦或者开垦的耕地不符合要求的,应当按照省、自治区、直辖市的规定缴纳耕地开垦费,专款用于开垦新的耕地。”根据上述规定,高速公路建设单位是落实耕地占补平衡任务的责任主体,但在实际工作中,新增耕地在各级政府手中,面对市场耕地指标资源稀缺的形势和当地自身发展的需要,地方政府并无动力去完成高速公路的耕地占补平衡工作,即便项目的建成有助于推动当地经济的发展也是如此。高速公路耕地占补平衡指标的落实更多还是依靠建设单位反复地与各级政府协调,期间夹杂各方利益的博弈,大大提高了沟通成本。

2.2 耕地占补平衡指标费用贵

高速公路项目属于省级以上重点项目,根据《浙江省人民政府关于进一步优化投资结构提高投资质量的若干意见》(浙政发〔2018〕13 号),一般省自然资源厅会帮助解决 1/3 的耕地占补平衡指标。但实际上并非所有的项目都能顺利申请到 1/3 的省统筹指标,而地方因自身耕地指标紧张会优先保障自己的地方项目,对省级以上重点项目用地涉及的耕地占补平衡没有积极性。为了推进项目建设,项目公司往往会以省内跨市调剂的标准争取地方落实耕地占补平衡指标。随着耕地需求与建设占用矛盾日益尖锐,耕地占补平衡困难进一步加深,建设项目只能通过市场以易地外购的方式落实耕地占补平衡工作。随着《国务院办公厅关于印发跨省域补充耕地国家统筹管理办法的通知》(国办发〔2018〕16 号)文件的出台,为减轻补充耕地的压力,浙江省目前优先考虑申请国家统筹来解决省级以上重大建设项目的耕地占补平衡。无论是省调剂、异地外购还是国家统筹,都大大提高了耕地占补平衡的费用成本。

3 耕地占补平衡指标落实方式及政策依据

目前,高速公路建设项目落实耕地占补平衡指标包括跨省域补充耕地国家统筹指标、省统筹补充耕地指标、省内调剂补充耕地指标和异地外购指标,具体情况如下。

3.1 跨省域补充耕地国家统筹指标

跨省域补充耕地方式极大缓解了浙江省经济社会高速发展与新增耕地指标进群的矛盾。执行文件:《国务院办公厅关于印发跨省域补充耕地国家统筹管理办法和城乡建设用地增减挂钩节余指标跨省域调剂管理办法的通知》(国办发〔2018〕16 号)(有效期至 2022 年 12 月 31 日)。申请条件:资源环境条件严重约束、补充耕地能力严重不足的省,由于实施重大建设项目造成补充耕地缺口的,可申请国家统筹补充。缴费标准:以占用的耕地类型确定基准价,以损失的耕地粮食产能确定产能价,以基准价和产能价之和乘以省份调节系数确定跨省域补充耕地资金收取标准。计算方式:旱地:(10 万元 +2 万元 × 产能) ×1.5,水田:(20 万元 +2 万元 × 产能) ×1.5。结合不同耕地质量等级,浙江省申请国家统筹指标的价格为:旱地(18 ~60 万元/亩①),水田为(33 ~75 万元/亩),详见表 1。

3.2 省统筹补充耕地指标

执行文件:《浙江省国土资源厅浙江省财政厅浙江省物价局关于进一步做好补充耕地指标标准农田指标调剂和省统筹补充耕地的通知》(浙土资发〔2018〕20 号)。申请条件:各市在未落实省统筹补充耕地前,原则上不得申请省统筹补充耕地指标(浙土资办〔2014〕43 号)。对总投资 100 亿元以上(加快发展地区 70 亿元以上)的跨设区市和跨省(市)的铁路、城际轨道、高速公路、内河航道、能源设施、水利工程等重特大基础设施项目,原则上耕地

① 1 亩≈666m^2。

占补平衡指标按补充耕地数量的1/3统筹解决,并优先纳入跨省补充耕地范围(浙政发〔2018〕13号)。缴费标准:省统筹补充耕地指标价格:数量指标5万元/亩,水田指标5万元/亩,粮食产能指标每亩每百公斤1万元。计算方式:旱地:5万元+1×产能,水田指标10万元+1×产能。浙江省省统筹指标的价格为:旱地(6~20万元/亩),水田为(11~25万元/亩),详见表2。

浙江省跨省域补充耕地指标统筹价格表(万元/亩) 表1

耕地质量等级	旱地	水田	耕地质量等级	旱地	水田
1等	60	75	9等	36	51
2等	57	72	10等	33	48
3等	54	69	11等	30	45
4等	51	66	12等	27	42
5等	48	63	13等	24	39
6等	45	60	14等	21	36
7等	42	57	15等	18	33
8等	39	54	—	—	—

注:1. 基准价每亩10万元,其中水田每亩20万元。

2. 产能价根据农用地分等定级成果对应的标准粮食产能确定,每亩每百公斤2万元。

浙江省省统筹补充耕地补助和使用价格表(万元/亩) 表2

耕地质量等级	旱地	水田	耕地质量等级	旱地	水田
1等	20	25	9等	12	17
2等	19	24	10等	11	16
3等	18	23	11等	10	15
4等	17	22	12等	9	14
5等	16	21	13等	8	13
6等	15	20	14等	7	12
7等	14	19	15等	6	11
8等	13	18	—	—	—

注:数量指标5万元/亩,水田指标5万元/亩,粮食产能指标每亩每百公斤1万元。

3.3 省内调剂补充耕地指标

执行文件:《浙江省国土资源厅浙江省财政厅浙江省物价局关于进一步做好补充耕地指标标准农田指标调剂和省统筹补充耕地的通知》(浙土资发〔2018〕20号)(原则两年调整公布一次,本通知自2018年10月1日起施行)。申请条件:原则上所有建设项目都可以按规定申请(浙土资发〔2018〕20号)。各市在未落实省统筹补充耕地前,原则上不安排补充耕地指标跨市调剂(浙土资办〔2014〕43号)。缴费标准:省内调剂指标价格:补充耕地指标价格

15 万元/亩，补充水田指标 15 万元/亩，粮食产能指标每亩每百公斤 1 万元，产能计算公式：(16 - 等级) × 面积 × 15 × 100。计算方式：旱地：15 万元 + 1 × 产能，水田指标 30 万元 + 1 × 产能。浙江省跨市补充耕地指标的价格为：旱地（16 ~ 30 万元/亩），水田为（31 ~ 45 万元/亩），详见表 3。

浙江省跨市补充耕地指标调剂价格表（万元/亩） 表 3

耕地质量等级	旱地	水田	耕地质量等级	旱地	水田
1 等	30	45	9 等	22	37
2 等	29	44	10 等	21	36
3 等	28	43	11 等	20	35
4 等	27	42	12 等	19	34
5 等	26	41	13 等	18	33
6 等	25	40	14 等	17	32
7 等	24	39	15 等	16	31
8 等	23	38	—	—	—

注：1. 省厅挂牌价格：补充耕地数量指标 15 万元/亩，补充水田指标 15 万元/亩，粮食产能指标每亩每百公斤 1 万元（即 1 万元/亩 · 等）。
2. 实际交易价格需按双方协商情况确定。

3.4 项目属地落实指标

由地方政府提供的补充耕地指标价格一般参照省内调剂补充耕地指标标准协商确定。

3.5 易地外购指标

易地外购补充耕地指标价格一般按市场价执行，约为省内调剂补充耕地指标标准的 2 倍。

4 部分在建高速公路项目耕地指标解决情况

根据已梳理的耕地占补平衡指标落实方式计费标准，对省内部分在建项目耕地占补平衡指标解决情况进行了摸排，目前耕地指标解决方法分为 5 种：34% 的项目全部由地方解决，25% 的项目申请国家统筹，25% 的项目采取申请省统筹 + 地方解决，8% 的项目全部易地外购，8% 的项目采取地方解决 + 易地外购。对以上项目耕地指标解决方式分析，发现新项目基本采取国家统筹的解决办法，申请到省统筹的项目基本是国家重点项目。

5 高速公路项目耕地指标解决对策

不同指标落实方式优缺点分析如表 4 所示。

不同指标落实方式比较 表4

序　　号	落实方式	优　　点	缺　　点
1	国家统筹	指标相对充足,省厅鼓励采用	申请批复时间长,影响项目报批
2	省统筹	费用最低	需协调省厅,且只能统筹1/3
3	省内调剂	价格明确	有价无市
4	地方解决	价格相对较低,快捷	指标少,难获得地方支持
5	易地外购	相对较快	费用高

在项目工可设计阶段,请自然资源、水利、规划和建设等部门提前参与到项目规划设计选址工作当中,优化选址,节约集约用地,尤其少占耕地,减轻耕地占补平衡压力。

在项目公司接管项目谈判期。项目优先申请省统筹解决1/3耕地占补平衡指标,将其余2/3耕地占补平衡指标由地方解决写进项目投资协议。

压实地方政府责任。进一步向省发改委、交通厅等部门建议,在高速公路项目立项阶段,项目沿线地方政府应承诺重点保障高速公路建设项目所需的补充耕地指标,落实耕地占补平衡,做到先补后占。经省级自然资源主管部门核实,沿线政府确实无法解决全部耕地占补平衡指标的,根据有关规定可申请使用跨省域补充耕地国家统筹指标、省统筹补充耕地指标、省内调剂补充耕地指标。

6　结语

高速公路项目耕地占补平衡工作是建设用地报批工作的核心环节,它的早日完成对于土地批复乃至工程项目的如期推进起到巨大的推动作用,这部分工作离不开地方政府的大力支持,只有地方政府和建设单位密切协作,优势互补,才能够又快又好高质量完成工程项目。

参考文献

[1] 夏浩. 重大项目征地过程中的耕地占补平衡问题研究[J]. 安徽农学通报,2018.

[2] 王燕. 江苏省耕地占补平衡对策研究[J]. 安徽农业科学,2017.

[3] 郑华玉,沈镭,李斌,等. 耕地占补平衡评价体系及测算方法研究[J]. 国土资源科技管理,2010

[4] 郭勇,胡丕勇. 关于构建国家项目耕地占补平衡新机制的思考——以长兴县为例[J]. 浙江国土资源,2015.

高速公路数字化管理平台应用研究

吴向阳[1] 王安娜[1] 翟继鹏[2]
(1. 杭州都市高速公路有限公司;2. 浙江省交通规划设计研究院有限公司)

摘　要　为了解决目前公路建设和运维期数据传递不全、效率低下的问题,以数字化技术为基础,依托杭州绕城西复线项目,研发数字化管理平台,以实现项目的全生命周期的管理和应用为目标,做了积极有效的探索。

关键词　高速公路　数字化　全生命周期

1　引言

近年来,我国交通运输行业蓬勃发展,基础设施快速增长,以高速公路为例,基本实现了全国高速公路“覆盖成网”,而且正从“建设为主”向“建养并重”可持续协调发展转变。交通运输“十三五”发展规划提出了以信息化引领和支撑交通运输现代化发展的指导思想以及基础设施建设、运营、养护并重的基本原则。交通运输改革意见中也明确了公路养护管理体系信息化改革的必要性。相比传统信息化,数字化管理技术在基础设施领域的融合应用,不仅能实现信息互联共享,更能综合分析建养过程中时空数据,提供决策支持,优化养护管理措施,从而实现基础设施全生命周期可视化、数字化、智能化管理,推进基础设施数字化发展。

本文依托于杭州绕城西复线高速公路,杭州绕城西复线起于德清申嘉湖杭高速公路新市服务区,终点位于杭金衢高速公路直埠互通,是一条新建高速公路。杭州绕城西复线建设由湖州段和杭绍段组成。其中,湖州段路线里程长 50.8km,全线设置桥梁 18.94km/55 座,隧道 2.16km/2 座,桥隧结构物长度占线路总里程的 41.53%,与 9 条高速公路和国省道相交、互通密集。杭绍段路线里程长 98.037km,全线设置桥梁 23.82km/72 座,隧道 30.27km/25 座,桥隧结构物长度占线路总里程的 55.17%,沿线设置互通 14 处。

目前,数字化管理平台在现阶段的高速公路施工和运维养护少数工程实例应用了 2D GIS 地图结合传感器数据仅服务于检测监测工作,而建养数据的融合及数据管理分析能力的深入应用研究较少。基于此,本文着力研究基础设施运营阶段数字化管理平台的系统设计及数字化数据应用的典型场景。

2　数字化管理平台的必要性

随着无人机倾斜摄影、激光雷达、物联网技术在公路行业的推广应用,同时 5G、云计算、大数据及人工智能等新互联网技术的渗透,公路行业信息化数字化程度已在不断提高,通过提高设计施工的数字化程度，进一步提升高速公路运维管理数字化的完整性，从而促进高速公路全生命周期的数字化发展，可达到降本增效，提高效率。但是目前仍面临不少挑战：

(1)现有设计以二维图纸为主，很多结构只是显示通用图纸，信息扁平化，横向和纵向关联较弱，数据信息难以传递到施工、运维阶段。而数字化模型有着可视性、模拟性、交互性、专业协调性、信息连贯性等诸多优势，可以弥补传统基于二维设计的不足，作为纽带提供完善的工程数字化成果。

(2)目前基础设施的运维管理过程中存在信息孤岛现象，各项目各专业运用不同的信息系统和数据库等，而且系统间技术手段不同，数据标准不统一，导致信息分散，缺少整体性。因此，实现数字化平台需要通过结合运维养护规范、公路工程设计、施工及验收规范、BIM(建筑信息模型)编码标准、地理信息编码规范对公路工程的基础信息数据元进行分类及编码，建立统一的数据库模型。

3 高速公路数字化管理平台系统

高速公路数字化管理平台系统是集高速公路的建设期和养护期的数据采集和处理、管理、展示、分析于一体的数字化平台。其中，高速公路建设期包括勘察设计施工等阶段，运维期包括日常巡检、日常小修保养、定期检测、专项维修保养、重点监测监控、路况监控等内容。

3.1 系统架构

构建一个高速公路数字化管理平台是实现高速公路全生命周期管理的基础。而平台的架构对于平台的构件来说也是一个基础。系统总体架构包括展示层、应用层、服务层、数据层和设施层。展示层：提供适配PC浏览器、移动App客户端等访问。应用层：系统面向客户的应用部分，系统的主要功能集中在这一层。服务层：整个系统服务支撑，包含数字化管理平台访问服务，业务服务，基础数据访问服务。数据层：整个系统的数据来源基础，包括数字化模型、地理空间信息、设计施工运维养护数据、公路基础数据的结构化和非结构化数据(图纸、文档、照片等)，数据层建立一个标准、规范和开放的数据库及数据访问接口，是整个平台的数据提供者。设施层：基础软硬件支撑，是应用层、平台层和数据层的基础。

3.2 系统功能

高速公路数字化管理平台以3D GIS和数字化模型技术为基础，汇聚多元信息来构建真实的工程建设项目数字化管理环境；以数字化模型为基础整合其他各阶段各类工程要素；兼备数据库的增删该查功能、云端传输的网络实时传输实时更新功能、三维可视化展示高速公路路况功能和专业分析的空间分析、辅助决策功能；同时数字化管理平台作为将数据共享和复用从设计施工走向运营阶段延伸的基础和媒介。

高速公路数字化管理平台在建设时期主要作用在于进度、质量和安全等方面的管控；在运维管理阶段，数字化平台能够帮助管理者准确把握设计施工养护阶段的真实数据，节约从不同平台查询数据的时间，使之能够及时发现问题并分析原因，优化运维养护管理流程，提升运维养护管理质量和水平。

3.3 系统实施方案

3.3.1 三维地理信息环境构建

采用倾斜摄影技术或者激光雷达对项目沿线进行航拍测量建立真实的三维地理信息模型作为周围地理信息的数字化模型,以 OSGB、DEM 或者 TIF 格式加载到 3D GIS 平台中,并加载影像图。同时内嵌二维 GIS 模块,可以实现 2D GIS 的所有功能,以浮动或分屏的形式实现与三维场景的联动操作,能把各自的视图操作或数据的实时传递给对方,实现二三维实时联动。

利用 GIS 平台的基础地图服务(地图基础操作、查询、空间数据显示)和编辑功能(标注的任意添加以及线、多边形面的绘制功能)提供各种测量功能:测量距离、面积、高程等;利用其空间分析功能(邻近红线区域分析、水文、太阳辐射分析、度量地理分析等)为典型场景应用提供技术支持。

3.3.2 高速公路数字化模型建立

高速公路数字化模型可以通过高分卫星正射影像或 BIM 技术创建,根据施工、运维的需求将数字化模型各构件按规定的分类编码标准进行编码,以便与设计、建设施工期和运维养护期后续数据进行关联,这是实现高速公路建管养数据一体化的关键。将模型与多维数据进行关联,从而构成完整的高速公路数字化模型。

利用高速公路数字化模型构件作为多源数据载体,和施工、养护、运营信息对应匹配为数字化平台中数据录入、分析应用提供索引服务,提高数据采集和应用的效率。

3.3.3 高速公路基础设施基础数据库

高速公路基础数据库是实现公路养护数字化信息化的基础,是一套涵盖了为保证高速公路交通系统的安全正常运营而设置的道路、桥梁、隧道、边坡、服务区、交通标志、机电设备等全套设施基础数据的数据库,可为平台上其他各类公路养护管理应用提供基础数据支撑。

由于高速公路的盈利主要来源于运营阶段,且运营及养护阶段在全寿命周期中所占时间最长,故以一体化管理为目标的基础设施数字化数据,主要以运营及养护阶段的实际需求为导向,贯穿设计和施工阶段。

高速公路基础设施数据分为静态数据和动态数据两类。静态数据是指基础设施在形成时自身的固有属性数据,这些数据大多来自设计及建设阶段,并作为其形成的唯一标志,形成后不再更新,但是能够被替换(仅当构件被替换时,相应构件的静态数据需同步替换)。静态数据包含图元(几何)属性及工程属性。动态数据是指发生在静态数据之上的动态变量信息,创建完成后随数据来源的采样动态更新。动态数据包含设施状态、结构状态、技术状况评定等数据。动态数据包含设备监控系统提供的实时数据及养护检查定期更新的数据。静态数据和动态数据结合,形成完整的数据库。

为了结构化基础设施数据,根据设计、施工验收、养护等规范,编制基础设施数据参考表,定义构件静、动态数据内容、规范数据类型及取值要求,边坡结构的数据参考表(部分)如表 1 所示。

基础设施数据参考表

表 1

系统	构件	数据集{SD,DD}		数据类型	数据产生阶段	数据级别	取值/备注
边坡	通用	静态数据	编码	文本	设计	A	
			类型	枚举型	设计	A	填方、挖方、放平
			位置	文本	设计	A	左幅/右幅
			起点桩号	数值	设计	A	如 k10 + 100
			终点桩号	数值	设计	A	如 k20 + 500
			边坡坡率(%)	数值	设计	A	—
			边坡坡高(m)	数值	设计	A	—
			填方坡面面积(m^2)	数值	设计	B	—
			挖方坡面面积(m^2)	数值	设计	B	—
			放平坡面面积(m^2)	数值	设计	B	—
			坡面防护	属性集	设计	A	—
			分部分项码	文本	设计	A	—
	坡面	静态数据	厚度或断面尺寸	数值	设计	A	—
			顶面高程	数值	设计	A	—
			坡度	数值	设计	A	—
			框格间距	数值	设计	B	—
			砂浆强度合格率(%)	数值	施工	B	—
			厚度或断面尺寸合格率(%)	数值	施工	B	—
			表面平整度合格率(%)	数值	施工	B	—
			坡度合格率(%)	数值	施工	B	—
			框格间距合格率(%)	数值	施工	B	—
		动态数据	落石	文本	养护	B	Ⅰ/Ⅱ-A/Ⅱ-B/Ⅲ
			开裂	文本	养护	B	
			冲刷	文本	养护	B	
			沉陷	文本	养护	B	
			坍塌	文本	养护	B	
			水涌	文本	养护	B	
	截排水设施	动态数据	淤堵	文本	养护	B	Ⅰ/Ⅱ-A/Ⅱ-B/Ⅲ
			渗漏	文本	养护	B	
			断裂	文本	养护	B	
			冲刷	文本	养护	B	
			冲毁	文本	养护	B	
			移位	文本	养护	B	

续上表

系统	构件	数据集{SD,DD}		数据类型	数据产生阶段	数据级别	取值/备注
边坡	挡土墙/护面墙	动态数据	勾缝脱落	文本	养护	C	Ⅰ/Ⅱ-A/Ⅱ-B/Ⅲ
			松动掉块	文本	养护	B	
			墙身裂缝	文本	养护	B	
			泄水孔堵塞	文本	养护	B	
			渗流涌水	文本	养护	A	
	坡面植被	动态数据	植被枯萎	文本	养护	C	Ⅰ/Ⅱ-A/Ⅱ-B/Ⅲ
			网材锈蚀	文本	养护	B	
			冲刷漏网	文本	养护	B	
	附属设施	动态数据	检修踏步缺损	文本	养护	C	Ⅰ/Ⅱ-A/Ⅱ-B/Ⅲ
			检修道栏杆锈蚀或松动	文本	养护	B	
			隔离栅破损	文本	养护	C	

在高速公路全生命周期的设计施工运维阶段除了关系型的属性数据,还存在其他格式的数据,比如地理信息空间数据、CAD 设计文件、Excel 表格,Pdf 文件,图片影像等各种格式数据。

建设期的数据采集主要以整理和录入 CAD 图纸、Word 文档、图片等基础数据以及人工和自动采集的监控数据为主,采集数据包括勘察的地质水文和环境资料、设计图纸以及施工阶段的监测检测数据。运维养护期的数据采集方式与建设期类似,数据种类主要有公路各种病害损坏信息、养护维修信息以及路况运营数据,包含人工以及自动化采集的图片、影像、数字信息。利用采集的数据填充扩展基础设施数据参考表,建立统一的数据共享管理系统,是实现数据最大化共享的关键。

3.3.4 典型应用场景

(1)公路结构物技术状况自动评估。嵌入根据公路技术状况评定标准、公路桥梁技术状况评定标准等相关标准定制算法,对基础设施各类构件和部件进行自动计算打分。同时可以划分不同的评定单元并为每个不同的划分方法设计自动评分算法;以桥跨为评定单元为例,可以得到构件、部件、分部结构、桥跨、整桥多层级的评分。根据评分结果快速掌握结构物现状制定养护计划,此外还可以对构件技术状况各项指标进行分析,预测以时间为维度的技术状况的发展趋势,为养护决策提供参考。

(2)基础设施人工巡查系统。人工巡查 App,将病害采集、诊断、维修加固流程标准化,实现移动端采集上传病害信息(动态数据及现场图片、视频等),如隧道的裂缝、渗水、不均匀沉降、桥梁结构的裂缝、变形;路面裂缝、车辙等。点击构件显示其相关设计施工及历史养护检测信息,辅助工作人员快速了解病害情况,判别病害类型,提高人工巡查工作效率,更加快速科学选择养护方法和监测措施。

(3)病害分析及效果评价。在平台系统中,对病害类型、养护措施进行数据分析与匹配,为维修加固提供建议,并对后续病害发展进行持续关注与分析。根据养护措施的经济性(投入产出比)、可靠性、安全性等指标来建立养护效果评价系统,通过数字化手段提高养护技术及效益。

4 结语

本文以数字化管理平台技术为基础,研究构建工程项目建养一体数字化管理系统。应用该系统可弥补目前设计、施工建设及运维管理的不足,实现信息数据跨阶段传递、规范化管理、深度应用,改善工程信息整体性,提高信息管理的精确度及细致度。目前的研究成果仍存在诸多不足,还需进一步通过实际工程运用,完善平台技术。此外,融合大数据与人工智能技术推动平台智能化发展也是下一步的研究方向。

参考文献

[1] 中华人民共和国交通运输部. 交通运输信息化“十三五”发展规划[Z]. 北京:交通运输部,2016.
[2] 中华人民共和国交通运输部. 交通运输部关于全面深化交通运输改革的意见[Z]. 北京:交通运输部,2014.
[3] 黄新波. 谈 GIS 技术与 BIM 理念的结合[J]. 智能建筑与智慧城市,2016(10).
[4] 朱合华,李晓军,陈雪琴. 基础设施建养一体数字化技术(1)[J]. 土木工程学报,2015.
[5] 马宇. BIM 技术在高速公路建设项目管理中的应用研究[J]. 广东公路交通,2019(2).
[6] 赵仲华. 高速公路建设与养护一体化管理信息系统研究[D]. 天津:天津大学,2006.

浅谈高速公路建设项目管理过程中的造价控制

王依耘
(杭州都市高速公路有限公司)

摘　要　近年来,为了适应我国经济的快速发展,高速公路建设投入逐年增加,而且高速公路工程施工量大,工期长,且为线性工程,施工过程当中存在许多不确定因素,这些因素又会对项目造价控制产生不利影响。本文依托长春至深圳国家高速公路浙江省湖州段扩容工程及G25德清至G60桐乡高速联络线湖州段工程建设项目实际,分析探讨高速公路项目建设管理过程中造价管理可能存在的问题与改进措施。

关键词　造价控制　影响造价的因素　控制措施　精益建设

1　引言

工程造价是高速公路工程建设的一个重要因素,贯穿高速公路工程建设的全过程。因为高速公路工程的特性,使高速公路的工程造价受到许多因素的影响。本文针对高速公路建设过程中可能出现的影响造价的因素与改进措施进行研究,为后续高速公路造价管理提供参考意见。

2　工程概况

长春至深圳国家高速公路浙江省湖州段扩容工程及G25德清至G60桐乡高速联络线湖州段工程组成杭州绕城高速公路西复线工程湖州段(以下简称"杭州绕城高速公路西复线湖州段项目"),也是浙江省高速公路网"两纵两横十八连三绕三通道"中"一纵"的重要组成部分。工程起于德清东部禹越镇天皇殿附近,设新市枢纽沟通练杭高速公路,并与规划苏台高速公路联络线段顺接,路线向西分别经过禹越镇、新市镇、钟管镇、乾元镇、阜溪街道、莫干山镇、武康街道及舞阳街道,终于德清与余杭交界姜家山附近的唐家畈村,顺接杭州绕城高速公路西复线工程杭绍段。

工程主线采用《公路工程技术标准》(JTG B01—2014)中双向六车道高速公路标准,设计速度100km/h,路基标准宽度33.5m;互通连接线采用二级公路标准,设计速度60km/h,路基宽度12m。路线全长50.814km,概算总投资123.09亿元,建设工期36个月。全线设枢纽2处(武康、新市),互通7处(新市西、钟管、乾元、莫干山高新区、阜溪、莫干山、舞阳),服务区1处(莫干山),管理中心、隧道管理站、养护工区各1处。

工程总概算123.09亿元,其中扩容段批复概算62.28亿元,联络线段批复概算60.81亿元。

3 工程项目批复概算情况

3.1 项目每公里造价组成情况

按照交通运输部与浙江省发展和改革委员会的批复,对本项目每公里造价组成进行分析情况如表1所示。

每公里造价组成情况表　　表1

项目	公里造价(万元/km)	第一部分 建筑安装工程费		第二部分 设备及工器具费		第三部分 工程建设其他费		预备费	
		费用(万元/km)	比例	费用(万元/km)	比例	费用(万元/km)	比例	费用(万元/km)	比例
联络段	24649	14033	56.94%	129	0.52%	9368	38%	1119	4.54%
扩容段	23839	12963	54.37%	336	1.41%	9458	39.68%	1082	4.54%

注:1.“建筑安装工程费”主要是路基、路面、桥梁涵洞、交叉、隧道、公路设施、绿化环保和房建等工程费用。
2.“设备及工器具费”主要是设备购置、工器具购置和办公与生活家具购置等费用。
3.“工程建设其他费”主要是指征地拆迁补偿、建设项目管理、前期工作和建设期贷款利息等费用。

3.2 建筑安装工程每公里造价组成情况

按照《公路工程基本建设项目概算预算编制办法》,对本项目建筑安装工程每公里造价组成进行分析情况如表2所示。

建筑安装工程每公里造价组成情况表　　表2

项目	建筑安装工程费(万元/km)	路基路面		桥梁涵洞		交叉		隧道		其他	
		工程费(万元/km)	比例	工程费(万元/km)	比例	工程费(万元/km)	比例	工程费(万元/km)	比例	工程费(万元/km)	比例
联络段	14033	2902	20.62%	5022	35.69%	4736	33.65%	0	0	1412	10.04%
扩容段	12963	1715	13.23%	1224	9.44%	6085	46.95%	1659	12.80%	2279	17.58%

注:“其他”包括临时工程、公路设施及预埋管线、绿化工程、管理养护及服务房屋等内容。

4 项目建设过程中会对造价产生的影响

高速公路工程施工过程中存在许多不确定因素,这些因素会对项目造价控制产生不利影响,主要表现在以下几个方面:

(1)分包队伍数量控制不合理。总包单位在制定分包方案时数量设置不合理。分包队伍过多,各个队伍之间水平参差不齐给管理增加难度,不容易把控施工质量;分包队伍过少,影响施工进度。以上两种情况都会对项目造价控制产生不利影响。

(2)施工机械、材料管理不到位。项目部对施工机械管理不到位易产生窝工等现象;材料消耗管控不到位也会导致施工过程中不必要的浪费。

(3)材料价格调差增加费用。由于施工过程中工程用的钢材、水泥、沥青和部分地材等主要材料价格持续上涨,计量过程中根据招标文件约定和有关管理规定,对主要材料进行了价格调差,导致工程造价增加。本项目材料价格调差增加费用约 11763 万元。

(4)工程质量要求提高。为了提高工程质量,浙江省交通运输厅出台了《浙江省高速公路沥青路面质量提升工程实施意见》(浙交〔2018〕160 号)文件,文中提到"通过三年努力,确保高速公路路面平顺、使用性能良好,全面实现高速公路路面十年不大修,路面中修周期五年以上"。为切实提升路面工程品质,本项目将路面结构层调整为上面层 4cm 厚 SMA－13 改性沥青混合料＋中面层 6cm 厚 Sup－20 改性沥青混合料＋下面层 10cm 厚 Sup－25 改性沥青混合料＋20cm 厚水泥稳定碎石(振动成型)基层＋34cm 厚水泥稳定碎石(振动成型)底基层方案。此项工程质量要求提高的设计变更增加费用约 1784 万元。

(5)计量申报不及时。不能及时上报计量会对项目部产生较大的资金压力与财务成本,并且当材料价格发生变化时,结合招标文件材料调差条款也会产生不必要的成本浪费。

(6)质量安全管理不到位,导致工程出现不合格情况,后续返工及修复费用较高,增加成本。

(7)施工过程资料收集不完善。项目施工过程中未能完整的收集资料,导致变更时依据不完整,对后续变更申请支付等造成不利影响。

(8)对招标文件条款解读不够。施工人员对招标文件计量条款未做深入了解,存在投入增加但不能计量的情况。

(9)征地拆迁补偿增加费用。在征地拆迁过程中,由于实际征地拆迁工作与初步设计之间存在时间差的关系。当实施征地拆迁时,土地征用和房屋拆迁等补偿标准往往都有一定幅度的上涨,有时实际的征地拆迁数量与初步设计数量相比也会有一定的增加,这样就导致实际支出的征地拆迁补偿费用增加。

5 项目实施阶段造价控制措施

作为建设管理单位从业人员,在管理项目工程造价时,可以从以下几方面控制工程造价:

(1)提早介入项目能更有效地控制工程造价。建设单位可以在项目决策阶段就积极参与造价的管理工作。建设单位可以与设计院一起在前期多搜集资料,在项目的立项、线位确定、初步设计等阶段参与决策工作。设计院也可以尽早开始设计工作,保证设计周期,做好设计优化,尽量提高设计的精确度,减少后期的调整与修改,以此达到控制造价的目的。

(2)项目招标大标化,施工生产规模化。一是利用工程规模优势,在施工组织上统筹土石方调配,材料运输、大型临时设施建设,促进资源合理配置和均衡利用。将混凝土构件集中预制,混凝土集中拌和,钢筋工厂化加工,体现了工厂化、批量化、机械化、成品化生产,推行信息化和标准化管理,确保工程质量、安全和进度。二是有利于减少招标工作量,降低招标成本。

(3)建设管理统筹化,资源利用综合化。在建设项目管理过程中,可以统筹清表土的土方管理,目前项目施工往往采用原公路用地范围内的耕植土清理后废弃,而在绿化实施时又予以远运购买。经过优化方案,协调堆放场所,将方案改为清理后的耕植土就近堆放,在绿化实施时予以利用。此方案在节约成本的同时节能减排保护环境,在避免耕植土资源浪费方面起到了较大的作用。

(4)优化设计合理变更。在保证质量的前提下,做好路基边坡、隧道的动态设计,增加负变更的占比,对每一项施工方案进行技术、经济上的比较分析,选出最能合理利用人力、物力、财力等资源的方案,提供劳动效率,减少工程造价。

(5)大宗材料"甲控乙供"。本项目在水泥、钢材、沥青等主要物资上积极采用"甲控乙供"指导意见。通过工程实际经验发现"甲供乙控"取得了不错的成效。一是充分利用集团规模优势,选取集团内物资单位保障物资供应的质量与数量。二是能有效发挥指挥部作用,保障主要物资质量。指挥部在审核招标文件时严格控制物资技术指标,保障物资质量。三是统一招标,能实现降本增效。指挥部辖管内施工单位所用主要物资统一招标采购,采购数量加大,能降低材料成本。

(6)规范建设管理减少索赔。在保证工程质量的同时,要确保工程的进度。要求施工单位增加投入,形成良好的施工氛围,动态掌控费用索赔,一旦发生及时掌握索赔证据,做好反索赔或将索赔费用降到最低。

(7)降低财务成本。督促股东方及时到位资本金,并依托集团的融资和财务管理优势,做好资金的集中管理,有效降低融资与资金成本。

(8)合理控制征迁费用。一方面要精准测算征迁费用,降低征迁赔付的费用;一方面要加强与政府的沟通协调,解决土地指标,降低土地指标费用。

6 国外较新项目管理理念精益建设(lean construction)

精益建造是一种从精益生产中发展而来的理论,将精益生产推广到全世界的日本丰田公司通过自己的成功,展示了精益生产是一个可行的将浪费减少到最少,价值实现最大的有效管理模式。精益建造从精益生产中演变而来。建设是一个非常复杂的过程,每一个步骤都是为了增加建设最终产品的价值,在建设过程中会有许多不产生价值的活动,这些就是不必要的浪费,如何减少这些浪费从而增加价值就是精益建设的目标。精益建造以顾客的最大化价值为项目最大目标,设计施工过程与管理程序并行,对项目的全寿命周期进行动态控制,从而更好地保证项目完成预定的目标,减少浪费的产生;同时,精益建造以整个建设系统为优化目标来降低协作中的交易成本,使各相关企业之间的关系为共赢关系,采用策略联盟和双赢的思想来分配利润、共享成果[1]。

精益建造在建设过程中可以从这三方面来体现。一是工程建设的内容、过程与结果是通过根据业主的要求来确定的,工程建设的最终产品就是业主意志的体现。二是通过招标的模式,使建设产品是先产生了交易再有了建设过程,避免了先生产后交易的情况下产品的部分内容不满足业主的要求。三是没有库存,浪费较少。因为是先招标后交易,建设过程又是单一的,这种特性使得建设项目没有建设库存。这些思想表明在提出精益建造这个概念之前,建设过程中就已经体现了精益这个概念。通过更系统的学习和引入精益建造的概念,可以促进后续的建设项目增加价值,减少浪费。

7 结语

项目造价管理是项目管理过程中的重要组成部分,国内现在较为广泛使用的是全过程造价管理模式。全过程造价管理已经形成了非常成熟的管理体系,为控制项目造价提供非常有效的管理方式,精益建设作为国外较新的理念可以为项目造价管理人员提供新的管理思路。

参考文献

[1] 闵永慧,苏振民. 精益建造的理论特点及其应用[J]. 集团经济研究,2006,000(07S):148-149.

第二篇

设计建设篇

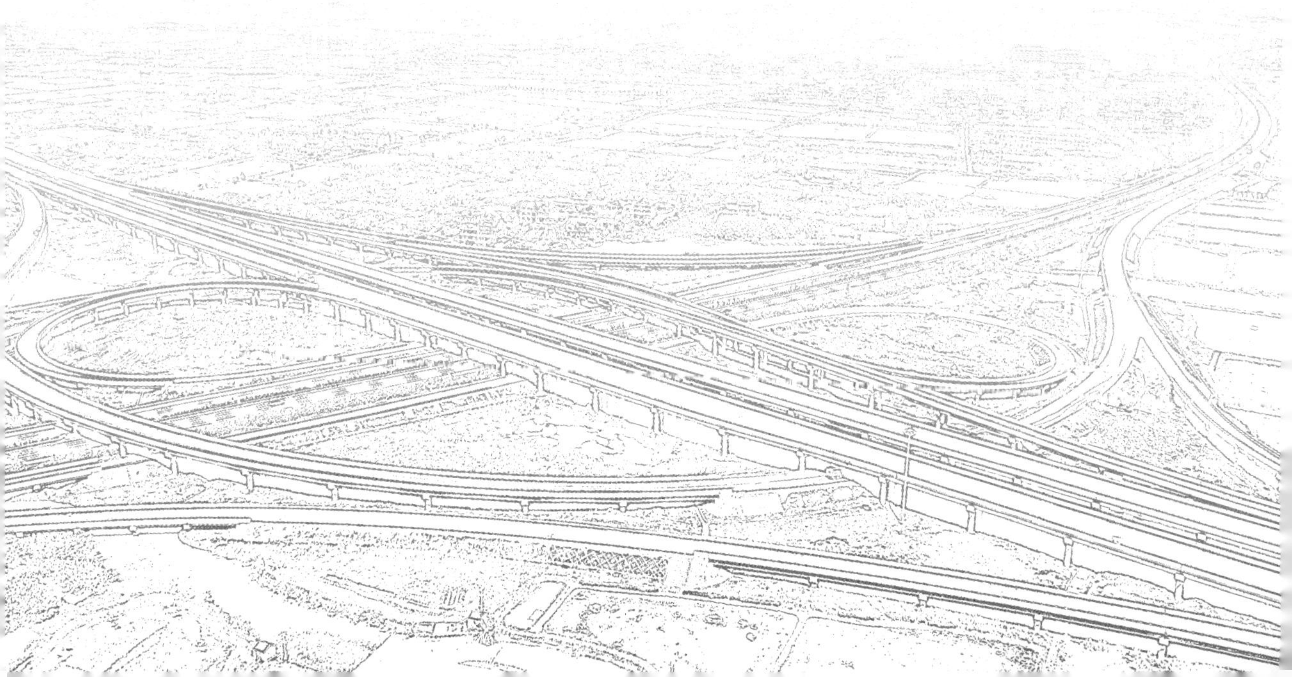

基于 CSP 模型建立三维粗糙度检测方法

谢洪波[1]　张　伟[1]　胡淑婷[2]　夏　晋[2]
（1. 杭州都市高速公路有限公司；2. 浙江大学）

摘　要　针对目前混凝土粗糙度检测方法存在表述不全面、易受环境影响、精确度低等缺陷，本文提出了一种基于 3D 扫描技术的三维粗糙度检测方法。对 CSP 模型进行 3D 扫描试验和铺砂法试验，提出三维粗糙度分析流程与方法。对混凝土试件进行 3D 扫描试验，建立三维粗糙度评价体系。

关键词　三维粗糙度　指标　3D 扫描技术　混凝土

1　引言

混凝土结合界面广泛存在于混凝土结构中，如施工缝、沉降缝和伸缩缝等结构缝以及预制构件和结构修复加固中新旧混凝土的拼接缝等。混凝土结构的损坏基本都从结合界面处开始[1]，故如何提高结合界面黏结性能，加强混凝土结构整体性能尤为重要。而界面粗糙度是混凝土整体性能的关键因素之一[2-5]，因此有必要对界面粗糙度进行检测。

目前，国内外学者[6,7]对混凝土粗糙度提出多种测量方法和多种表征参数，如用分析数字图像法获得分形维数表征混凝土粗糙度[8]。但这些方法均不适用于现场混凝土粗糙度的检测。目前常用的现场混凝土粗糙度检测方法精确度较低：铺砂法易受到人为主观因素影响，且检测精度较低；而探针法检测的粗糙度值仅仅为混凝土表面的二维表征，但实际粗糙度应是一个三维指标。故有必要提出一种精确度高的三维粗糙度检测方法。

本文依据 CSP 模型，建立基于 3D 扫描技术的三维粗糙度检测方法，并通过混凝土试件，验证其适用性。

2　建立基于 3D 扫描计算的三维粗糙度检测方法

2.1　3D 扫描试验

ICRI 对混凝土修复提出了 CSP 模型（图 1），通过人工比对控制结合界面的施工处理。

采用 Roland LPX 3D 激光扫描仪（图 2）对 CSP 模型进行 3D 扫描试验。采用四面扫描模式，扫描精度 0.2mm，扫描横向宽度 150mm、纵向高度 80mm。获得三维图像，如图 3 所示。

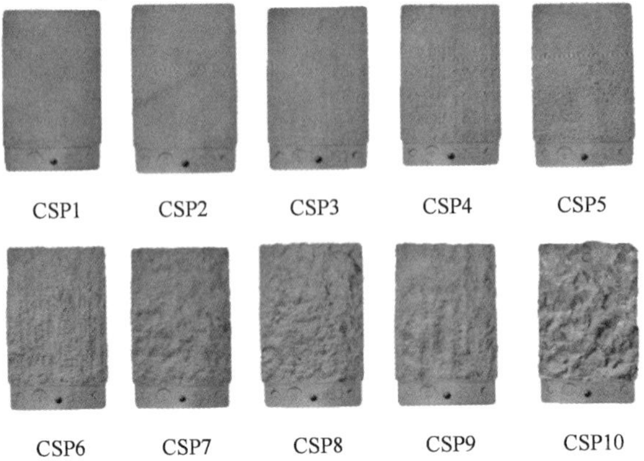

图 1　**CSP 模型**

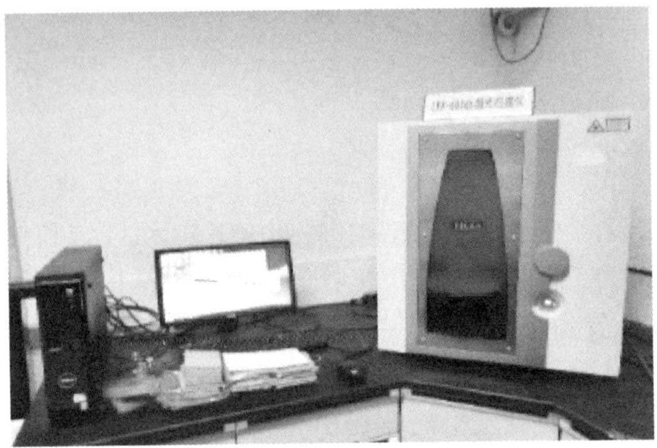

图 2　**Roland LPX 3D 激光扫描仪**

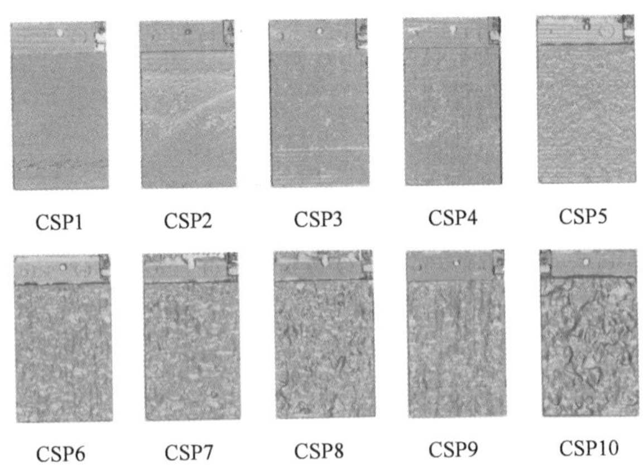

图 3　**CSP 模型 3D 扫描图像**

对扫描后的图像进行旋转、剔除、修补、移动，计算三维粗糙度指标，如表1所示。

三维粗糙度指标　　表1

指　　标	公　　式
算数平均高度(S_a)	$S_a = \frac{1}{A}\iint_A \lvert Z(x,y) \rvert dxdy$
均方根高度(S_q)	$S_q = \sqrt{\frac{1}{A}\iint_A (Z(x,y))^2 dxdy}$
偏度(S_{sk})	$S_{sk} = \frac{1}{S_q^3}\frac{1}{A}\iint_A (Z(x,y))^3 dxdy$
峰度(S_{ku})	$S_{ku} = \frac{1}{S_q^4}\frac{1}{A}\iint_A (Z(x,y))^4 dxdy$
最大峰高(S_p)	$S_p = \sup\{Z(x_i,y_i)\}$
最大谷底(S_v)	$S_v = \lvert \inf\{Z(x_i,y_i)\} \rvert$
最大表面高度差(S_z)	$S_z = S_p - S_v$

2.2 三维粗糙度指标计算方法

在三维粗糙度指标计算过程中提出基准面，在不同基准面下计算得到的三位粗糙度指标不同，因此需要选定粗糙度指标分析的最终基准面。基准面即3D扫描粗糙面所有坐标按从大到小排序，所占百分位点与x-o-z面平行的面，如图4所示。

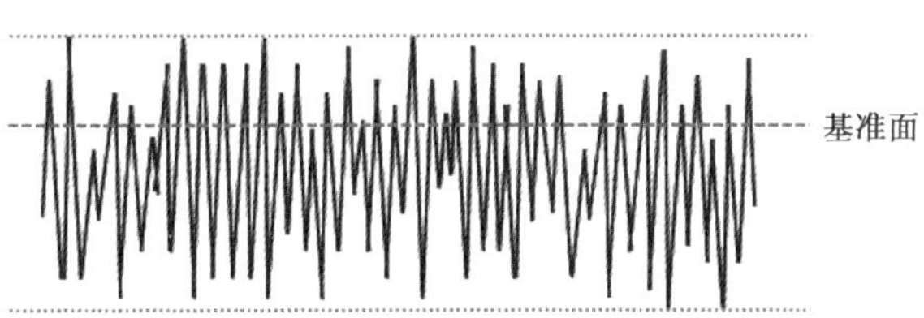

图4　基准面示意图

本试验基于3D扫描试验与铺砂法试验确定最终基准面。对比MTD和S_a的计算公式，发现两者指代相同的值。因此计算CSP模型MTD和不同基准面下S_a的误差标准差，根据误差标准差与基准面的关系确定最终基准面。

模型CSP1-CSP3由于粗糙度偏小，试验室内可量取的最小体积1ml的渥太华标准砂无法在CSP1-CSP3模型上成圆形展开铺平，故无法测得CSP1-CSP3的MTD值，如图5所示。

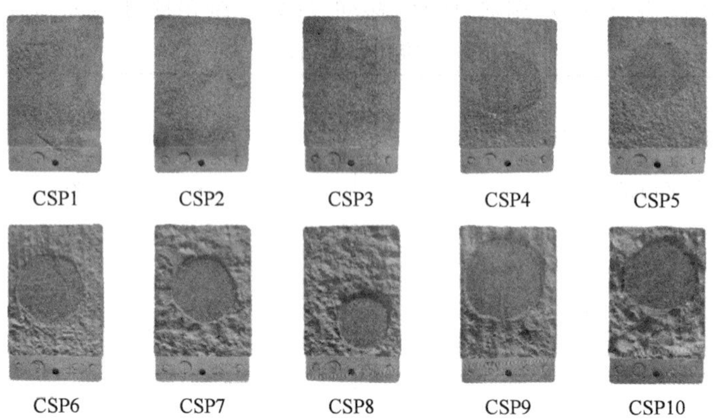

图5　CSP 模型铺砂法试验

通过式(1)计算得到混凝土表面的平均纹理深度 MTD,如图6所示。

$$MTD = \frac{4V}{\pi D^2} \tag{1}$$

式中:MTD——平均纹理深度(mm);

V——渥太华标准砂体积(ml);

D——材料覆盖面的平均直径(mm)。

计算不同基准面下 CSP 模型 MTD 与 S_a 的误差标准差,如图7所示。由图可知,99%基准面时,CSP 模型 S_a MTD 的标准差最小,故确定99%基准面为最终基准面。

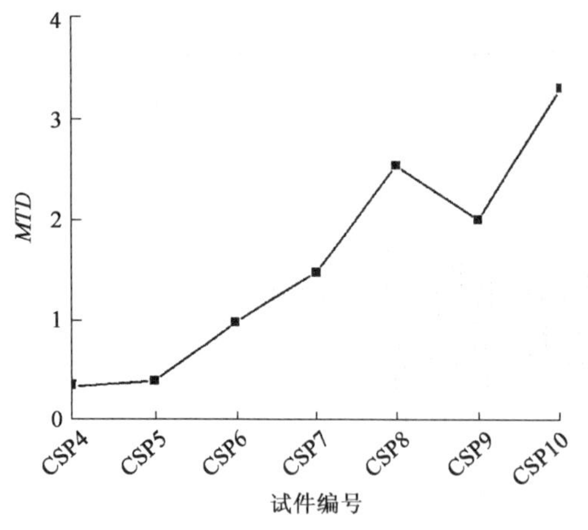

图6　CSP 铺砂法试验 MTD 值

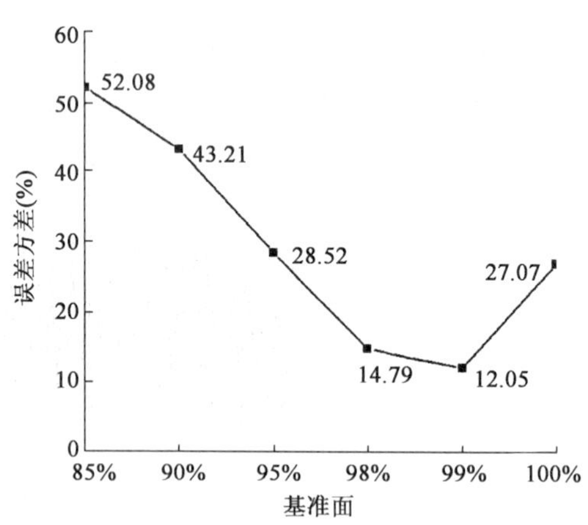

图7　不同基准面下 CSP 模型 MTD 值与 S_a 值的标准差

2.3　三维粗糙度指标分析

计算99%基准面下 CSP 模型的三维粗糙度指标。

由图8、图9、图10和图11可知，S_a和S_q两值具有相同的变化趋势，在误差许可范围内，随着CSP模型粗糙度的增大而增大，用于描述检测对象整体粗糙度；S_{sk}均大于0，表示CSP模型主要分布峰，是一个有许多峰的平面，这与99%基准面有关，无分析意义；S_{ku}均小于3，表示CSP模型粗糙形貌均匀分布；S_p表示CSP模型测量区域内最高峰的高度值，S_v表示CSP模型测量区域内最低谷的高度值，S_z表示CSP模型测量区域内最高峰和最低谷的高差。综上所述，采用3D扫描99%基准面下S_a和S_q描述检测对象整体粗糙度；S_{ku}描述检测对象粗糙形貌分布特征，S_p、S_v、S_z描述检测对象的极值情况。

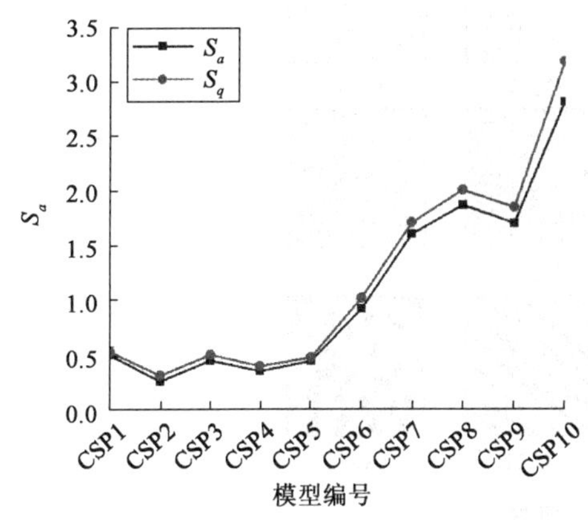

图8 CSP模型99%基准面的S_a、S_q

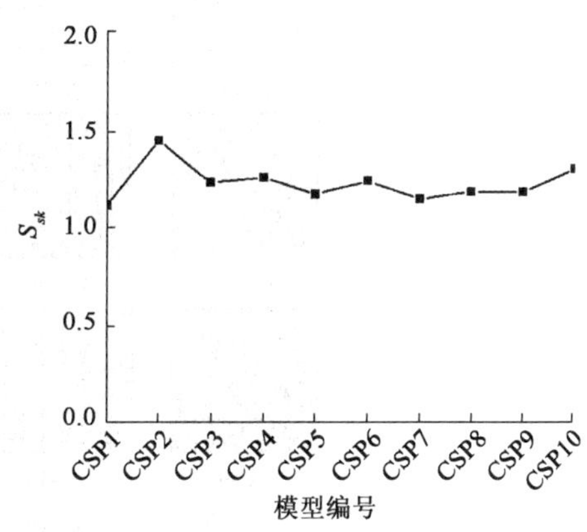

图9 CSP模型99%基准面的S_{sk}

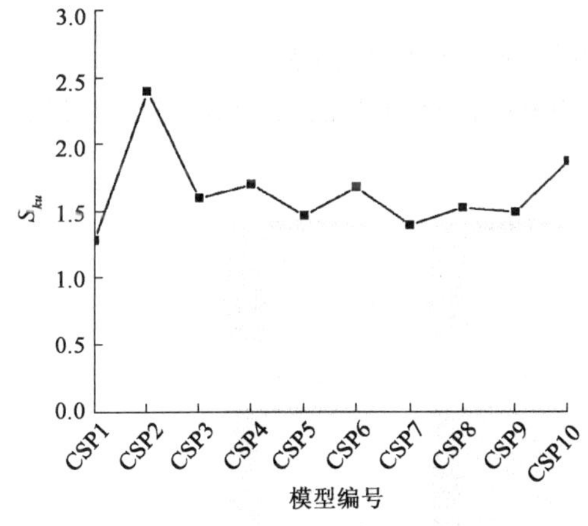

图10 CSP模型99%基准面的S_{ku}

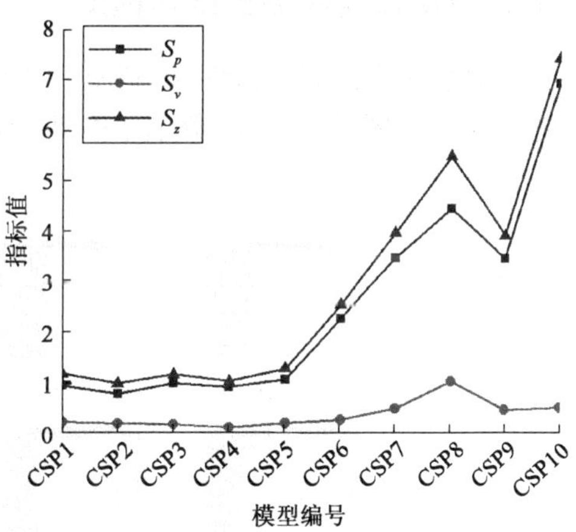

图11 CSP模型99%基准面的S_p、S_v和S_z

3 三维粗糙度检测方法应用实际工程

3.1 混凝土试件

原材料如下：①42.5级水泥。②粗集料为片石，细集料为河砂。③生活用自来水。④混凝土强度等级为C45，配合比见表2。

混凝土配合比表 表2

强度等级	水泥(kg)	砂(kg)	石(kg)	水(kg)	水灰比
C45	489	575	1116	220	0.45

试验根据配合比制作 100mm×100mm×100mm 的立方体试件,在试件任意一面按进行不同的表面粗糙度处理,获得如图 12 所示的粗糙面。

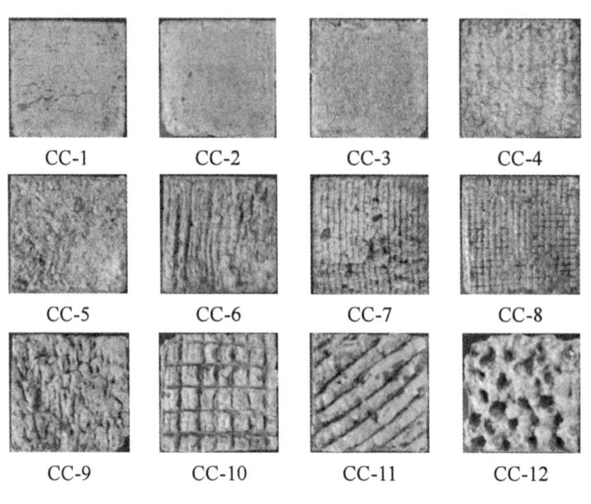

图 12 混凝土试件

3.2 3D 扫描检测三维粗糙度

3D 扫描 12 个混凝土试件,得到图 13 所示的混凝土试件 3D 扫描图。

进行旋转、剔除、删减、修补,移动,计算 99% 基准面下混凝土试件三维粗糙度指标。

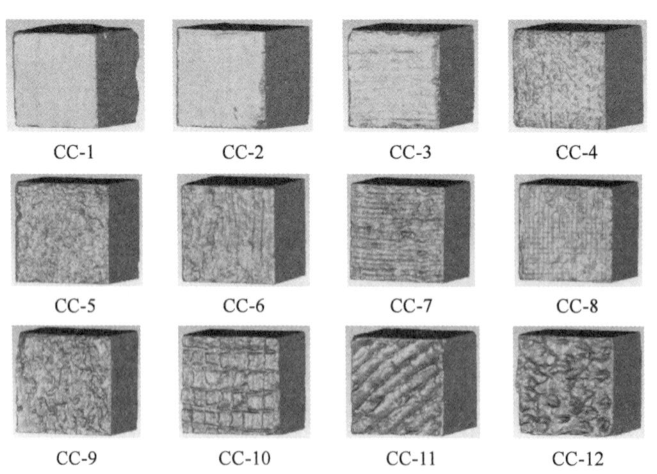

图 13 混凝土试件 3D 扫描图

进行旋转、剔除、删减、修补,移动,计算 99% 基准面下混凝土试件三维粗糙度指标。

由图14、图15和图16可知,混凝土试件的S_a和S_q值具有相同的大小关系,描述整体粗糙度;S_{ku}值均小于3,试件粗糙形貌分布均匀;因选取99%基准面为最终基准面,S_v基本等于零,S_p与S_z相近。CC6与CC8具有相近的S_a和S_q,但因CC6具有缺陷,使S_p、S_z大于CC8结果。综上所述,3D扫描99%基准面下S_a、S_q、S_{sk}、S_{ku}、S_p、S_v、S_z指标可在整体与局部两个层面上准确地描述粗糙形貌特征。

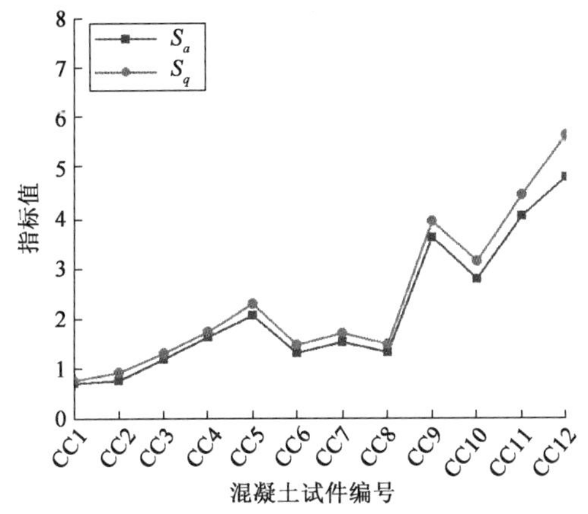

图14 99%基准面下混凝土试件S_a和S_q

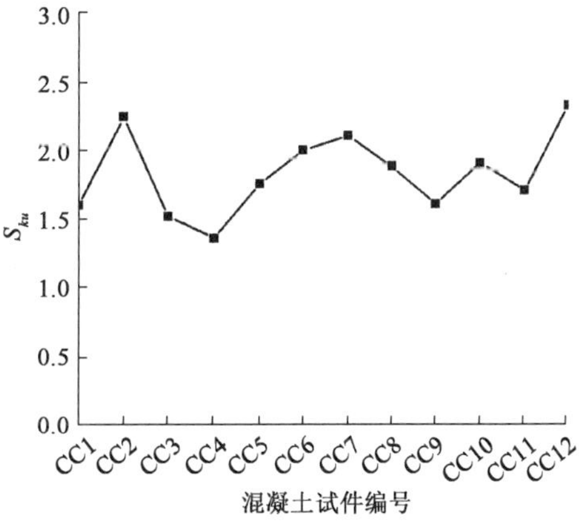

图15 99%基准面下混凝土试件S_{ku}值

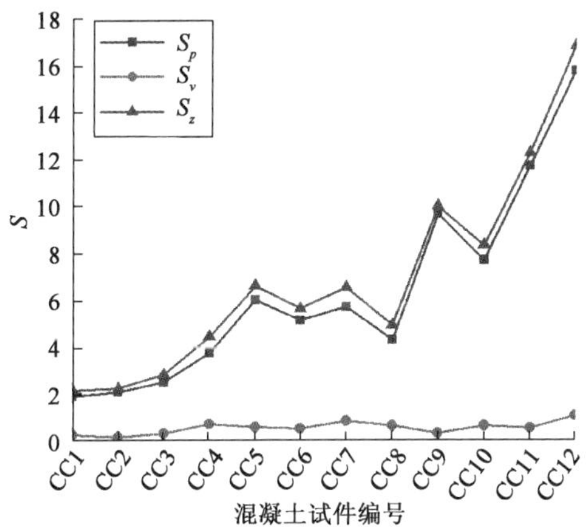

图16 99%基准面下混凝土试件S_p、S_v、S_z值

4 结语

(1)提出了一种基于3D扫描技术的混凝土三维粗糙度检测方法。且在三维粗糙度指标的计算过程中提出基准面这一概念,基于CSP模型,研究MTD与S_a误差标准差与基准面的关系,确定99%基准面为三维粗糙度指标计算的最终基准面。

(2)采用3D扫描99%基准面下S_a、S_q、S_{sk}、S_{ku}、S_p、S_v、S_z描述待测对象的粗糙形貌特征。S_a和S_q描述待测对象整体粗糙度,S_{sk}无意义,S_{ku}描述待测对象粗糙形貌分布特征,S_p、S_v、S_z描述局部缺陷。

参考文献

[1] Qin R, Hao H, Rousakis T, et al. Effect of shrinkage reducing admixture on new-to-old concrete interface[J]. Composites Part B: Engineering, 2019, 167: 346-355.

[2] Abu-Tair A I, Lavery D, Nadjai A, et al. A new method for evaluating the surface roughness of concrete cut for repair or strengthening[J]. Construction and Building Materials, 2000, 14(3): 171-176.

[3] He Y, Zhang X, Hooton R D, et al. Effects of interface roughness and interface adhesion on new-to-old concrete bonding[J]. Construction and Building Materials, 2017, 151: 582-590.

[4] Gadri K, Guettala A. Evaluation of bond strength between sand concrete as new repair material and ordinary concrete substrate (The surface roughness effect)[J]. Construction and Building Materials, 2017, 157: 1133-1144.

[5] Tayeh B A, Bakar B H A, Johari M A M, et al. The relationship between substrate roughness parameters and bond strength of ultra high-performance fiber concrete[J]. Journal of Adhesion Science and Technology, 2013, 27(16): 1790-1810.

[6] Santos P M D, Júlio E N B S. A state-of-the-art review on roughness quantification methods for concrete surfaces[J]. Construction and Building Materials, 2013, 38: 912-923.

[7] 闫国新, 张晓磊, 张雷顺. 新老混凝土黏结面粗糙度评价方法综述[J]. 混凝土, 2010(01): 25-26.

[8] 张雄, 张蕾. 新老混凝土黏结面人造粗糙度表征及性能研究[J]. 同济大学学报(自然科学版), 2013(05): 753-758.

基于图像识别的隧道三维重建技术应用与研究

沈宏辉[1] 王依耘[1] 张苏龙[2] 王 捷[2]
(1.德清县杭绕高速有限公司;2.江苏东交智控科技集团股份有限公司)

摘 要 本文以隧道三维重建技术应用为目标,从改进传统的二值图像连通区域标记算法入手,研究提出了一种改进的二值标志点图像连通区域标记算法,改进了图像识别的现场实施办法,并采用一种根据围岩图像建立隧道实际开挖轮廓三维曲面模型的算法,成功地将图像识别技术与三维重构技术结合,对隧道进行了三维重构。

关键词 三维重建 隧道工程 图像识别 二值标志点图像连通区域标记算法

1 引言

基于图像识别的三维重建技术是目前针对采集空间信息需要开发的一种新技术,处于交叉研究领域,涉及计算机视觉、计算机图形学、图像处理、模式识别等诸多学科。通过国内外学者近几十年的研究,在理论上和应用中都涌现出大量优秀的相关研究成果。

图像处理技术的快速发展促进了其在隧道工程中的应用,尤其是在岩体信息提取与应用方面,图像处理与工程应用联系更加密切。数字图像处理技术[1-3]作为结构面信息提取并进行编录的重要内容也是众多科研工作者的研究热点。

国外学者方面,T R Reid、R Lemy J 等[4,5]基于图像处理技术,对岩体结构面信息识别和提取等方面做了大量的实践工作,完成隧道岩体图像的初步统计分析。Sou-Sen Leu T 等[6]研究了运用图像特征提取技术进行岩体结构面信息的提取,并根据隧道结构面信息提出了三维地质模型的构建的概念。叶英[7]着重介绍了图像处理技术在地质编录方面的应用,通过掌子面图像灰度级校正、二值化处理等提高图像质量并突出图像特征,利用图像模式识别技术实现结构面特征的提取显示,并完成在超前预报和围岩分类方面的初步应用。冷彪、仇文革等[8,9]着重图像处理算法研究,通过对比度、亮度、灰度调节,边缘检测,边界提取等手段增强图像质量,完成结构面信息统计,并且在隧道工程中根据相邻掌子面结构面信息完成三维模型重建。周春霖[10]创新性的将红外摄影技术应用到隧道图像采集方面,并通过理论分析及现场试验初步验证红外摄影在恶劣环境下适应性。

综上可知,近年来图像技术在隧道工程中得到了越来越多的应用,但是对其监测数据处理仍需要进一步研究。本文从改进传统的二值图像连通区域标记算法入手,结合图像识别现场实施办法,成功高效地对某隧道进行了三维重建。

2　图像识别技术

图像识别技术通过快速可靠的采集方法获取隧道内部实测全景影像来精确地描述目标区域的特性信息，快速精确地构建高分辨率、高清晰度的各种不规则的实体三维模型。

本文主要研究标志点自动识别算法。在标志点识别过程中，对布设了多个标志点的图像进行阈值处理后得到的二值图像包含了多个标志点区域以及噪声区域，为了提取不同的标志点连通区域，需要对标志点连通区域进行标记。

传统的二值图像连通区域标记算法存在的明显不足是：第一次扫描会产生重复标记，需进行第二次扫描消除，算法的实现效率低。为了进一步提高标志点连通区域标记的效率，本项目基于图像隔列扫描对数据的读取量小的特点，提出了一种改进的基于图像隔列扫描和区域生长的二值标志点图像连通区域标记算法。

对图像进行隔列扫描寻找出区域生长的种子点，应用区域生长的基本原理，被标记的像素点应满足以下生长准则：

(1)与种子点具有相同标号的像素点的像素值必须是0；

(2)该像素点必须位于该种子点的8邻域内。其中像素p的8－邻域如图1c)所示，图1a)和b)分别表示像素P的4个4－邻域近邻像素和4个对角近邻像素。设像素P的坐标用(x,y)表示，则其8－邻域像素用坐标分别表示为$(x-1,y+1)$，$(x,y+1)$，$(x+1,y+1)$，$(x+1,y)$，$(x+l,y-1)$，$(x,y-1)$，$(x-1,y-1)$，$(x-1,y)$。

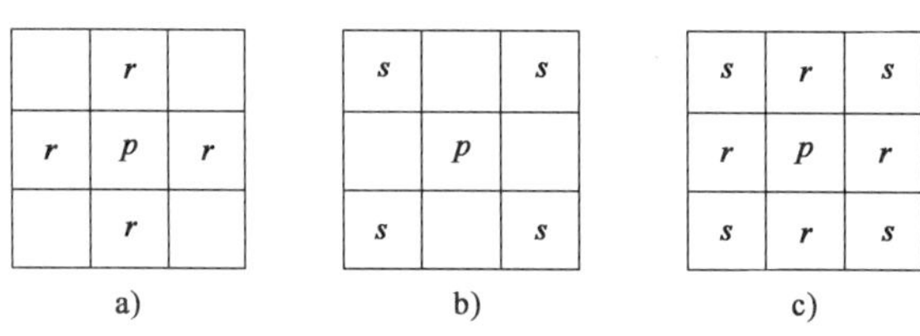

图1　像素的邻域

本项目提出的改进的算法具体实现步骤如下：

Step 1：从图像左下端点开始，隔列扫描输入的二值人工标志点图像，找到第一个像素值为0的点作为初始种子点，将其标记为L并记录到一个数组I中，作为第一个连通区域内的第一点。

Step2：将数组I中的初始种子点取出，检查该点的八邻域点，对一位于其八邻域且像素值为0的点标记为L，并且将新增的标一记点一记录到数组I中作为区域增长的种子点。

Step3：从记录种子点的数组I中取出一个种子，按步骤二进行操作。

Step4：循环步骤三，直到数组I为空则表明第一个连通区域标记完成。

Step5：循环上述步骤，实现对所有标志点以及部分噪声所在的连通区域的标记，将其分别标记为$L,L+1,\cdots,L+n-1$。

改进的算法用VC++6.0进行编程实现，为了验证改进算法的高效性，在隧道断面上分别布设完全相同的9个、15个和25个人工标志点，标志点互不重叠，在相同环境以及相同光照条件下拍摄含标志点的图像，实验所用的图像大小分别为320×240，430×300和640×480。对拍摄的三幅图像分别进行二值化处理后运用本文的算法与传统的两次扫描法进行对比实验，结果如表1所示。

不同算法标志点连通区域标记所用时间比较　　表1

图像大小	标记时间(ms)		
	标志点个数	传统两次扫描算法	本项目算法
320×240	9	3105	38
430×300	15	5165	145
640×480	25	9531	673

本项目提出的改进算法由于采用图像隔列扫描减少了扫描的次数，从而减少了算法的运行时间，而且能够对标志点连通区域进行一次标记，避免了重复标一记的产生，由试验结果可以看出，较传统的算法，在很大程度土提高了算法的实现效率。

3　图像识别现场实施

首先在需要拍摄的区域布置4~6个标记板，拍摄区段较长时增加到8个，控制点布设间距不超过10m。标记板布设时应均匀布满被测量的范围，以保证标记板间的间距应尽可能大。

采用物方控制，根据现场条件，在临空面边墙及掌子面均匀布设6个控制点，其中两侧边墙各布置两个，掌子面布置两个(图2)。控制点布设后使用全站仪对控制点的施工坐标进行两测回的测定。测定过程中，若出现两个测回的差值大于2倍标准差时，进行第三测回的测定。使用各个测回的平均值作为控制点的施工坐标。

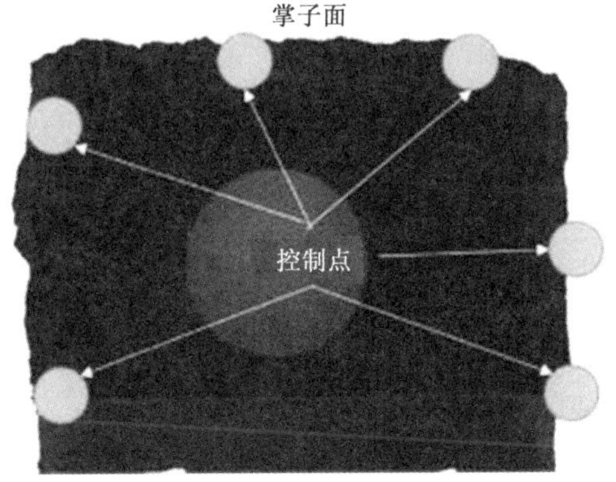

a)控制点布设位置俯视示意图

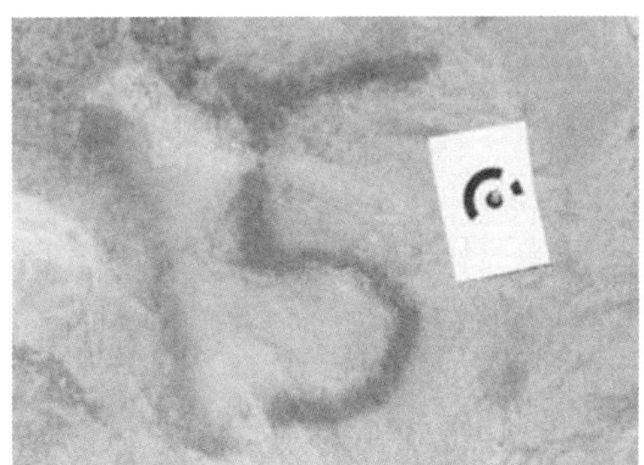

b)现场控制点照片

图2　控制点布设及拍摄

布置好标记板控制点后，可采用全站仪测量出控制点的坐标(图3)。

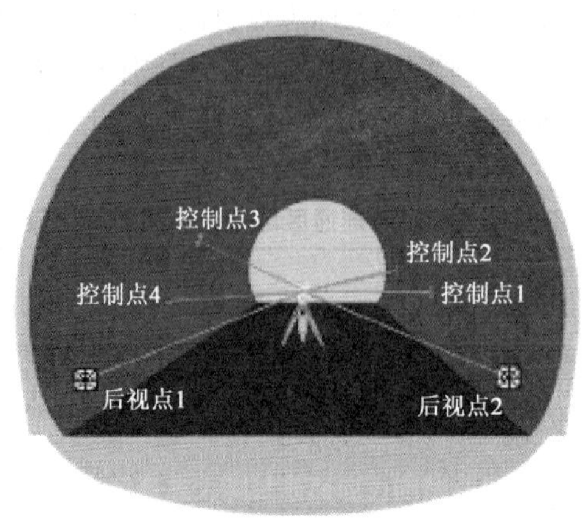

图3　全站仪辅助测量控制点示意图

现场拍摄控制点时，需要遵循以下3个原则(图4)：完全覆盖、高度重叠、尽量垂直。

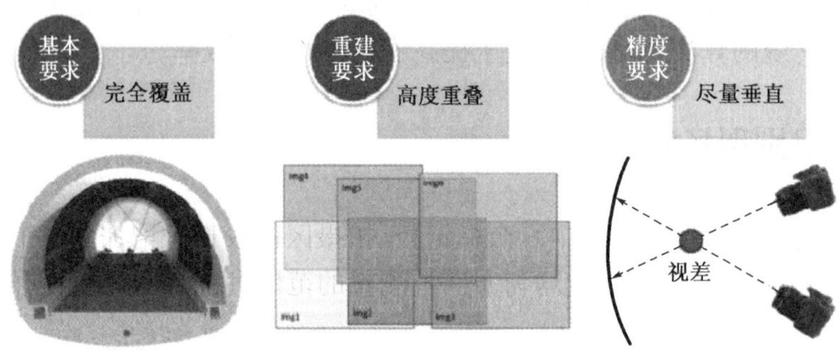

图4　现场拍摄的原则

4　三维模型重建技术

三维重建的原理是通过多视几何方法，将多张包含被重建物体多角度照片的约束关系进行求解，获取相应的三维结构信息。本文介绍以下求解办法：

(1)基于运动恢复结构算法对所述围岩照片进行重建得到图像三维稀疏点云$\{V'_S\}$。

(2)基于半全局匹配算法对所述图像三维稀疏点云$\{V'_S\}$进行重建得到图像三维密集点云$\{V'_{DD}\}$。

(3)根据测量控制点坐标，对图像三维密集点云$\{V'_{DD}\}$进行空间坐标变换得到施工坐标系下的三维密集点云$\{V_D\}$：

$$\{V_D\} = \{V'_{DD}\} \cdot [R|t] \cdot s$$

式中：R——旋转矩阵；

t——平移向量；

s——比例因子。

设控制点在施工坐标系下记为：$p_i \in VD$，在重建坐标系下记为$p'_i \in V'_{DD}$，则重建坐标系至施工坐标系的变换参数求解如下：

$$\min \sum_{i=1}^{n} f_i = \min_{R,t,s} \sum_{i=1}^{n} \left| p_i - p'_i \cdot [R|t] \cdot s \right| \quad (n \geqslant 4)$$

式中：n——控制点数量。

(4)基于德洛内三角剖分算法对所述施工坐标系下的三维密集点云$\{V_D\}$进行重建，得到所述隧道实际开挖轮廓三维曲面模型$S(\{T\},\{VD\})$，$\{T\}$表示顶点集$\{V_D\}$的三角剖分关系。

(5)建立隧道设计开挖轮廓网格化三维曲面模型。使用设计的断面开挖轮廓线，沿隧道设计平纵曲线计算得出的导线进行三维扫掠，扫掠时，使用断面轮廓线作为流线方程，隧道导线作为迹线方程：

$$L(\xi) = \begin{cases} L_x(\xi) \\ L_y(\xi), \end{cases} \quad S(\eta) = \begin{cases} S_x(\eta) \\ S_y(\eta) \\ S_z(\eta) \equiv 0 \end{cases}$$

(6)所述隧道设计开挖轮廓网格化三维曲面模型的网格点坐标及其法向量的获取方式为：对第i行j列平面网格点$Gi,j(\xi i,\eta j)$，其在施工坐标系下的经扫掠得出的空间坐标$M_{i,j}(xij,yij,zij)$，可由下式计算得出：

$$M_{i=1\sim N_c, j=1\sim N_R}(x_{ij},y_{ij},z_{ij}) = [f_x(\xi_i,\eta_j) \quad f_y(\xi_i,\eta_j) \quad f_z(\xi_i,\eta_j)]^T$$

$$= \begin{bmatrix} L_x(\xi_i) + \cos\left[\arctan \dfrac{\mathrm{d}Lz(\xi_i)}{\mathrm{d}L_x(\xi_i)}\right] \cdot S_x(\eta_j) \\ L_y(\xi_i) + S_y(\eta_j) \\ L_z(\xi_i) + \sin\left[\arctan \dfrac{\mathrm{d}L_z(\xi_i)}{\mathrm{d}L_x(\xi_i)}\right] \cdot S_x(\eta_j) \end{bmatrix}$$

式中：N_C——所划分网格的列数；

N_R——所划分网格的行数，行列数划分越多则计算结果精度越高。

三维重建的步骤主要包括照片对齐（稀疏点云重建）、录入控制点信息、稠密点云和曲面重建三大步骤：

(1)照片对齐（稀疏点云重建）。选中需要对齐的照片集，设置好需要使用的照片精度，设置特征点数目限制以及关联点数目限制，即可以开始重建图。

(2)录入控制点信息。首先通过现场测定的控制点信息变换至施工坐标系，然后搜索照片中的控制点标记板。检测标记点的数目以及编号是否与现场布设的情况相符。若情况相符，若自动检测没有检测出相应的标记点，则可以逐张照片查看。其次进行坐标预处理。接着录入标记坐标并导入控制点坐标。最后根据控制点进行平差。

(3)稠密点云和曲面重建。控制点录入并且平差完成后，开始构建密集点云并生成网格。重建工作完成后，将重建结果导出（图5）供后期处理使用。

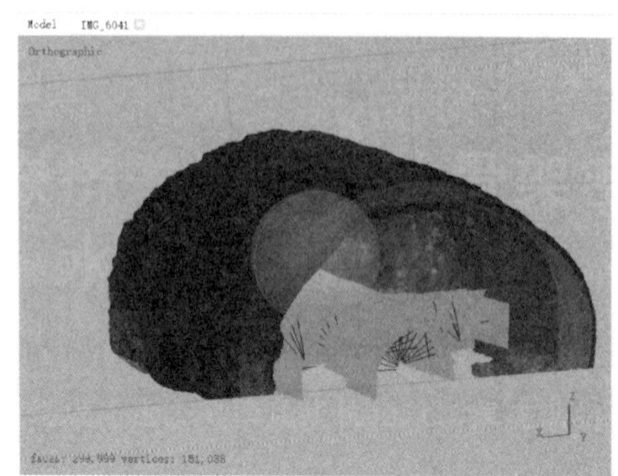

图5　导出的三维曲面

5　工程实例

5.1　项目概况

本文依托某段国家高速公路扩容工程展开研究，该段隧道左右洞进口端明洞长均为15m，左右洞出口端明洞长20m，其中左洞长1730m，右洞长1685m，隧道净高5m，净宽14.75m，采用双向六车道设计。

5.2　数据采集

现场拍摄所需的设备包含单反相机、全站仪和补光灯。根据现场拍摄原则以及施工现场条件，确定围岩和掌子面的拍摄模式为单测线环向拍摄，如图6所示。

a)临空面围岩拍摄模式

b)掌子面围岩拍摄模式

图6　现场拍摄模式

控制点布设采用物方控制，根据现场条件，在临空面边墙及掌子面均匀布设6个控制点,其中两侧边墙各布置两个,掌子面布置两个。控制点布设后使用全站仪对控制点的施工坐标进行两测回的测定。测定过程中,若出现两个测回的差值大于2倍标准差时,进行第三测回的测定。使用各个测回的平均值作为控制点的施工坐标。

控制点拍摄时,每个标定板至少被两张照片包含,拍摄时需尽量垂直标定板表面。正常拍摄结束后,给标定板特写,便于数据处理时识别和记录。

5.3 三维重建

(1)初始化。新建工程,输入新建工程名称,选择路径保存;对新建项目进行设置,选择项目的坐标系。

(2)新建分组,并添加照片。在程序界面新分组处右键选择需要添加的照片。

(3)进行相机参数设置。

(4)输入控制点坐标信息。打开控制点输入界面,录入或导入现场采集时设的控制点列表及坐标信息。然后在照片列表中双击需要标记控制点的影像,软件切换至照片界面,在照片界面中根据点的信息,点击鼠标右键在照片上标记控制点的图像坐标。

(5)三维点云重建。在菜单栏工具中选择引擎模块,进行引擎参数设置后,点击开始三维重建。重建步骤包括进行稀疏重建、稠密重建以及曲面重建。

6 结语

(1)本文成功地将图像识别技术与三维重构技术结合,高效率、低成本地对某隧道进行了三维重构。

(2)基于连通区域标记的人工标志点识别方法,介绍了传统的二值图像连通区域标记算法,进而提出了一种改进的二值标志点图像连通区域标记算法,并分别通过实验和分析验证了改进算法在性能上的优势。

(3)该算法的不足之处是对于单个像素点或连通区域是一列像素,若在进行隔列扫描时它刚好位于隔开的那一列,则会将该区域漏掉而不被标记出来。由于本文实例中的标志点足够多而不会漏掉标记。但该算法仍有改进空间。

(4)本文介绍了一种根据所述围岩图像建立隧道实际开挖轮廓三维曲面模型的算法。

(5)根据图像识别现场实施方案,拍摄时应遵循完全覆盖、高度重叠、尽量垂直的原则进行,采用单测线环向拍摄的方式进行图像采集,顺利完成了隧道断面图像的采集。

(6)采用图像识别进行隧道三维重构具有效率高、操作简单,自动化程度高等优点,并且能够节约成本。本方法有待应用于更多建设项目中,发挥更大的经济效益。

参考文献

[1] Kenneth R, Castleman. Digital Image Processing[M]. Publishing House of Electronics Industry,2002.

[2] 孙仲康,沈振康.数字图像处理及其应用[M].北京:国防工业出版社,1985.

[3] 沈庭芝,方子文.数字图像处理及模式识别[M].北京:北京理工大学出版社,1999.

[4] T R Reid,J P Hanison. A semi-automated methodology for discontinuity tracedetection in digital images of rock mass exposures [J]. International Journal of RockMechanics&Minim Sciences,2000(37):1073-1089.

[5] R Lemy J, Hadjigeorgiou. Discontinuity trace map construction using photographs of rockexposures [J]. International Journal of Rock Mechanics&Mining Sciences, 2003 (40): 903-917.

[6] Sou-Sen Leu T,Shiu-Lin Chang. Digital image Processing based approach for tunnel excavation faces[J]. Automation in Construction. 2005,14:750-765.

[7] 叶英,王梦恕.隧道掌子面地质信息数字编录识别技术研究[J].北京交通大学学报,2007,01:59-62.

[8] 冷彪,仇文革,王刚,等.数字图像处理在隧道工程地质分析中的应用研究[J].铁道标准设计,2013,11:77-81.

[9] 冷彪.数字图像处理在隧道掌子面图像中的研究与实现[D].成都:西南交通大学,2006.

[10] 周春霖,朱合华,李晓军.新奥法施工隧道掌子面红外照相及图像处理[J].岩石力学与工程学报,2008,S1:3166-3172.

基于现场检测的高速公路沥青路面离析评价方法研究

徐承明　陈　毅　徐　渊
(杭州都市高速公路有限公司)

摘　要　沥青路面离析是由于路面某一区域内沥青混合料主要性质不均匀造成的。路面离析会导致沥青路面发生早期损坏,大大缩短沥青路面的使用寿命。本文依托浙江省杭州绕城高速西复线湖州段高速公路建设,在路面施工完毕后,采用构造深度法、渗水法和路面取芯等现场检测方法对路面离析进行定量分析,并提出相应的评价标准。现场检测结果数据显示,路面离析位置构造深度值为路面均匀位置的1.5倍,相应位置渗水系数达到100ml/min,离析位置路面芯样下层密度为上层密度1.02倍。研究表明,高速公路沥青路面离析主要发生在施工拼接缝处和路面边缘处。路面的构造深度随着路面横断面变化,同一纵断面处构造深度相近。路面离析处渗水系数远大于不离析的位置,且路面芯样的下层芯样密度高于上层芯样。路面离析程度可用构造深度比值、渗水系数及芯样厚度比值进行综合评价。

关键词　高速公路　路面离析　现场检测　构造深度　评价方法

1　引言

在高速公路建设中,沥青混合料离析已经成为目前限制高速公路使用年限的重要因素之一。国内外学者关于沥青混合料离析机理进行了深入的研究。从宏观角度分析,沥青混合料离析主要因为混合料内部粗细集料由于动力特性差异而出现分离,导致沥青混合料整体性质不均匀,偏离了目标配合比设计的集配要求[1]。从微观角度分析,沥青混合料离析是颗粒运动过程中渗漏、几何重组及整体对流等综合作用的结果[2]。

沥青混合料离析一直是国内外道路工作者研究的重点课题之一。郑晓光等[3]分析了运用构造深度来评价沥青混合料离析的可能性,并提出了将离析区域构造深度与均匀区域构造深度比值作为离析评价指标。

Cong 等[4]提出了一种利用机器学习分类器对混合料在构造过程中的图像进行分类的实时分离检测方法。分类结果表明,Naïve Bayesian 分类器与人工标记结果相比,有80%的准确率。

Li 等[5]在室内对不同级配离析程度的温拌沥青混合料的压实性能进行了评价。结果表明,随着级配变粗,孔隙率增大。

从现有的研究成果可以看到,学者们不断寻求新的评价混合料离析程度的方法及指标,但是这些方法及指标目前并未得到大规模推广及应用,且检测成本较高,不适合当前高速公路建设的实际情况。

在实际施工过程中,沥青混合料的性能受外部因素影响较大。沥青混合料的生产工艺、运输设备及摊铺方法等都会对沥青混合料的性能产生较大影响。因此对新建沥青路面的离散性能评价是保证沥青路面施工质量,确保沥青路面耐久性的重要举措。本文依托浙江某高速公路建设工程,首先采用目测法,根据路表情况和技术人员的经验,初步评价沥青路面的离析情况。同时,通过现场构造深度测量,深水试验及钻机取芯,分析材料的组成、油石比、密度等参数,定量评价沥青路面的离析程度。在此基础上,提出评价沥青混合料离析的评价标准,为以后沥青路面施工中产生的混合料离析提供评价依据。

2 现场离析观测方法

2.1 构造深度法

路面的构造深度是指一定面积的路表面上开口空隙的平均深度,是路面粗糙度的重要指标。同时,构造深度也是一种快速评价路面离析的方法,且在国外已经得到了较为广泛的应用[3]。构造深度测量方法常用的有静态铺砂法和动态激光断面仪法。铺砂法是将细砂铺在路面上,计算嵌入路面空隙的砂的体积与覆盖面积之比,得到构造深度。铺砂法是实际工程中最常用的方法。

2.2 渗水法

通过渗水仪可以测定路面的渗水系数,判断沥青路面的离析程度[4]。通常情况下,性能良好的沥青混凝土渗水系数较小,而表面离析处,渗水系数通常大于150mL/min,尤其是贯穿性离析,渗水系数一般为300mL/min。

2.3 钻芯法

钻芯法配合目测法,在路面上明显离析的区域钻芯取样,测试混合料离析后的性能参数。沥青混合料离析后,混合料的级配,芯样密度及沥青用量会发生明显的变化。通过对比芯样指标的变化情况,可以定量评价路面上沥青混合料的离析情况[5]。

3 路面离析定量评价

3.1 构造深度检测

根据目测法观察浙江某在建高速公路,并检测路面的构造深度,如图1所示。本文检测时随机确定桩号位置,对路面不同位置进行了构造深度检测,得到路面不同位置处的构造深度,结果如表1所示。

图1　构造深度检测

路面不同位置构造深度　　表1

测点个数	5	5	5	10	均值
距中距离(m)	1	5	7.5	11	
平均构造深度(mm)	0.93	0.91	0.68	0.64	0.79

由表1可知,路面不同位置处构造深度差异较大,粗集料离析位置构造深度明显较大。为了更深入地评价路面情况,对本段路段进行了深入检测,以目测均确认为均匀性较好的铺面为本段铺面较为均匀位置,共选择3处,测定构造深度,取平均值,如表2所示。

铺面均匀位置构造深度　　表2

距中距离(m)	4.0	9.5	12.0	均值
构造深度(mm)	0.69	0.59	0.64	0.62

由表2可知,三个测点构造深度较为接近,测点构造深度与平均值相差均小于0.1mm,说明这三个测点处沥青混合料性质具有相似的性质。根据目测情况,本文选取两台摊铺机拼接缝、边部、螺旋吊杆等粗集料易离析位置进行构造深度检测。测试结果如表3所示。

粗集料离析位置构造深度检测　　表3

测点位置		螺旋吊杆位置	拼接缝	收斗块状离析位置	路面边缘
距中距离(m)		4	7.5	10.0	14.0
平均构造深度(mm)		0.99	1.05	0.98	1.03
比值	$TD_{平均}$	1.3	1.3	1.2	1.3
	$TD_{均匀}$	1.6	1.7	1.6	1.7

根据相关研究成果,可用测点位置与标准位置构造深度比值评价离析情况。根据相关研究成果,$TD_{平均}$比值标准为1.3,$TD_{均匀}$比值标准为1.5[6]。典型离析位置构造深度检测表明,如以$TD_{平均}$值为标准计算判定,3个典型位置为轻度离析状态;以$TD_{均匀}$标准判定,则4个位置为离析状态。

3.2 路面渗水检测

本次试验采用随机数确定检测桩号,同时对前面确定的一些离析位置进行了渗水试验,检测结果如表4所示。

渗水系数检测 表4

测点位置	距中距离(m)	渗水系数(ml/min)	技术要求
中分带边缘	0.6	10	≤90ml/min
行车道	5	15	
拼接缝	7.5	140	
外车道边缘	12.0	50	
路面边缘	14.0	220	

由表4可知,在路面不同检测位置,接近中分带边缘和行车道位置混合料基本不渗水,拼接缝位置和路面边缘处渗水系数较大。渗水不合格处均位于典型离析处,主要原因为当混合料产生离析时,混合料的空隙率增加,渗水系数也会提高。从表4结果可以得出,路面的渗水系数沿横断面方向差异明显,路面施工拼接缝和路面边缘处混合料离析程度大于接近路面中分带边缘和车道中心位置。

3.3 路面芯样分析

在路面离析位置钻取混合料芯样,通过分析芯样的材料组成和芯样密度,可以评定混合料的离析程度[7]。本文对路面不同离析位置进行了取芯分析,将芯样横向剖开后测定了上下两侧芯样的密度,检测结果如表5所示。

芯样厚度检测 表5

芯样位置	距中距离(m)	厚度(mm)	试件密度(g/cm^3)	马歇尔相对密度(g/cm^3)	路面标准密度压实度(%)
中分带边缘	0.6	113	2.452	2.484	99.5
		上	2.467	2.484	98.1
		下	2.437	2.484	100.9
行车道	5.0	115	2.448	2.484	98.9
		上	2.426	2.484	97.3
		下	2.466	2.484	99.7
拼接缝	7.5	110	2.483	2.484	100.0
		上	2.430	2.484	97.8
		下	2.499	2.484	100.6
路面边缘	14.0	100	2.477	2.484	99.7
		上	2.438	2.484	98.1
		下	2.502	2.484	100.7

从表5数据可以得出,铺面粗集料离析位置处混合料整体芯样压实度满足要求。但分层检测后,上下压实度存在明显差异。在铺面粗集料离析位置,上半层芯样毛体积密度明显小于下半层芯样,尤其是路面边缘处,下层密度比上层密度大2.6%。

下层混合料密度普遍高于上层混合料密度,说明混合料在摊铺过程中,集料出现了离析现象。粒径大的颗粒聚集在混合料底部,造成下层混合料中粗集料含量偏高,上层混合料中细集料偏多,形成密度差。上下层混合料密度差距越大,混合料离析越严重。

4 路面离析评价标准

为了快速、准确地评价沥青路面的离析程度,综合比较路面离析位置构造深度、渗水系数和芯样密度。本文建立了路面离析程度与不同检测方法结果的关系模型,得到评价沥青混合料离析的最佳指标(图2)。

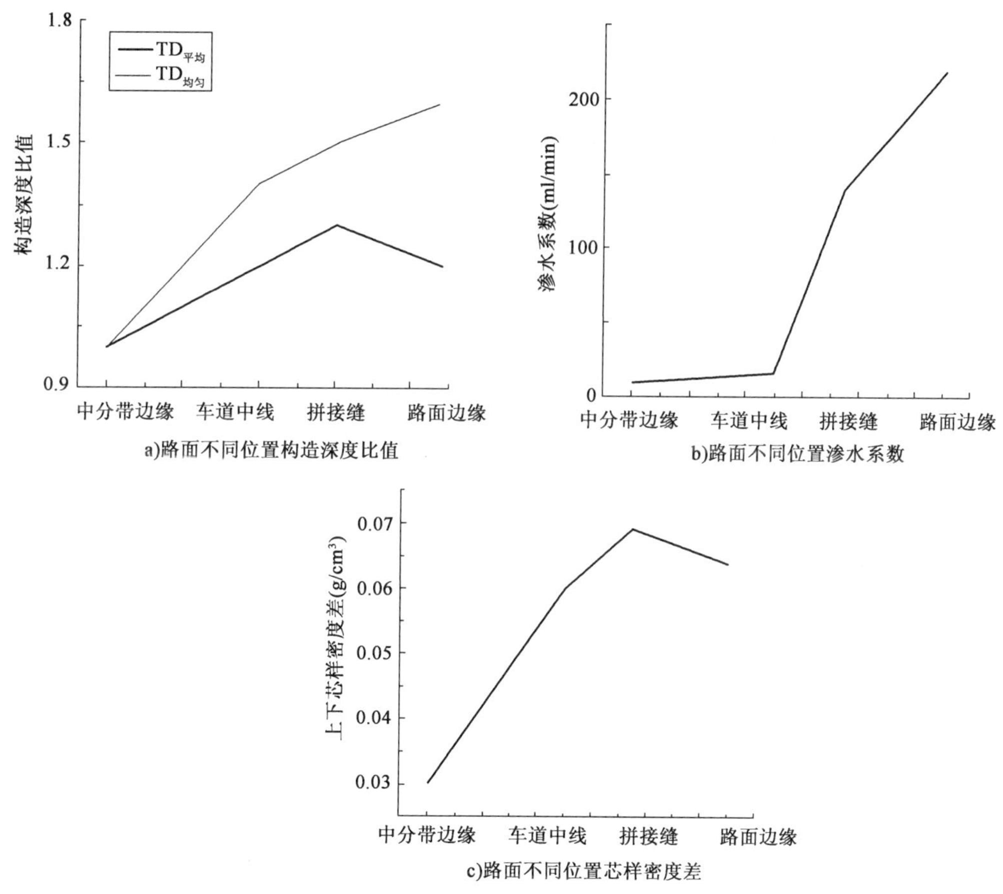

图2 路面不同位置离析参数

从图2沥青路面不同位置离析参数的曲线图中可以看出,三种检测方法得到的结果均可对离析程度进行表示,但敏感性存在差异。三种检测方法均表明路面摊铺拼接缝和路面边缘处混合料离析较为严重。

用构造深度比值来确定混合料离析程度时可以发现，$TD_{平均}$的计算结果数值差距小，无法明确区分混合料离析程度。$TD_{均匀}$计算结果可以划分沥青混合料离析情况，且有明显的数据分界。当$TD_{均匀}$大于1.5时，混合料为轻微离析状态。

用路面渗水系数来表征沥青混合料离析程度时可以发现，混合料离析与不离析时，渗水系数差距很大[8]。当混合料较为均匀，没有离析现象时，渗水系数的测值很小，一般在20～60ml/min左右。当混合料发生离析现象时，路面的渗水系数会达到100ml/min甚至更高。用路面不同位置芯样密度差表征混合料离析时，混合料离析与不离析位置的芯样密度可见明显差异，但由于两者密度值差异较小，密度检测时易受到其他因素的干扰，需要提高试验精确性以保证数据的准确性。

综合三种路面离析评价指标得到，利用$TD_{均匀}$可以准确、有效地评价沥青混合料离析情况，同时可辅以渗水系数检测进行验证。

5 结语

本文依托浙江省杭州绕城高速西复线湖州段高速公路建设，探究了高速公路沥青路面离析评价方法。利用构造深度法、渗水法和钻芯取样法检测了不同路面位置的性能参数，并分析了其离析情况，得出了以下结论：

(1)高速公路沥青路面离析主要发生在摊铺拼接缝处和路面边缘位置，接近铺面中部行车道位置通常情况下离析较少。

(2)路面的构造深度随着路面横断面变化，同一纵断面处构造深度相近；路面离析处渗水系数通常远大于不离析的位置，且路面芯样的下层芯样密度高于上层芯样。

(3)不同位置构造深度比值可有效评价沥青路面离析情况，同时辅以路面渗水系数和芯样密度差可进行更准确的评价。

参考文献

[1] 肖阳，蒋东冰. 高等级公路沥青混凝土路面离析破坏评定[J]. 黑龙江交通科技，2006，28(3):7.

[2] 叶飞. 路面混合料的离析评价方法研究[D]. 西安：长安大学，2012.

[3] 郑晓光，朱云升，丛林. 应用构造深度评价沥青混合料离析[J]. 公路，2005，000(012)：175-179.

[4] Lin Cong, Jiachen Shi, Tongjing Wang, et al. A method to evaluate the segregation of compacted asphalt pavement by processing the images of paved asphalt mixture. Construction and Building Materials, 2019(224):622-629.

[5] Li X, Chen S, Xiong K. Gradation Segregation Analysis of Warm Mix Asphalt Mixture. Journal of Materials in Civil Engineering, 2018(30):04018027.

[6] 李想，梁乃兴，赵毅. 基于数字图像技术沥青路面集料离析的研究[J]. 中外公路，2014，

(34):90-93.
[7] 胡利琼,翟全礼,何晓鸣.高速公路沥青路面离析的检测与处理[J].武汉轻工大学学报,2006(25):67-69.
[8] 祝海折.快速评价沥青混合料离析新方法的应用研究[J].公路交通技术,2016,01(32):53-56+60.

预应力混凝土矮塔斜拉桥施工控制关键技术研究

黄方成
（杭州都市高速公路有限公司）

摘　要　东苕溪大桥主桥为预应力混凝土矮塔斜拉桥。本文从矮塔斜拉桥的结构和施工特点出发，制定了相应的施工控制原则与方法。施工控制结果表明：东苕溪大桥主梁的成桥线形、结构的应力状态以及恒载索力均控制在规范规定和设计要求的范围之内，达到了施工监控目标。

关键词　矮塔斜拉桥　施工技术　施工控制　悬臂浇筑

1　引言

东苕溪大桥主桥采用预应力混凝土箱梁矮塔斜拉桥结构，全长308m，跨径布置为(84+140+84)m(图1)。主梁断面采用单箱五室大悬臂变高度箱形截面，主墩墩顶处梁高5.5m，边墩墩顶处、跨中处梁高3.0m。箱梁顶宽34.5m，单侧悬臂长4.0m，跨中箱梁底宽23.5m，主墩根部箱梁底宽19.413m。索塔为钢筋混凝土结构，桥面以上结构高约30m，布置在中央分隔带上，索塔根部与主梁固结，采用多边形实心截面。主桥下部结构主墩外形轮廓设计为延续主梁斜截面的倒梯形墩身，两主墩墩身分别采用矩形空心截面和实心截面。斜拉索采用规格为ϕ_s15.2的高强度低松弛环氧喷涂钢绞线，全桥共设置48对斜拉索，采用单索面半扇形布置。

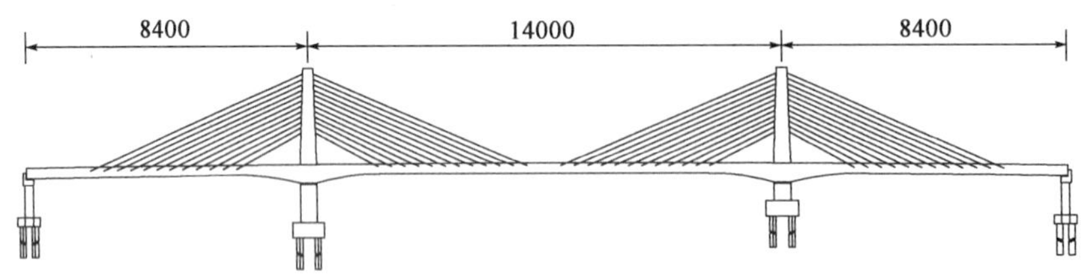

图1　东苕溪大桥总体布置图(尺寸单位:cm)

主桥横断面布置(图2)为0.5m(防撞护栏)+15.25m(机动车道)+0.5m(防撞护栏)+2m(中央分隔带)+0.5m(防撞护栏)+15.25m(机动车道)+0.5m(防撞护栏)，全宽34.50m，设计行车速度为100km/h，设计荷载为公路-I级，双向六车道布置。

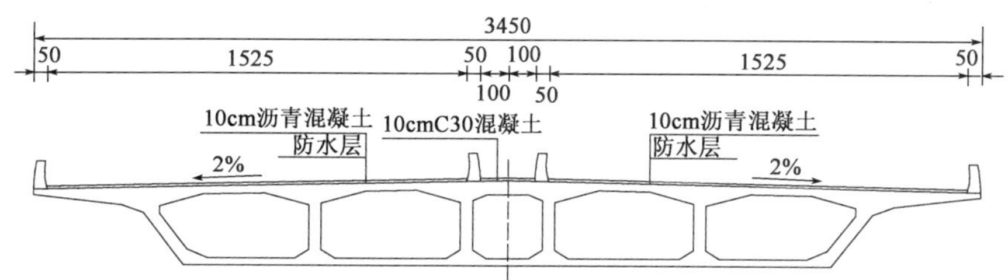

图 2　东苕溪大桥主梁标准横断面示意图(尺寸单位:cm)

2　施工控制基本方法

东苕溪大桥采用挂篮悬臂浇筑的施工方法,施工过程中循环的步骤较多,各个工况的线形变化和受力状态往往会偏离设计所确定的理想目标,其原因主要为施工前监控计算所选取的计算参数(如梁段方量、混凝土容重、弹性模量、收缩徐变系数、钢绞线预应力损失、临时荷载等),大多是根据设计规范和材料出厂力学性能指标等文件取用的,与施工过程中的实际情况存在偏离。如采用传统的闭环反馈控制思路,不仅需要持续对各个施工阶段的偏差进行修正,且随着施工进度的推进,修正难度也不断增大。

为避免以上问题,达到预期的控制目标,应采用自适应的控制方法,即在闭环反馈控制的基础上,增加参数辨识与调节的机制;当实测结构响应与理论计算结果不相符时,应对造成偏差的原因进行判断,修正相应的计算参数,并重新计算各施工阶段的理想状态,按反馈控制方法对结构进行控制,如图 3 所示。由于矮塔斜拉桥主梁在塔根部的线刚度较大,小悬臂状态下,主梁线形和内力状态对计算参数具有较强的鲁棒性,而经过几个施工循环的参数辨识与调节,计算模型的物理力学特性与实际结构基本趋近,为大悬臂节段的施工控制创造了良好的条件[1]。

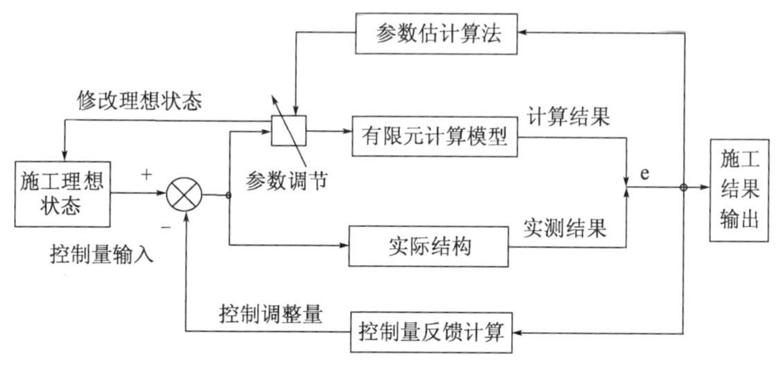

图 3　矮塔斜拉桥自适应施工控制原理示意图

2.1　施工控制特点

矮塔斜拉桥作为连续梁桥和斜拉桥的结合体,兼有两者的结构与施工特点,其监控工作与常规斜斜拉桥相比,既相互联系,又存在一定差异[2],主要特点如下:

(1)相比传统斜拉桥,矮塔斜拉桥主梁刚度较大,斜拉索仅辅助受力,索力调整对局部线形的调整作用很小,一旦混凝土浇筑完成,当前节段的误差几乎无法进行调整,矮塔斜拉桥成桥线形能否达到设计目标,主要取决于各个节段的立模标高和挂篮变形取值是否合理[3]。

(2)挂篮刚度的识别关系到施工指令的准确与否,悬臂施工前应实施静载预压试验,以检验挂篮承载力与可靠性,掌握挂篮结构的工作状态,消除非弹性变形[4],并在施工过程中进行持续监测。

(3)作为高次超静定结构,矮塔斜拉桥成桥阶段结构线形、内力状态与施工工艺、流程关系密切。一般情况下,施工步骤在设计阶段已基本确定。然而,在施工条件、工期要求等诸多条件的限制下,时常需要调整既定的施工工序,这就要求在监控工作的整个过程中对结构状态进行跟踪计算,获取工序调整后桥梁线形、应力、斜拉索索力的理论状态变化,用以判断其安全性及可行性[3]。

(4)矮塔斜拉桥跨径较大、悬臂施工长,悬臂端主梁标高线形对日照温差、临时荷载等因素较敏感[1],与常规斜拉桥类似。施工控制过程中必须将这些因素纳入考虑,并采取相应的措施降低或规避不利影响,以减小控制误差。

3 施工监控的主要工作内容

3.1 施工监控计算

本桥施工监控计算采用桥梁博士进行,全桥离散为122个节点,171个单元,主梁与索塔采用梁单元模拟,斜拉索采用索单元进行模拟(图4)。

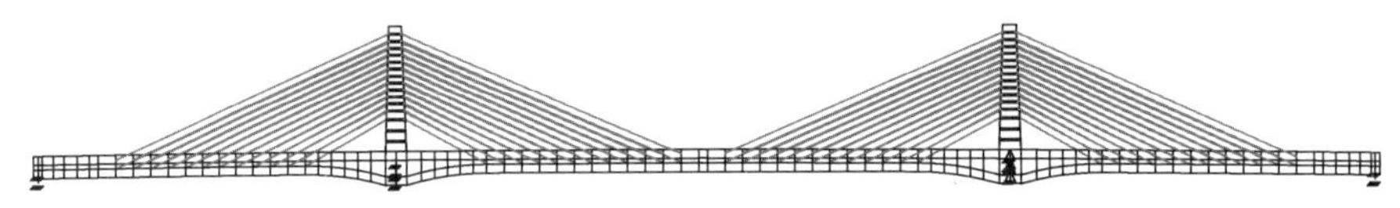

图4 东苕溪大桥桥梁博士计算模型示意图

施工前,按照设计的施工工序进行详尽的理论分析验算,根据计算结果确定合理的成桥目标,并在梁段悬浇过程中,根据当前状态下实际荷载、边界条件、修正后的计算参数等因素进行结构实时响应分析,确保桥梁的顺利合龙,并使成桥状态下的主梁线形和内力状态达到预期的设计目标。

3.2 线形控制

主梁线形控制是直观了解桥梁结构在施工阶段荷载作用下位移响应的主要方法。东苕溪大桥主梁高程线形监测采用几何水准测量法,测点布置如图5所示。施工过程中,测量各工况下已施工的每个节段控制点的标高,然后根据施工控制点与梁底的高差,得到相应的梁底标高。为消除日照温差引起的梁体挠曲,线形测量选择在温度变化小、气温稳定的时间段进行,并在尽可能短的时间内完成测量工作。

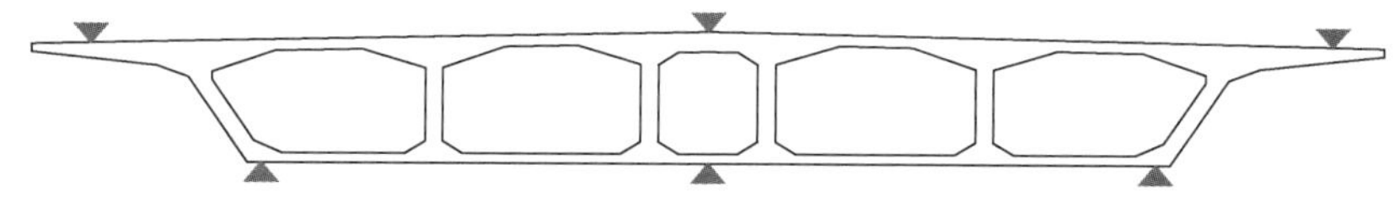

图5　主梁标高测点横桥向布置示意图

线形控制的主要目的是通过各工况主梁线形的测量，获取桥梁结构在施工阶段荷载作用下的位移响应，作为结构刚度等计算参数识别与修正的依据；通过计算主梁以及挂篮在梁段湿重作用下的实际变形，结合挂篮预压试验结果，预报待施工梁段的立模标高。桥面系施工完成后，箱梁梁顶线形与理论线形的对照见图6。可以看出，主梁的设计标高与实测标高的变化趋势相同，两者吻合较好，局部误差在2.5cm以内，主梁线形控制达到了预期目标。

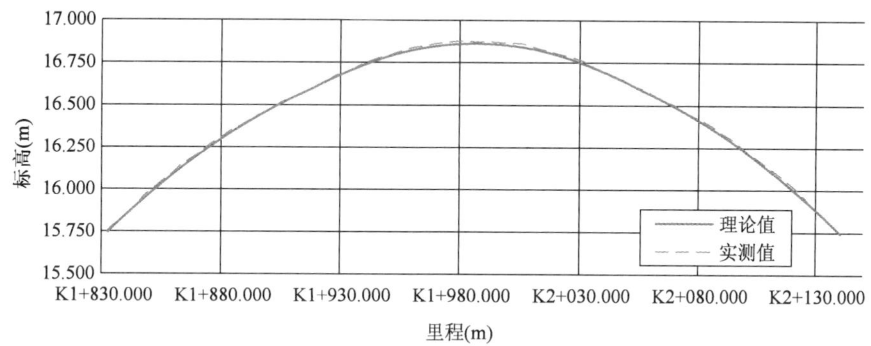

图6　全桥主梁成桥线形示意图

3.3　应力测试与分析

矮塔斜拉桥施工过程中，应力测试的主要目的是了解结构的安全状态，判断各主要构件的应力是否在设计预期的范围内，并校核前期监控计算的准确性。本桥主梁共布设9个应力测试控制断面（图7），分别为主塔附近负弯矩区、边跨跨中断面、主跨四分点断面和主跨跨中断面，每个截面上下缘合计布设7个振弦式应变计，通过配套读数仪测量其应力分布。

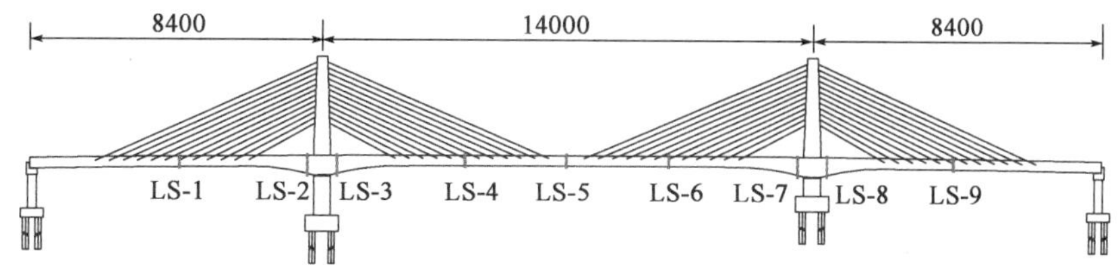

图7　东茗溪大桥主梁应力测试断面布置示意图（尺寸单位：cm）

成桥时，主梁各测点的应力状况如图8所示，压应力以正值表示，拉应力以负值表示。从图中可以看出，全桥主梁上下缘全截面受压，主梁应力实测较计算值偏大，误差在5%～10%间波动，计算值与实测值的总体规律一致，表明主梁应力水平在合理范围内，储备较为充裕。

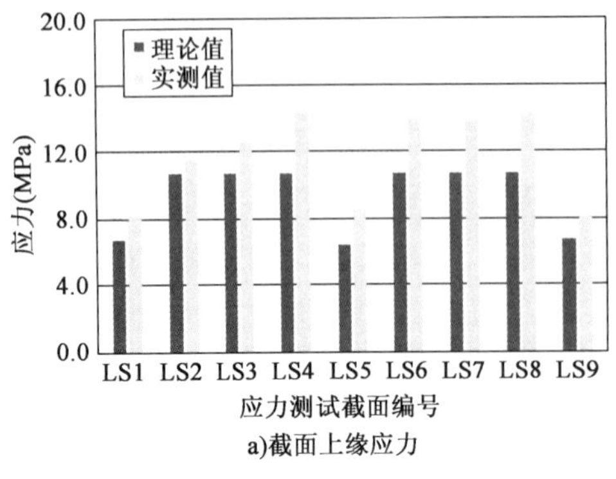

a)截面上缘应力

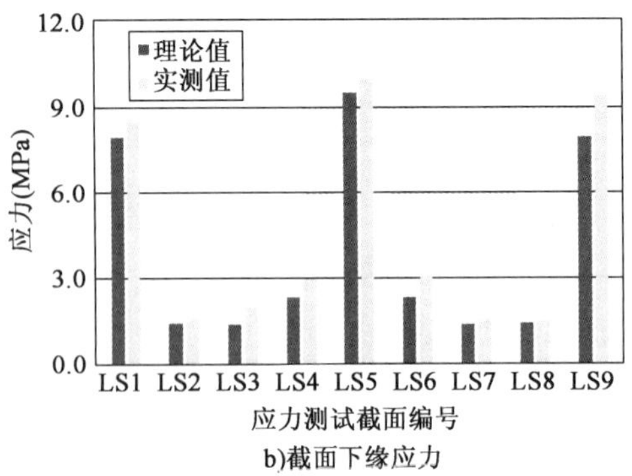

b)截面下缘应力

图8　全桥各应力测试断面应力测试结果示意图

3.4　索力控制

矮塔斜拉桥的主梁抗弯刚度较强，斜拉索仅起到辅助作用，不需要实施调索工作[5]，通过一次张拉即可达到设计要求。因此，矮塔斜拉桥的索力控制主要关注的内容为整股索力误差控制和各股钢绞线索力的离散误差控制[6]。张拉前，制定合理的张拉力分配表，张拉过程采用等值张拉法，并严格控制油压。在每束拉索张拉完成后，任意抽取9股钢绞线，采用穿心式磁通量传感器对其索力进行测量，取均值作为该束拉索中单根钢绞线的索力，保证误差在2%以内。

桥面系铺装完成后，进行东茗溪大桥中跨合龙，对17号墩A8～A12拉索进行索力复测，索力理论值与实测值对比如图9所示。从图中数据可知，实测成桥索力与理论值基本相符，相对偏差最大值为4.95%，安全系数在2.98～3.45间，满足规范要求，表明成桥阶段恒载下，本桥实际索力与理论值符合较好，达到了预期的控制目标。

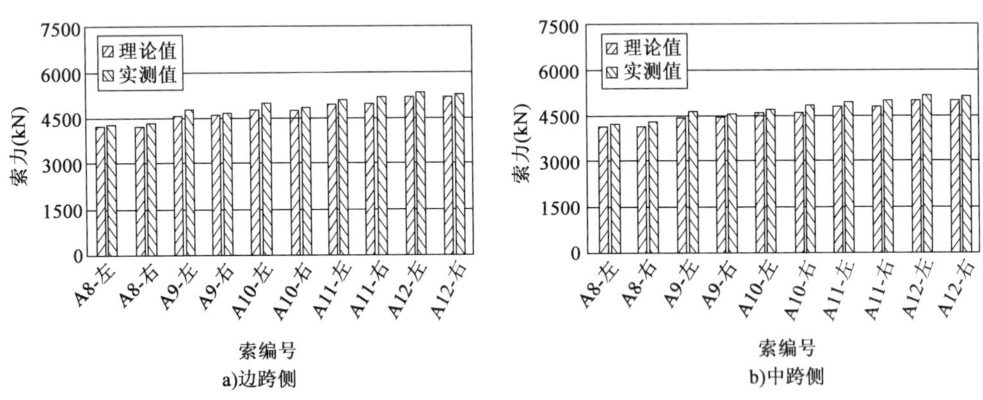

图9　索力实测值与理论值比较

4　结语

东茗溪大桥施工控制工作采用了自适应控制思路，在整个施工过程中通过线形、应力、索力变化等结构响应监测，对计算参数进行不断地识别与调整。桥面系施工完成后，主梁实际线形与成桥理论线形基本一致,主梁应力状态合理,成桥实测索力与设计成桥索力符合较好,表明自适应控制方法应用效果良好,达到了预期目标,对同类型桥梁的施工控制具有一定的参考价值。

参考文献

[1] 向科.大蒸港曲线宽幅矮塔斜拉桥施工监控[J].施工技术,2013(9):75-77.

[2] 吴节松.宽幅矮塔斜拉桥的部分关键技术研究[D].合肥:合肥工业大学,2014.

[3] 杨厚明.矮塔斜拉桥施工控制方法研究[D].青岛:青岛理工大学,2012.

[4] 刘志峰,陈庆华.多塔长联矮塔斜拉桥超宽幅挂篮安全性测试方法研究[J].施工技术,2012(12):23-25,31.

[5] 胡成,吴节松.宽幅矮塔斜拉桥施工与监控技术研究[J].中外公路,2014(4):193-196.

[6] 谢明志,魏昌辛,杨永清,等.高铁大跨矮塔斜拉桥施工控制研究及应用[J].铁道工程学报,2018(9):35-41,48.

基于嵌挤效果提升的骨架密实性水稳基层应用研究

应军志　王金生　杜中和
（杭州绕城高速公路西复线杭绍段工程建设指挥部）

摘　要　本文对于杭绍段水泥稳定碎石基层芯样嵌挤效果差的问题，进行了骨架密实性水稳基层级配优化，增加了粗集料用量，进一步提升了嵌挤效果，试验结果表明，级配优化后的水稳基层具有更好的强度与抗裂性能，路面芯样构造也体现了级配优化的效果。

关键词　水稳基层　骨架密实　嵌挤效果　配合比设计　路用性能

1　引言

水泥稳定材料开裂的具体影响因素主要有交通量、材料性质、气候条件、集料级配、水泥剂量、施工含水量等[1-3]。其中集料级配是影响水泥稳定碎石强度、干缩和温缩稳定性、耐久性和施工性能的最主要的内部因素。相比于悬浮密实型水稳碎石，骨架密实型水稳碎石能够更有效地抵抗干缩和温缩引起的裂缝[4,5]。杭州绕城高速西复线杭绍段项目通车后，重车较多，对路面性能提出了更高的要求，为此从原材料加工质量、配合比设计优化、路面施工工艺调整等方面进行了专题研究，级配优化且全线采用了骨架密实型水泥稳定碎石基层，减少了水泥用量，提高了基层的抗裂性能。

2　配合比设计优化

2.1　原材料

2.1.1　集料

水泥稳定碎石混合料的性能很大程度上受集料品质的影响。为保证集料质量，杭州绕城高速西复线杭绍段项目集料均为自加工，同时为控制集料针片状颗粒含量等指标，进行了冲击破整形，相比于常用水稳材料，针片状颗粒含量明显降低，集料指标见表1。

杭州绕城高速公路西复线杭绍段项目自加工集料关键指标检测结果　　表1

材料名称	检测项目	技术要求	检测数值
碎石 19～31.5mm	<0.075mm含量（%）	≤2	0.6
	针片状	≤15	9.6

续上表

材料名称	检测项目	技术要求	检测数值
碎石 19～31.5mm	表观相对密度	>2.5	2.729
	吸水率(%)	≤3	0.36
碎石 9.5～19mm	<0.075mm 含量(%)	≤2	0.6
	压碎值(%)	≤25	18.8
	针片状	≤15	10.2
	表观相对密度	>2.5	2.722
	吸水率(%)	≤3	0.52
碎石 4.75～9.5mm	<0.075mm 含量(%)	≤2	1.0
	针片状	≤25	14.0
	表观相对密度	>2.5	2.726
	吸水率(%)	≤3	0.93
碎石 2.36～4.75mm	<0.075mm 含量(%)	≤3	1.2
	表观相对密度	>2.5	2.734
	吸水率(%)	≤3	1.78
石屑 0～2.36mm	<0.075mm 含量(%)	≤10	8.9
	表观相对密度	>2.5	2.738
	砂当量	≥50	54
	<0.6mm 液塑限(%) 液限	<28	19
	<0.6mm 液塑限(%) 塑限	—	13
	<0.6mm 液塑限(%) 塑性指数	<9	6

2.1.2 水泥

所用水泥为 P. O42.5 普通硅酸盐水泥，具体试验结果如表 2 所示。

杭州绕城高速公路西复线杭绍段项目水泥试验结果　　表 2

检测项目	技术要求	检测数值
细度(%)	—	2.1
初凝时间(min)	>180	310
终凝时间(min)	>360	375
安定性(mm)	合格	0.5
标准稠度用水量(%)	—	32.8

2.2 合成级配优化

考虑到通车后重载车辆较多，在配合比初期即考虑增强水稳混合料骨架效果，提高水稳混合料的抗裂性能，本项目根据检测及施工效果对水泥稳定碎石混合料矿料比例进行了优化(表3);减少细集料用量,增加粗集料用量,使得4.75mm以上粗集料用量占比>70%,0~2.36mm细集料用量占比<25%。

水稳混合料合成级配优化结果——各方孔筛通过百分率(%)　　表3

通过率(%)	筛孔(mm)						
	31.5	19.0	9.5	4.75	2.36	0.6	0.075
骨架嵌挤典型级配	100	83.3	48.5	30.4	24.5	10.5	2.8
原设计合成级配	100	77.0	44.8	28.4	18.5	8.2	3.0
优化后合成级配	100	77.6	43.3	27.2	19.4	8.3	3.6
级配上限	100.0	85.0	54.0	35.0	26.0	15.0	5.0
级配下限	100.0	75.0	42.0	25.0	16.0	8.0	0.0
级配中值	100.0	80.0	48.0	30.0	21.0	11.5	2.5

水稳混合料优化时保持关键筛孔19mm通过率基本不变,以保证大粒径粗骨料不会过多,影响压实效果;同时略微降低9.5mm、4.75mm筛孔通过率增加混合料嵌挤效果;2.36mm、0.075mm通过率基本保持不变,以此控制含水量稳定。优化后混合料整体级配粗于优化前,优化前后混合料级配对比见图1。

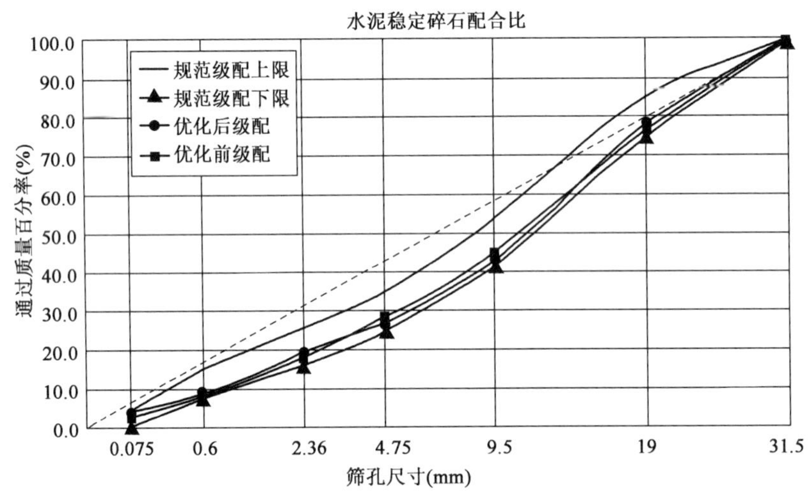

图1　杭州绕城高速公路西复线杭绍段项目优化后级配曲线图

2.3　室内试验验证

2.3.1　最大干密度和最佳含水率试验

对水稳混合料级配进行优化后,采用3.0%水泥剂量,振动压实法成型试件[6,7],试验混合料的最大干密度和最佳含水率,试验结果见表4。由于细集料用量减少、粗集料用量增加,与原设计混合料相比,最佳含水率略微减小,最大干密度略微增大。

水稳混合料最大干密度、最佳含水率对比

表4

水泥剂量(%)	振动压实法最佳含水量(%)	振动压实法最大干密度(g/cm³)	备　注
3.0	4.4	2.384	原设计
	4.2	2.399	优化后

2.3.2　无侧限抗压强度试验

对水稳混合料级配进行优化后，在3.0%水泥剂量下振动压实法成型试件，检测混合料的无侧限抗压强度，试验结果见表5，优化后的混合料无侧限抗压强度有所提高。

水稳混合料无侧限抗压强度对比

表5

水泥剂量(%)	原设计	优化后	变化率
	3.0		0%
强度平均值(MPa)	4.9	5.8	18.4%
强度代表值(MPa)	4.5	5.0	11.1%
技术要求(MPa)	≥4.0		

3　施工工艺与质量控制

3.1　混合料的拌和

(1)外加水与天然含水量的总和应略大于最佳含水量1%，在保证水稳基层强度达到要求的同时严格控制水泥用量，当集料的颗粒组成发生变化时，应重新调试级配。

(2)每天开始搅拌之后，按规定取混合料试样检查级配和水泥剂量，并随时在线检查配比、含水量是否变化。高温作业时，应根据温度变化及时调整。

(3)拌和机出料应配备带活门漏斗的料仓，成品混合料先装入料仓内，由漏斗出料装车运输，装车时车辆应前后移动，分三次装料，避免混合料离析。

3.2　混合料的运输

(1)运输车辆在每天开工前，检验完好情况，每次装料前后将车厢清洗干净，运输车辆数量一定要满足拌和出料与摊铺需要，并略有富余。

(2)应尽快将混合料运送到施工现场，运输车辆应安装油布自动覆盖设备，减少运输、摊铺过程水稳材料表面水分损失，如运输车辆中途出现故障，必须立即以最短时间排除，若车内混合料不能在水泥初凝时间内运到工地，必须予以废弃。

(3)运输车进入摊铺现场时应保持轮胎洁净，摊铺过程中运输车应在摊铺机前10～30cm处停住，空挡等候，由摊铺机推动前进开始缓缓卸料，避免撞击摊铺机。

3.3　混合料的摊铺

(1)摊铺前应将底基层洒水湿润，对于基层下层表面，应喷洒水泥净浆(图2)，按水泥质

图 2　水泥净浆喷洒

量计，宜不少于(1.0～1.5)kg/m²，水泥净浆稠度以洒布均匀为度，洒布长度以不大于摊铺机前30～40m为宜。

(2)摊铺机宜连续摊铺，如拌和机生产能力较小，应采用最低速度摊铺，禁止摊铺机停机待料，摊铺机的摊铺速度一般宜在1m/min左右。

(3)基层混合料摊铺应采用两台摊铺机梯队作业，应保证其速度一致、摊铺厚度一致、松铺系数一致、路拱坡度一致、摊铺平整度一致、振动频率一致等，两机摊铺接缝平整。

(4)摊铺机的螺旋布料器应相应于摊铺速度调整到一个稳定的速度，均匀地转动。摊铺机两侧料槽内应保持有不少于螺旋布料器2/3高度的混合料，以减少在摊铺过程中混合料的离析，可在摊铺机料槽前挡板下加装挡料胶皮以提高装料能力。

(5)在摊铺机后面应设专人消除离析现象，应该铲除局部粗集料“窝”，并用新拌混合料填补。

3.4　混合料的碾压

(1)每台摊铺机后面应紧跟压路机进行碾压，一次碾压长度宜为50～80m。碾压段落应层次分明，设置明显的分界标志。

(2)碾压应遵循试铺路段确定的程序与工艺，注意稳压要充分，振压不起浪，不推移。压实时，遵循稳压(遍数适中，压实度达到90%)→轻振动碾压→重振动碾压→胶轮稳压的程序，压至无轮迹为止。碾压过程中，可用核子仪初查压实度，不合格时，重复再压(注意检测压实时间)。碾压完成后用灌砂法检测压实度。

(3)压路机倒车应自然停车，不许刹车；换挡要轻且平顺，不要拉动基层。在第一遍初步稳压时，倒车后应原路返回，换挡位置应在已压好的段落上，在未碾压的一头换挡倒车位置错开，要成齿状，出现个别壅包时，应进行铲平处理。

(4)骨架密实型水泥稳定碎石施工控制的重点是在保证合理的水泥剂量和含水量的前提下注重压实度控制。与传统水泥稳定碎石相比，骨架密实型水泥稳定碎石骨架嵌挤、密实，本项目级配优化后更需要注重压实工艺，提高现场碾压功。本项目碾压方案见表6。

本项目碾压方案　　表6

阶段	压路机类型	碾压遍数	碾压速度(km/h)	遍数	
初压	双钢轮压路机	前静后振1遍	1.5～1.7	1	11
复压	单钢轮振动压路机(2台)	半幅碾压 弱振5遍	1.8～2.2	5	
终压	胶轮压路机	半幅碾压 静压4遍	1.8～2.2	4	
	双钢轮压路机	以无明显轮迹印为度	1.8～2.2	1	

4　施工效果对比

根据水稳混合料级配优化结果，对优化前后的两种水稳基层进行了试铺，通过对比前场摊铺、碾压后铺面均匀性以及芯样的嵌挤结构分析级配优化的效果。

4.1　前场铺面均匀性评价

对水稳混合料优化前后的路面实体铺面均匀性进行对比，优化后由于增加了4.75mm以上粗集料的用量，前期采用一台大宽度摊铺机，铺面均匀性稍差，摊铺机中部、边部以及螺旋吊杆处存在明显的带状离析，后续调整为两台摊铺机梯队摊铺后，铺面均匀性得到了一定的提升，具体对比情况见图3～图5。

图3　优化前混合料摊铺铺面

图4　优化后宽幅摊铺效果

图5　调整后混合料碾压铺面

4.2　芯样骨架嵌挤结构评价

通过对水稳混合料优化前后的实体芯样进行切割和劈裂观察，优化后的混合料骨架嵌挤结构更明显，具体对比见图6、图7，说明本项目提出的级配优化方向能够较好地提高水稳基层混合料的骨架嵌挤效果，提高抗裂性能。

图6　优化前芯样及内部改造

图7　优化后芯样及内部改造

5　结语

通过对杭州绕城高速公路杭绍段水稳混合料配合比设计的优化研究，进一步提高了水稳混合料的强度及抗裂性能，主要研究结论如下：

(1)本项目通过对水稳级配进行优化使得4.75mm以上粗集料用量占比>70%，0～2.36mm细集料用量占比<25%。对水稳混合料级配进行优化。

由于细集料用量减少、粗集料用量增加，与原设计混合料相比，优化后最佳含水率略微减小，最大干密度略微增大，混合料更加密实。

优化后的混合料无侧限抗压强度有所提高，性能进一步增强。

(2)通过试验段铺筑和取芯，对水稳混合料优化前后的实体芯样进行切割和劈裂观察，优化后的混合料骨架嵌挤结构更明显，具有较好的抗裂性能。

参考文献

[1] 陈超峰，张向北. 抗裂型水泥稳定碎石基层双层连铺技术在高速公路中应用[J]. 公路，2018(10):47-50.

[2] 唐从荣. 基于抗裂型水泥稳定碎石混合料干缩性能研究[J]. 居舍，2018(17):31-33.

[3] 曹益民,李淑婷.道路抗裂型水泥稳定级配碎石基层的施工技术[J].公路交通科技(应用技术版),2017,13(12):205-206.

[4] 朱展.水稳填充大粒径碎石基层材料应用研究[D].南京:东南大学,2017.25-26.

[5] 李磊.抗裂型半刚性基层在辽宁省公路大中修工程中的应用研究[D].哈尔滨:哈尔滨工业大学,2016.

[6] 徐周聪,但路昭,吕少辉,等.基于振动拌和工艺的水泥稳定碎石混合料强度及拌和均匀性分析[J].公路交通技术,2017,33(06):4-8.

[7] 施洲辉.基于振动搅拌的抗裂型水泥稳定碎石基层应用技术研究[D].长沙:长沙理工大学,2016.

粗集料针片状含量对沥青混合料性能影响研究

王金生　应军志　奚　进
（杭州绕城高速公路西复线杭绍段工程建设指挥部）

摘　要　粗集料的针片状含量对沥青混合料的高温、抗水损害性能均有较大的影响，但是目前《公路沥青路面施工技术规范》（JTC F40—2004）中针对针片状的含量要求技术指标过低。本文结合G25长深高速公路德清至富阳扩容杭州段工程当地实地的施工情况，并结合本地气候状况和荷载特点，利用自主研发的数字化集料针片状快速检测设备实现对针片状的含量实时反馈，对工程自加工石灰岩设计AC-16和SMA-16沥青混合料，对不同试件高温稳定性、水稳定性相关性能进行分析，得出AC-16沥青混合料针片状含量不宜于高于12%，SMA-16沥青混合料针片状含量不宜于高于8%的结论。

关键词　道路工程　针片状含量　路用性能　粗集料　沥青路面

1　引言

在沥青混合料中，集料的质量占比约为混合料的90%～95%，其性能状况显著影响着沥青路面的建设质量，集料针片状含量对沥青混合料性能有着很大的影响[1]。集料针片状颗粒是指用游标卡尺测量的粗集料颗粒最大长度方向（或宽度）与最小厚度方向（或直径）尺寸比大于3∶1的颗粒，它在施工和使用过程中容易破碎，一直以来被认为是不良材料[2]。而不同国家对于集料的评价也不相同，美国将骨料分为三个等级，分别是最长端与最薄部分的比例为2∶1、3∶1和5∶1来确定不规则颗粒。欧标有着更严格的要求，当颗粒的厚度小于其粒度级平均筛孔直径的0.6倍时，该颗粒属于片状，当颗粒长度（最大尺寸）大于粒度级平均筛孔尺寸的1.8倍时，该颗粒属于针状颗粒[3,4]。

浙江是我国公路运输大省，横跨华东、东南两大地区，包含夏热冬冷和夏炎热冬冷两个沥青路用性能气候分区，并且具备地下水位高、整体降水量充沛且沿海地区更为明显的特征。根据气候特点分析，浙江省高速公路所处的外部条件——气温、湿度、交通量与荷载是非常严酷的，可以概括为“高温多、降雨多、病害多和超载多”的四多现象[5-7]。

根据相关研究结果和工程实际调研，粗集料针片状对沥青路面直接或间接产生不利影响。因此，本文基于数字图像处理技术，通过不同级配（AC-16、SMA-16）不同针片状含量分析对沥青混合料性能的变化影响，并提出新的集料针片状评价标准和相应的质量控制体系。

2 原材料及试验方案

2.1 原材料

试验所用沥青为SK-70号基质沥青，主要技术指标及试验结果如表1所示。集料为自采加工的石灰岩，粗集料主要技术指标试验结果如表2所示，细集料主要技术指标如表3所示，矿粉主要技术指标如表4所示。

SK-70号基质沥青技术指标及试验结果 表1

指　标	单　位	高速公路、一级公路	试验结果
针入度	25℃,100g,5s	60~80	67
延度	5cm/min,15℃	≥40	28
软化点(环球法)	℃	≥46	51.5
密度(15℃)	g/cm^3	≥1.01	1.031

自采加工石灰岩粗集料技术指标及试验结果 表2

指　标	单　位	高速公路及一级公路		试验结果
		表面层	其他层次	
石料压碎值	%	≤26	≤28	13.0
洛杉矶磨耗损失	%	≤28	≤30	18.9
表观相对密度	—	≥2.60	≥2.50	2.830
吸水率	%	≤2.0	≤2.5	0.61
坚固性	%	≤12	≤12	4
软石含量	%	≤3	≤5	1.6
<0.075mm颗粒含量	%	≤1	≤1	0.5
混合料针片状颗粒含量	%	≤15	≤18	4.8
>9.5mm颗粒针片状颗粒含量	%	≤12	≤15	8.8
<9.5mm颗粒针片状颗粒含量	%	≤18	≤20	8.8

细集料主要技术指标及试验结果 表3

指　标	单　位	高速公路、一级公路	试验结果
表观相对密度	—	≥2.50	2.805
坚固性	%	≤12	8
砂当量	%	≥60	66
亚甲蓝值	%	≤2.5	2.5
棱角性	s	≥30	33.2

矿粉主要技术指标及试验结果 表4

技术指标	单　位	高速公路、一级公路	试验结果
表观密度	g/cm^3	≥2.50	2.701
含水率	%	≤1	0.5
外观	—	无团粒结块	干燥、无结块

2.2 试验方案

基于数字图像处理技术原理,自主研发粗集料针片状含量快速检测设备,可以实现针片状颗粒的快速挑选,如图1所示。不同比例条件下的针片状颗粒含量的结果如表5所示。由表5可知,按照1:3评价针片状颗粒含量,基本都能满足规范要求,尤其1号和2号两种石料理论上说形状应该非常好,但是形状差距表现得非常明显,这是因为评价方法还存在一定的问题,因此严格试验方法,按照2.5:1进行针片状判别[8]。

具体试验方案流程如下:试验前先将粗集料中针片状颗粒全部挑出分级存放,将剔除的针片状颗粒按级称重,选取AC-16和SMA-16级配中值,如表6所示,分别以每级针片状颗粒含量为0、4%、8%、12%、16%、20%的比例掺入到相应粒级的已挑出针片状的试验备用粗集料中,制成所需不同针片状颗粒含量的集料,并进行各项性能指标检测。

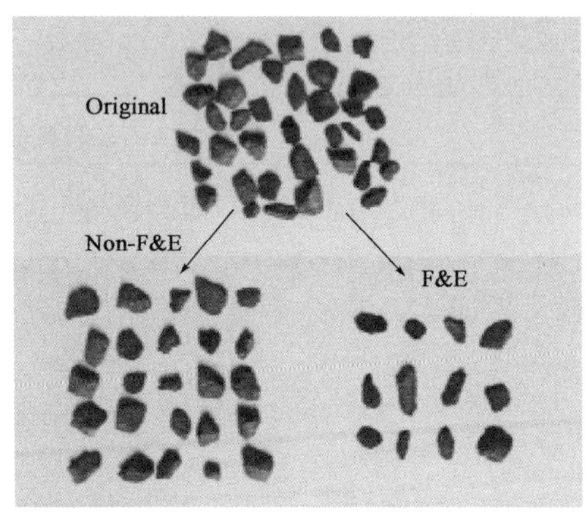

图1 针片状含量快速检测设备

不同比例判别针片状颗粒含量的结果 表5

集料编号	目测评价	1:3比例含量	1:2.5比例含量	1:2比例含量
1	形状好	5.8	8.8	11.2
2	形状较差	10.8	32.5	68.2
3	形状差	17.0	46.2	88.2

AC-16、SMA-16级配表 表6

级配类型	通过下列筛孔(方孔筛,mm)的质量百分率(%)										
	19	16	13.2	9.5	4.75	2.36	1.18	0.6	0.3	0.15	0.075
AC-16	100	95	84	71	50	37	26.5	18.5	12.5	9.5	6.5
SMA-16	100	95	76.5	55	26	19.5	18	15	12.5	11.5	10

3 针片状颗粒含量对路用性能影响

3.1 针片状颗粒含量对高温性能影响

针片状颗粒含量对高温稳定性的影响采用车辙试验来进行评价,采用自动车辙仪测定混合料的高温性能。试验时,试验温度为60℃,施加的总荷载大小为780N左右,此时试验轮的轮压力为0.7±0.05MPa[9]。在车辙试验时,车辙仪能自动采集并记录试验数据,并在试验完成后能自动计算试件的动稳定度,试验结果见表7、图2。

动稳定度随针片状含量变化图 表7

针片状含量(%)		0	4	8	12	16	20
动稳定度(次/mm)	AC-16	1400	1320	1250	1170	1000	950
	SMA-16	1600	1550	1490	1350	1300	1220

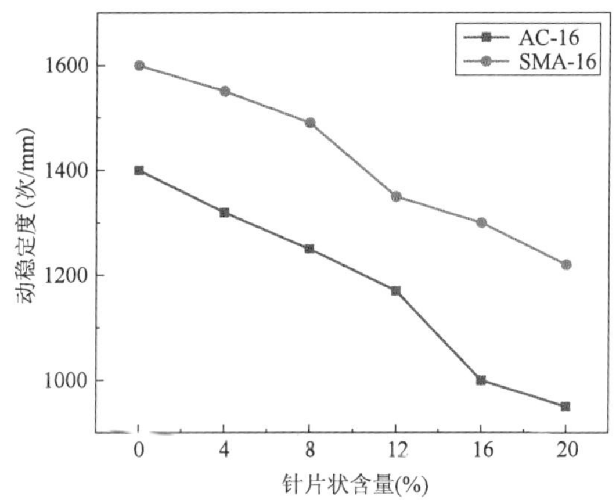

图2 动稳定度随针片状含量变化图

对车辙试验结果进行分析可知:随着针片状含量增加,混合料的动稳定度减小。其原因有以下几方面:①针片状颗粒细长且薄,其强度较低,从而导致混合料的抗剪强度降低;②在碾压成型和车辙试验过程中,针片状颗粒会产生不同程度的破损,使级配细化,嵌挤能力降低;③针片状含量越大,混合料压实越困难,剩余空隙率变大,较大的空隙率可引起压密型车辙;④针片状颗粒易呈平躺状在混合料中分布,嵌挤效果较差,且集料易沿集料间接触面滑动。以上因素综合作用导致混合料抗车辙能力下降。

针片状颗粒含量增加12%时,对连续级配沥青混合料的高温抗车辙能力影响不大,车辙基本上在同一水平上,但是对骨架结构级配的高温稳定性影响比较大,当针片状颗粒含量大于8%时,骨架结构级配动稳定度次数急剧下降。主要原因是,对于AC类沥青混凝土来说,集料与集料之间属于面面接触,但是SMA类沥青混凝土属于点点接触,针片状颗粒含量大,容易破碎,造成骨架破坏,导致动稳定度下降比较快。

3.2 针片状颗粒含量对水稳定性能影响

冻融劈裂试验评价混合料水稳定性的指标是冻融劈裂试验强度比,其值越大表明混合料的水稳定越好。冻融劈裂试验采用标准马歇尔试件,试件采用自动马歇尔击实仪双面击实 50 次成型[10]。试验时,将每种类型的马歇尔试件分成两组,其中一组试件需要在真空干燥器中进行真空饱水,试验结果见表 8、图 3。

劈裂强度比随针片状含量变化图 表 8

针片状含量(%)		0	4	8	12	16	20
劈裂强度比(%)	AC-16	1400	1320	1250	1170	1000	950
	SMA-16	1600	1550	1490	1350	1300	1220

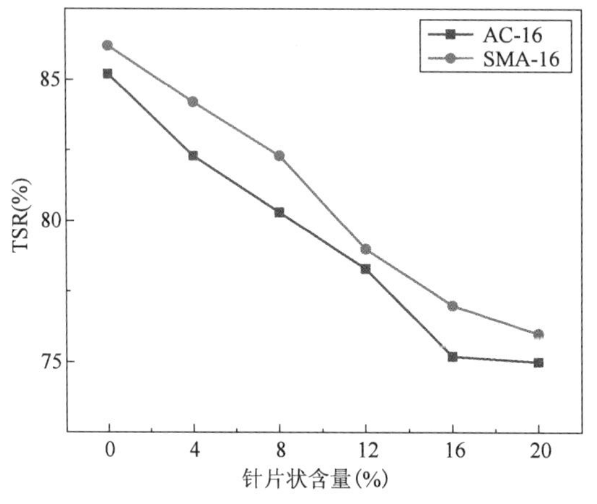

图 3 劈裂强度比随针片状含量变化图

分析可知,随着针片状含量增大,混合料的冻融劈裂试验强度比会减小。对于密级配沥青混合料 AC-16,针片状含量在 12% ~16% 时,混合料冻融劈裂试验强度比减小幅度明显;对于骨架密实结构沥青混合料 SMA-16,针片状含量在 8% ~12% 左右时,混合料冻融劈裂试验强度比明显减小。其原因可能是,随着针片状含量增加,混合料空隙率增大,大的空隙率增加了水进入混合料的机会,也增加了水对混合料的影响;另外,随着针片状含量增加,集料的破碎率增大,在集料颗粒的破裂面上没有沥青裹覆,沥青与集料黏结的界面直接暴露在外,容易被水逐渐侵蚀而导致沥青膜剥落,使混合料水稳定性变差。

骨架密实结构沥青混合料 SMA-16 的水稳定性较好,密级配沥青混合料 AC-16 较差。其原因可能是,SMA-16 混合料为间断级配,粗集料颗粒之间的空隙由沥青、矿粉和纤维所形成的马蹄脂填充,在针片状含量相同的条件下,SMA-16 混合料的空隙率比 AC-16 的空隙率小;小的空隙率减少了水进入混合料的机会,从而降低水对混合料的影响。另外,SMA-16 混合料使用了木质素纤维,纤维分散在沥青中,其巨大的表面积成为浸润界面,在界面层中,沥青和纤维之间会产生物理和化学作用形成结合力牢固的结构沥青界面层,从而增加了沥青与矿料间黏附性。

4 结语

(1)目前规范按照1:3评价针片状颗粒含量的评价方法还存在一定的问题,建议严格试验方法,按照2.5:1进行针片状颗粒判别。

(2)针片状颗粒对沥青混合料性能影响显著,随着针片状含量的增大,AC-16和SMA-16混合料性能的高温性能和水稳定性下降,并且骨架结构级配混合料的高温性能和水稳定性比连续级配混合料优越。

(3)根据区域特征以及工程特点,建议SMA-16级配混合料针片状含量不超过8%,AC-16级配混合料针片状含量不超过12%。

参考文献

[1] 李晓燕,卜胤,汪海年,等.粗集料形态特征的定量评价指标研究[J].建筑材料学报,2015,18(03):524-530.

[2] 纪伦,刘海权,张磊,等.粗集料针片状含量对沥青混合料结构影响[J].哈尔滨工业大学学报,2018,50(09):40-46.

[3] Li B,Zhang C,Xiao P,et al. Evaluation of coarse aggregate morphological characteristics affecting performance of heavy-duty asphalt pavements[J]. Construction and Building Materials,2019,225:170-181.

[4] Liu Y,Gong F,You Z,et al. Aggregate morphological characterization with 3D optical scanner versus X-Ray computed tomography[J]. Journal of Materials in Civil Engineering,2018,30(1).

[5] 刘汉华,张子涵.1951年至2013年浙江省高温气候特征分析[C]//.中国气象学会.第31届中国气象学会年会——S3短期气候预测理论、方法与技术.中国气象学会,2014:728-736.

[6] 周奇.浙江省山区高速公路长上坡路段抗车辙沥青路面应用技术研究[D].西安:长安大学,2019.

[7] 杨诗芳,石蓉蓉,毛裕定.浙江省近50年气温变化及四季划分[C].中国气象学会.中国气象学会2006年年会"气候变化及其机理和模拟"分会场论文集.北京:气象出版社,2006.

[8] 陈杰,李红杰,万成.基于数字图像技术的集料针片状量测方法[J].中国公路,2013(08):124-125.

[9] 彭波.沥青混合料集料几何特性与结构研究[D].西安:长安大学,2008.

[10] 赵振军.粗集料棱角性的评价方法及对混合料性能影响研究[D].西安:长安大学,2018.

沥青路面施工设备微改及应用研究

应军志　王金生　占上锋
(杭州绕城高速公路西复线杭绍段工程建设指挥部)

摘　要　针对沥青路面施工中产生黏轮的问题,通过对钢轮压路机施工设备进行智能化改造,增加喷水挡位提醒和控制装置,压路机在进行压沥青路面碾压时,能够实时监测压路机的碾压速度和沥青路面的温度,并控制当前喷水装置的喷水量,使钢轮表面形成均匀的覆盖水层保证钢轮表面湿润防止出现钢轮表面黏结沥青的现象,可保证沥青路面的压实质量。

关键词　道路工程　压路机微改　水量调节　压路机　沥青路面

1　引言

随着我国国民经济的迅速发展,公路交通荷载日益加大,对公路路面结构的要求也越来越高,而影响公路使用性能的主要因素在于沥青路面质量的好坏。沥青路面质量与摊铺、压实机械有着直接关系,合理的摊铺、碾压工艺与正确的机械操作是保证路面质量的重要措施[1,2]。碾压温度、碾压路线及碾压段长度、碾压速度、碾压喷水挡位和遍数都对路面的质量有重要的影响,除此之外影响因素还有路面施工机械的配套作业、压实机械的组合、压路机操作手的驾驶水平、集料的性能、沥青的含量及性能,碾压过程中的离析以及风力、气温、太阳辐射(阴晴)等一系列因素[3-5]。因此,在沥青路面的压实作业之前根据地理环境和作业要求确定一套最佳的碾压工艺对于保证沥青混凝土的施工质量,提高路面的使用寿命至关重要。

2　沥青路面施工设备微改

通过在钢轮压路机上安装测速传感器和红外测温传感器实时监测压路机的碾压速度和沥青混合料的温度,钢轮压路机施工作业时根据碾压速度和温度实时调整钢轮压路机的喷水量(喷水装置如图1所示),当速度较快时适当加大喷水量避免产生混合料黏轮现象,当混合料温度较低时适当减小喷水量避免加速混合料的温度散失[6]。混合料黏轮和温度快速散失均会影响沥青路面的碾压质量,通过现场碾压试验发现实时调整钢轮压路机的喷水量能够有效减少混合料黏轮和混合料温度快速散失的现象,从而提高沥青路面的施工质量。钢轮压路机测

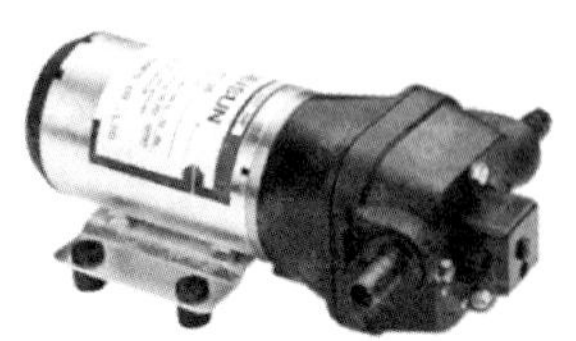

图1　压路机喷水调节装置

速基于北斗/GPS 高精度定位系统,测速精度≤0.5m/s,测温传感器采用远距离红外非接触式测温传感器,测温精度≤0.5℃(图2)。

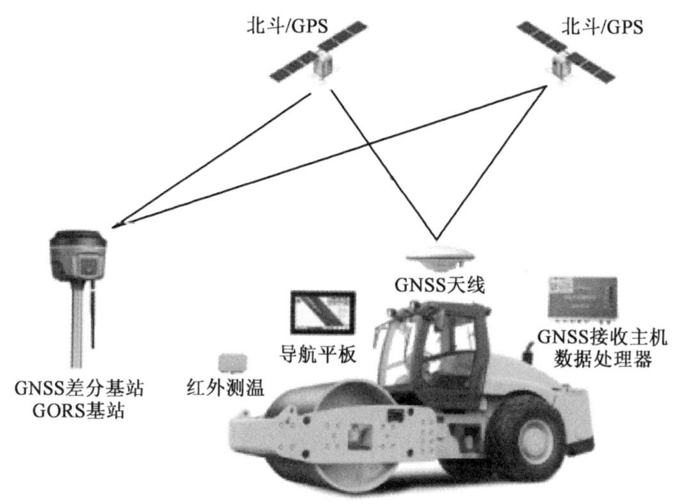

图2 压路机测温测速装置

3 沥青混合料拌和摊铺、压实工艺

3.1 沥青混合料拌和

集料按沥青混合料的生产要求正常烘干,集料加热温度 180℃ ~195℃;基质沥青加热温度参考沥青黏温曲线确定;烘干后的集料进行二次筛分计量,然后添加矿粉再加入预定用量的沥青正常湿拌 35 ~45s;沥青混合料拌和温度 170℃ ~185℃;出料温度为 165℃ ~170℃。

3.2 摊铺、压实

(1)摊铺温度为: 160℃ ~170℃,摊铺系数一般为 1.15,摊铺速度一般为 2 ~3m/min。

(2)摊铺后可以紧跟摊铺机碾压,初压温度:160 ~170℃;复压温度 150℃ ~160℃;终压温度:不低于 120℃。

(3)压实时,压路机可以紧跟摊铺机,采用"紧跟、慢压、高频、低幅"的方式。

(4)注意压实冷却后开放交通(开放通车温度不高于 50℃)。

3.3 拌和楼配合比检验

生产配合比一经确定,就不能随意更改。冷料配合比必须每天根据石料含水量进行调整。如果出现严重的溢料、等料现象,必须重新取样进行比配合比设计。拌好的沥青混合料应跟踪抽检级配、油石比等指标,发现问题及时调整生产配合比。

3.4 拌和质量目测

混合料拌和的均匀性随时进行检查,沥青混合料以无花白石子、无沥青团块,应为乌黑发亮,如果出现花白石子,应停机分析原因予以改进。

3.5 过程控制和检验

对沥青混合料的质量实施过程控制和总量检验,对每个工作日或台班的平均级配、油石比、拌和温度的平均值、标准差、变异系数等,统计合格率,与试验检测的结果进行对比,评定混合料的质量。同时应对外掺剂的用量进行总量检验和控制,实行沥青混合料的质量动态管理。

4 摊铺

4.1 摊铺机

改性沥青混合料应采用履带式摊铺机,每台摊铺机应配备两套长度不小于 16m 的平衡梁和两套自动滑橇。有条件的单位尽可能采用非接触式平衡梁和沥青混合料转运车。

4.2 找平

沥青混合料改性添加剂沥青面层应直接采用双侧平衡梁和滑靴自动控制平整度和高程。匝道等小半径弯道采用滑靴自动找平方式。在形状不规则地区及次要地区,自控系统不能正常工作时,允许采用人工手控。

4.3 摊铺方式

每个作业面应根据铺筑宽度选择摊铺机的数量,通常宜采用两台或更多台数的摊铺机前后错开 10～20m(为了减少摊铺时的温度损失距离可缩短)。梯形摊铺时,上面层的纵向接缝应设在行车道的中部,中面层和表面层的纵向接缝应与相邻层错开。

4.4 摊铺工艺

(1)沥青混合料运至摊铺现场后应凭运料单接收,并检查拌和质量。不符合温度要求,或已经结成团块,或已遭雨淋湿的混合料不得摊铺在道路上,混合料摊铺温度控制在 160℃～170℃。

(2)施工过程中摊铺机前方应由运料车在等候卸料,开始摊铺时在施工现场等候卸料的运料车不宜少于 5 辆,以保证连续摊铺。运料汽车应停在摊铺机前 10～30cm 处,不得撞击摊铺机;卸料过程中运料汽车应挂空挡,靠摊铺机推动前进,以确保摊铺层的平整度。

(3)参数选择:应根据混合料的类型、集料尺寸、厚度等情况选择烫平板的振动频率(一般取高值,约 70Hz)、夯锤行程(一般取低值)、夯锤频率(一般取高值,约 25Hz),以提高路面的初始压实度。选择螺旋布料器的高度(一般在中心)和螺旋布料器与烫平板的间距(一般在中值)。选择烫平板拱度以保证横坡度。选择烫平板的工作仰角等。

(4)摊铺速度控制在 1～3m/min,应与拌和机供料速度协调,保持匀速不间断地摊铺,不得中途停机。螺旋布料器应保持稳定、匀速旋转,摊铺料位应大于 2/3 螺旋位置。

(5)收斗:尽量减少收斗次数,收斗时摊铺机应不等受料斗内的混合料全部用完就折起回收,并立刻准备接受下一台运料车卸料。

5 碾压

5.1 压实设备

每个摊铺机应配备不少于 2 台 11~13t 的双钢筒压路机、一台轮胎压路机和一台小型压路机。

5.2 压路机组合

应选择合理的压路机组合方式及碾压步骤,以达到最佳压实效果。推荐采用 1 台双钢轮压路机初压, 1 台轮胎压路机随后复压, 1 台双钢轮压路机在后面终压收光, 1 台小型振动压路机碾压左右路缘石或边角等地方。为了保证施工压实度满足要求,中、下面层应采用 25t 以上胶轮压路机和钢轮压路机联合作业的方式。压路机应以慢而均匀的速度碾压,压路机的碾压速度应符合表 1 的规定。

压路机碾压速度($km \cdot h^{-1}$) 表 1

压路机类型	初压		复压		终压	
	适宜	最大	适宜	最大	适宜	最大
振动压路机	2~3	3	—	—	3~5	5
轮胎压路机	—		3~4	4	—	
方式	振动		—		静压	

5.3 碾压工艺

(1)沥青混合料的压实为前进静压返回起振。压路机应紧跟摊铺机进行碾压,做到“紧跟、有序、慢压、高频、低幅”,应尽量保证沥青混合料在高温条件下完成碾压。碾压速度要均匀,起动、停止必须减速缓慢进行,不得随意调头。

(2)初压应在 155℃~165℃温度下进行,并不得产生推移、裂缝。压路机应从外侧向中心碾压。当边缘有挡板、路缘石、路肩等支挡时,应紧靠支挡碾压。当边缘无支挡时,可用耙子将边缘的混合料稍稍耙高,然后将压路机的外侧轮伸出边缘 10cm 以上碾压。也可以边缘先空出宽 30~40cm,待压完第一遍后,将压路机大部分重量位于已压实过的混合料面上再压边缘,以减少向外推移。

(3)复压应紧接在初压后进行,为防止压路机黏附混合料,应尽可能在高温状态下碾压。采用胶轮加钢轮压路机联合作业时,首先钢轮压路机前进静压后返回起振,复压采用轮胎压路机。

(4)终压应紧接在复压后进行,终压可选用双轮钢筒式压路机或关闭振动的振动压路机碾压,不宜少于两遍,以消除轮迹,提高平整度。终压温度 > 110℃。

5.4 碾压注意事项

(1)碾压遍数应严格按照试验路段确定程序进行,现场设专人指挥碾压,记录碾压次数。

(2)压实后的沥青混合料应符合压实度及平整度的要求,不可过分追求平整度指标而牺牲压实度要求,也不可过压而使剩余空隙率减少。

(3)压路机的碾压段长度以摊铺速度平衡为原则选定,并保持大体稳定。压路机每次应由两端折回的位置阶梯形地随摊铺机向前推进,使折回处不在同一横断面上。在摊铺机连续摊铺的过程中,压路机不得随意停顿。压路机碾压的总长度不宜超过100m。

(4)压路机碾压过程中胶轮压路机严禁洒水,为了防止黏轮宜采用植物油与水的混合液(1:1)涂抹;双钢轮压路机应严格控制洒水量,以沥青不黏轮为原则。

(5)在当天碾压的尚未冷却的沥青混合料层面上,不得停放任何机械设备或车辆,不得散落矿料、油料等杂物。

(6)应随时观察路面早期的施工裂缝,发现因过分振动或推移产生的微裂缝应及时采取措施处理。

5.5 沥青混合料改性施工温度控制

表2示出了沥青混合料改性施工的温度控制范围。

沥青混合料改性添加剂沥青混合料施工温度建议范围　　表2

施工操作	拌和温度(℃)	摊铺温度(℃)	碾压温度(℃)	终压温度(℃)	环境温度(℃)
温度要求	175~185	160~170	155~165	≥100	>15

6 碾压工艺改进

沥青路面施工过程中双钢轮振动压路机在碾压沥青路面时,需要控制压路机的喷水量,喷水量较小时沥青混合料会黏在钢轮上破坏路面的平整性、影响路面的压实度和平整度;喷水量较大时沥青混合料温度会快速散发,影响路面压实质量,而且较大的喷水量导致压路机频繁加水导致沥青路面不能得到及时的碾压也会影响路面的压实质量[7,8]。

通过对钢轮压路机施工设备进行智能化改造,增加喷水挡位提醒和控制装置,压路机在进行压沥青路面碾压时,控制系统实时监测压路机的碾压速度和沥青路面的温度,根据速度和温度自动计算出当前喷水装置的喷水量并通过LED显示屏提醒压路机操作手及时调整喷水挡位(表3),使钢轮表面形成均匀的覆盖水层保证钢轮表面湿润防止出现钢轮表面黏结沥青的现象,同时避免因为水量过大导致沥青混合料温度的快速散发保证沥青路面的压实质量。

碾压速度、混合料温度和喷水挡位对照表　　表3

碾压速度(km/h)	混合料温度(℃)				
	130	140	150	160	170
2~3	3	4	5	5	6
3~4	3	5	5	6	6
4~5	4	5	6	6	7

7 结语

在沥青路面施工的工作准备、混合料拌和、混合料运输、摊铺等工艺满足要求时,最后的碾压工艺处理就显得尤为重要。通过对钢轮压路机施工设备进行智能化改造,增加喷水挡位提醒和控制装置,压路机在进行压沥青路面碾压时,能够实时监测压路机的碾压速度和沥青路面的温度,并控制当前喷水装置的喷水量,使钢轮表面形成均匀的覆盖水层,保证钢轮表面湿润防止出现黏结沥青的现象,确保路表面的良好平整度;同时避免因为喷水量过大导致沥青混合料温度的快速散发,从而保证沥青路面的压实质量,延长路面的使用寿命。

参考文献

[1] 赵体昌,尹尧滨,谭德军. 公路工程施工压实因素浅析[J]. 林业科技情报. 2001(03):24-26.

[2] 曾华洋. 影响沥青压实和摊铺的因素[J]. 建设机械技术与管理. 2005. 18(1):56-57.

[3] 尹丽艳. 对于沥青路面施工注意事项[J]. 民营科技,2010(3):149.

[4] 王旭峰. 城市快速通道沥青面层的施工质量控制[D]. 西安:长安大学,2014.

[5] 朱小鸿. 浅谈高速公路沥青路面工程摊铺施工管理的技术要点及其质量控制[J]. 建筑工程技术设计,2017(019):2191.

[6] 胡平,杨学峰,杨俊斌. 振动压路机法兰室加工工艺创新[J]. 科技与企业,2014(03):127-129.

[7] 李凌波. 道路改性沥青混凝土路面施工技术[J]. 河南建材,2014(1):94-99.

[8] 王峰娟. 公路工程沥青路面施工技术与质量控制策略[J]. 交通标准化,2014.

地震作用下黏性土坡失稳破坏的颗粒流模拟

吴为东[1]　胡康俊[1]　叶　旻[1]　瞿章城[2]
(1. 杭州都市高速公路有限公司;2. 河海大学土木与交通学院岩土工程研究所)

摘　要　本文利用颗粒流程序建立了黏性土边坡模型,研究模拟在地震作用下黏性土坡变形破坏全过程,并对其破坏形式和机理进行了分析。研究结果表明,黏性土坡的变形破坏形式是渐进性破坏,由下至上、由浅入深形成一条贯通的"滑移带",破坏过程表现为坡脚周围土体先受拉破坏和剪切破坏,逐渐引起坡顶土体受拉产生拉裂缝、土坡深层土体受剪切破坏和挤压破坏;边坡破坏主要发生在地震作用的前段时间,剪切破坏多于拉裂破坏;地震作用的后段时间主要发生土体滑移,拉裂破坏多于剪切破坏;随着坡高、坡度、地震峰值加速度的增加,黏性土边坡破坏程度更加明显,破坏范围增大。

关键词　边坡失稳　颗粒流　破坏机理　地震　滑移　模拟

1　引言

根据大量地震灾害调查,发现地震诱发最主要原因是产生了滑坡。5・12 汶川地震触发的滑坡、崩塌、碎屑流等总数就达 3 万 ~5 万处,造成了巨大的经济损失和人员伤亡。地震对边坡的破坏是巨大的,因此就更需要研究地震作用下边坡破坏机理和形式,为边坡防护工程结构设计提供理论依据。

边坡的介质是非连续的,导致边坡失稳破坏运动是一种岩土体平移、转动、滑移并存的复杂过程,尤其在变形破坏过程中表现为非连续性、渐进性、随机性。由于边坡破坏过程的复杂性[1-5],目前还很难真实地模拟这一过程,从而需要更进一步地研究边坡失稳的破坏机理。

颗粒流程序是基于离散单元法原理的数值软件,主要用来描述非连续介质的力学性质与运动,在许多工程中得到了应用和发展,在边坡稳定性分析中也得到了应用。周健[6,7]对静力作用下边坡的破坏过程进行了模拟,并分析了细观参数对土坡破坏形式的影响,还利用强度折减法和重力增加法对边坡安全系数进行了研究。刘汉龙[8]对土石坝振动台模型试验进行了颗粒流模拟,对土石坝坝坡稳定性进行了分析。以上研究经验可以证明颗粒流程序可以很好模拟边坡破坏过程,进行稳定性分析。

国家自然科学基金项目(51508160)资助。

本文采用颗粒流程序对地震作用下的土坡变形破坏过程进行模拟,并对黏性土坡的破坏形式和破坏机理进行了分析研究。

2 土性参数的标定

2.1 土体细观参数与宏观参数的规律

在采用颗粒流程序进行数值模拟过程中,由于颗粒之间的细观接触参数与研究对象的宏观参数存在很大的差异,不能通过公式计算直接将宏观参数转换成细观参数。因此这就需要通过不同试样的双轴试验模拟来对细观参数做标定,使得细观参数和宏观参数对应起来。

在做宏-细观参数标定试验过程中,尽管它们之前没有一一对应的关系式,但是通过细观参数影响因素的研究[9,10],可以发现它们之间的规律。通常情况下宏观的土性参数主要是内摩擦角和黏聚力,与之对应的细观参数有摩擦系数、法向黏结力和切向黏结力。下面通过双轴试验的模拟得到了一些细观参数对宏观参数的影响规律。

黏性土的模拟采用了接触黏结模型[11],需要考虑的细观参数主要有摩擦系数、法向黏结力和切向黏结力。图1为黏性土的内摩擦角和黏聚力与不同摩擦系数拟合关系图,黏性土的内摩擦角随摩擦系数的增大而增大,黏聚力随摩擦系数的增大而减小。图2为黏性土的内摩擦角和黏聚力与不同黏结力的拟合关系图,黏性土的内摩擦角随黏结力的增大略有减小,黏聚力随黏结力的增大显著增大。图3为黏性土的内摩擦角和黏聚力与不同法/切向黏结力比值的拟合关系图,黏性土的内摩擦角随法/切向黏结力比值的增大略有减小,黏聚力随法/切向黏结力比值的增大显著增大。综上所述,可以发现黏性土的内摩擦角大小主要与摩擦系数有关,黏聚力大小与摩擦系数、黏结力、法/切向黏结力比值都有关系。由于黏性土存在这种宏-细观参数交叉关系,需要结合上述的规律对黏性土的细观参数进行反复验算。

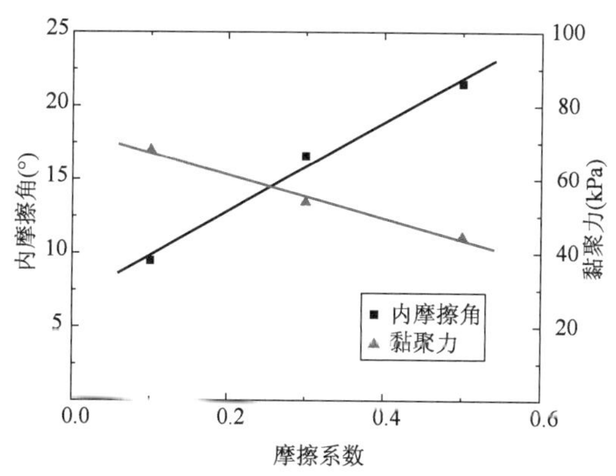

图1 黏性土的内摩擦角和黏聚力与不同摩擦系数的拟合关系图

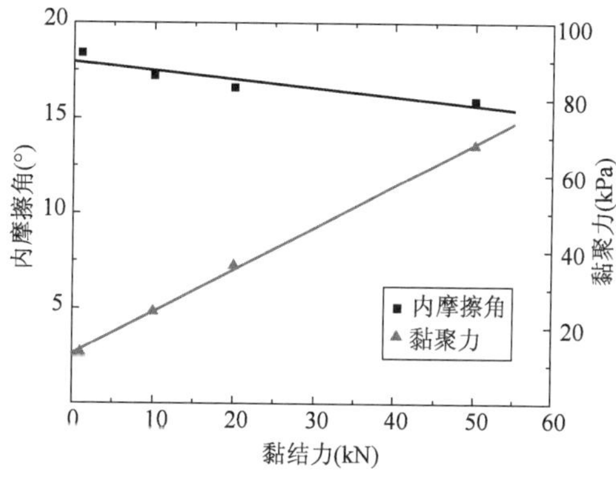

图2 黏性土的内摩擦角和黏聚力与不同黏结力的拟合关系图

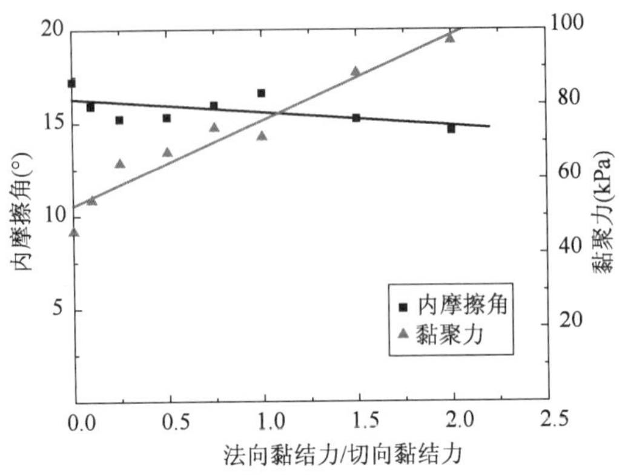

图3 黏性土的内摩擦角和黏聚力与不同法/切向黏结力比值的拟合关系图

2.2 土体细观参数的选取

下面对黏性土做宏细观参数的标定试验模拟，其中黏性土的内摩擦角为20°、黏聚力为40kPa。分别对黏性土在不同围压下(50kPa、100kPa、200kPa)下做双轴试验数值模拟常规三轴试验，结合上面的宏-细观参数之间的规律，通过选取不同的细观参数使得模拟试样的土性和宏观土性基本达到一致。表1为黏性土的细观参数的选取。

土体的细观参数 表1

土性	法向刚度(N/m)	切向刚度(N/m)	摩擦系数	初始孔隙率	密度(kg/m^3)	法向黏结力(N)	切向黏结力(N)
黏性土	4.0×10^7	3.0×10^7	0.35	0.16	2000	1×10^4	2×10^4

3 土坡模型和边界条件

3.1 土坡的颗粒流模型

首先生成一个闭合边坡模型的墙体单元，然后利用粒径扩大法，按照黏性土细观参数在一定初始孔隙率下生成一定数量的颗粒，建立坡角为60°、高为17m的边坡模型，共生成了19956个颗粒单元。为了更直观地看到地震荷载作用下土坡的破坏过程，对整个土坡用不同颜色进行分块。颗粒生成后对颗粒单元赋细观材料参数值，在重力场的作用下使土坡达到静力平衡状态。其中黏性土坡模型如图4所示。通过拟静力法对同样条件下的边坡进行计算，得到黏性土坡安全系数为1.19，因此在静力条件下黏性土坡是稳定的。在土坡静力平衡后，可以发现土坡的坡顶平面会发生少许沉降，但边坡整体稳定，没有产生滑移破坏，处于安全状态。

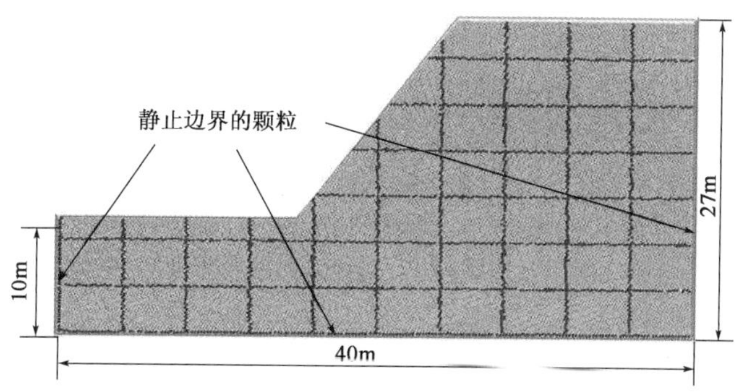

图4 黏性土坡的计算模型

3.2 输入地震动

在颗粒流程序框架中，不能直接对其施加一定的加速度，但可以直接对颗粒施加任意方向和大小的力和速度。因此，通过换算可直接在颗粒单元上施加一定惯性力来达到模拟动力波动[12,13]。在土坡底层的地面区域输入水平向的地震动，这里输入的地震动采用经典地震波埃尔森得罗波，峰值加速度为0.34g，振动时长为20s（图5）。

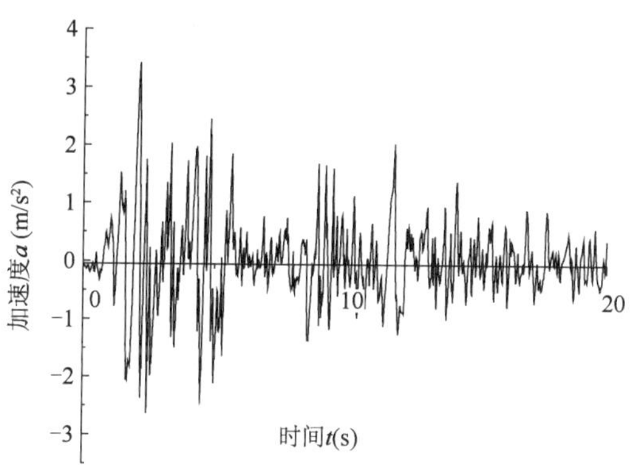

图5 模拟采用的动力输入的加速度时程

4 地震作用下土坡的破坏

4.1 黏性土坡的模拟结果

黏性土坡在地震荷载作用下，破坏过程如图6所示。从图中可以看出 $t=5$s 时边坡还处于相对稳定状态，在坡脚处产生较小位移；当 $t=10$s 时边坡坡顶土体开始产生拉裂破坏，并引起坡底表层土体挤压破坏；当 $t=15$s 时坡顶上层土体逐步引起更多的拉裂破坏，并在坡顶土层表面产生拉裂缝，坡底深层土体也产生位移和错动；当 $t=20$s 时坡顶土体受到拉裂破坏引起土体向下倾覆，使得坡底土体受到挤压并向坡前推移。

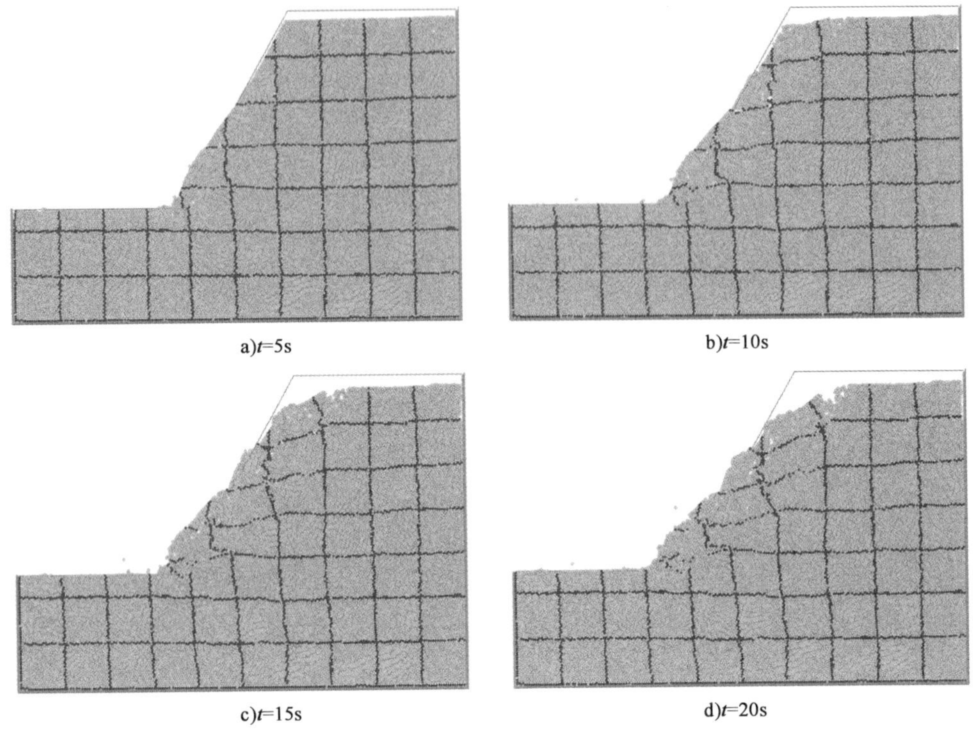

a)t=5s　b)t=10s　c)t=15s　d)t=20s

图 6　黏性土坡破坏过程

图 7 为土坡的位移场分布，可以看出：在地震前期坡脚处的浅层土体由于受到上部土体的挤压引起了一定位移，形成局部的小“滑移带”，随着地震持续进行，边坡的“滑移带”逐渐扩展，形成永久位移。

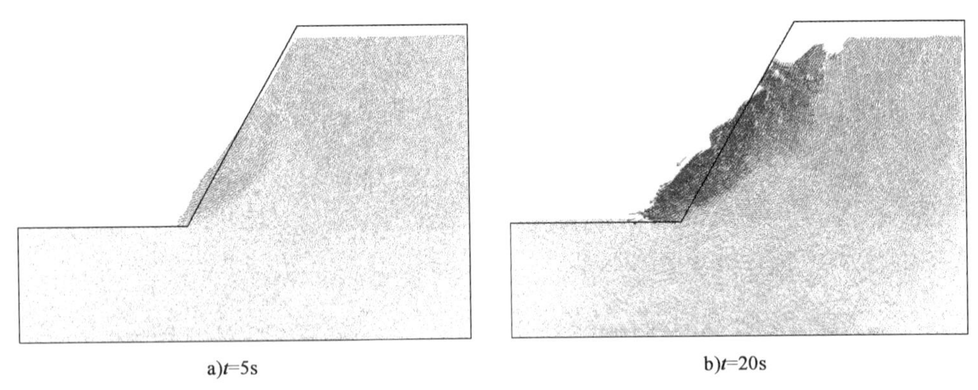

a)t=5s　b)t=20s

图 7　黏性土坡的位移场分布

4.2　各种因素对黏性土坡破坏的影响

通过大量的数值模拟，对地震荷载作用下黏性土坡的破坏变化规律进行了研究，主要分析了不同边坡坡度及地震峰值加速度对黏性土坡破坏的影响。其中黏性土的内摩擦角为 20°，黏聚力为 40kPa。

4.2.1 边坡坡度

分别对不同坡度(30°、45°、60°)边坡的破坏进行了分析,图 8 为不同坡度土坡破坏状态和位移场分布。从图可知:随着边坡的坡度变陡,边坡更容易发生破坏。

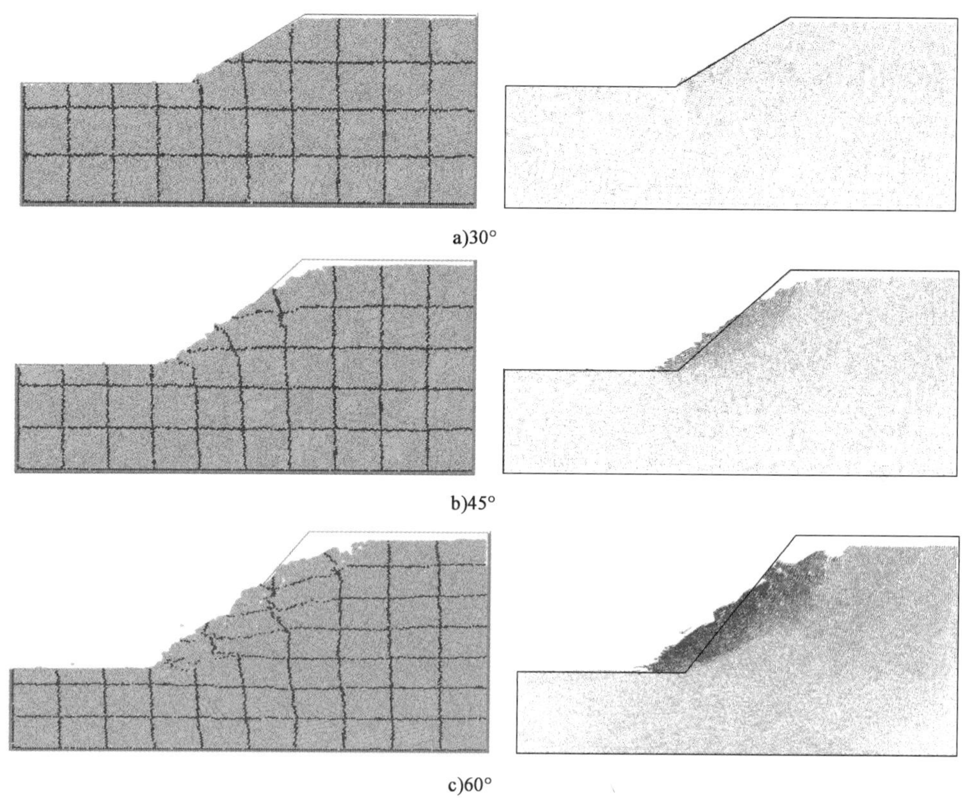

a)30°

b)45°

c)60°

图 8 不同坡度的土坡破坏情况

4.2.2 峰值加速度

对坡高 10m、坡度 60°的边坡在不同峰值加速度地震作用下(0.1g、0.2g、0.4g)进行模拟,图 9 为不同峰值加速度的地震作用下的土坡破坏状态和位移场分布。从图中可知:随着地震峰值加速度的变大,边坡破坏形式上没有区别,但是破坏深度范围变大。

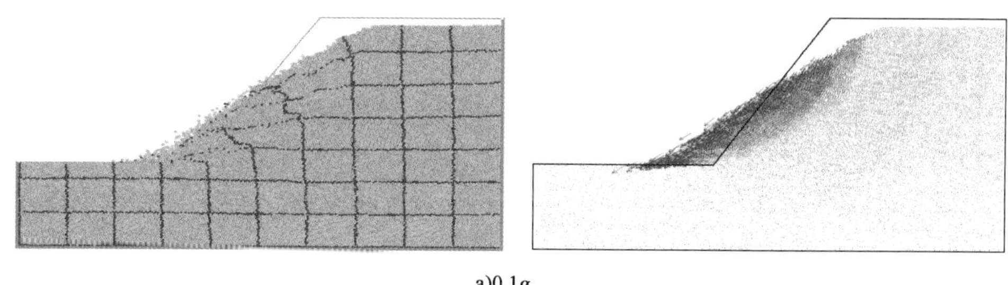

a)0.1g

图 9

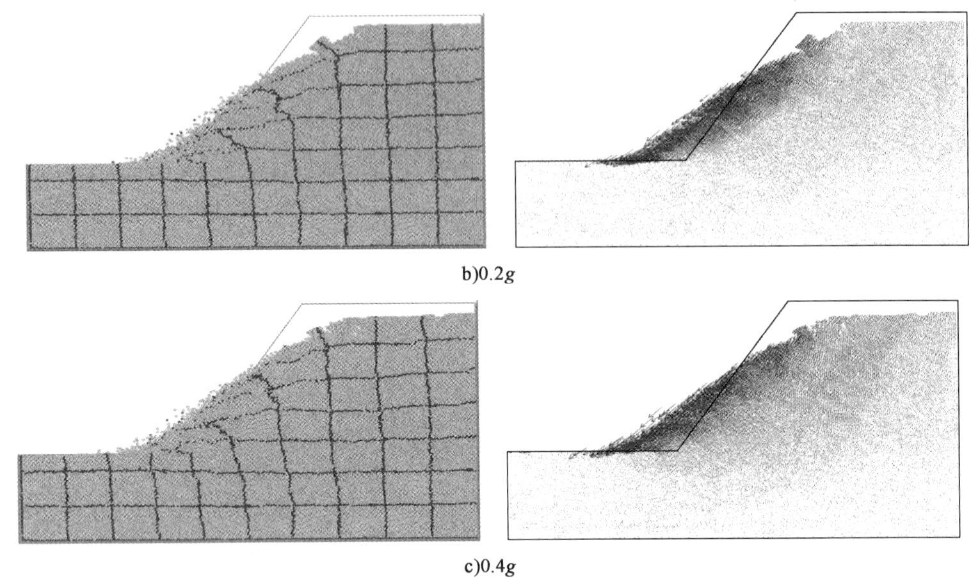

b)0.2g

c)0.4g

图 9　不同峰值加速度的地震作用下的土坡破坏情况

5　结语

本文采用二维颗粒流程序模拟了地震作用下黏性土坡的破坏过程，研究黏性土边坡破坏机理和形式，得出如下结论：

(1)利用颗粒流程序可以模拟地震作用下土坡变形破坏全过程，且不需要先假定滑移面的位置和形状。

(2)从模拟结果可以看出，黏性土坡的变形破坏是渐进性破坏，由下至上、由浅入深形成一条贯通的"滑移带"。

(3)黏性土颗粒之间有黏结力的作用；黏性土坡变形破坏主要表现为：坡脚周围土体先受拉破坏和剪切破坏，逐渐引起坡顶土体受拉产生拉裂缝、土坡深层土体受剪切破坏和挤压破坏。边坡破坏主要发生在地震作用的前段时间，剪切破坏多于拉裂破坏；地震作用的后段时间主要发生土体滑移，拉裂破坏多于剪切破坏。

(4)对不同坡度、地震峰值加速度的黏性土坡破坏进行了比较分析发现：随着坡度、地震峰值加速度的增加，边坡破坏程度更加明显，破坏范围增大。

参考文献

[1] 刘红帅，薄景山，刘德东．岩土边坡地震稳定性分析研究评述[J]．地震工程与工程振动，2005，25(1)：165-171．

[2] 郑颖人，叶海林，黄润秋．地震边坡破坏机制及其破裂面的分析探讨[J]．岩石力学与工程学报，2009，28(8)：1714-1723．

[3] Grelle G，Revellino P，Guadagno F M. Methodology for seismic and post-seismic stabilityas-

sessment of natural clay slopes based on a viscoplastic behaviour model in simplified dynamic analysis[J]. Soil Dynamics and Earthquake Engineering,2011,31(9):1248-1260.

[4] Quinnp E,Diederichsm S,Rower K,et al. Development of progressive failure in sensitive clay slopes[J]. Revue Canadienne De Géotechnique,2012,49(7):782-795.

[5] Skempton A W,Bjerrum L. Stability of natural slopes in quick clay[J]. Géotechnique,2015,5(1):101-119.

[6] 周健,王家全,曾远,等. 土坡稳定分析的颗粒流模拟[J]. 岩土力学,2009,30(1):86-90.

[7] 周健,王家全,曾远,等. 颗粒流强度折减法和重力增加法的边坡安全系数研究[J]. 岩土力学,2009,30(6):1549-1555.

[8] 刘汉龙,杨贵. 土石坝振动台模型试验颗粒流数值模拟分析[J]. 防灾减灾工程学报,2009,29(5):479-484.

[9] 曾远. 土体破坏细观机理及颗粒流数值模拟[D]. 上海:同济大学,2006.

[10] 周健,池毓蔚,池永,等. 砂土双轴试验的颗粒流模拟[J]. 岩土工程学报,2000,22(6):701-704.

[11] Itasca Consulting Group. PFC2D user's manual (version 3.1)[M]. Minneapolis,Minnesota:Itasca Consulting Group,Inc,2004.

[12] Lysmer J,R L Kuhlemeyer. Finite dynamic model for infinite media[J]. Eng. Mech,1969,95(EM4):859-877.

[13] Tang Chaolung,Hu,et al. The Tsaoling landslide triggered by the Chi-Chi earthquake,Taiwan:Insights from a discrete element simulation[J]. Engineering Geology,2009,106(1):1-19.

浅析风光互补供电系统在高速公路的应用

阙　飚
（杭州都市高速公路有限公司）

摘　要　高速公路路段上的机电设备远离变电站，传统的供电方式存在工程造价高、维护管理难度大等问题，采用风光互补供电系统作为高速公路外场监控设备的能源成为较优的解决方案。本文通过分析浙江省内高速公路外场监控设备的供电需求，研究提出了风光互补系统的选型方法，分析了风光互补供电系统在路段视频监控设备上的应用。

关键词　新能源　风光互补供电　高速公路　应用分析

1　引言

科技的进步与发展给人类的生产和生活带来便利，与此同时全球性的能源问题也日趋严重，太阳能和风能这两种可再生新能源是世界的重要能源。在高速公路外场设备的供电领域，太阳能与风能凭借着互补性好、可再生性、绿色环保等特点逐步发挥作用。

近年来，国内汽车行业发展迅猛，高速公路交通量持续增长，对全程监控、信息诱导等外场设备需求有明显提高。然而，这些监控外场设备安装区域远离已建的供电设施，如果只是为了总体功率小的外场设备（如摄像机、车检器、LED警示灯等），单独设置变电站，则总体性价比会大大降低，即不符合工程经济要求，也增加了运营管理难度。同时，高速公路沿线的电力电缆被盗现象比较严重，给管理部门带来了损失。因此，采用风光互补供电系统解决远离供电点的小功率外场设备供电问题是一种较好的解决方案。

浙江省经济发展迅速、车辆保有量高，高速公路车流量大，为保证车辆的行驶安全，路段监控外场设备有加密的需求。本文根据监控外场设备的供电需求，结合省内高速公路实际情况，分析了风光互补供电系统在路段视频监控设备上的应用[1-3]。

2　系统总体构成

风光互补发电系统的基本工作原理是利用太阳能光伏阵列和风力发电机产生的电能通过充放电控制器给蓄电池充电或者在满足负载需求的情况下直接给负载供电，在日照不足或夜间的情况下则由蓄电池通过控制器给直流负载供电，对于交流负载，系统还需要增加逆变器将直流转换成交流供电。系统主要由太阳能光伏电池组、小型风力发电机、充放电控制器、蓄电池组、逆变器以及辅助设备组成，图1所示为风光互补供电系统构成图。

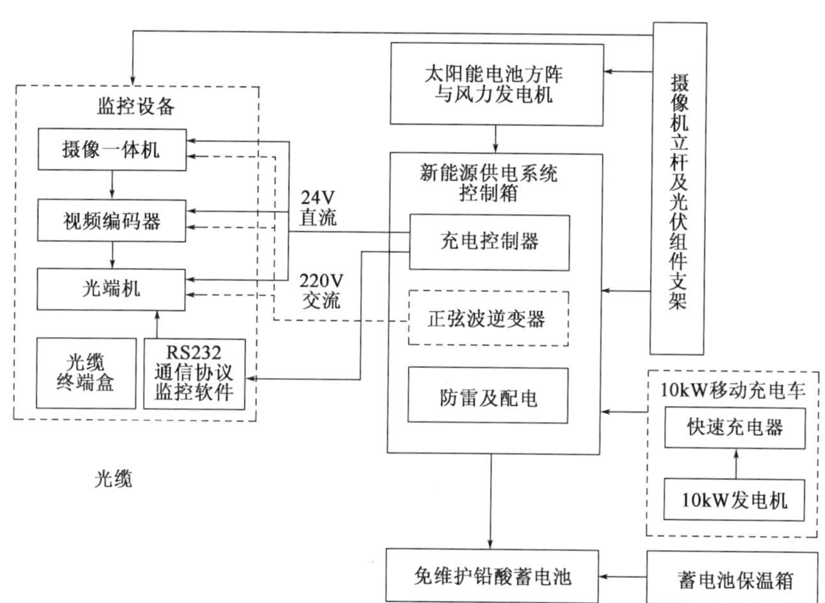

图1 风光互补供电系统构成图

2.1 太阳能电池组件

太阳能光伏电池板是利用光电转换原理使太阳的辐射光通过半导体物质转变为电能的器件,是一种半导体器件(或称物理电池)。太阳能电池组件由光伏电池板组成,它的作用是将太阳辐射能量直接转换成直流电,供负载使用或存储于蓄电池内备用,它是太阳能供电系统当中最重要的部件之一,其转换率和使用寿命是决定它是否具有使用价值的重要因素[4]。图2所示为太阳能电池组件示意图。

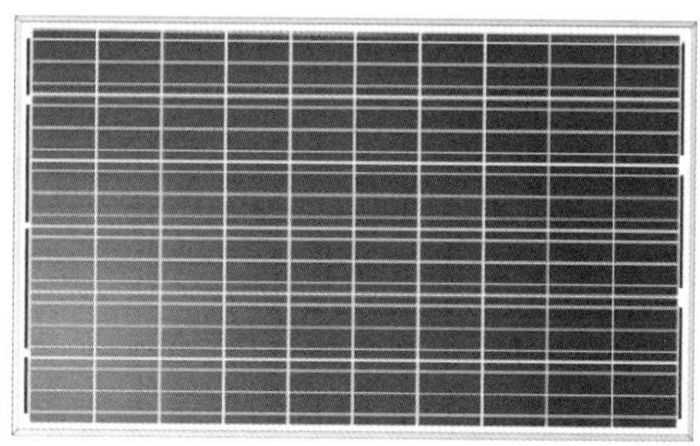

图2 太阳能电池组件示意图

根据太阳能电池组件的串并联数,即可得出太阳能电池方阵功率P,计算公式如下:

$$P = P_0 \times N_S \times N_P \tag{1}$$

式中:P_0——太阳能电池组件的额定功率;

N_S——太阳能电池组件的串联数;

N_P——太阳能电池组件的并联数。

2.2 风力发电机

风力发电是一种将风能转换成机械能,再由机械能转换成电能的机电装置。风力发电机主要由风轮、发电机、尾舵、支架、充电控制器等组成。风能利用的关键技术是风轮的制作技术,风轮利用风能的效率是决定风力发电机组输出电能大小的主要因素。目前风力发电机多采用水平轴、上风向、三叶片的形式,具备较高的风能利用率。如图3所示为水平轴三桨叶式风力发电机示意图。

图3 水平轴三桨叶式风力发电机示意图

2.3 充放电控制器

风光互补供电系统中充放电控制器是对系统进行管理和控制的核心设备,在系统中起着重要的作用。它控制着太阳能光伏电池板和风力发电机以最佳的充电电流和电压快速、高效地对蓄电池组充电,减少充电过程的电能损耗,避免过充放电现象的发生,保护蓄电池以延长其使用的寿命。同时,它控制着蓄电池放电水平,实现对负载设备的稳定供电,提供标准的通信和报警接口,通过传输实现设备的近端、远端控制及反馈电池的状态。随着产业的发展,控制器功能也越来越先进,有将传统控制部分、逆变器以及监测系统集成的趋势[5]。

2.4 蓄电池

蓄电池在风光互补发电系统中是储能环节,在系统工作状态下,蓄电池处于浮充放电状态。在风力、日照充足的条件下,将太阳能电池组和风力发电机发出的电能存储起来。在风力、日照不佳及夜间条件下,蓄电池输出电能给负载,它在系统中起到能量调节和平衡负载两大作用[6]。在常用的蓄电池中,主要有普通铅酸蓄电池、免维护铅酸蓄电池、碱性镉镍蓄电池、镍金属氢化物蓄电池和锂离子蓄电池。其中免维护胶体密封铅酸蓄电池是风光互补供电系统中最适合的储能装置。图4所示为免维护胶体密封铅酸蓄电池示意图。

风光互补系统设计应用过程中除了确定风力发电机、太阳能电池发电量和控制器的转换效率外，蓄电池的容量计算也是关键因素之一。蓄电池容量 B_C 计算公式为：

$$B_C = \frac{A \times Q_L \times N_L \times T_o}{DOD} \tag{2}$$

式中：A——安全系数，取值区间为1.1～1.4；

Q_L——负载日平均耗电量，数值为工作电流乘以日工作小时数；

N_L——最长连续阴雨天数；

T_o——温度修正系数，一般取1.1；

DOD——蓄电池放电深度，一般铅酸电池取0.7～0.8，碱性镍镉蓄电池取0.85。

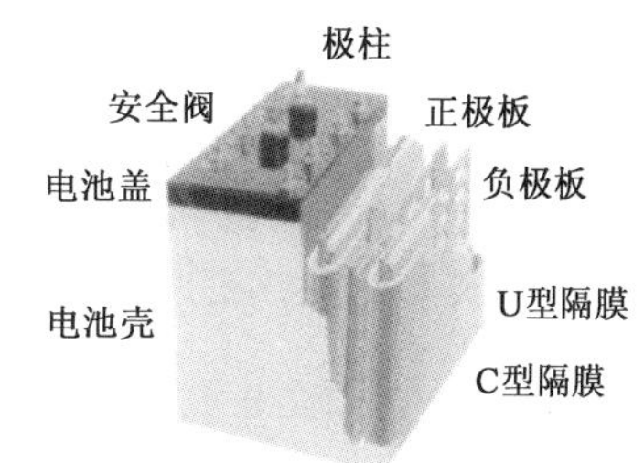

图4 免维护胶体密封铅酸蓄电池示意图

2.5 逆变器

由于太阳能电池组件和风力发电机的直接输出一般都是直流电压，如果负载中含有交流负载，就需要配备逆变器，将发电设备产生的直流电或蓄电池释放的直流电转换成为负载所需的交流电。但目前逆变器的转换效率一般只有70%，因此在用电设备选型的时候应尽量选用工作电压为12V或24V的直流供电型号，减小交直流转换过程中的能量损耗。逆变器按激励方式可分为自激式振荡逆变器和它激式振荡逆变器。

3 风光互补供电系统应用分析

根据外场监控系统的负载组成及基本技术要求，在机电工程项目中使用风力发电机和太阳能电池组成的风光互补供电系统，根据浙江省高速公路路段的天气状况要求供电系统能保证7d连续阴雨天气外场监控设备的正常供电。

3.1 负载用电需求分析

路段上的监控系统由数码高清摄像机、控制云台、解码器、光纤数据交换机、雨刮等组成，其中数码高清摄像机、解码器、交换机为24h工作设备，其他设备为间断使用设备。根据系统使用要求监控设备工作电压采用24V直流电，设备平均功率为40W，每天工作24h，最长连续阴雨天为7d，两最长连续阴雨天最短时间间隔为15d。

3.2 蓄电池组容量计算

根据负载用电需求，本供电系统采用免维护胶体密封铅酸蓄电池。取安全系数 $A=1.1$，负载日平均耗电量 $Q_L=40\text{Ah}$，最长连续阴雨天数 $N_L=7\text{d}$，温度修正系数 $T_o=1.1$，蓄电池放

电深度 $DOD=0.71$，代入式(2)计算可得蓄电池容量 B_C 为：

$$B_C=\frac{A\times Q_L\times N_L\times T_o}{DOD}=\frac{1.1\times280\times1.1}{0.71}=477\text{Ah} \tag{3}$$

3.3 太阳能电池组件功率计算

本系统中太阳能电池组件采用24V高效率单晶硅太阳能电池板，组件标准功率为200WP，根据近年来的实际日照情况获得平均日照时间为3.42h。将太阳能电池组件按一定数目串联起来可获得所需的工作电压，但太阳能电池的串联数必须适当，其公称电压要与蓄电池组的公称电压相匹配，太阳能电池组件串联数 N_S 计算公式如下：

$$N_S=\frac{U_S}{U_M} \tag{4}$$

式中：U_S——系统直流工作电压；

U_M——单块太阳能电池板公称电压。

本系统中取 $U_S=24\text{ V}$，$U_M=24\text{ V}$，易得 $N_S=1$。

太阳能电池组件并联数 N_P 计算公式如下：

$$N_P=\frac{B_{cb}+N_w\times Q_L}{Q_P\times N_w} \tag{5}$$

式中：B_{cb}——蓄电池连续7d阴雨天后需补充的容量；

N_w——两组连续阴雨天之间的最短间隔天数；

Q_P——200W太阳能电池板每天发电量。

取 $B_{cb}=308\text{Ah}$，$N_w=15\text{d}$，$Q_L=40\text{Ah}$，$Q_P=14.8\text{Ah}$，代入式(5)计算可得 $N_P=4$。

因此，将太阳能电池组件的额定功率 $P_0=200\text{ W}$，太阳能电池组件的串联数 $N_S=1$，太阳能电池组件的并联数 $N_P=4$，代入式(1)计算可知太阳能电池方阵的功率 P 为800W。

3.4 风力发电机选型分析

由年平均风速、最低月平均风速、无有效风速期时间长短、年度总用电量和月平均最低用电电量计算得出风力发电机组的功率。由年内最低的月平均风速，选择风力发电机组的额定风速值。本供电系统选取400W水平轴三桨叶式风力发电机。根据计算可得风机的平均发电量约为640Wh。

综上所述，外场监控设备需采用的太阳能电池方阵功率应为800W以上，蓄电池容量应为477Ah以上。在选用功率为200W的太阳能电池方阵、蓄电池选用250Ah的前提下，结合负载的实际用电情况，得出风光互补供电系统的具体组成为3块200W太阳能板、1台400W的风力发电机和4台250Ah的蓄电池。

4 结语

太阳能风能是高效的可再生无污染绿色能源，采用这种新能源能有效地解决高速公路机电工程中采用传统供电方式给项目的后期维护、运营带来的诸多不便。风光互补供电是一种有效的供电方式，随着我国节能环保政策的推动，在光伏发电技术、风力发电技术的日趋成熟及实用化进程中，其产品将不断完善，风光互补供电系统在高速公路外场监控领域使用将更加广泛，成效也将更加显著。

参考文献

[1] 邢燕颖. 小型风光互补供电系统的应用[J]. 中国交通信息产业,2010(4):136-141.

[2] 尹凯雄. 浅谈风光互补供电方式在高速公路外场视频监控系统中的应用[J]. 科技论坛,2010(7):31-33.

[3] 江凡. 高速公路监控设备太阳能风能供电系统的探讨[J]. 广东公路交通,2008(3):55-61.

[4] 梅建锋. 风光互补太阳能系统在机场高速的应用研究[J]. 现代商贸工业,2011(18):286-287.

[5] 谢朋朋. 风光互补供电系统在高速公路外场监控中的应用研究[J]. 湖南交通科技,2009(3):208-212.

[6] 张静. 风光互补发电系统在高速公路的应用[J]. 中国交通信息产业,2010(2):128-129.

道路桥梁沉降段路基路面施工技术要点研究

刘长贵
(杭州交通工程监理咨询有限公司)

摘　要　道路桥梁的沉降问题对于行车安全、道路桥梁的施工寿命有着严重影响。本文在分析导致道路桥梁沉降的主要因素的基础上,根据道路桥梁沉降的原理,预测及评估软土基道路桥梁沉降的预测计算方法,最后针对施工过程中的技术要点,提出了相关的防治对策,减少道路桥梁的沉降情况,全面提高我国公路桥梁的建设质量。

关键词　公路　施工技术　沉降　软土基　桥梁　路面

1　引言

道路桥梁在车辆行驶形成的动载荷下,难免出现开裂、沉降、断裂等问题。此类问题不仅会影响行车安全,同时也会导致道路桥梁的使用寿命缩短。就我国道路工程建设情况以及养护情况而言,一般在沉降路段道路桥梁出现结构性质量问题的情况较为普遍。近年来,我国交通网络建设规模逐步扩大,各地道路桥梁工程建设遭遇了诸多复杂问题。因此,需要系统地对道路桥梁沉降段路基路面的施工技术进行梳理,从而为道路桥梁工程的施工提供可靠的参考借鉴。

2　导致道路桥梁沉降的主要因素

2.1　结构设计方案不合理

道路桥梁工程设计需要充分考虑到路基、路面的刚度差异问题,设计方案需要满足在车辆动载荷变化下的承载需求。现如今,解决道路桥梁路基、路面刚度差异的主要方法为增加钢筋、混凝土搭板、粗粒料填筑三种方法。部分道路桥梁工程在设计阶段,未考虑到路基、路面的实际情况以及区域交通流量,以至于路基、路面的刚度不能满足通行需求,久而久之,在车辆动载荷的作用下,就出现沉降等问题[1]。

2.2　施工质量方法不合理

尤其是软土基的施工,因软土基本身的承载力较差,所以在路基施工前,必须通过水泥搅拌桩等施工技术对软土基进行处理，如此才能保证软土基的承载力符合道路桥梁施工要求。但是，部分工程在施工的过程中，未将软土基的处理作为工程质量重点控制环节，以至于在道路建成后，道路的承载性能不能满足车辆通行的需求，在长期的载荷作用下，承载力不足的路段就会发生沉降。

沉降问题对道路、桥梁使用最直接的影响，就是降低行车舒适度，进而引发“跳车”等安全问题[2]。

3 道路桥梁沉降段路基路面的施工技术要点

3.1 道路桥梁不均匀沉降预测

相较于一般条件下的道路桥梁施工，软土基更容易出现沉降问题，所以在施工前，应该采取行之有效的方式对道路桥梁的不均匀沉降情况进行预测，以便采取相应的加固施工技术。目前，业界普遍认为，软土基条件下的道路桥梁沉降，主要原因是填土高度增加或者静载预压，沉降表现可大致分为次固结沉降、主固结沉降、瞬时沉降三种不同的类型[3]。

次固结沉降主要是指道路桥梁发生的次固结变形，是指道路桥梁在结构主体出现一定变形问题后继发的变形现象；部分施工技术人员也将该现象称之为路基路面的“蠕变”，是指在稳定的土体载荷条件下，土体或者结构颗粒本身遭到破坏而出现的徐变。

主固结沉降是指软土基中以“黏性土”为主要层次发生的沉降现象，在软土基道路桥梁中，软土基中饱和状态的黏土是为地基沉降中的主体部分，黏土本身有着丰富的孔隙水，在外部载荷作用下，水分会从颗粒中排出，而土体本身因孔隙水的排除会出现缩小的情况，进而引发沉降。

瞬时沉降通常用 S_d 来表示，主要是指在填土载荷增加的瞬间或者在施工载荷增加的瞬间，或者在行车载荷增加的瞬间，剪应变力直接导致路基、路面在软土基孔隙水没有正常排出的情况下发生变形，所以瞬时沉降也称为剪切变形。瞬时沉降可通过公式进行有效计算，公式为 $S_d = C_d qB(1-\mu^2)/E$，在该公式中 C_d 表示考量道路结构形状以及道路载荷面积的计算系数；q 表示道路桥梁的均布载荷；μ 表示土体的泊松比；E 表示土体的实际弹性模量[4]。

通过对道路沉降情况的分析我们能够直观地了解到，道路桥梁在外部载荷的作用下，结构或者土基本身会出现有限范围内的压缩层，在此基础上对土层应力进行分层计算，同时叠加各层的变形量，就可实现对道路桥梁不均匀沉降的预测。具体预测可分为两个部分，一部分为下卧层沉降量预测，另一部分为碎石桩加固层沉降预测。

加固层沉降量可用 S_1 表示，下卧层的沉降量可用 S_2 表示。

S_1 的计算公式为：

$$S_1 = \sum_1^n \frac{\Delta P_{si}}{E_i} H_i = \mu_s \sum_1^n \frac{\Delta P_i}{E_i} H_i \tag{1}$$

式中：ΔP_{si}——软土基复合地基结构土桩间的土附加应力；

ΔP_i——在天然状态下土基作用在第 i 层的附加应力；

μ_s——分担应力比修正系数；

E_i——第 i 层桩间的土压缩模量。

考虑到道路桥梁可能会出现下卧层沉降量大于加固层的情况，这时路基、路面的沉降就会被下卧层的沉降情况所主导，所以需要计算出 S_2[5]。

S_2的计算公式为：

$$S_2=\sum_1^n \frac{e_{1i}-e_{2i}}{1+e_{1i}}H_i=\sum_1^n \frac{a_i(P_{2i}-P_{1i})}{1-e_{1-i}}H_i=\sum_1^n \frac{\Delta P_i}{E_{si}}H_i \tag{2}$$

式中：P_{2i}——下卧层的自重应力以及附加应力的平均值；

E_{si}——第 i 层土体的压缩模量；

H_i——分层的具体厚度；

P_{1i}——自重应力的平均值；

e_{2i}——第 i 层自重力的附加应力以及自重力的和。

根据实际情况计算 S_1、S_2就可预测道路桥梁可能出现的不均匀沉降情况，并得出相关的数据。

3.2 易沉降节点施工工艺

(1)要注意道路桥梁在施工过程中搭板的设置，搭板设置的主要目的是解决在行车动载荷作用下道路桥梁可能会出现的开裂、沉降问题。一般情况下，在施工的过程中搭板的设置都要平行于道路桥梁路基的顶面，同时保证搭板的顶面和桥梁面板的地面处于同一水平线上[6]。在施工过程中，除了要控制搭板的具体位置外，还要注意避免搭板施工出现滑移问题，可考虑实际情况在桥梁面板和搭板之间设置水平拉杆或者竖向锚固螺栓，如此就可避免桥梁和道路的过渡段出现严重的沉降问题。

(2)在软土基条件下施工，不仅仅要根据上述内容计算可能出现的沉降问题，沉降量，同时还应该保证强夯法、水泥搅拌桩法应用的合理性；在必要的情况下，应该采用复合软土基处理技术，以保证施工质量，提高路基整体的承载力以及强度。在对软土基进行处理后，应该对处理后的承载性能进行检验以避免道路桥梁在服役后出现问题。

(3)要注意填料的选择，工程中所应用的填料务必要进行合理的力学试验，填料的含泥量、级配指数均要有相关检验报告，并且通过现场抽检；若填料不符合施工要求，则应该运出现场。

(4)要注意排水施工，部分道路桥梁出现沉降问题的主要原因，就是因为土壤的孔隙水过多，在载荷作用下，孔隙水排出，承载体体积减小，从而形成沉降。因此在施工的过程中，要注意含水结构的固结处理，以保证结构的稳定性。

4 结语

综上所述，沉降是危害道路桥梁的主要病害类型之一，沉降问题的预防，应该从设计、施工入手，根据道路桥梁工程拟建地区的实际情况，采取合理的应对措施，并在容易出现沉降问题的节点，提高施工水准，根据预测的结果有针对性地强化施工方法，以此保证道路桥梁的正常使用。

参考文献

[1] 许维鹏. 浅谈道路桥梁沉降段路基路面施工技术要点[J]. 城镇建设,2019(10):97-98.

[2] 毛雪峰,李克召. 道路桥梁沉降段路基路面施工技术应用解析[J]. 城镇建设,2019(9):103-104.

[3] 周占. 道路桥梁沉降段路基路面如何施工初探[J]. 建材发展导向(下),2019,17(9):256-257.

[4] 赵帅,黄上东. 市政道路桥梁工程中关于沉降段路基路面的施工技术的研究[J]. 砖瓦世界,2019(18):237-238.

[5] 闫率华. 道路桥梁沉降段道路施工技术[J]. 商品与质量,2019(8):295-296.

[6] 张路明. 道路桥梁沉降段路基路面施工技术解析[J]. 建筑工程技术与设计,2018(36):1908-1909.

冬季混凝土结构物养护要点

聂继元
(浙江交工宏途交通建设有限公司)

摘　要　混凝土作为工程施工的材料,其重要性显而易见。本文通过对冬季混凝土结构养护要点进行分析,通过建金5标背景环境,并吸取响水事故教训,对其冬季混凝土结构物养护进行对策优化,为相关工作开展奠定坚实基础。

关键词　冬季　混凝土　结构物　工程施工

1　引言

通过对冬季混凝土结构物养护要点进行分析研究,指出其重要性、影响面及问题所在,提出冬季混凝土结构物养护的主要方法,并通过在道路桥梁工程、房屋建筑工程等案例中的应用,根据问题现状提出相关优化对策,为更有效发挥混凝土材料的效能打下重要基础。

2　混凝土材料概述

众所周知,混凝土已经成为当下工程施工的重要组成部分。混凝土结构主要是以水、水泥为基础,通过比例调配形成一种较为高效的工程施工材料。钢筋混凝土具有坚固性及抗压性,从整体项目工程结构而言,钢筋混凝土可以起到大力度、强度支撑的作用,多用于房屋建筑、路桥工程的主体加固及支持部位。混凝土结构具有较强的承压能力,对耐寒、耐高温起到重要的保障作用。因此,针对混凝土结构的使用及调制需要科学开展工作。但我国部分施工单位并没能充分认识到混凝土结构物养护的重要性,在管理模式、人员素质、养护措施等方面缺乏科学性,导致相关工作开展受到严重阻碍。

3　影响冬季混凝土结构变化的主要因素

3.1　气候环境因素

气候环境是影响混凝土结构并使之产生变化的重要因素之一,气候环境对混凝土结构的影响方面有冷热变化及降霜、降水,这些都对冬季工程施工混凝土结构造成极大影响。具体如下:①降水、降雪会对刚浇筑的混凝土结构造成组织中水分过多,影响刚浇筑完成后的混凝土结构的凝聚性及稳定性。②长期温度偏低会对刚浇筑完的混凝土组织结构造成“冻僵”，出现快速凝结，导致混凝土结构组织稀松，一旦升温就会出现断裂、粉碎等情况[2]。

3.2 管理制度及方法有待完善

部分工程施工企业没能充分认识到混凝土结构的重要性，在冬季混凝土结构养护中单一片面地采用一成不变的方式，未能结合现场施工实际情况，导致冬季混凝土结构养护出现问题，影响混凝土在工程施工中的作用发挥。另外，部分施工单位在养护管理中没做到“责任明确”，导致冬季混凝土结构养护出现“冷场或无人管”的情况。甚至个别地方出现盲目管理、混乱管理等。因此在管理制度中加强“责任明确”尤为重要。同时，部分施工企业在混凝土结构养护中缺乏“冬季意识”，没能对季节性变化对混凝土结构实际影响进行分析，在养护中无法采用更为贴切的方式方法，导致养护效果及效率长期得不到提升[3]。

3.3 养护人员综合素质有待提升

通过对相关企业实地走访调查，笔者发现，我国部分工程施工单位缺乏对养护人员的专业培养、素养提升，长此以往导致在冬季混凝土结构养护中缺乏时效性，把不好质量关。同时，养护人员在实际养护管理工作中，缺乏对混凝土结构的基本知识及运用技巧，无法应用更为有效的养护方法和技巧，导致实际工作中经常出现这样、那样的问题。另外，养护人员是冬季混凝土结构养护的主体，也是冬季混凝土结构质量的第一道保护屏障，养护人员综合素质高低决定冬季混凝土结构养护工作的成败。由于大部分基层养护人员自身的综合素质较低，冬季混凝土结构养护意识相对淡薄，导致经常出现“偷工减料、得过且过、事不关己”等消极态度，进一步造成了整体冬季混凝土结构养护质量问题的出现。

4 混凝土结构主要用途及冬季养护

4.1 高速公路工程施工技术

混凝土施工材料在高速公路工程中具有相当重要的作用，高速公路工程施工中主要依靠混凝土材料的稳定性及坚固性，混凝土材料和钢筋结构结合进行灌浇可以使整体公路结构较为稳定。通过采取有效措施，可以对高速公路工程冬季混凝土结构进行养护，保障其耐久性、坚固性。

(1)根据高速公路工程混凝土施工特征，冬季极易造成混凝土结构松懈，进而出现裂缝等。因此，笔者认为针对冬季混凝土养护应该从按时间进行规划设计，通常在完成浇筑后12h内，对混凝土结构进行加固覆盖，并给予保湿养护[5]。

(2)在完成加固覆盖后应对混凝土结构进行“浇水养护”，浇水养护的目的在于对混凝土结构持续保湿，对采用硅酸盐水及矿渣硅酸盐水拌制的混凝土结构不得少于6d，而对用于抗渗工程的混凝土结构不得其少于20d。

(3)要根据冬季具体气温对养护方法进行规划设计；通常当气温低于零度时，只要对混凝土进行针对性保温就可以；如气温处在零下时，应该结合实际环境做好相应混凝土防冻工作。主要从以下两方面入手:①使用防冻剂,通过防冻剂应用可以使拌和水冰点大幅度降低,这样可以对早期处于塑性状态的混凝土的内部水分出现膨胀起到抑止作用。在防冻剂应用中一定要对其内部成分进行鉴别,尽量做到万无一失;值得注意的是,如不很好控制防冻剂中的尿素含量,就会对其作用的发挥造成影响。②做好相应保温工作,主要以加固覆盖为主,可采用胶合板、厚木板等材料,也可以用棉被进行保暖加固。特别注意的是,一定要对裸露的混凝土结构多加重视。

4.2 道路桥梁工程施工管理

混凝土在道路桥梁工程中应用较为广泛,针对冬季混凝土结构养护的迫切性及重要性,笔者认为应做好以下几方面的工作:①加强对道路桥梁周边环境治理,及时进行交通疏导加强整体监管力度,其目的是对冬季混凝土结构实施整体性保护,避免出现因车辆、行人等造成的破坏碾压。②在对道路桥梁冬季混凝土结构养护中一定要完善管理制度,管理制度不是单一片面的简单流程,而是更为科学、合理的系统布局。首先,应该建立健全完善的施工质量管理体系。施工单位的主管领导要加强质量安全意识。应该在养护管理中明确责任制,对相关责任人进行思想教育,只有责任人明确后才能顺利开展相关工作。可见,在道路桥梁工程施工中,明确责任人尤为重要。③在道路桥梁冬季混凝土结构养护中,应该结合现场实际情况,针对混凝土结构特征及施工需求,采用综合性养护措施,多方面提升混凝土的效能。④加强对养护人员的思想教育及综合素质提升。养护人员是冬季混凝土结构养护的重要基础,但部分施工企业的养护人员综合素质偏低,无法完成相关工作。因此,笔者认为应该从养护人员综合素质及专业能力出发,开展相关培训活动,定期进行相关养护知识的讲授,并邀请专家进行现场指导。从多方面、多角度提升养护人员自身专业素养和能力。

5 结语

本文对冬季混凝土结构物养护要点进行了分析研究,主要包括:混凝土结构概述、影响冬季混凝土结构变化的主要因素(气候环境因素、管理制度及方法、养护人员综合素质)、混凝土结构主要用途及冬季养护(道路桥梁工程施工方面、高速公路工程施工方面)等,通过问题分析、因素分析及对策研究,阐述冬季混凝土结构物养护方法,为相关工作的进一步开展奠定坚实基础。

参考文献

[1] 苏旋.简述水利工程混凝土冬季施工质量控制[J].现代物业(中旬刊),2018,No.414(02):159-160.

[2] 魏良.新形势下市政道路沥青混凝土路面养护方法[J].江西建材,2018,25(2):163-164.

[3] 刘琳,赵文.内埋热源混凝土冬季养护温度历程精确预控研究[J].东北大学学报(自然科学版),2018,39(3):421-425.

公路桥梁试验检测技术及运用探究

石永太
（浙江浙中建设工程管理有限公司）

摘　要　交通建筑工程数量与规模逐渐增大，促使人们对工程质量越来越重视，从而推动了公路桥梁试验检测技术的发展。检测技术可以及时发现公路桥梁中存在的缺陷与质量问题，明确工程的可行性。本文从公路桥梁试验检测技术的重要性入手，深入进行分析，结合实际情况明确其技术运用效果，并分析未来有关技术的发展趋势，以供参考。

关键词　公路桥梁　试验检测技术　质量　施工管理

1　引言

随着时代不断进步，我国交通运输行业蓬勃兴起，公路桥梁工程逐渐增多，其工程的质量受到人们广泛的关注。为满足当前交通运行质量的需求，应积极提升施工单位的施工水平，并完善创新现有的公路桥梁试验检测技术，提工程的质量，推动我国公路桥梁工程可持续发展。

2　公路桥梁试验检测技术的重要性

灵活应用现阶段的公路桥梁试验检测技术，可以及时发现公路桥梁中存在的质量问题与不足之处；尤其在当前的背景下，公路桥梁工程逐渐增多，只有保证其工程质量才能减少安全事故为人们提供优质的交通服务。通过应用试验检测技术，保证道路桥梁工程质量达到最佳状态，为工程质量管理工作的顺利开展奠定良好的基础。对于公路桥梁工程来说，受其自身的因素影响，在施工过程中容易受到外界因素的干扰，造成工程质量上的问题，出现严重的质量隐患；例如由于施工材料问题，导致整体质量降低，甚至出现安全问题。有效的进行检测，可及时发现工程中存在的问题，有利于工程安全性与稳定性的提升。

现阶段，我国对道路桥梁工程提出更高的要求标准，在工程竣工后，需要严格按照要求对工程质量进行检验，促使道路桥梁的稳定性满足需求。合理应用公路桥梁试验检测技术，还有助于工程顺利的开展；在工程施工过程中，经常出现部分施工人员未能按照施工图纸进行施工情况，甚至在整体结构上也存在一定的不足，通过合理的施工检验，可以促使工作人员在施工过程中贯彻施工标准，保证工程质量提升[1]。

3 国而内外检测技术的发展和应用介绍

3.1 超声波检测技术的应用

现阶段,在公路桥梁质量检测过程中,工作人员灵活应用超声波检测技术,对于公路桥梁的整体质量进行检验,充分发挥出其技术优势,从整体上明确我国公路桥梁质量现状。超声波检测技术主要是应用超声波探伤设备获取超声波脉冲信号,通过声波换能器进行信息数据收集,发现工程中存在的问题。但在实际的检测过程中,还存在较多的问题,如检测中难以实现直接的观察,影响其检测直观性。超声波穿透技术在应用过程中,可以有效地获取道路桥梁中存在的具体缺陷,及时进行分析,并可实现多点测量;对获取的数据,通过分析处理,完成整合,充分发挥出传感器的优势,提升整体的检测效果[2]。

3.2 声发射法检测技术的应用

对于道路桥梁来说,在建设过程中,由于设计的不同,在结构上存在明显的差异,在材料选择过程中呈现出多样化,性质存在差异,分布应力呈现出分散与局部不稳情况,而当相关的材料在产生塑性形变、断裂或者裂缝过程中,会产生明显的应力释放,应力波会出现扩散的情况,该过程称为声发射。在进行工程试验检测过程中,由于载荷因素道路桥梁的内部混凝土结构会发生明显的形变,当形变超出临界点时,将出现明显的裂缝或者断裂情况,此时对其释放的能量波进行检测,可明确其工程状态。例如,可以在检测部位放置声放射器,对不同位置产生的声波进行检测,当其声波出现时间差时,则表明该部位存在问题,需要通过声波来确定其位置,及时发现建筑故障点。声波发射的应用具有较强的优势,可以快速准确地测量,并经过数据分析明确工程中存在的问题,满足当前的检测需求。但该方法也存在明显的不足,如受外界噪声、传导介质等因素影响而降低测量精度,需要进行完善[3]。

3.3 冲击回波法的检测技术应用

冲击回波法应用较为广泛,该技术原理是:通过现有的机械冲击发射器产生应力脉冲波,应力脉冲波传播到工程结构内部,当工程结构内部存在缺陷时,应力脉冲波会反射回来,此时对其信号进行分析,在没有问题时其明确工程结构缺陷位置。该冲击波波速呈固定状态,故也可以对物体的厚度进行测量[4]。在冲击回波检测技术中,单面反射测试技术是应用中常见的技术;选择道路桥梁工程中的一点进行测量,可明确其是否存在缺陷,检测过程便捷方便。与此同时,冲击回波检测技术也常用于道路桥梁的混凝土检测中,但由于其自身属于单点测量,导致其整体的测量结果不够全面,需要进一步进行技术创新,弥补其技术不足[5]。

3.4 热像检测技术的应用

应用红外热像检测技术过程中,主要利用温度信息进行检测,通过对物体的内部进行直观的显示，明确其现有的状态，分析内部结构中存在的缺陷与问题。实际上，现有的红外热像检测仪是非接触或无损检测技术，其自身具有较多的优势，如探测范围可以达到无穷远，灵活利用其优势可以实现大范围的非接触无损检测，保证最终的检测质量。红外热像检测技术在实际应用过程中，可以不受外界环境因素的影响，可在施工条件较为简陋的环境中进行应用；只要环境温度在零摄氏度以上，就可以进行高效的检测。此外，红外热像检测技术的检测结果的精度较高，并具有一定的灵活性，可以有效满足现阶段的动态检测与静态检测的需要[6]。

4 公路桥梁试验检测技术发展趋势

在不断的发展过程中，人们对公路桥梁试验检测技术不断提出更高的要求，从多个角度进行技术创新，提升检验结果的精确度，满足当前的需求。迄今为止，可以将公路桥梁试验检测技术分为三个发展阶段。第一阶段主要是人们对道路桥梁工程进行感官上的分析，如通过相关的专家或者从业者根据自身的经验进行判断，明确其是否存在不足。但实际上该方法主要是对工程进行大体上的分析，依靠感官判断，精度不够准确，因此检验结果存在明显的误差。第二阶段主要是应用信号技术与建模处理等方式进行检验，通过传感器检测并采用动态检验技术进行分析，实现整体质量的检验；该方法被广泛应用在工程检测过程中。第三阶段主要是应用智能检测技术进行合理的检测，充分发挥出智能技术优势，实现技术的融合处理，对相关的数据进行融合分析，这是现阶段公路桥梁工程检测的主流技术。在未来的发展过程中，检测技术可能有多个发展方向，如实时信息监测系统与现代技术的融合，促使当前的信息实现共享；另一方面，通过现有的风载荷与交通载荷的融合，促使当前的检测系统得到优化，充分发挥出智能技术优势，适应时代发展[7]。

5 结语

综上所述，在当前的时代背景下，公路桥梁检测涉及的内容较多，范围较广，需要工作人员结合实际情况选择合理的技术，以满足检测的需求，获取相关的信息，明确工程中存在的问题。与此同时，积极对现有的技术进行创新，提升整体的检测水平与精确度，满足当前的需求。

参考文献

[1] 文畅霆，王涛. 预应力混凝土连续刚构桥梁试验检测技术研究[J]. 中小企业管理与科技(中旬刊)，2019，10(06)：165-166.

[2] 刘祥. 分析预应力混凝土连续刚构桥梁试验检测技术[J]. 黑龙江交通科技，2019，42(02)：133-134 + 136.

[3] 刘祥. 钢筋混凝土桥梁试验检测技术及其发展趋势[J]. 工程技术研究，2019，4(02)：241-242.

[4] 李正亮,吴连花.钢筋混凝土桥梁试验检测技术及应用探究[J].黑龙江交通科技,2018,41(12):168+170.
[5] 代伟松.公路桥梁试验检测技术及应用方法[J].交通世界,2018,14(12):116-117.
[6] 卢家伟.道路桥梁试验检测技术的应用探究[J].安徽建筑,2018,24(02):188-189.
[7] 黄小文,蒋玢萍.钢筋混凝土桥梁试验检测技术的应用分析[J].交通世界,2017,13(32):121-122.

连拱隧道施工要点分析

黄 炎 高 星 张文瑞
(浙江浙中建设工程管理有限公司)

摘 要 为了探讨连拱隧道施工技术在公路隧道工程中的应用效果,以午塘头隧道工程实例为研究对象,深入分析连拱隧道施工技术的总体施工工序,并且对施工过程中需要掌握的要点内容进行总结。通过实践可知,连拱隧道施工技术的应用能够确保隧道施工进度、质量和安全性,对提高公路事业的发展有促进作用。

关键词 公路隧道 连拱技术 施工质量

1 引言

本隧道工程名称为午塘头隧道工程(连拱式)。该隧道处于剥蚀丘陵区,地形坡度20°~30°,山体植被较发育,隧址区地面最高程约为175m,属越岭隧道。隧道进洞口处于沟谷位置,隧道轴线与边坡面大角度相交,出洞口隧道轴线与边坡面斜交,隧道埋深较浅。

午塘头隧道是长春至深圳高速公路(G25)浙江建德至金华段TJ5标中部,起讫里程K2474+977~K2475+243,全长为266m,净高5m,净宽11×2m。本隧道穿越殘坡积、强~中风化粉砂岩,地下水为基岩裂隙水,水文地质条件较简单。建德端洞口桩号为YK2474+977,洞门形式为端墙式,金华端洞桩号为YK2475+243,洞门形式为偏压式。

2 总体施工工序

当前我国的隧道工程开挖施工主要分成两个种类:①按照两个独立单洞来进行开挖施工,主要应用于围岩条件较高的位置;②三导洞开挖施工方法,也就是先进行开挖然后才能进行中隔墙建设施工方法,这种方式通常在浅埋或者软弱围岩的地质条件中使用。根据分析可以确定该地区的地质条件,主要以强~中风化岩性质为主,经过综合分析之后确定使用三导洞的施工方法,根据施工具体要求开展施工。

2.1 中导洞开挖

本次隧道工程项目施工中,对于中、侧导洞的位置主要采用的是新奥法进行施工。从设计方案中可以了解到,Ⅴ级导洞主要采用的是上下台阶的方法施工,而Ⅳ级则应用的是全断面施工方法。开挖施工之后应该立即开始导洞支护施工,从而建立完善的稳定环状形式。

2.1.1　Ⅴ级围岩导洞开挖

开挖方法:①中导洞上台阶开挖,根据施工规范要求开始临时支护施工;②中导洞下台阶开挖,根据需要来进行临时支护施工;③交错布置至少需要间隔50m,同时可以开始导洞开挖施工,并且进行临时支护处理。根据施工技术要求来进行开挖长度与支撑掌子面间隔距离的确定,保证其技术要求也达到规定要求。

2.1.2　Ⅳ级围岩导洞开挖

开挖方法:①中导洞全断面开挖,开始进行临时支护施工;②交错50m位置来进行导洞开挖施工,同时进行临时支护施工。根据施工技术要求来进行光面爆破施工,同时应该严格控制开挖长度尺寸,确保其符合工程设计方案的要求。

2.2　中隔墙施工

中隔墙结构的主要作用就是承载竖向压应力,在应用的过程中,从轴线受压逐步地转变成为偏心受压的形式,然后再次恢复为轴线受压的形式。最大弯矩通常都出现在二次衬砌部分的施工,最大轴力需要在隧道施工结束之后才出现。在整个施工的过程中,应该充分考虑到其抗倾覆、抗开裂方面的问题。

2.2.1　中隔墙施工方法

中导洞全面的通过之后,就需要马上进行中隔墙结构的施工。为了能使人员、机械的施工顺利进行,可以使得材料运输更加的便利,避免造成施工的干扰。本次隧道工程中,应该从进口端采用倒退的方式来开始进行隔墙结构的施工。在施工浇筑完成,待混凝土强度达到了设计要求后,就进行主洞的开挖施工,可以提高施工效率。

2.2.2　中隔墙施工要点

中隔墙在开始施工之前应该进行中线复测确定,同时还应该将基底位置上的积水清理干净,避免该结构出现下沉的情况。还应该及时进行锚杆施工。中隔墙的施工缝也极易受到结构强度的影响,在施工中应该进行凿毛处理,同时要按照设计方案的要求来设置止水条结构。中隔墙两侧的位置上的模板应用拉杆进行固定处理,同时还应该在内部1.5m以上的位置应用横向支撑来避免模板出现移动的情况。中隔墙的主要结构形式就是钢筋混凝土,由于基础、断面的尺寸相差比较大,在实践中要从立面与施工的角度方面来考虑,可以分两次来进行施工。可以先进行中隔墙部分的浇筑施工,在达到了要求之后就能够将其作为工作平台来进行墙身部分施工。中隔墙混凝土浇筑施工到顶部位置上,需要间隔5m布置注浆导管,为后续注浆、回填施工打下坚实的基础。中隔墙施工要根据需要在主体支撑位置上设施连接螺栓,确保各个方向的间隔距离达到要求。中隔墙防偏压处理:因为连拱隧道的左右位置上存在很大的差异,并且存在爆破振动的影响,分步施工会持续给墙体造成扰动影响,可以将侧向和正洞的初期支护压力直接传输到中隔墙的位置上,此时会导致墙体结构受力不均衡。因此,在开挖之前应该根据施工工艺的要求进行偏压处理,采取合理有效的措施进行回填施工,确保结构性能达标,见图1。

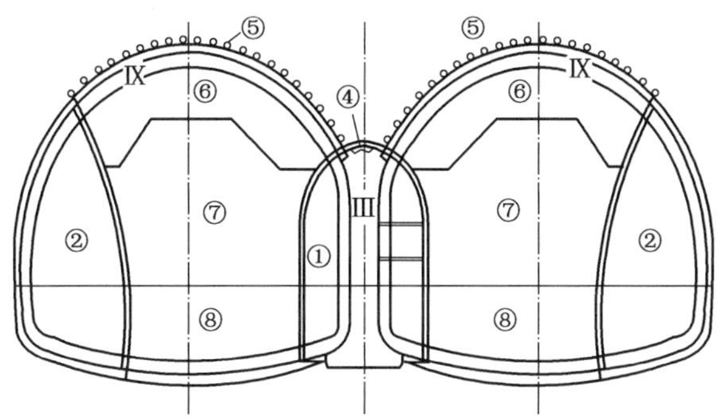

图1 中隔墙防护示意图

2.3 主洞开挖

根据设计方案以及工程技术规范的要求，Ⅴ级围岩开挖的过程中应该采用上下台阶预留方法来进行施工，而Ⅳ级则应用台阶法来进行施工。开挖施工结束之后就需要进行导洞支护处理，此时形成稳定的封闭结构。根据施工进度计划的要求，首先开始左洞开挖施工。

(1)暗洞沉积采用的是新奥法进行施工，可以选择复合支护方式。Ⅴ级围岩隧道施工工序如下：①中导洞上台阶开挖，采取必要支护方式；②中导洞下台阶开挖，进行必要临时支护；③中导洞贯通后，开始中隔墙施工，在墙身结构施工结束之后就在顶部回填施工；④交错布置50m开始导洞开挖施工，同时要进行必要的支护施工处理；⑤中导洞回填施工；⑥拱部围岩开挖施工，同时还应该设置支护与钢架架设施工，此时应该在左、右方向错开2洞布置；⑦交错2洞布置，同时应该进行支护结构施工；⑧拆除临时支护；⑨进行仰拱混凝土施工；⑩防水部分施工，然后进行二衬混凝土施工。

(2)Ⅳ级围岩隧道施工顺序：①中导洞实施全断面开挖施工，同时开始初期支护施工；②中导洞贯通后，进行中隔墙施工，然后在顶部注浆施工；③交错布置50m开始进行导洞开挖施工，同时进行支护施工；④中导洞回填和临时支撑；⑤主洞开挖台阶施工，同时进行支护和钢拱架的施工，必须要确保左右台阶开挖至少需要错开2洞进行。此时要严格执行施工工艺方案来进行支护施工，避免出现结构变形问题[3]；⑥交错2洞开始台阶开挖施工；⑦拆除临时支护；⑧施工仰拱混凝土；⑨防水结构施工。

2.4 初期支护

初期支护是导管、钢筋网、钢架以及喷射混凝土所组成整体的受力结构。本次工程中主要应用到的是C25混凝土、8cm或6cm的钢筋网以及导管与锚杆。

2.5 二次衬砌

对于偏压过大的部分，应该根据工程的实际情况选择使用二衬混凝土来进行浇筑施工，根据本次设计方案与施工工艺的要求，选择使用二衬施工，此时应用的是12m液压钢模台车，选择整体浇筑的方式进行施工。

3 结语

本次连拱隧道施工的过程中,根据工程中的围岩种类选择合适的开挖施工方法,在中隔墙施工的过程中选择使用的是倒退方式来进行浇筑施工,这种方式可以为主洞开挖提供合适的条件,还能够有效提升施工效率。但是应该注意的是,在衬砌施工的过程中要综合考虑到地质条件与监控信息,否则将无法保证工程的质量。经过实践经验总结可以发现,采取该方法能够确保施工进度、质量和安全性,为我国公路隧道工程技术的提升打下坚实的基础。

参考文献

[1] 黄远智. 浅埋大跨径连拱隧道施工技术研究[J]. 西部交通科技,2018(08):156-159.
[2] 张健. 连拱隧道施工质量控制要点剖析[J]. 交通世界,2018(09):72-73.
[3] 马明. 连拱隧道施工质量控制要点[J]. 交通世界,2017(11):104-105.

浅析墩梁固结施工技术

王 涛
(浙江交工宏途交通建设有限公司)

摘 要 墩梁固结施工技术是当前较为常见的技术,可以有效地提升施工质量,并改变传统施工中存在的不足,促使工程整体质量提升,适应时代发展。本文以实际的案例为例,深入进行分析,明确施工中存在的难点与问题,充分发挥出墩梁固结施工技术优势,保证工程有效的开展。

关键词 墩梁固结施工 施工技术 连续梁 悬臂施工

1 引言

墩梁固结施工的主要目的是提升梁体的整体性能,避免墩顶永久支座受力,降低墩身发生裂缝的概率,以保证工程有效的开展。与此同时,在满足当前施工稳定的基础上,促使其发挥出技术的优势,对梁体进行合理的约束,促使其达到固结的目的,提升整体的稳定性,满足设计要求。

2 案例工程概述

本文以我国某跨南水北调总干渠桥梁建设为例。在该工程中,为适应恶劣的施工条件,降低外界因素的影响,设计采用三跨变高度混凝土连续箱梁。在设计过程中,其跨径布置为:45 +75 +45 =165(m),以现场的施工测量为主,明确道路断面因素产生的影响,将施工的桥梁按照路桩号前进方向分左、中、右三幅布置,实现最合理的布局,经过计算得出桥面的宽度,宽度为 22.5 m、20 m、25.5 m。对于主梁来说,在设计过程中,主要通过二次抛物线进行数据计算,以梁高方程为基础,进行精确的计算:$H = 2.0(X/35.0)2 + 2.2(m)$,经过计算后获得支点梁高为 4.2 m,而跨中梁高为 2.0 m,以保证其整体设计的合理性。现阶段,较为常见的大跨度连续梁施工方案较多,如满堂支架现浇法方案、悬臂施工法方案等,需要工作人员按照实际情况进行选择,以满足当前的需求。在案例工程中,该工程跨越南水北调总干渠,相关部门为保证南水北调施工进度不受到上跨桥梁施工的影响,对其施工提出明确的要求,不得在总干渠内搭设施工支架,以提升其整体安全性。基于此,设计者在进行上跨桥梁施工时主要采用悬臂施工方案[1]。

3　案例工程施工方案分析

3.1　墩梁固结方法

由于施工自身的限制，在进行悬臂施工过程中，工作人员为保证其施工的合理性与安全性，将现阶段的桥墩与支架进行有效的临时固结，保证其满足当前的需求，降低两侧恒载不平衡概率。施工中常见的墩梁施工固结方案种类较多，如托架法、临时支墩法、竖向预应力临时固结法等，根据实际情况选择不同的方法，以保证工程有效的开展。托架法是利用现有的技术在墩顶范围中按照要求设计合理的托架，以此为基础，将当前的上部结构荷载进行有效的传递，并最终通过桥墩将其荷载传递到地基中，满足施工需求。托架法应用范围较广，如当桥墩较高时，临时支墩的刚度不足时可以采用该方式，或者当承台的尺寸较小难以满足当前的临时支墩时同样可以采用该方式，以实现有效的施工，保证在悬臂施工时可以合理承受不平衡载荷，提升施工质量。临时支墩法主要是利用当前的钢管混凝土立柱进行支撑，以承台为基础，将施工中产生的荷载以立柱为媒介进行传递，以提升其整体安全性，该方法在施工中较为常见。竖向预应力设计方法，通过现阶段的墩梁临时锚固方案进行施工，合理进行桥墩两侧设置，并设置合理的支座，明确临时支座所受的压力，以实现最终的固结目的，为施工有效地进行奠定良好的基础，提升安全性。与此同时，在继续拧墩顶和梁底施工过程中，应以当前的粗钢筋锚固方式进行，从整体上进行完善，优化其整体质量，并根据要求设置临时垫块；受其自身的性质影响，在该类垫块应用时需要耗费大量的时间与人工，墩梁发生固结，需要墩身自身承受不平衡力，因此设计人员应合理设计钢筋，通过钢筋促使其有效的抵抗不平衡力矩，满足施工需求。例如，很多根粗钢筋穿过 0 号块，使 0 号块中的钢筋和各种预应力管道相互干扰，不利于混凝土的浇筑和预应力管道的精确定位，因此施工人员应合理进行控制，采取有效的技术进行控制优化，以保证其降低安全事故的发生概率，尤其是近年来我国流程领域安全事故呈现出增长趋势，必须建立完善的安全标准，以满足当前的需求[2]。

3.2　施工方案

在案例工程中，桥墩位于南水北调总干渠两侧一级马道与大堤间的二级边坡范围内，受其自身的地理位置因素影响，其自身与一级马道的距离较短，如果施工人员选择现有的采用临时支墩法，将导致后续的一级马道施工和二级边坡的回填工程受到影响，同时其托架会侵占对一级马道净空，最终影响施工期间一级马道作为防汛临时通道的功能，产生不良的影响。为解决当前存在的问题，设计人员合理设计施工方案，根据实际情况选择预应力墩梁固结方案，以保证工程有效的开展。与此同时，工作人员应设计合理的工作流程，首先，进行主墩施工，根据现有的工程要求预埋预应力钢筋，为后续的施工奠定基础；其次，按照要求搭设 0 号块支架，同时开展预压施工，提升施工质量。保证块混凝土强度符合施工要求，计算其施工弹性模量，达到设计要求后，计算其纵横向预应力，最后进行张拉墩梁固结预应力计算，进行合理的墩梁临时固结，达到最终的施工目的，安装挂篮进行悬臂施工。

3.3 进行合理的方案设计

以现阶段的案例工程为例，工作人员应根据现有的数据进行计算测量，明确其桥梁跨径布置，测量后计算结果为 45m + 75m + 45 = 165(m)。在施工中，已知的条件中 0 号块长度为 12m，1 号与 2 号块长度为 3m，并且当前的 3 至 9 号节段均为 3.5m，整体上测量当前的跨中合龙段长度为 2m，边跨支架现浇段长度为 6.38m，每幅桥各有 36 个悬浇节段，并存在最大的悬浇节段。工程案中临时固结结构较为复杂，笔者从不同方面进行分析[3]。

3.3.1 结构分析

在进行锚固钢筋选择过程中，其型号为 PSB930(GB/T 20065—2016)，f/PK = 930 MPa，钢筋直径选择 32mm，并保证其初始张拉力为 50kN，以满足工程施工的需要，促使工程有效进行施工。在进行临时支座设计过程中，重点对其宽度进行控制，案例工程中支座宽为 0.4m，并分为两层，配备合理的硫黄砂浆，保证其强度等级符合当前需求；通常情况下大于 60MPa，可提升整体性能。在进行墩梁临时固结施工时，应设计合理的预应力钢筋，灵活利用墩顶连接器进行连接，促使其梁顶锚固质量满足当前的需求，合理进行体系转换，并将梁顶张拉锚头进行拆卸，以促使其消除墩顶存在的多余预应力，将部分的预埋进行直接施工，进行合理的管道灌浆，保证工程的质量符合标准。

3.3.2 计算分析

进行合理的临时固结方案计算，在计算过程中，根据现有的因素分析不平衡弯矩产生的影响，同时分析其存在的情况。例如，一侧不超方，而另一侧悬臂超方 4% 时产生不平衡弯矩。挂篮因素也是当前较为常见的因素，当施工中挂篮安装存在进度不一致情况时，将导致不平衡情况；如一侧在原位置上，而另一侧挂篮已移至下一节段，最终出现不平衡。工作人员还需要考虑最大悬臂状态产生的影响，当发生该情况时将导致一侧挂篮坠落，影响整体施工质量。当施工中两侧混凝土浇筑出现不同步情况时，如一侧多浇 25%，此时设计人员可以按照最大悬臂状态进行计算，获取其最终的实际状态。材料堆放因素与浇筑不同步相同，例如一侧为 100kN，而另一侧未堆放时同样选择最大悬臂状态进行计算，保证其状态得到控制。机具重量不平衡是施工中较为常见的现象，并且其影响较大；如一侧重 100kN，将现阶段的冲击系数按照 0.2 进行计算同样按照偏安全地取最大悬臂状态进行计算。施工时两侧活载不平衡主要是由于不平衡弯矩叠加产生影响，作为悬臂施工的不平衡弯矩发挥出的影响作用较大，需要合理进行控制，保证其平衡弯矩合理，满足当前的施工需求。

4 结语

综上所述，在进行施工过程中，设计人员应结合工程的实际情况选择合理的墩梁固结施工技术，并按照要求进行分析，制定完善的墩梁临时固结方案，满足现阶段的施工需求，营造安全的施工环境,并降低外界因素产生的干扰,合理进行控制。与此同时,在进行墩梁锚固设计过程中,还应明确永久支座受到的载荷,根据要求尽量降低其数值,以避免由于承受过量的荷载而对施工质量产生影响。在拆除临时支座时,应尽量减少硫黄砂浆对支座产生影响,合理进行隔热设置,提升工程质量。

参考文献

[1] 杨晖.短线匹配法预制拼装连续刚构桥墩梁固结施工技术[J].公路,2015,60(05):98-105.

[2] 李丕仁,周军平.预应力混凝土T梁先简支后连续或墩梁固结的连续-刚构混合体系施工技术探讨[J].公路交通科技(应用技术版),2019,5(08):129-131.

[3] 黄大寨,丁文在,吴定山.悬浇箱梁中常见的几种结构形式墩梁固结的优缺点[J].公路交通技术,2016(06):81-82+91.

岩溶地区路基处理与桩基施工技术研究

楼季昂
(浙江公路水运工程监理有限公司)

摘　要　岩溶地区高速公路的施工一直是公路工程建设中的一大难题,特别是工程建设经过岩溶发育区存在严酷的地质条件时尤为如此,加强对岩溶地区工程建设中路基施工和桥梁桩基施工技术和处理方法的研究已迫在眉睫。本文结合施工现场情况,对岩溶地区路基和桩基施工技术具体处理方法进行了分析。

关键词　岩溶地区　桩基　路基　施工　技术

1　引言

岩溶地貌是我国较为常见的地质状况,在岩溶地区建设的路桥工程中,出现漏浆、塌孔,地面坍塌对路基稳定性的破坏等事故的概率较高,因此,如何有效地预防和处理岩溶地区路桥施工事故,成为工程建设中一项重要的工作。本文对岩溶地区路桥施工过程中的路基和桩基施工技术进行简单的探讨。

2　工程概述

2.1　工程简介

临金高速公路临安至建德段第 TJ03 标段起讫桩号为 K36 +400 ~ K49 +600,主线路线长度 13.2km 与乐平互通,本项目起点桩号 K36 +400,自王家西侧东南方向开始,在紫溪村东侧天目溪与昌化溪汇流处跨过天目溪,穿宝坞口隧道,往南布线经伍村西侧至东塘坞水库北侧设乐平互通,经伍家坞东侧穿伍家坞隧道进入桐庐境内出隧道后跨分水江,路线转向东南穿凤凰山隧道,终点位于中台山隧道,设计桩号 K49 +600,约 13.2km。

此工程位于临安。岩性以奥陶系砾岩(砾成分为泥质灰岩)、寒武系泥质灰岩为主,发育岩溶,以覆盖层岩溶为主,线路附近地表岩溶发育微弱,以沟槽为主。岩溶发育强的路段长度约 393m,约占总里程的 2.98%。评价岩溶塌陷危险性属于中易发的路基段落长度约 202m,约占总里程的 1.53%,对路基影响中等。其余段岩溶塌陷危险性属于低易发,对路基影响弱。

岩溶段桥梁桩基概况:伍村桥共有桩基 108 根,桩径为 1.5m,桩长为 14.6 ~51.4m。分水江桥 0 号 ~3 号墩:共 16 根桩基,桩径为 1.5m、1.6m、1.8m,桩长为 10 ~32m。八面坞桥

5 号 ~6 号墩:共 8 根桩基,桩径 1.8m,桩长为 24.3 ~42m。全部为端承桩,嵌岩深度不小于 2.5 倍直径。

2.2 溶洞的介绍及分类

岩溶的形成由外力及内力 2 种原因所引起。外力包括物理的和化学的变化:前者如气候温度的变化及水流机械作用等;后者主要是碳酸盐被溶解。内力引起地层构造运动,造成岩层倾斜褶曲断层和地层升降现象等。这些现象形成各种岩溶形态,有助于地表水渗入深部岩层并对岩石起溶解作用。岩溶发育的原因有三:①地表附近有节理发育的碳酸岩;②中等至较大的降雨量;③地下水循环畅通。

碳酸岩(如石灰岩)在略有酸性的水中或水中含有游离 CO_2 时就更易于溶解,并以溶液形式带走。这种带酸性的水或含有游离 CO_2 的水在自然界广泛存在。雨水沿水平的和垂直的裂缝渗透并溶解石灰岩使裂缝不断加深加宽,并形成洞穴系统或地下河。按照岩溶的形态大小不同,可以将岩溶分为洞穴型、裂隙型、管道型和大型溶洞 4 个类别。

3 路基安全性设计

3.1 岩溶对路基影响严重路段

先打设探灌结合孔,根据勘探分析结果进行注浆,路基填方中增加土工格栅等加筋材料增加路基的整体性;地下水埋深浅,上部土层性质差时,采用卵砾石等透水性材料换填;加强涵洞处基础的处理,防止涵管开裂漏水,禁止在路基附近大规模开采地下水。

3.2 岩溶对路基影响中等路段

在路基填方中增加土工格栅等加筋材料以增强路基的整体性;地下水埋深浅,上部土层性质差时,采用透水性材料换填;加强涵洞处基础的处理,防止涵管开裂漏水,禁止在路基附近大规模开采地下水。

3.3 岩溶对路基影响弱路段

按普通路基处理,施工中加强观测,若有异常,根据情况增加处理措施,若无异常,则直接填筑路基。部分岩溶路段基岩为泥质灰岩夹灰岩,地表有少量溶蚀条带,钻孔中均未见溶洞,岩溶对路基稳定性影响小可直接填筑路基,施工时注意岩溶问题。

4 桩基安全性设计

4.1 桩基位置

地质复杂,伍村桥岩溶极为发育,分水江 0 号 ~3 号桩基岩溶总体弱 ~ 中等发育,八面坞桥总体弱~中等发育，岩溶桩基施工前应逐桩验孔，确保结构安全。岩溶给桥梁施工带来很大的麻烦和风险，岩溶处理主要方式为岩溶注浆、回填黏土片石混合物、回填混凝土、打入永久钢护筒。

4.2 岩溶桩基溶洞处理

小型溶洞处理；溶洞高度在0.5m以下按小型溶洞进行处理，在冲击钻钻进施工过程中，密切注意护筒内泥浆面的水平位置变化情况。当泥浆面迅速下降时，首先要赶快补水。然后采用小型挖掘机将施工前准备好的黏土和片石按大约3：1的比例往孔内投入，再重新开钻。当再次漏浆时，仍按上述方法处理。

4.2.1 一般溶洞处理

高度小于4m的溶洞或连通性较差的溶洞按一般溶洞进行处理。根据地质勘察资料，有此类溶洞的桩基施工时要配置专人密切注意桩基底盘水平、岩样和护筒内泥浆面的变化。施工时，钢护筒必须穿透沙砾及软石层等透水层，这样可以防止由于溶洞漏水，水头高度急剧下降而造成的塌孔。护筒埋置采用护筒跟进法。在击穿洞顶前，采用小冲程，逐渐将洞顶击穿，防止卡钻。一旦发现泥浆面下降、孔内水位、泥浆稠度、颜色发生变化或钻进速度明显加快又无偏孔现象，表明已穿越溶洞顶进入溶洞。首先应迅速用大功率泥浆泵补浆补水，同时及时提钻，防止埋钻。应适当增加泥浆中的黏土数量，提高泥浆密度。泥浆黏稠度控制在19~28s。然后用装载机配合小型挖掘机及时将准备好的片石、黏土和整包水泥抛入（按1：3：0.75比例抛入，顺序为袋装水泥、袋装黏土、片石），少量多次进行投放。采用小冲程进行钻进，让钻锤击碎黏土和片石并挤入溶洞内壁发挥护壁作用，直至孔中的泥浆面停止下降，并慢慢上升。此后可加大冲程进行钻进，对投入的填充物进行冲击式挤压，确保溶洞被堵死。若溶洞内进尺过快，则继续投入片石、黏土，投入量根据进尺速度确定。当泥浆漏失现象全部消失后，转为正常钻进。如此反复使钻孔顺利穿越溶洞。击穿溶洞顶、底板后，要用钻锤将溶洞顶、底板处的桩孔修理圆滑。

4.2.2 大型溶洞处理

高度大于4m的溶洞，或连通性较好的溶洞按大型溶洞进行处理。

（1）片石水泥土造壁法，遇到较大的溶洞，发现漏浆后，立即使用泥浆泵向孔中补充泥浆以防止孔壁坍塌。同时立即向孔中抛袋装水泥。然后向孔中投入厚黏土、片石混合物，土石比例约3：1。待漏浆现象停止后重新进行钻进。冲孔到漏浆部位的时间宜控制在水泥终凝时间之前，然后停止钻机4h左右，直到凝固后的水泥黏土浆把漏浆源堵死为止。

（2）钢护筒跟进法：当溶洞位置漏浆速度过快，泥浆泵补浆速度慢于护筒内泥浆流失速度时，为防止漏浆造成孔壁坍塌，采用钢护筒方法进行处理。击穿溶洞顶板后，利用钻头慢速钻进，将孔壁修埋圆滑。修圆孔壁的同时焊接长钢护筒，采用电焊机将准备好的钢护筒焊接，下放长护筒时，其位置必须准确；下放完成后，检查其高程、垂直度、护筒顶面水平度。然后回填黏土、片石混合物，土石比例3：1，投入量按溶洞高度+1m计算[$\pi R^{2} *(H+1)$]，采用反复冲击的办法将洞内填充物锤击密实，再转入正常钻进。

(3)灌注混凝土护壁二次成孔钻进法:对于桩基穿越洞高较大且填充物为流塑状或溶洞内有涌水、涌浆时,泥浆的侧向压力较大、自稳性较差,可采用灌注登护壁二次成孔钻进法。

击穿溶洞顶板后,加大泥浆比重,防止涌水、涌浆稀释泥浆,导致泥浆护壁能力下降,发生孔壁坍塌。钻至溶洞底板后,即向孔内灌注水下混凝土到溶洞顶0.5m以上。待混凝土达到70%强度后,重新钻进。在溶洞发育地段进行桩基施工时,应调整施工顺序,采用间隔施工。同一墩位的桩基严禁同时施工,必须待一根桩基混凝土浇筑完成,且混凝土强度达到80%后,再施工另一根。

5 施工步骤及注意事项

5.1 路基岩溶段

采用打设探灌结合孔,钻孔点呈梅花形布置,孔距纵向约5m,横向约3m,钻孔深度一般控制在20m。在埋深20m以内遇基岩的,钻孔应进入中风化完整基岩5m;5m以内遇溶洞时,应穿过溶洞,在稳定基岩内钻进3~5m。钻孔施工时,回次进尺不大于2m。钻探过程中应重点关注岩土层软硬的变化,若发现岩土层突然变软,则应立即停钻取芯,查看岩芯的变化,记录地层的性质和状态,按回次进尺≤0.5m继续钻进,观察岩性变化,必要时取样;地层稳定后按正常回次进尺钻进。钻孔施工时,若发现塌孔或漏浆,应及时记录塌孔或漏浆的位置,记录漏浆的体积。根据勘探分析结果,然后进行注浆,注浆孔施工应自路基坡脚向路线中心的顺序进行,保证注浆质量。

采用回转钻进成孔,根据地质情况可采取硬质合金钻头或金刚石钻头;对卵石层可采取冲击管钻。为避免斜孔、坍孔和提高注浆质量,采用套管跟进。

采用分段压浆,自下而上逐段拔管注浆;注浆压力控制范围为0.2~0.8MPa,注浆过程中应根据实际情况随时调整注浆压力;注浆底面伸入基岩深度不小于5m。覆盖层厚度不大于10m时,加固岩层以上覆盖层厚度3m,岩层厚度5m;覆盖层厚度大于10m时,加固岩层以上覆盖层厚度1.5m,岩层厚度5m。可见岩溶地段,应加固至溶洞底部以下不小于2m。注浆量根据岩溶形态、形成机理、发育程度等情况按0.6~1.2m^3/m计;当注浆量较大时,可添加速凝剂,但掺入量不大于浆液量的3%(重量比)。对注浆量大的空洞或半充填溶洞,当注浆量超过正常值的一半时,填充混合良好的水泥砂浆或水泥碎石粉浆,要求水泥砂浆强度不低于M5.0,水泥碎石粉浆的水泥含量不低于100kg/m^3;可采用循环注浆或间歇注浆。

全孔注浆完成后,采用一定的压力和浓浆注浆封孔,待初凝几天后,再对钻孔上部空余部分压入浓浆或水泥砂浆进行回填。

总结施工流程为:施工准备→地基处理→布置孔→安装钻机→钻孔→终孔→注浆→封孔→成孔检查。

5.2 施工注意事项

注浆过程中,注意控制压力并加强巡视,避免污染环境(如水源、农田),发现异常情况,应立即采取相应措施。

5.3 质量检查

注浆施工结束后，为控制施工质量，应进行注浆效果检查，成片注浆、初凝后在注浆孔间布置10%的质量检查孔，满足下列条件之一，可认为合格，否则应重新补钻孔注浆，直到满足为止：注浆前后岩层单位吸水率的比值大于10，检查孔岩芯可见多处水泥块，基本填满可见缝隙，检查孔的单位吃浆量不超过周围2孔单位吃浆量平均值的30%。

5.4 岩溶钻孔桩施工过程中常见的问题及预防、处理措施

常见问题有卡锤、掉锤、塌孔埋钻、钻孔偏位。

(1)卡锤原因：在基岩段成孔时由于桩锤磨损未及时修补；在冲击时发生掉物、掉石；钢丝绳冲放过多，致桩锤倾倒顶住孔壁；溶洞底板倾斜或遇到半边溶洞。预防、处理措施：慢试法——钻头卡在中间任何部位时，应将主绳徐放—收紧—徐放—收紧，反复进行使钻头旋转从原位槽道提出。冲击法——将主绳放松3～5m，用钻头副绳吊一重物向下冲击钻头，使之产生松动。辅助提升法——用起重机、千斤顶或钻机副绳穿滑车组加力提升。

(2)掉锤原因：锤体质量有问题，造成锤体断裂；钢丝绳断裂；进尺时遇到大溶洞，且填充物为软塑性土质或空洞时，控制进尺时，冲锤一下进尺数米，引起掉锤。预防、处理措施：用打捞钩、冲抓锥等合适的打捞工具将锤体捞起；在快击穿顶板时，应低冲程快打，防止进尺大而掉锤。

(3)塌孔埋钻原因：施工时由于碰到溶洞或与桩位外溶洞相通的裂隙，引起突然间大量泥浆漏失。预防、处理措施：发生漏浆时要及时补浆补水，维持孔内水头，防止孔内外产生过大的水头差，并迅速堵漏；采用钢护筒跟进、填黏土片石混合物将溶洞填充，防止漏浆塌孔。

(4)钻孔偏位主要原因是穿越溶洞时，洞顶和洞底岩层倾斜、岩层厚度不均、基岩面陡倾不平整。钻头穿越溶洞时要密切注意主绳的情况，以便判断是否偏孔。当出现冲击钢丝绳摆动较大、进尺突然加大时，则预示发生偏孔，应及时停钻。处理偏孔采用回填片石处理时应提起钻头向孔内抛填粒径15～25cm大小的片石、碎石，回填到斜面顶或偏孔处0.5m以上后再重新冲击钻进。

6 结语

岩溶地区因特殊的地质条件，施工条件非常复杂，需要充分做好前期的勘察设计工作，在施工过程中也需要勘察设计人员及时跟进，以便发现地质情况与勘察设计不符时及时进行补勘并变更设计，施工作业人员与施工监理人员也需要严格按照作业规程和相关技术规范要求及时进行施工观察记录和监督。现场施工人员必须做好相应的记录，只有不断总结和积累设计施工经验，才能确保施工过程中的安全性及合理性，岩溶桩基的施工特点就是预见难度大，突发事件多，这些都将直接威胁施工的进度和质量，积累丰富的施工经验，超前、科学地做出预测和应急方案，可以有效地降低施工成本。

参考文献

[1] 廖仲鸿,黄平.溶洞桩基处理方法技术探讨[J].建筑技术开发,2020(12).
[2] 郑新军.复杂岩溶地段桥梁桩基施工技术[J].中国西部科技,2015(05).
[3] 翟晓静,张艳娟.岩溶地区桥梁桩基础施工技术方案和质量控制探讨[J].公路交通科技(应用技术版),2017(07).
[4] 郑亚强.岩溶区高速公路路基处治设计[J].山西交通科技,2016(01).

杭州绕城高速公路西复线矮塔斜拉桥结构设计要点

李旭民
(浙江省交通投资集团有限公司)

摘　要　东苕溪大桥为G25长深高速公路德清至富阳段联络线湖州段工程中的一座大型桥梁,主桥中心桩号为LK1+986.5,路线与航迹线右交角83.4°。主桥跨越东苕溪Ⅳ级航道,通航净空尺度为90×7m,设计最高通航水位2.66m。本文对杭州绕城高速公路西复线东苕溪矮塔斜拉桥(84+140+84)m技术标准、结构体系、梁部结构、桥塔结构、斜拉索、基础设计及主要计算指标等进行介绍,同时对桥梁结构的内力及应力进行验算。

关键词　矮塔斜拉桥　主梁　内力　应力

1　引言

G25长春至深圳国家高速公路纵贯我国南北方向,是连接东北地区、华北地区、长三角以及珠三角地区的国家公路运输大通道。长深国家高速公路自浙江长兴从江苏入境,经湖州市区、德清县、杭州市余杭区、西湖区、富阳区、桐庐县、金华市、丽水市,在丽水市庆元县出境至福建省,是浙江省高速公路网"两纵两横十八连三绕三通道"中的重要一纵,在国家和区域路网中居重要地位。

G25长深国家高速公路杭州过境路段在杭州市西侧通过,自南庄兜枢纽开始至转塘枢纽段,与多条国家和地方高速公路相交,并与G2501杭州绕城高速公路共线,是杭州西部南北向唯一快速公路通道。本项目2003年建成通车以来,交通量快速增长,年均增长率达13.9%,到2015年上半年,交通量也已达93524pcu/d(三墩—转塘段);交通拥堵现象十分严重,最严重路段的拥挤度已达到1.79;服务水平下降至最低的六级,节假日更造成与之相连的相关公路大量拥堵;现有公路已不能适应区域经济社会和交通运输发展的需要,更难以满足国家高速公路运输大通道的功能要求。本项目不仅能有效缓解区域内交通紧张状况,解决省会城市杭州与周边城市交通不畅问题,同时对于促进本地区乃至浙江省经济发展,完善浙江省乃至长三角地区的高速公路网络,充分发挥沿线旅游资源等具有十分重要的意义。

2 东苕溪大桥主桥方案设计

2.1 结构概述

本桥对景观要求较高,而常规的矮塔斜拉桥一般采用密索体系,繁密的斜拉索对景观的破坏较大;为了避免这种现象,本方案采用稀索形式的单索面矮塔斜拉桥,其斜拉索的间距大、根数少、景观效果好(图1)。此外,本桥较宽,横桥向2根索集中作用在桥面中央,过大的索力对主梁拉索处的横梁受力不利,需将斜拉索索力减小(承担的主梁竖向力较小),所以,需要由主梁来承担大部分恒载内力。主梁采用较大梁高,提高主梁刚度。

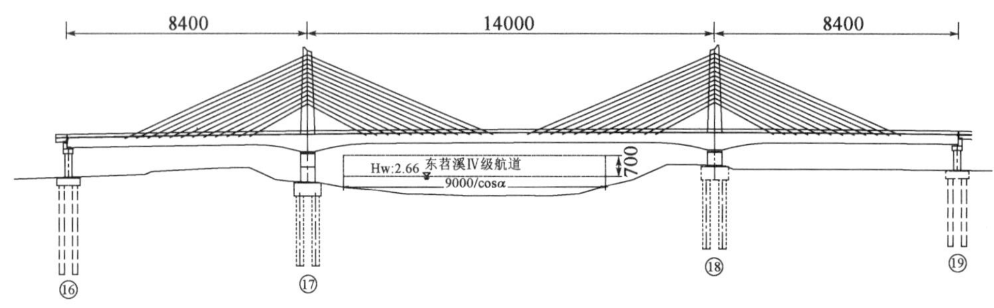

图1 主桥立面布置图(尺寸单位:cm)

主桥跨径84m+140m+84m,主墩采用实体墩,下接承台和钻孔灌注群桩基础;过渡墩为柱式墩形式。桥面布置为0.5m(护栏)+15.25m(机动车道)+0.5m(护栏)+2.0m(桥塔区)+0.5m(护栏)+15.25m(机动车道)+0.5m(护栏),桥梁全宽34.5m。

2.2 主梁

主梁采用单箱五室大悬臂的变高度连续箱梁。箱梁在主墩墩顶处的梁高5.8m,在边墩墩顶处、跨中处的梁高3.3m,箱梁距根部2.5m处至21.0m处的梁底曲线按2.0次抛物线变化。箱梁顶宽34.5m,单侧悬臂长4.0m。跨中截面的箱梁内腹板厚度为45cm,外腹板的厚度为50cm。底板厚度在箱梁根部为110cm,渐变至跨中、边跨等高度梁段处的25cm;顶板厚28cm,在中横梁和端横梁处加厚至70cm。箱梁0号梁段长12m,1~5号梁段每节段长3m,6~17号梁段每节段长4m,边跨合龙段和中跨合拢段长度均为2m。

主梁在塔根部设中横梁,厚度5.0m,主梁在梁端处设端横梁,厚度2.0m,主梁在每根拉索锚固点处均设1道横隔板,横隔板间距为4.0m,每道横隔板厚度30cm。

因本桥较宽,主梁主墩支点处横桥向设置4个支座,中央2个支座位于中腹板下方(图2)。

箱梁采用纵、横、竖三向预应力体系,箱梁纵桥向预应力采用ϕ_s15.2高强低松弛钢绞线,均采用两端张拉。箱梁的横向预应力设置在端横梁、中横梁、横隔板内,采用 ϕ_s15.2 高强低松弛钢绞线,均采用两端张拉。箱梁的桥面板设置横桥向预应力,采用 ϕ_s15.2 高强低松弛钢绞线,配以扁形波纹管和扁锚,沿桥长方向间距 50cm,均采用单端张拉,张拉端、锚固端交错布置。箱梁的竖向预应力采用 ϕ_s15.2 的二次张拉低回缩钢绞线预应力短索,竖向预应力设置于每道腹板内,沿桥长方向间距 50cm,均采用单端张拉。

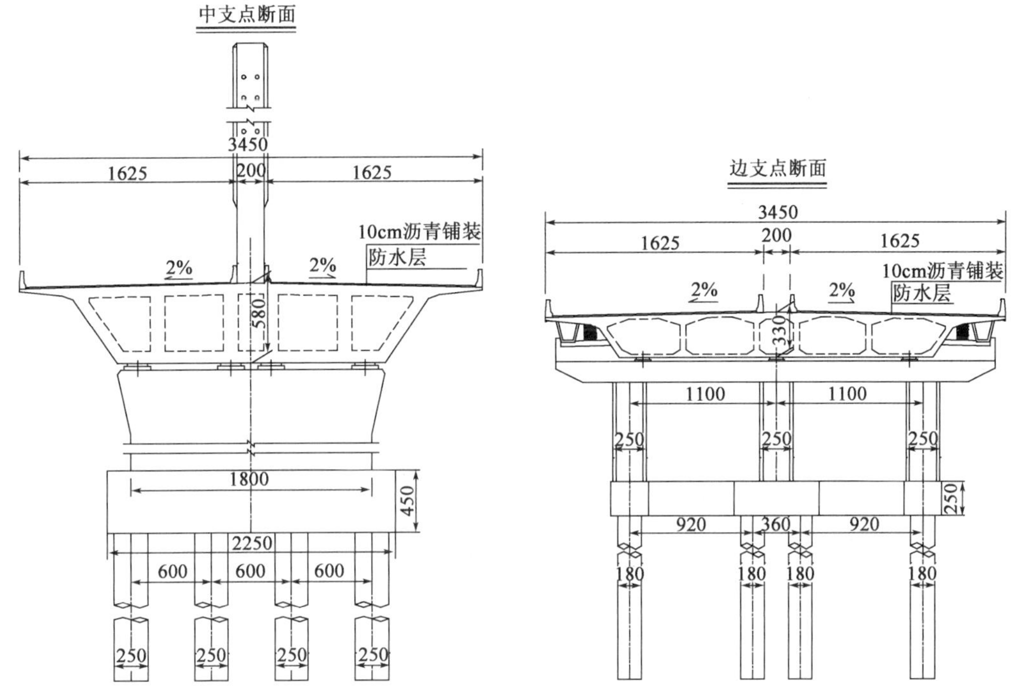

图 2 典型断面图(尺寸单位:m)

2.3 桥塔

根据本桥的特点和要求,拟定了 3 种桥塔方案进行比较,因为矮塔斜拉桥的桥塔和主墩的景观造型是密切相关的,因此与主墩的造型一并考虑比较。

本桥桥塔采用钢筋混凝土结构,桥面以上高 29.387m,采用实心矩形截面,桥塔造型横向采用上宽下窄的造型,在侧面设置凹槽,塔根部顺桥向长 5.0m,桥塔在横桥向宽度 2.0m。桥塔设置于主梁的中央分隔带内。

桥塔上部的拉索区设置分丝管式鞍座,以便斜拉索穿过。每根斜拉索对应 1 个鞍座,斜拉索横桥向呈双排布置,鞍座亦设双排。

2.4 斜拉索

本桥斜拉索采用 ϕ_s15.2 的高强度低松弛环氧喷涂钢绞线,抗拉强度标准值为 f_{pk} = 1860MPa,斜拉索规格为 37-ϕ_s15.2 和 55-ϕ_s15.2 两种,单股 ϕ_s15.2 的钢绞线外包环氧树脂,整束斜拉索所外包彩色聚乙烯(HDPE)护套,护套内填充油脂;斜拉索张拉端设在梁上,锚具采用和斜拉索配套的可换索式15-37、15-55锚具,塔上斜拉索通过分丝管贯通,分丝管为多组钢管组焊而成,塔端设置抗滑锚筒,抗滑锚筒内灌注环氧砂浆。

斜拉索采用扇形索面,利用主梁上的中央分隔带作为拉索的锚固区。塔根附近无索区长20m,跨中无索区长12m。桥塔上的斜拉索竖向锚固间距为1.5m,箱梁上的斜拉索水平间距为4.0m。在每个锚固点处,横桥向并排设置2根拉索,2根拉索在横桥向的间距为1.0m。

2.5　下部结构

主墩采用横桥向上窄下宽造型的实体墩,视觉上与上部结构斜腹板平稳过渡。顺桥向厚度为5.0m,横桥向顶部的横桥向长度20.0m,根部的横桥向长度为18.0m。

墩身曲线造型优美,满足防撞要求,同时又可缩小承台尺寸,景观效果也较好。

主墩基础采用承台接钻孔灌注群桩基础。每个主墩承台下设8根桩。承台在顺桥向长度22.5m,横桥向长度10.0m,承台厚度4.5m。桩基均按端承桩设计,桩径2.5m。

过渡墩采用柱式墩形式,基础采用分离式承台接钻孔灌注桩,承台用系梁连接。

2.6　附属结构

铺装:桥面铺装为10cm厚沥青混凝土。

伸缩装置:16号桥墩处设置160型伸缩缝,19号墩处设置240型伸缩缝。

支座:均采用大吨位的GPZ(2009)盆式支座。

防撞设施:17号墩设置在水中,需设置防撞套箱。

3　主要计算分析成果

3.1　计算模型

采用Midas Civil软件对本桥结构进行单元划分,并进行空间有限元验算分析,全桥结构计算模型如图3所示。

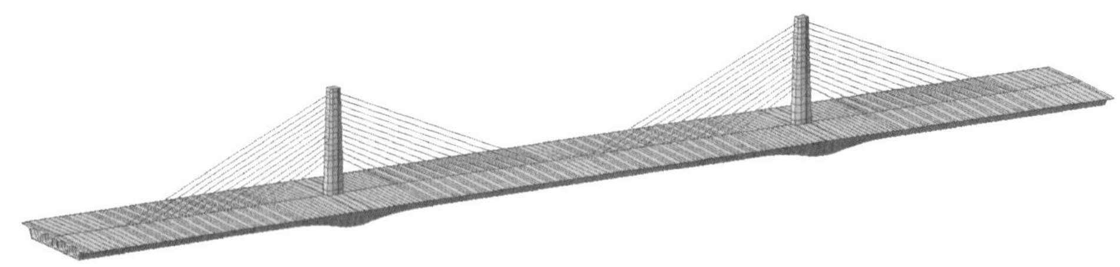

图3　全桥计算模型示意图

3.2　作用荷载

3.2.1　主要材料

矮塔斜拉桥的主梁采用C55混凝土,桥塔采用C50混凝土。

主梁的纵向、横向、竖向预应力采用 ϕ_s15.2 高强低松弛钢绞线。斜拉索采用带环氧涂层的高强低松弛钢绞线成品索。

3.2.2 计算荷载

(1)施工荷载:根据施工方案,设计阶段施工架桥机设计重量暂按 130t 计,合拢吊架暂按 60t 计。

(2)二期恒载:共计 107.75kN/m。

(3)基础变位:主塔墩基础 -4.7cm;边墩基础 -2.8cm。

(4)混凝土收缩徐变:大气平均相对湿度取 75%,收缩徐变系数按现行规范取值。按照《公路钢筋混凝土及预应力混凝土桥涵设计规范》(JTG D62—2004)规定的计算方法计算。

(5)汽车荷载:公路Ⅰ级,六车道横向折减系数 0.55,折减后横向分布调整系数取 3.795。

(6)温度作用:主梁、索、主塔体系升温 25℃;主梁、索、主塔体系降温 -23℃;主梁梯度温度按《公路桥梁设计通用规范》(JTG D60—2004)第 4.3.2 条取用。

3.2.3 结构内力及应力

(1)主梁持久状况承载能力极限状态验算。《公路钢筋混凝土及预应力混凝土桥涵设计规范》(JTG D62—2004)第 5.1.5 条要求构件承载能力应符合下式要求:$\gamma_0 S \leqslant R$。

本桥结构重要性系数取 1.1,持久状况承载能力极限状态效应内力包络图如图 4 所示。

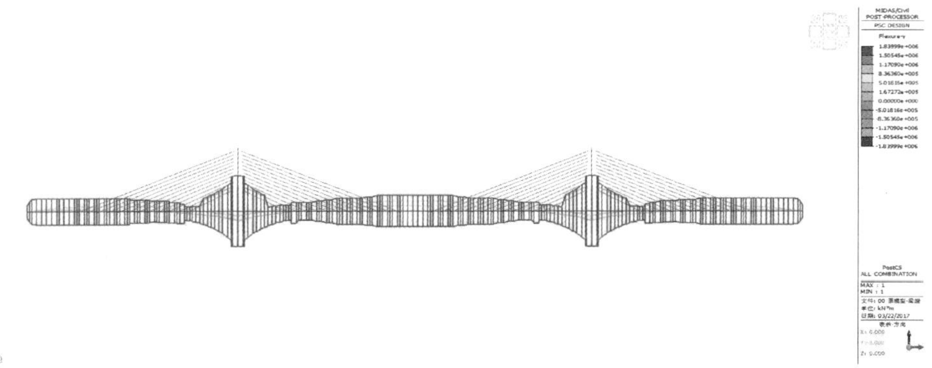

图 4 持久状况承载能力极限状态主梁最大(最小)抗力和对应内力图

从图中可知,箱梁各控制截面的极限承载能力满足规范承载能力要求。

(2)主梁抗裂验算。按全预应力构件进行抗裂验算,根据《公路钢筋混凝土及预应力混凝土桥涵设计规范》(JTG D62—2004)第 6.3.1 条规定:

正截面抗裂要求:$\sigma_{st} - 0.8\sigma_{pc} \leqslant 0$

正常使用极限状态短期荷载组合效应作用下混凝土正截面抗裂验算如图 5 和图 6 所示。

斜截面抗裂要求:$\sigma_{tp} \leqslant 0.4f_{tk} = 0.4 \times 2.74 = 1.096\text{MPa}$

正常使用极限状态短期荷载组合效应作用下混凝土斜截面抗裂验算如图 7 所示。

由图可知,在正常使用极限状态短期效应组合作用下,主梁(除端部外)正截面均未出现拉应力;斜截面最大主拉应力为 0.65MPa。主梁抗裂验算满足规范要求。

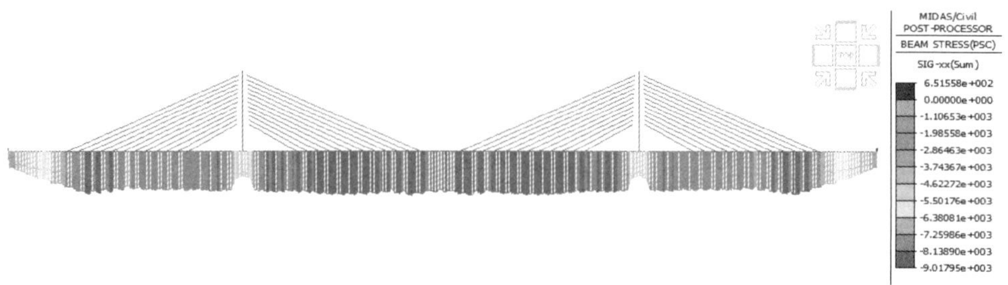

图5　短期效应组合下主梁上缘正应力图

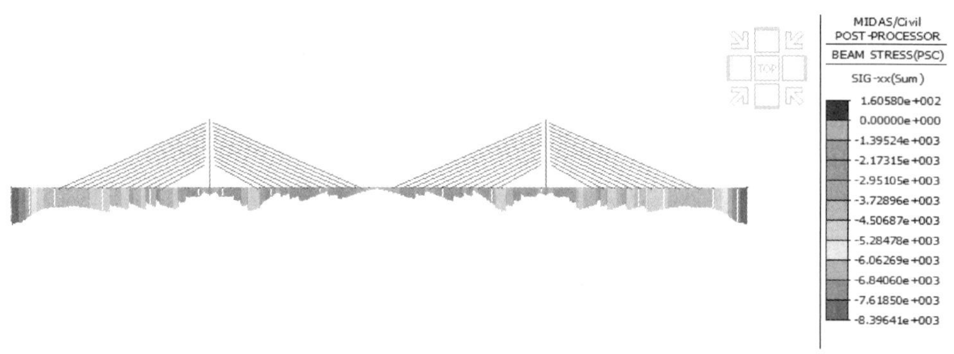

图6　短期效应组合下主梁上缘正应力图

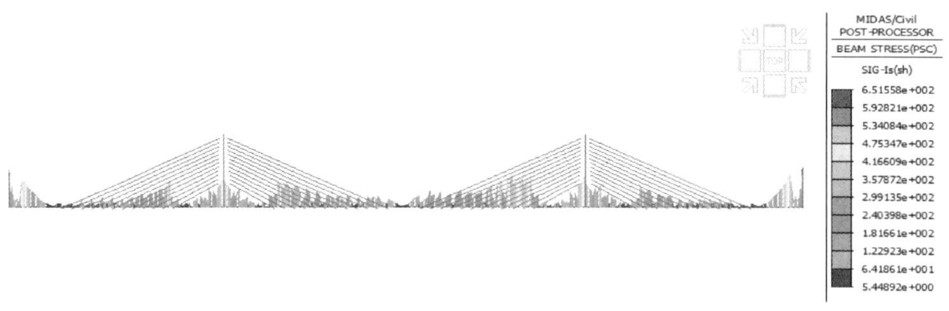

图7　短期效应组合下主梁斜截面主拉应力图

(3)持久状况正常使用极限状态主梁应力计算。在使用荷载作用下,持久状态下预应力混凝土构件的压应力容许值(扣除全部预应力损失)应符合下列规定:

$$\sigma_{pc} \leqslant 0.5 f_{ck} = 0.5 \times 35.5 = 17.75\text{MPa}$$

在使用荷载作用下,持久状态下预应力混凝土构件的主压应力容许值为:

$$\sigma_{pc} \leqslant 0.6 f_{ck} = 0.6 \times 35.5 = 21.3\text{MPa}$$

持久状况正常使用极限状态正压应力和主压应力分别如图8和图9所示。

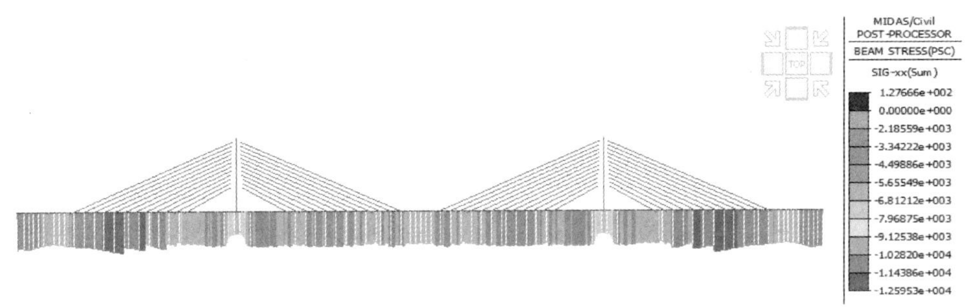

图 8　标准组合作用下主梁正截面压应力图

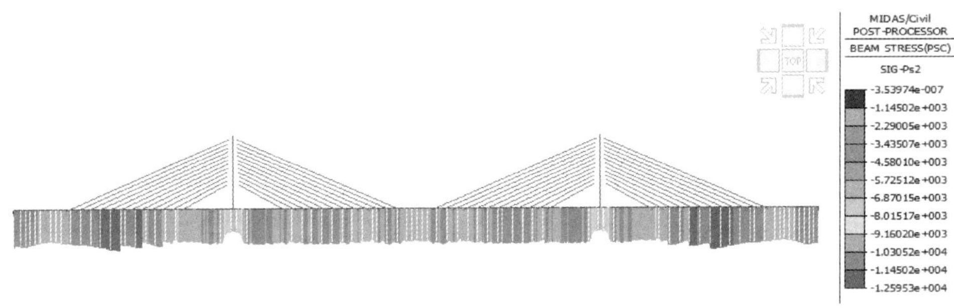

图 9　标准组合作用下主梁斜截面主压应力图

从图中可见，主梁正截面最大正应力为 12.6MPa，满足规范要求；斜截面最大主应力为 12.6MPa，满足规范要求。

(4)结构刚度验算。结构在活载作用下的位移如图 10 所示。

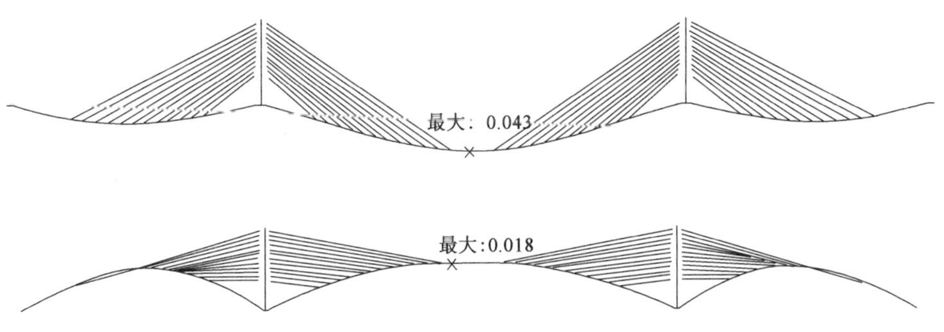

图 10　活载作用下主梁最大挠度(mm)

根据《公路钢筋混凝土及预应力混凝土桥涵设计规范》(JTG D62—2004)第 6.5.3 条，本桥挠度长期增长系数为 1.4125，刚度验算中跨为 $1.4125 \times 0.7 \times (0.043 + 0.018) = 0.060$(m)。由于矮塔斜拉桥在受力上更偏于连续梁桥，因此最大竖向挠度取 $L/600 = 0.23$(m)。本桥主梁刚度满足要求。

(5)主塔使用阶段应力。根据规范验算在正常使用极限状态短期效应组合作用下桥塔全截面受压，最大压应力 13.7MPa，满足规范要求。

(6)主塔强度验算。持久状况承载能力极限状态组合作用下，主塔根部最大换算内力为 91249.5kN、31045.7kN · m，小于截面抗力 172798.2kN、77960.95kN · m，满足规范要求。

4 结语

矮塔斜拉桥综合了连续梁、连续刚构、斜拉桥的优点,在桥面以上设置低矮的桥塔,通过拉索把主梁与桥塔连接,使主梁受力得到有限改善,梁高可略微减小,总体造型优美。同时桥梁的构强度、应力、刚度、应力幅等指标均满足规范要求,结构合理。

参考文献

[1] 肖汝诚. 桥梁结构体系[M]. 北京:人民交通出版社,2013.
[2] 陈从春. 矮塔斜拉桥[M]. 北京:中国建筑工业出版社,2016.
[3] 朱保华,李亚东. 矮塔斜拉桥结构参数研究[J]. 四川建筑,2009,29(2):168-171.
[4] 欧阳永金. 矮塔斜拉桥结构参数分析[J]. 钢结构,2006,21(4):136-139.
[5] 王立峰,刘龙,肖子旺. 大跨度矮塔斜拉桥结构静动力特性分析[J]. 中外公路,2013(3):118-121.
[6] 王彬. 结构参数对矮塔斜拉桥结构受力性能的影响分析[J]. 石家庄铁道大学学报(自然科学版),2015,28(4):16-20.
[7] 史海涛. 矮塔斜拉桥结构体系及参数研究[D]. 西安:长安大学,2010.
[8] 玉海珑,郑长海. 矮塔斜拉桥受力性能优化[J]. 城市道桥与防洪,2015(8):230-232.

挂篮施工湿接缝式合龙施工工法

毛理华[1] 杜中和[1] 沈思立[1] 董振勇[2]
(1.杭州都市高速公路有限公司;2.浙江交工路桥建设有限公司)

摘 要 随着科学技术水平的不断提升,挂篮悬浇施工已经成为一项较为成熟的施工工艺。文章主要对变截面箱梁挂篮施工过程中合龙段施工工艺进行分析与探究,通过对合龙段湿接缝式合龙施工工序的介绍,分析了原有施工工艺中容易出现的问题,并由此提出了对施工工艺的优化和调整,有效地消除和降低相关影响,以便给广大施工人员提供更多的帮助,进而确保工程的质量和安全。

关键词 桥梁建筑技术 挂篮施工 挂篮合龙 湿接缝式合龙 悬臂挂篮

1 引言

预应力混凝土变截面连续梁桥开始于 1950 年,距今 70 余年,目前世界最大跨径达 330m,跨越能力和经济性比较突出,适合各种跨既有公路、铁路、峡谷和河流。施工无须搭设支架、不中断既有交通,依靠挂篮的移动逐段悬浇完成桥梁的施工方法具有广泛的适用性。目前,变截面箱梁合龙段设置长度基本为 2m,作业流程是先施工两端边跨合龙段,最后施工中跨合龙段。合龙段施工过程中,受混凝土温度伸缩变形、浇筑过程配重不好控制及新浇筑混凝土干缩等因素影响,可能会导致合龙段产生裂缝或新老混凝土界面开裂。鉴于此,我们根据合龙段施工要求,结合节段梁预制拼装合龙段施工特点,将合龙段化整为零,分两次浇筑,先行浇筑合龙段中间部分,两侧留出 25cm 作为湿接缝,待先行浇筑部分强度满足要求后,再浇筑湿接缝,完成体系转换。此施工方法减少了上述因素对合龙段施工的影响,有效控制了合龙段施工质量。

2 工法特点

2.1 施工简便,效率高

合龙段第一次浇筑混凝土,无须考虑配重、荷载等影响因素,按独立节段进行施工,减少了相应防控措施,提高了施工效率。

2.2 质量可控

将 2m 合龙段分解为 1.5m 先行浇筑段和两侧 25cm 的湿接缝,缩短真正意义上合龙段施工时间,减少了真正意义上合龙段的长度和混凝土方量,能有效控制裂缝的产生,基本消除了新老混凝土界面的开裂。

2.3 安全性高

该方法施工过程中无须增加大型设备等,安全可靠。

3 适用范围

本工法适用于变截面箱梁悬臂浇筑合龙段施工。

4 工艺原理

变截面箱梁悬臂浇筑合龙段湿接缝式合龙施工工法原理是将合龙段分解为两部分,先行浇筑段为合龙段中间1.5m部分,按常规节段施工方法施工即可;先浇段施工完成后,覆盖养生,等强度达到100%,龄期不小于7d时,再行浇筑两侧预留25cm部分,完成桥梁体系转换,浇筑示意图如图1所示。

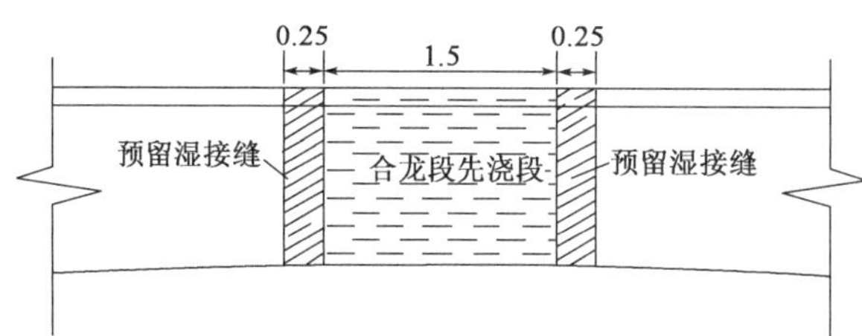

图1 合龙段分解浇筑示意图(尺寸单位:m)

5 工艺流程及操作要点

5.1 工艺流程

该工法工艺流程见图2。

5.2 操作要点

5.2.1 施工准备

(1)组织有关人员全面认真地熟悉、核对设计文件,了解设计意图,制定合理可行的现场施工方案。

(2)复核合龙段两侧节段的实际高程及平面位置,根据监控量测数据确定合龙段高程及平面位置数据,挂篮行走到位,并按监控量测数据调整高程及平面位置,调整完成后进行固定。

(3)针对本工法施工要点,对班组人员进行交底,确保施工过程安全。

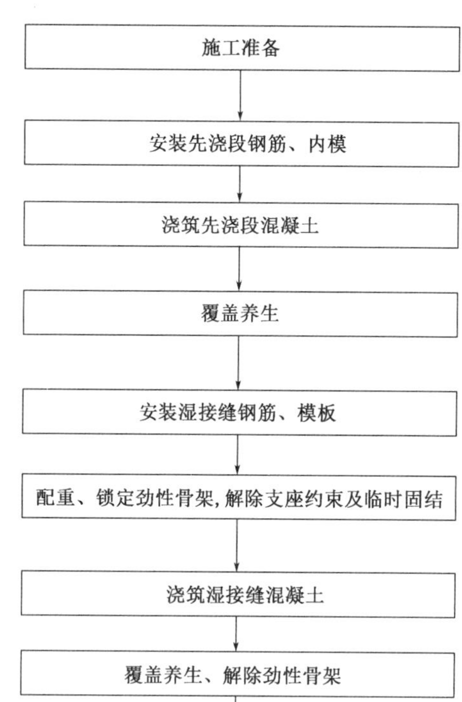

图2 工艺流程图

5.2.2 安装先浇段钢筋、内模

先浇段外模仍采用挂篮整体钢模,挂篮按常规合龙段施工行走到位,并按监控量测数据调整高程及平面位置。

钢筋现场下料配制成型,安装绑扎一次性完成,两端钢筋预留出搭接长度,不与上节段钢筋焊接,确保先浇段独立。预留孔处以普通钢筋让预应力筋为原则,并装好波纹管,在适当位置设置排气孔。

钢筋绑扎必须符合设计要求及有关标准的规定,表面应洁净,不得有锈皮、油漆、油渍等污垢。钢筋弯曲成型后,表面不得有裂纹、鳞落或断裂等现象。钢筋绑扎前,在模板上放样定位。绑扎成型时,铁丝必须扎实,不得有滑动、折断、移位等。成型后的骨架必须稳定牢固,按照设计预应力预留孔道的位置及高度设置波纹管定位框,定位框采用 $\phi12$ 钢筋做成井字形,定位框直线段每隔 80cm 设置一道、曲线段每隔 40cm 设置一道。在焊接底板或翼板钢筋时,为保证模板不被烧坏,在模板上垫一块废弃竹胶板。钢筋垫块须均匀设置,每平方米不少于 4 块,混凝土垫块采用外购高强砂浆垫块,既能确保保护层的厚度又能减少与箱梁混凝土的色差。严禁钢筋与模板紧贴。

内模采用定型钢模,局部位置采用竹胶板,为保证整个工程箱梁混凝土表面光洁、色泽统一,竹胶板使用周转次数为2次。模板采用大面积钢模,厚度为5mm,背面采用8号槽钢加固,保证模板刚度。模板的拼接缝下面,铺设胶带,缝隙嵌薄海绵条,表面用腻子刮平、打光,横缝下须有木横档。模板及支撑不得有松动、跑模或下沉等现象。模板表面涂刷脱模剂,要求涂刷均匀。按图纸数量设置泄水孔,要求每箱的泄水孔在顺桥向及横桥向均成一直线。在箱梁每一空腔中部腹板上按图纸数量设置通气孔。

因端头部位空间较小,凿毛困难,为确保节段间连接质量,端头设置收口网,无须凿毛。

5.2.3 浇筑先浇段混凝土

浇筑混凝土前,对模板、钢筋和预埋件进行检查,对模板内的杂物、积水和钢筋上的污垢应清理干净。

混凝土采用泵送,纵向分段,横向分层浇筑,由下坡端往上坡端一次性浇筑。先浇筑箱梁底板,后浇筑腹板,腹板混凝土振捣后设专人检查以防漏振。混凝土的供应速度30~50m^3/h,并要保证混凝土的单位小时供应量,以确保混凝土浇筑速度,缩短浇筑时间。

插入式振捣混凝土时,振捣棒与侧模应保持5~10cm的距离,避免振动棒碰撞模板,波纹管和其他预埋件。混凝土须振捣密实。

混凝土的浇筑应连续进行,浇筑混凝土期间,应设专人检查模板、钢筋、预埋件等稳固情况,当发现有松动、变形或移位时,及时处理。

5.2.4 覆盖养生

混凝土浇筑完成后,对裸露面及时进行修整,抹平,待其初凝后,采用土工布覆盖洒水养护,保持混凝土面始终潮湿状态,防止收缩裂缝的产生,养护时间一般不少于7d。

5.2.5 安装湿接缝钢筋、模板

施工要点如图3所示。此处不再赘述。

图3 预留湿接缝

5.2.6 配重、锁定劲性骨架,解除支座约束及临时固结

计算湿接缝混凝土重量,采用沙袋堆载的方式,进行配重,每端配重重量与湿接缝混凝

土重量相当。浇筑过程中,卸载速度与混凝土浇筑速度基本一致。

为了改善合龙前后结构的受力情况,在浇筑合龙段混凝土前,合龙段内设置劲性骨架将两悬臂端利用强大钢梁连接使合龙段范围内变形协调并可传递内力,合龙段劲性骨架的焊接锁定要求迅速、对称进行,保证焊缝质量。在合龙段劲性骨架焊接完成后,立即解除主墩的临时固结体系及支座约束。检查合龙状态时合龙段两侧两个梁段的顶面高程,如果其高差小于15mm(规范要求20mm),则继续进行下步施工;如果大于15mm,则进行配重调整,再进行合龙段施工。

5.2.7 浇筑湿接缝混凝土

湿接缝混凝土浇筑应选择在一天气温最低时浇筑,其余施工要点同5.2.3,此处不再赘述。

5.2.8 覆盖养生、解除劲性骨架

湿接缝混凝土浇筑完成后,覆盖洒水养生,混凝土强度达到设计强度90%(设计张拉强度)后,解除合龙段劲性骨架的锁定,解除的顺序为先底板后顶板。

5.2.9 张拉压浆,完成体系转换

张拉均采用智能张拉设备,压浆采用智能真空辅助压浆系统。

(1)纵向预应力张拉成双对称先边后中张拉,各连续束按先长后短顺序张拉。钢绞线张拉分一次张拉达到要求张拉力和多次(两次或三次)张拉达到要求张拉力两种方法。具体方法步骤如下:

①穿束后,将工作锚的锚环套入钢绞线束,按钢绞线自然状态依顺时针方向插入夹片,并用小锤轻轻将夹片打入锚环内;安装千斤顶并与孔道中线初对位;安装工具锚于千斤顶后盖上,精确对中,钢绞线应在工作锚与工具锚之间顺直无扭结;为使工具锚卸脱方便,可在工具锚夹片与锚环之间垫入塑料布或涂少许黄油。

②两端千斤顶主缸同时充油张拉到初应力,智能张拉机自动记录数据。

③重复上述步骤张拉至控制应力,查看伸长值,然后持荷3~5min。至此,完成张拉工序。

④千斤顶大、小缸油压回零,测量顶锚后的钢绞线向锚内滑移的数值。

⑤检查数据,如有疑问,待查明原因后,重新张拉。正常时,可拆移千斤顶,进行下束钢绞线张拉。

钢绞线张拉质量要求实际伸长值两端之和不超过计算伸长之和的±6%。

张拉过程中出现以下情况之一者,需要更换锚具或钢丝束,并重新张拉:锚具内夹片错牙在10mm以上;锚具内夹片断裂在两片以上(含有错牙的两片断裂);一束中滑丝量(含断丝及断丝引起的滑丝)达到2根钢丝的张拉伸长值之和;锚环裂纹损坏;切割钢绞线或压浆时又发生滑丝。

预应力钢束(钢筋)张拉完毕后,严禁撞击锚圈、锚塞和预应力钢束(钢筋),在用切割机或砂轮锯切割预应力钢束(钢筋)余长时应用湿布将锚圈包裹,以免高温影响预应力钢束(钢筋)质量。严禁使用电焊或氧弧切割。切割处距锚具表面5cm。

(2)竖向预应力张拉。竖向预应力张拉采用 JL32 精轧螺纹钢筋,张拉控制应力为 790.5MPa。将精轧螺纹钢筋定位至设计位置,应精确放样,可靠定位。设井字形定位筋,间距不大于 50cm。精轧螺纹钢筋与纵向预应力管道位置冲突时,可适当调整精轧螺纹钢筋位置。等箱梁混凝土达到张拉条件时,实现预应力的施加,竖向预应力筋在初次张拉 5 ~7d 内进行复张拉,张拉完毕后及时进行管道灌浆、封锚。

(3)横向预应力张拉采用逐根张拉工艺,张拉端与锚固端在箱梁两端交错设置。张拉分两步加载到位,$0.1\sigma_k$(伸长量记录 L_1)→$0.2\sigma_k$(伸长量记录 L_2)→$1.0\sigma_k$(持续 3 ~5min 作伸长量记录 L_3),回油之后再作一次伸长量记录(在张拉之前和张拉之后要分别测量夹片外露的长度,以确定钢绞线回缩长度 L_4)。伸长量:$L=(L_3-L_1)+(L_2-L_1)$,张拉采用应力应变双控制,以应力值算出的油压表读数控制张拉数值,以钢绞线伸长量校核。终补拉时以油表读数控制,但必须按实记录伸长量。每一节段伸臂端侧最后 1 根横向预应力在下一节段横向预应力张拉时进行张拉,防止由于节段接缝两侧横向压缩不同引起开裂。

6 滑、断丝情况处理

在张拉过程中,由于工具锚的夹片牙齿被钢绞线挤平,致使工具锚卡不住钢绞线而发生滑线现象(当发生滑丝时,可以清楚地听到“咔、咔”响声。这说明钢绞线在滑动)。这时,必须更换新夹片。若更换夹片后仍发生滑丝现象,这说明钢绞线束硬度大,要更换钢绞线。

若发生断丝,则需更换钢绞线。

7 管道压浆

管道压浆采用真空辅助压浆系统。要求压浆必须密实和饱满,纵向预应力钢束孔道压浆须按先下层后上层顺序进行,并及时对相邻孔道用压力水冲洗处理,以防串孔造成管道堵塞。

压浆时间,宜在张拉完毕后,尽快(不宜超过 48h)进行。按设计要求的水胶比拌制浆液。浆液配合比要严格控制,水胶比设计为 0.26 ~0.28;压浆材料采用专用压浆料。

具体压浆工艺如下:

(1)压浆前,应清除孔道内杂物、积水,切割锚具外留有一定长度的钢丝。切割位置应在锚塞尾端 3 ~5cm 处,严禁采用氧气乙炔切割钢绞线,须采用砂轮片进行切割。

(2)用压力水(压浆泵供水)将管道冲洗干净,如有与相邻孔道串孔现象,应事先处理好再压浆。

(3)在压浆孔及出浆孔(排气孔)上,分别安装阀门管节,并接上压浆咀。

(4)用专用拌浆机拌制浆液。把拌好的浆液过筛后存放于储浆桶内,此时浆液仍应低速搅拌(防止沉淀),并经常保持足够的数量,以使每根管道的压浆能一次连续灌注完成。

(5)采取从一端压注的方法。浆液泵输出最高压力以保证压入管道内的浆液密实(一般为0.6~0.7MPa),并有适当的保压量。当压注的浆液从排气孔排出后,将排气孔堵塞,至压注另一端出浓浆后,关闭出浆阀门;待压力达到1MPa(长束管道)时,压浆泵停机,同时关闭进浆孔阀门,以保持浆液密实。

(6)孔道压浆完毕后,等待一定时间(夏季约30min左右,冬季2~3h),待浆液流动性消失后,拆除压浆孔及出浆孔的阀门管节,并冲洗干净。卸管时,应先检查孔道内浆液压力是否完全消失,可先稍扭开旋塞阀,观察是否有浆液"反溢"现象;如有浆液"反溢",则应推迟拆卸时间。拆卸下来的阀门应及时冲刷,准备下次再用。

(7)夏季压浆施工时,水泥浆温度不应高于25℃,冬季施工时,温度不应低于+5℃。否则,应采取降温或保温措施。

(8)孔道压浆工作宜在浆液流动性没有下降的30min内连续进行。

(9)纵向及横向预应力钢束压浆在任一端进行均可,竖向预应力钢束须两根作为一组,从一根顶面压浆,另一根顶面排浆。

(10)纵向预应力孔道压浆前,须先用砂浆将锚具与钢绞线之间的缝隙填塞密实且强度满足不被水泥浆冲散时方能进行压浆作业。

张拉压浆完成后,即可拆除吊架,完成体系转换。

8 劳动力组织

采用本工法进行施工,需组织人员,如表1所示。

主要施工人员配置表　　表1

序　号	工　种	人　数
1	质检员	1
2	塔式起重机操作工	1
3	钢筋工	6
4	模板工	4
5	混凝土工	4
6	张拉工	4
7	普工	12

9 材料和设备

本工法所需材料为钢筋、模板、型钢、收口网等。

所需机具设备如表2所示。

主要机具设备表　　表2

序　　号	机 械 名 称	型　　号	单　位	数　　量
1	塔式起重机	—	台	1
2	CO_2 气体保护焊机	AC－1200	台	4
3	智能张拉机	—	台	2
4	真空辅助压浆机	—	台	1

10　质量控制

10.1　质量控制要求

本工法按《公路工程质量检验评定标准》(JTG F80-1—2004)相关要求执行。

10.2　质量控制措施

施工质量按《公路桥涵施工技术规范》(JTG TF50—2011)相关要求严格控制。

11　安全措施

(1)施工前需经专项设计、验算、审批,确保施工安全。

(2)操作人员按照机械说明规定,严格执行工作前的检查制度和工作中注意观察、工作后的检查保养制度。

(3)严格按《施工现场临时用电安全技术规范标准》用电,实行“一机、一闸、一箱、一漏保、一锁”的原则,禁止使用硬质或破损电线。

(4)高空作业人员上岗前需全部接受安全教育,特殊作业人员应持证上岗。

(5)施工人员不能赤脚和穿拖鞋施工,应穿防滑胶鞋。施工人员必须把安全带系在稳固的地方,戴好安全帽。

(6)在桥面上的人员不得抛掷工具,应手送或袋装运送,确保人员的安全。

(7)必须严格按经有关部门审批同意的专项安全施工方案进行作业。

12　环保措施

(1)严格遵守国家有关环境保护方面的法律、法规及有关管理规定。

(2)落实环境保洁责任制,所有施工现场以外的公用场地禁止堆放材料、工具、垃圾等杂物。

(3)涂刷脱模油须适量,防止模板搬运或起吊时油料流落。

(4)模板安装前,清理附着物,保持模板底面清洁,防止杂物坠入河中污染河水。
(5)设置挡水带,防止雨水、养护等施工用水漫流直接排入河流或道路。

13 结语

该工法分两阶段施工,不增加人员、机械设备等,可有效消除合龙段施工产生的裂缝及新旧混凝土交界面的开裂等通病,提高了桥梁耐久性,减少了后续养护费用。

参考文献

[1] 王晓瑛.浅谈悬臂浇筑施工法[J].中小企业管理与科技(上旬刊),2010(10):205-206.
[2] 郭卫民.桥梁工程中挂篮施工技术探讨[J].中国新技术新产品,2010(02):64.
[3] 周呈强.预应力悬臂箱梁宽幅式挂篮施工设计[J].沿海企业与科技,2012(03):82-84.

石粉含量和水胶比对机制砂最优级配影响规律研究

程　义
（杭州都市高速公路有限公司）

摘　要　机制砂级配不良的问题导致机制砂在混凝土工程中的应用受限。为研究机制砂级配对砂浆性能的影响规律，本文去除机制砂中的石粉，以级配中值为基础，增加各粒径砂的含量，同时掺加不同比例的石粉，对水胶比分别为 0.35、0.4、0.45 的砂浆进行扩展度试验。试验结果表明，机制砂级配对砂浆扩展度的影响同时受到石粉含量和水胶比的控制，石粉含量小于 5% 时，调整级配均导致砂浆扩展度减小，而石粉含量大于 5% 时，砂浆扩展度随级配调整的变化在不同水胶条件下呈现不同的规律。

关键词　机制砂　级配　石粉含量　水胶比　砂浆性能

1　引言

国外机制砂的应用已经有几十年，特别是对一些天然砂资源贫乏和石多砂少的国家和地区，机制砂在细集料中占有很大的比例。各个国家和地区由于机制砂母岩、生产设备和工艺的差异，生产的机制砂级配差异很大[1-3]。各个国家和地区相继制定了适合自己国家和地区使用的机制砂级配标准；从 20 世纪 70 年代起，我国开始针对机制砂的应用进行研究，我国行业标准和一些地方标准也陆续出台[4]。

机制砂的级配一直沿用天然砂的标准，但有学者认为，细集料级配标准仅适合球形颗粒，但不适用于非球形的机制砂，按细集料规范的级配未必能配制出好的混凝土，改变一下级配反倒能配制出性能良好的混凝土。另一方面，混凝土浆体的流变性能由胶凝材料、细集料、粗骨料共同决定，胶凝材料作为粉料与水形成浆体，包裹细集料形成砂浆，再由砂浆包裹石子，减少石子间的摩擦，富余的砂浆填充在空隙中，最终形成拌合物，砂浆的流变性能对混凝土整体的和易性有着巨大的影响。粉料量应控制在适宜范围，当粉料过量时，砂浆会偏黏，而粉料偏少时，由于没有足够的浆体包裹砂砾，砂浆的流动性会变差。因此对于机制砂合理级配的研究应当结合石粉含量和水胶比（胶凝材料用量），对混凝土体系进行整体考虑。

2 试验

2.1 试验材料

胶凝材料为台州海螺的 P. O 42.5 普通硅酸盐水泥,机制砂和石粉由浙江玉环大麦屿机制砂基地生产,石粉为 200 目凝灰岩石粉,机制砂为石粉含量 9.7% 的凝灰岩机制砂,其性能如表 1 所示。粗骨料为凝灰岩碎石,4.75 ~ 16mm 和 16 ~ 25mm 两档级配,混合比例为 3 : 7;外加剂为浙江五龙聚羧酸高效减水剂,减水率 25%。

机制砂的物理性能指标　　表 1

密度(kg/m^3)		压碎值(%)	MB 值(%)	石粉含量(%)	吸水率(%)	孔隙率(%)	细度模数
表观	堆积						
2635	1555	10.6	0.4	9.7	1.9	41	3.04

2.2 试验方法

0.35、0.4 和 0.45 是当前最常用的混凝土水胶比,覆盖了 C30、C40 和 C50 这些常用的混凝土强度等级,本文对机制砂级配在这三种水胶比条件下的优化展开研究,试验设计了如表 2 所示的 6 种机制砂级配。

机制砂级配调整方式　　表 2

编　号	各粒级所占比例							细度模数
	4.75mm	2.36mm	1.18mm	0.6mm	0.3mm	0.15mm	0.075mm	
J1	5	7.5	17.5	25.5	25.5	14	5	2.62
J2	4.5	16.75	15.75	22.95	22.95	12.6	4.5	2.84
J3	4.5	6.75	25.75	22.95	22.95	12.6	4.5	2.71
J4	4.5	6.75	15.75	32.95	22.95	12.6	4.5	2.57
J5	4.5	6.75	15.75	22.95	32.95	12.6	4.5	2.44
J6	4.5	6.75	15.75	22.95	22.95	22.6	4.5	2.30

根据《公路工程水泥混凝土用机制砂》(JT/T 819—2011),各组机制砂都在Ⅱ区砂的级配范围内。为了简化试验,混凝土用相应的配合比的砂浆代替,采用砂浆扩展度的方法来量化研究机制砂级配调整对浆体流动性能的影响。测试具体方法按《混凝土外加剂应用技术规范》(GB 50119—2013)中附录 A 的"混凝土外加剂相容性快速试验方法"相关规定进行。此外,在改变级配的同时,机制砂中掺入 5%、7.5% 和 10% 的石粉来研究石粉含量浆体整体流动性的影响,以及和级配间的相互作用。砂浆配合比如表 3 所示。

砂 浆 配 合 比 表 3

水 胶 比	石粉含量(%)	每立方米材料用量(kg)				减水剂(%)
		水	水泥	机制砂	石粉	
0.45	5	270	600	1140	60	0.7
	7.5		600	1110	90	0.9
	10		600	1080	120	1.1
0.4	5	240	600	1140	60	1.1
	7.5		600	1110	90	1.2
	10		600	1080	120	1.4
0.35	5	210	600	1140	60	1.3
	7.5		600	1110	90	1.4
	10		600	1080	120	1.5

3 结果与讨论

3.1 试验结果

级配、石粉含量和水胶比(胶凝材料用量)对砂浆扩展度以及三者间的相互联系如图 1 所示。某一挡粒径的比例提高后,砂浆扩展度有明显的变化,而且此变化受到石粉含量和水胶比的影响。当水胶比为 0.45 时,此时从大到小提高各粒级的比例,扩展度都呈现先下降后升高的趋势,但扩展度最大的点在不同石粉含量情况下并不相同。而当水胶比为 0.4 时,在石粉含量为 10% 的情况下,砂浆扩展度不再出现先下降的趋势,颗粒级配调整后,扩展度一直增加,并在 0.6mm 粒径颗粒含量增加时,扩展度达到最高值。而当石粉含量为 5% 和 7.5% 时,当 2.36mm 粒径比例提高时,砂浆扩展度仍然会减小,之后再增加,5% 石粉含量在 1.18mm 时扩展度最大,7.5% 石粉含量在 0.6mm 时扩展度最大。在水胶比为 0.3 时,只有在石粉含量 5% 时,调整级配出现了先下降后上升的规律,其余两种情况下砂浆扩展度均在 0.6mm 处达到最大值。

3.2 石粉和水胶比对最优级配的影响

通过比较图 1 中各条曲线,可以发现在不同的水胶比和石粉含量条件下,机制砂的级配调整时,砂浆的扩展度呈现不同的规律。在石粉含量仅有 5% 时,在任何水胶比下,调整级配后砂浆扩展度均呈现下降趋势;而在石粉含量高于 5% 时,除了水胶比 0.45 一组以外,砂浆扩展度几乎都呈先上升后下降,并在 0.6mm 一档粒径调整时扩展度达到最大值。另一方面,图 2 比较了石粉含量为 7.5% 时,水胶比对调整级配后的砂浆扩展度的影响,可见在不同水胶比下,即使石粉含量相同,调整级配后砂浆扩展度也呈现不同的变化规律,这说明机制砂的最优级配同时受到石粉含量和水胶比的影响。

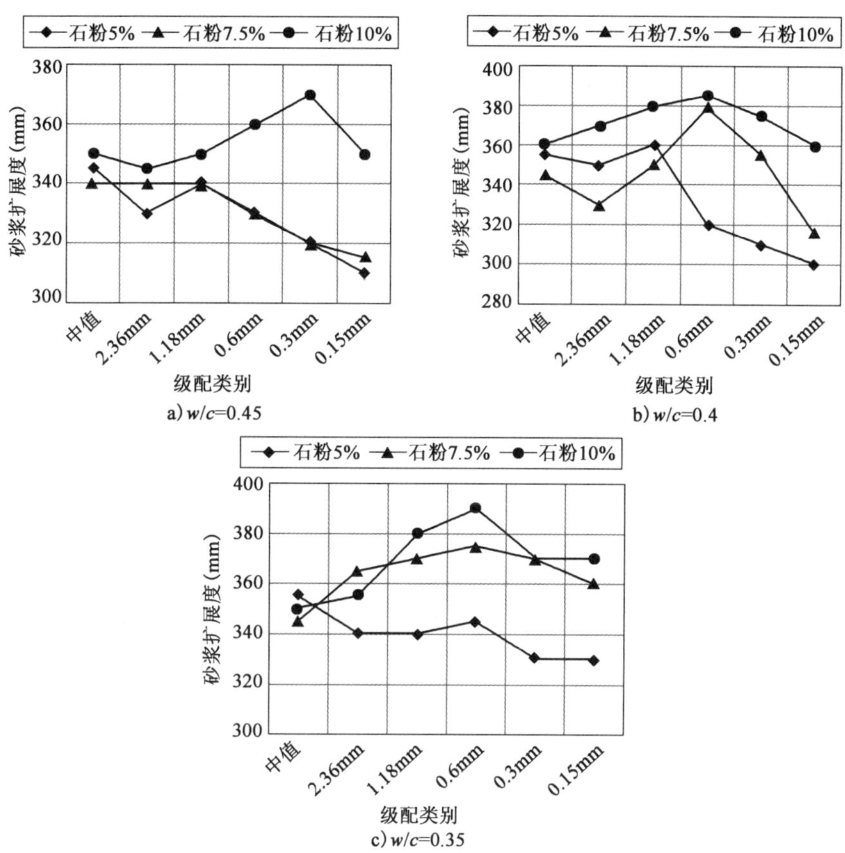

图1　水胶比、石粉和级配对砂浆扩展度的影响

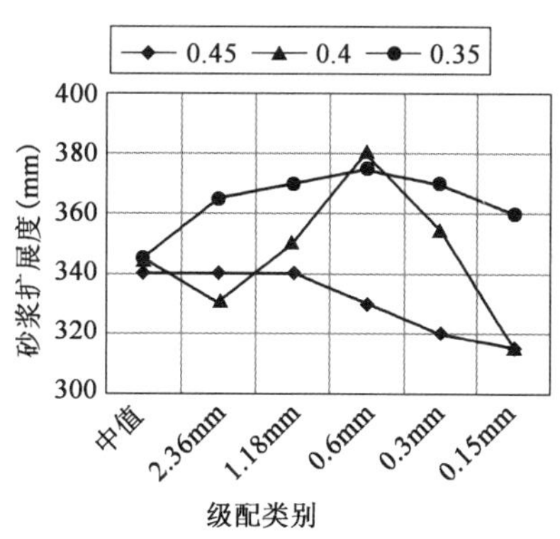

图2　石粉含量为7.5%时水胶比对砂浆扩展度的影响

在砂浆中,显然机制砂本身的颗粒级配对砂浆工作性能有着重要影响,另外,胶凝材料形成浆体包裹沙砾,减少颗粒间的摩擦,也能够改善砂浆的流动性。而对于机制砂,其中的

石粉在浆体中的功能可以看成胶凝材料或者是粉料，所以当水胶比较大时，胶凝材料用量少，如果机制砂中石粉含量低，砂浆中则没有足够的粉料去包裹机制砂颗粒，因此如果再提高小粒径的砂粒的比例，浆体不能将机制砂颗粒包裹充分，这将导致砂浆流动性下降，扩展度减小。而如果机制砂中石粉含量较高(10%)，则有足够的浆体去包裹机制砂，能够改善砂浆的流动性。当水胶比较小时，砂浆中本身就含有足够的粉料，即使石粉含量不高，增加的小粒径颗粒仍有足够的浆体去包裹，这也就是扩展度增加的原因；但是小粒径颗粒增加受到胶凝材料和是石粉含量的限制，超过一定的限度，砂浆的流动性又会下降。

另一方面，对于最佳级配，多数情况下增加 2.36mm 级的颗粒比例会使砂浆流动性下降，而增加 1.18～0.6mm 的颗粒对砂浆流动性有促进作用。机制砂中颗粒的分布对砂浆的流动性可能存在二重作用，首先大颗粒增多，机制砂的总的比表面积减小，降低了包裹水货包裹砂浆的数量，增加了自由水和可移动砂浆的数量，对砂浆的流动性有促进作用；但颗粒越大其在砂浆中移动需克服的阻力也越大，大粒径颗粒的增多将导致大颗粒间嵌锁增加，使得颗粒流动不畅，对砂浆流动性产生劣化效果。前者为正面效应，后者为负面效应，两者之间存在一个最佳的粒度分布范围。通过本实验可以发现，从砂浆的流动性能出发，级配中值并不是机制砂的最佳级配，应当适当减少 4.75～2.36mm 级的颗粒比例，增加 1.18～0.6mm 的颗粒比例。

4 结语

在不同石粉含量和水胶比条件下，通过比较调整机制砂的级配后的砂浆扩展度，发现了机制砂对砂浆流动性的影响不仅与本身级配有关，还受到水胶比(胶凝材料用量)和石粉含量的影响。对于大部分情况来说，石粉含量宜保持在 7.5%～10%，高石粉含量使得机制砂混凝土对级配的变化具有缓冲作用，在实际生产中更容易配制出复合要求的混凝土；同时应该增加 1.18～0.6mm 颗粒的比例，可以使浆体更加充分的包裹颗粒，提高拌合物的流动性。

参考文献

[1] 徐健，蔡基伟，王稷良，等.机制砂与机制砂混凝土的研究现状.[J]国外建材科技，2004，25(3)：20-24.

[2] 王稷良.机制砂特性对混凝土性能的影响及机理研究[D].武汉：武汉理工大学，2008.

[3] 胡建伟，温宝联.机制砂级配对水泥砂浆性能的影响规律及作用效应.混凝土世界，2015，77：88-91.

[4] 印志松，周扬铭，苏登成.石灰石粉对砂浆微观结构和力学性能的影响[J].水泥工程，2009(5)：12-16.

[5] 王雨利，熊祖强，周明凯，等.石粉含量对机制砂性能影响的试验研究[J].河南理工大学学报(自然科学版)，2009，28(2).

[6] 季韬,李锋,庄一舟,等.机制砂比表面积对混凝土性能的影响.混凝土,2011(2):80-82.
[7] 唐祥正,关于云南省人工砂应用及生产中的几个问题[J].云南建材,2001(4):35-37.
[8] 中华人民共和国质量监督检验检疫总局.建设用砂:GB/T 14684—2011[S].北京:中国标准出版社,2011.
[9] 中华人民共和国质量监督检验检疫总局.水泥胶砂流动度测定方法:GB/T 2419—2005[S].北京:中国标准出版社,2005.

通航河域内变截面节段梁运输与安装施工关键技术控制以富春江大桥为例

黄星亚[1] 卫道进[2]

(1. 浙江交工宏途交通建设有限公司;2. 杭州绕城高速公路西复线杭绍段工程建设指挥部)

摘 要 本文以节段梁施工为例,通过详细分析通航河域条件下,节段梁的运输及架设,解决了在运输、拼装过程中存在的技术难点,为以后类似通航河域内的梁板安装,提供技术参考。

关键词 通航河域 变截面节段梁 运输与安装 施工关键技术

1 引言

1.1 工程简介(针对性补充工程概况)

G25 长深高速公路德清至富阳段扩容杭州段第 TJ07 标段路线全长 4.8km,桥隧占比 81%,特大桥 2937.6m/2 座,大桥 834.1m/2 座,枢纽匝道桥梁 6689.7m/10 座,隧道 982m/3 座。合同工期 29 个月,合同造价 11.12 亿。

其中富春江大桥位于杭州市富阳区新桐乡程普村,大桥总长 892m,主跨通航孔跨径为 (85+151+151+85)m 预应力混凝土预制拼装连续刚构,节段预制采用短线法施工,主体采用 C55 混凝土。边跨划分 20 个预制节段,单个中跨共划分 35 个预制节段,全桥共 220 个预制节段。悬拼预制节段长度分为 1.8m、2.6m、3m、4m、5m,梁高按 1.8 次抛物线变化,预制最重节段 20 号为 243T(扣除后浇横隔板后)。图 1 为大桥桥型布置。

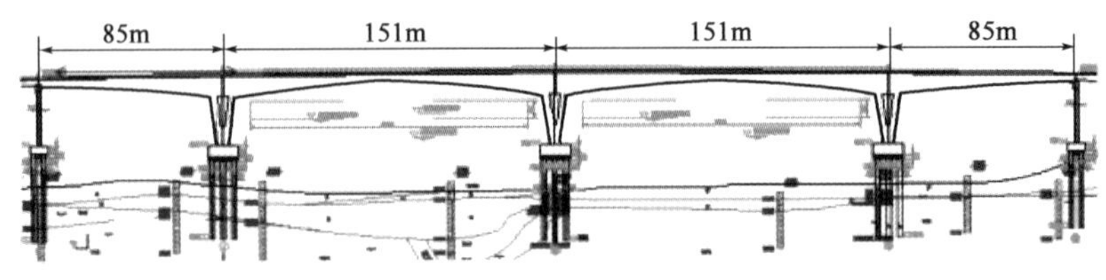

图 1 富春江大桥桥型布置图

1.2 气象水文条件

1.2.1 气象条件

桥址处属亚热带季风气候区,气候温暖湿润,光照充足,四季分明,雨量充沛,7—10 月份受热带风暴及台风影响,常降大雨或暴雨。四季受季风影响,强风向 NNW,最大风速 20m/s。

1.2.2 水文

桥址处于感潮河段,一般潮差 0.4 ~ 1m;强降雨 + 大潮汛时水位最大涨幅约 2m,动力条件以径流为主,落潮流大于涨潮流,小潮时基本无涨潮流。秋季大潮期(7—11 月)影响略大;冬季枯水弱潮(11 月—次年 2 月)潮流和径流都较弱。

1.3 施工周边环境

富春江大桥主桥通过栈桥与外界道路相连,所在位置区域路网较为发达,材料、设备可通过沿线的主要公路经过栈桥到达现场。水路有富春江航道,可允许 500t 货船通行。

新建富春江大桥位于中埠大桥上游方向约 1300m,东吴大桥下游约 3800m,与左岸下游建有海通码头与其相邻。在富春江大桥上游约 600m 及 850m 处分别有跨江高压线,如图 2 所示。

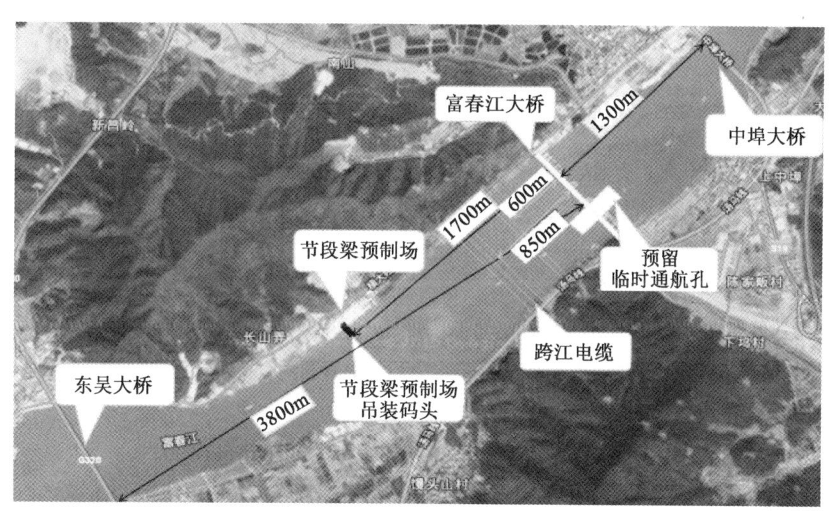

图 2 富春江大桥通航环境示意图

2 节段梁的运输

节段架设区域属于通航区,来往船舶较多,同时梅雨季节还受上游水库泄洪影响,架设区域平均水深在 23m 左右;水底覆盖层较薄,船舶抛锚定位困难,局部节段需要临时封航,架设时间段需交通维护船舶维护。

2.1 节段梁场内运输

节段梁出运时，首先将 ZH300PB 运梁车停放在节段梁预制场南线或北线的中间出梁 8m 主通道上，通过预制生产线上的 300t 门式起重机吊装，落梁至运梁车上。系牢、垫实平稳后，由运梁车通过场内运输道路运至中转站（图 3），再通过中转站的 300t 门式起重机（图 4）吊装至运输驳上。运梁车在场地直线行走，梁场至出梁中转站施工便道为钢栈桥。

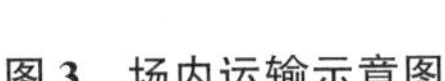
图 3　场内运输示意图

图 4　中转站 300t 门式起重机

2.2 节段梁场外运输

托架焊接在车架上，支撑梁为销轴连接，侧面用挡块抵住梁体防止下滑，挡块采用两根销轴与底座滑道连接，挡块位置可调节，能适应不同长度的节段块，在节段块与托架接触的部位，布置 10cm 厚的橡胶垫，以保护梁体，如图 5 所示。

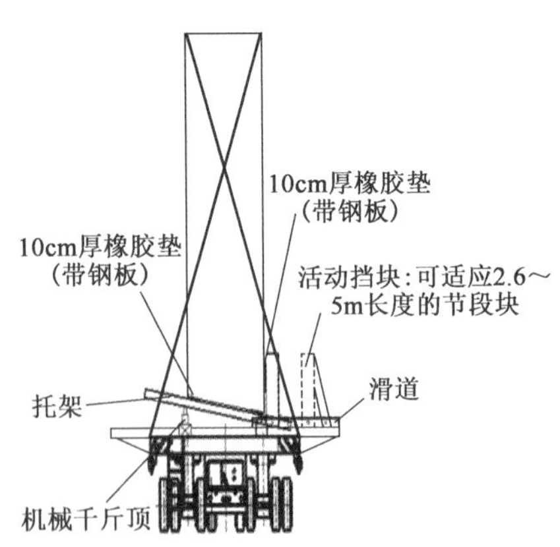

图 5　节段梁场外运输

运梁车在场地直线行走，梁厂至出梁中转站施工便道为钢栈桥，结合现场实际测量数据确定运梁车行驶条件参数。为保证运梁车行驶安全，纵坡坡度控制在 2% 以内，横坡坡度控制在1%以内(上坡路段不设置横坡)。

2.3 节段梁水上运输

节段梁水上运输采用两艘500t运梁驳和两艘警戒船;500t运梁驳满载深度最深1.75m,节段梁中转站的设计最低吃水深度为3.5m,满足要求。富春江大桥主跨距离为151m,500t运梁驳船宽9.4m,对富春江正常通航没有影响。

图6为节段梁水上运输路线。

图6 节段梁江上运输路线-栈桥

10号、11号节段梁架设安装期间需要两则节段梁同时架设,杭州侧架设期间占用预留临时通航孔一半的水域,缩小了通航水域,在架设过程中有梁段坠落的风险,对通航安全的影响较大。考虑上述原因课题组研究认为,在11号墩诸暨侧架设期间采取封航措施。封航期间施工现场上游和下游400m处仍应派交通维护船组织交通,显示"停航让行"等相关交通指示标志,如图7、图8所示。

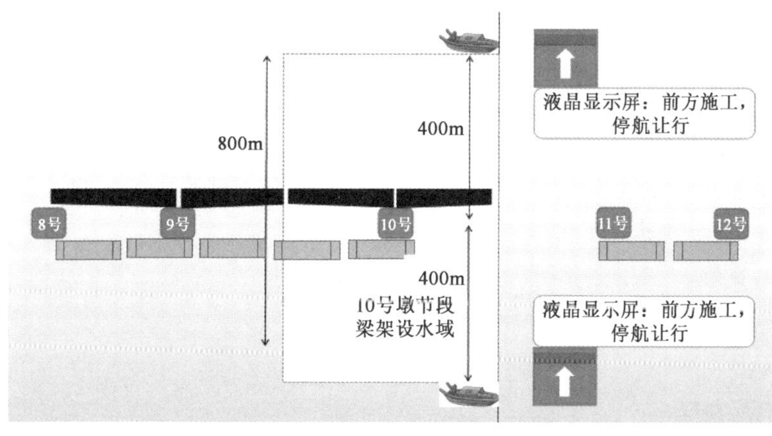

图7 10号墩节段梁架设、安装水域划定

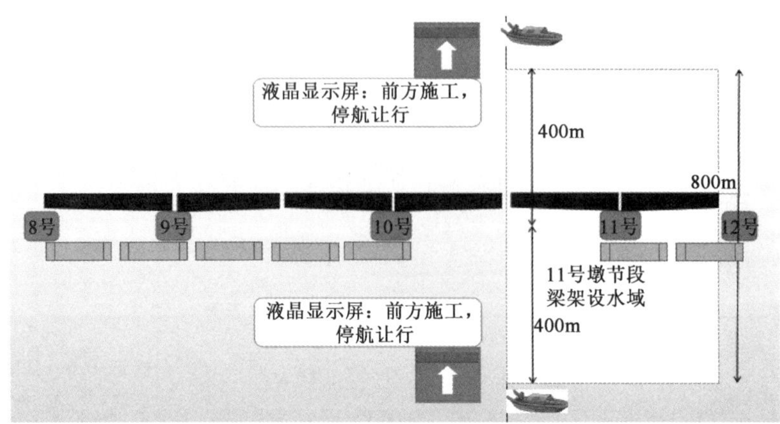

图8　11号墩节段梁架设、安装水域划定

3　节段梁水上管理

3.1　水上交通管理

驳船将梁段运输至现场后由桥面起重机拼装箱梁，此阶段运输驳船工作频繁，运输距离相对较远，而且在运输中要穿梭航道，存在较大安全隐患。故当运输船在开始出发或返回时，通过高频对讲机与调度取得联系，在统一调度的情况下才能行驶在指定区域，同时行驶过程中随时通过高频对讲机向其他船只发布自己的航行情况。

3.2　施工船舶及桥址墩位管理

进入施工现场的施工船舶经过验收合格后，能满足施工要求方可现场。所有的施工船舶配置高频或甚高频无线通信系统、GPS全球定位系统、避让雷达等安全设施，同时在每个墩位的上、下游设置醒目的标志和无线通信系统，提醒过往的航行船舶注意安全，提示减速通过。

3.3　交通调度管理

结合大桥施工建设特点及航道情况，派专人负责调度室，每天根据生产计划及工序衔接，对所有运梁船舶统一进行调度。及时通报航行情况以及对航行情况的反馈，同时注意收集天气、风力、风向等预报信息。

4　节段梁安装及监控、监测

4.1　节段安装

投入6台QMDJ3000Y桥面起重机，左幅或右幅3个"T"构同时工作。在预制场预制完成并存放不少于4个月龄期,运输至桥位处的梁段采用两种方式进行起吊(图9、图10):第一种是运梁驳运至桥位后采用350t浮式起重机转运梁段至设置在桥位处的支架上,再通过支架上三向千斤顶精调梁段至设计位置,架设梁段包括(适用于主墩、9号墩、10号墩、11号墩)1号节段、边墩(8号、12号墩)、19号节段、20号节段;第二种是运梁驳将梁段运输至桥位后直接采用桥面起重机从运梁驳上起吊梁段进行拼装(除第一种外的梁段)。起吊前、起吊中、起吊后均应严格按照相关程序操作,确保梁段对称、平衡、稳定的精确拼装。合龙段18号节段采用桥面起重机起吊,劲性骨架锁定;合龙顺序为先边跨后中跨。

图9 边跨20号块架设

图10 9号块节段架设

图11为节段梁安装步骤。

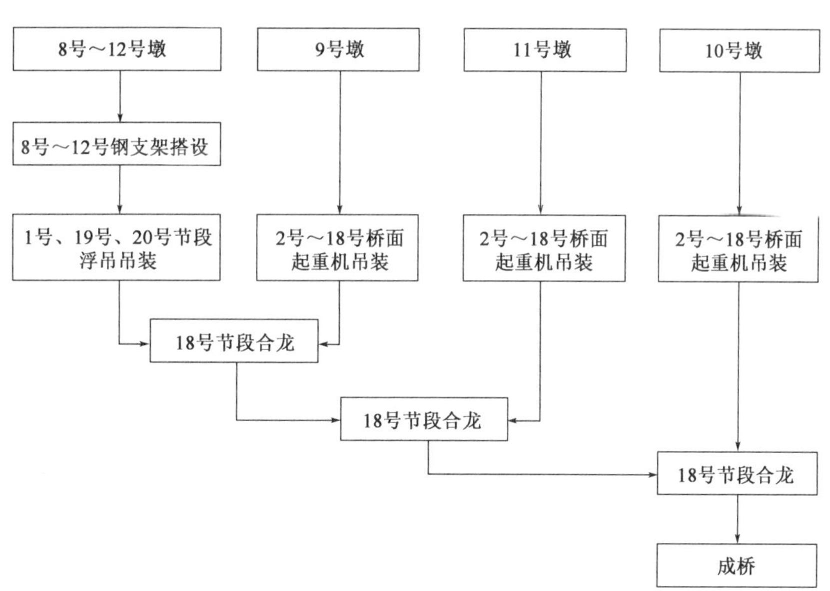

图11 节段梁安装步骤图

4.2 施工监控、监测

在主要结构施工区域设置视频监控系统,施工全过程中加强质量、安全监督,视频监控员发现违规或安全危险点时,立即制止并通知相关负责人。

施工船舶在航行、锚泊或作业时,严格按照规定使用旗语,显示信号。在露天有6级及以上大风或大雨等恶劣天气时,应停止起重吊装作业。雨雪过后作业前,应先试吊,确认制动器灵敏可靠后方可进行作业。

夜间采取显示警戒灯标和采用灯光照明的组合方式,避免航行船舶碰撞水中墩,在显示灯光照明时应注意避免光直射水面,影响船舶人员的瞭望,保持24h值班制度,通过高频电话收听或瞭望周边,及时提醒临近来往船舶。

5 安全交通维护措施

5.1 横越航道

节段梁在预制场码头装妥后需要横越富春江航道,因运梁船操纵能力受到限制,需要派遣交通组织船舶进行护航。护航船舶应根据运梁船的位置和当时江面船舶密度,选择最有利于疏导交通的位置进行护航。其主要的任务是:发布航行动态,要求过往船舶主动避离运梁船;使用VHF、旗子、扩音器等设备提醒临近船舶降低船速或远离运梁船通过;对有妨碍运梁船的其他船舶(如渔船等)劝阻撤离。

5.2 沿航道航行

运梁船穿越航道后,沿航道下行至桥区架设现场过程中,通航安全的影响较小,交通组织船舶应在运梁船附近进行警戒,引导过往船舶减速慢行、主动避离运梁船,减小过往船舶的航行波对运梁船的影响。在穿越临时通航孔时,交通维护船舶应先行组织通过临时通航孔的船舶沿航道右侧有序通过,严禁船舶在桥区水域并行、追越、横越、滞留等。

5.3 起吊架设现场

9号墩杭州侧、诸暨侧、10号墩杭州侧、11号墩诸暨侧,运梁船在架设作业时不占用通航水域,对来往船舶进行交通引导,提醒过往船舶不要进入运梁船施工现场。

10号墩诸暨侧、11号墩杭州侧节段梁起吊架设过程中,运梁船抵达架设现场进行抛锚固定船位,并进行节段梁架设时,占用通航水域较大,对通航的影响较大;根据课题组研究认为在临时通航孔水域进行节段梁架设时,为了缩小运梁船占用的水域,运梁船碍抛锚固定时应采用首尾“一字”锚;为了最大限度降低运梁船起吊架设节段梁时给通航船舶带来的安全影响,施工单位应组织通过该水域的船舶应进行单向通航,且必须在起吊架设水域设立明显的导向性标志,除了自有交通维护船舶维护现场交通外,邀请海事执法艇协助交通维护,组织船舶在可航水域侧单向通过。

5.4 通信联络

节段梁运输、架设作业过程中,为确保作业设施、船舶和人员的安全,必须建立有效的通信联络制度，包括船—船、船—岸直接通信联络。

5.5 航道航路调整

不同桥墩节段梁架设所占用的水域不同，根据临时通航孔的位置、当地的通航密度等其他通航条件及架设施工的实际情况划定的水域范围，在 10 号墩及 11 号墩节段梁时需要对预留通航孔的航路调整为单向通航。

5.6 安全警示标志的设置

拟实施项目安全警示标志主要包括“RY”慢车信号的设置，作业船锚浮标的设置，鸣笛标设置等。

6 结语

在通航河域内大跨径变截面节段梁拼装施工中，通过交通维护措施，保证了控制场内、场外及水上节段的运输的安全，同时在起吊、拼装过程中采取措施，确保在施工区域内节段拼装的精度及安全，加快了节段箱梁拼装的施工进度。

节段拼装法施工不仅可节省施工用地，减少施工现场及周边区域的环境污染，甚至可以做到桥梁的架设施工不影响桥下交通。另外，由于节段箱梁工厂化预制，节段质量易于保证，并具有外形优美，节段长度和重量可根据运输起吊设备灵活划分，拼装速度较快等优点，故具有广阔的应用前景。与此同时，这一工艺由于其特殊性，施工线形受影响因素较多，包括温度、焊接质量等多因素使得很难达到实际要求精度，由此引起的误差将影响悬臂拼装的整个过程。

本项目开展的通航条件下节段箱梁悬臂拼装关键技术研究，为降低通航条件对节段箱梁安装精度的影响，提供了理论方法。为项目依托的富春江大桥工程的施工及运营提供了理论基础，对节段箱梁悬臂拼装法在内河桥梁施工上的应用具有重要推动作用，推广应用前景良好。

参考文献

[1] 吴丹，李薇，肖锐敏. 基于一维水质模型的湟水干流纳污能力计算[J]. 能源与环保，2017，39(11)：257-259.

[2] 中华人民共和国水利部. 河湖生态环境需水计算规范：SL/Z 712—2014[S]. 北京：中国水利水电出版社，2015.

[3] 中华人民共和国行业标准. 公路桥涵施工技术规范：JTG TF50—2011[S]. 北京：人民交通出版社，2011.

[4] 张鸿，张喜刚，丁峰，等. 短线匹配法节段预制拼装桥梁新技术研究[J]. 公路，2011(02).

智慧交通篇

基于物联网技术的搅拌桩施工全过程远程监测系统应用研究

程 义[1] 叶观宝[2] 戚德健[2] 张 振[2]
(1.杭州都市高速公路有限公司;2.同济大学地下建筑与工程系)

摘 要 水泥土搅拌桩是软土地区最常用的地基处理方法之一,可以有效提高地基的强度和承载力。然而目前对水泥土搅拌桩施工质量的管控措施有限且效果不理想。本文以杭州绕城西复线湖州段软基处理项目为例,介绍一种基于物联网+技术的软基处理施工在线实时监控系统在实际工程中的应用。工程实践表明:基于物联网技术的搅拌桩施工全过程远程监测系统可实现对水泥土搅拌桩施工过程中的数据进行实时追踪与反馈,并进行实时计算分析,及时发现水泥土搅拌桩施工过程中如施工时间过短、桩身灰量较少、桩体灰量不均匀、桩长短于设计桩长等问题并进行报警;该监控系统可大幅提高水泥搅拌桩软基加固工程的管理水平。

关键词 水泥土搅拌桩 软土 施工 实时监测 物联网+

1 引言

在软土路基处理工程中,水泥搅拌桩是应用最为广泛的一种处理方法。它可以有效提高地基的承载力,减小地基变形,提高路堤稳定性。然而,水泥搅拌桩的施工有高度的隐蔽性,施工工序较多,工艺流程相互衔接紧密,主要工序的施工过程都在地下进行[1-4],如何做好施工质量管控一直是工程中面临的难题。

目前对水泥搅拌桩施工质量的管控主要采用在施工结束后对桩身质量进行检测,这往往具有一定的滞后性,在成桩完成后发现问题难有补救措施。已有的搅拌桩施工质量监控的研究对于监测项目不够完善,无法同时监测浆液质量、桩长、搅拌次数、喷浆流量、喷浆压力、桩位及桩垂直度等参数;数据采集传感器信号未实现数字化,需要计算机转换;最终的监测数据也无法连接到网络,不能实时远程监管[5-8]。因此,亟待开展搅拌桩施工全过程远程监测系统的应用研究,通过搅拌桩全过程远程监测实时掌握每根桩的施工质量,做到过程管控。

随着科技的发展,"物联网+"技术在隐蔽工程的监测中逐渐得到应用。本文以杭州绕城西复线湖州段软基处理项目为例,介绍一种基于物联网+技术的软基处理施工在线实时监控系统在实际工程中的应用。该监控系统可实现对水泥搅拌桩施工过程中的数据进行实时的追踪与反馈,并进行实时计算分析。将物联网+技术应用到隐蔽工程的监测中,可大幅提高工程的管理水平,实现创新管理方式和科学管理。

2 工程概况

杭州绕城西复线湖州段项目位于杭嘉湖平原水网地区，软基施工量大、周期长、处理形式多。联络线：软土主要分布起点 LK2 + 300（软土厚度 2 ~ 5m，底埋深 4 ~ 9m）、LK5 + 800 ~ 终点（软土厚度 4.1 ~ 43.7m，底埋深 5 ~ 44m），软土厚度超过 20m 路段主要为 LK7 + 200 ~ LK9 + 200，局部路段软土厚度超过 30m（LK7 + 200 ~ LK8 + 000）。扩容段：软土主要分布在起点 K3 + 200 路段，厚度 2 ~ 5m，底埋深 3 ~ 7m。全线软基段共计 32.5km（主线 11.7km，匝道 17.9km，连接线共计 2.9km），总体近 370 万 m。

软基施工的质量保障是本项目的突出难点。搅拌桩材料采用 42.5 级普通硅酸盐水泥，设计水灰比为 0.45 ~ 0.55。桩径 0.5m，设计水泥用量为 55kg/m。搅拌桩桩长不超过 10m 时采用普通单向搅拌成桩工艺；桩长超过 10m 时采用双向搅拌成桩工艺，通过多次喷浆搅拌有效避免搅拌不均匀、浆液外冒等情况的发生。为了提升高速公路项目软基处理管控水平，本项目全面实施基于物联网技术的搅拌桩施工全过程远程监测系统的现场应用。

3 监测系统简介

CL-M1 型软基处理施工在线实时监控系统可实时监测搅拌桩施工过程中的时间、桩长、总浆量、段浆量、钻杆下钻/提升速度、内外钻杆电流、泥浆密度、钻杆倾角，并实现实时监测数据上传与记录。系统示意图如图 1 所示。搅拌桩施工数据采集系统及远程数据管理平台可实现施工数据的实时采集、实时上传、智能分析及远程报警，做到每根搅拌桩施工数据全数字化、施工全过程跟踪、可反馈和可追溯，对每根桩的施工质量做到实时管控。

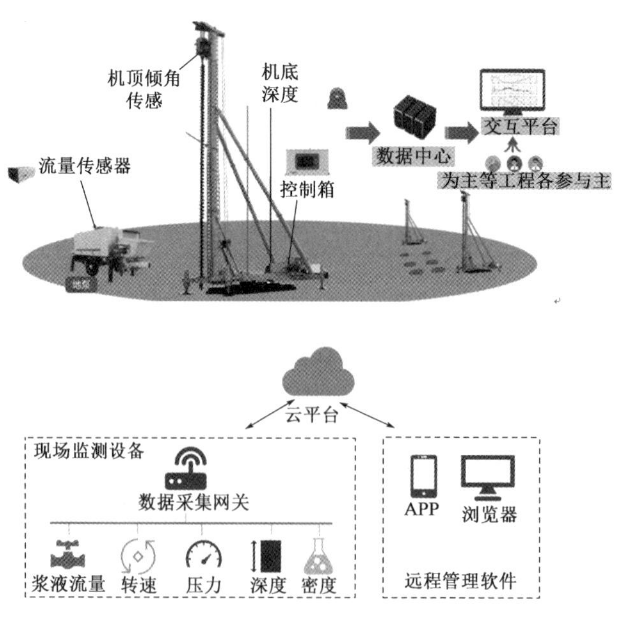

图 1　软基处理施工在线实时监控系统

3.1 现场数据采集

监控系统包括监控仪主机、电磁流量计、深度传感器、倾角传感器、电流互感器和密度传感器。主要的传感器型号及具体指标见表1。在设备满足施工要求的情况下，在设备相应位置安装各型传感器，并进行施工时的数据采集。正式数据采集前，需对传感器进行标定，以保证采集数据的有效性与合理性。

现场监测仪器一览表　　表1

传感器名称	型　号	性能指标
电磁流量计	JDK300	0 - 15m^3/h，精度1%，分辨率0.01L/min
深度传感器	CJC101	0 - 35m，精度3%，分辨率0.01m
倾角传感器	CJXY	0 - ±30°，精度0.5%，分辨率0.1°
电流互感器	FZ20	0 - 200A，精度1%，分辨率0.01A
密度传感器	CLM1	0 - 2.5g/cm^3，精度0.5%，分辨率0.01g/cm^3

3.2 远程监控平台

如图2所示，通过远程监控平台进行现场监测数据的实时上传，并将监测结果进行实时记录、生成记录表格与曲线图，施工管理人员可以通过PC端查看现场施工情况。监控系统需在网络环境中运行，在普通PC机上的浏览器（IE10.0以上版本）上进行操作。

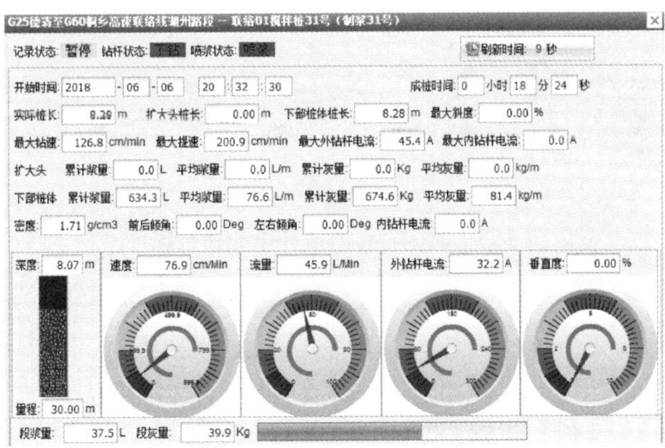

图2　远程监控平台示意图

通过监控管理软件的记录，可生成水泥搅拌桩的时间-流量、速度曲线、桩的时间-深度位置曲线、桩的时间-外、内钻杆电流曲线、桩的深度-浆量分布曲线等，以便进行后续成桩质量的跟踪与分析。某标段桩长为20m搅拌桩施工过程在监控系统中实时生成的曲线图如图3～图6所示。

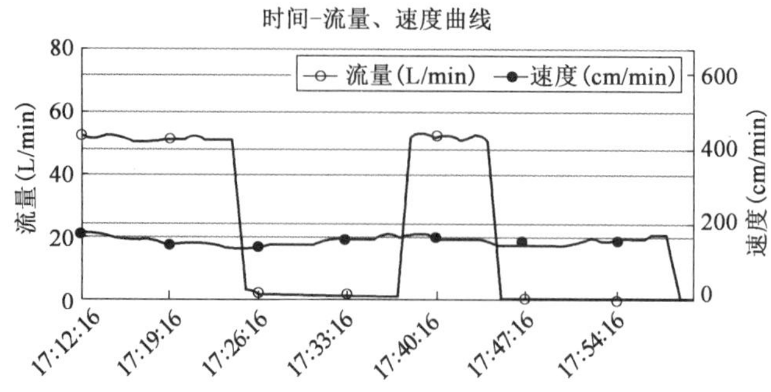

图3 时间-流量、速度曲线

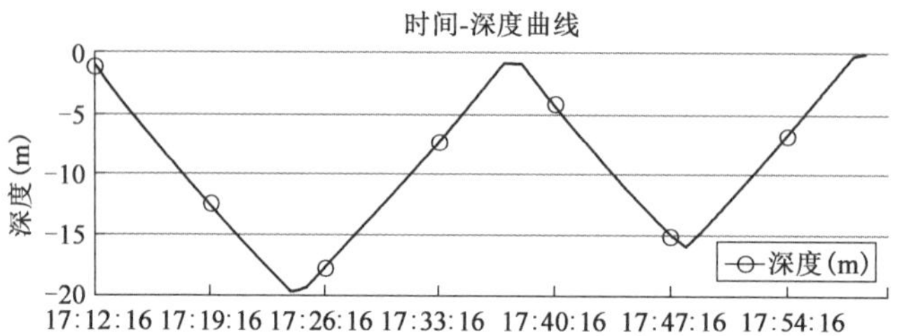

图4 时间-深度曲线图

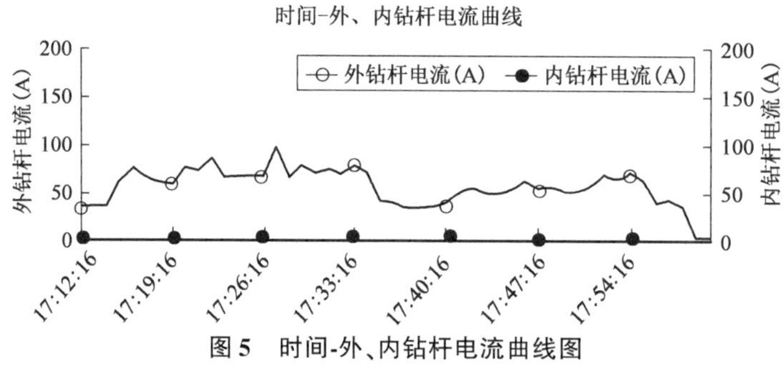

图5 时间-外、内钻杆电流曲线图

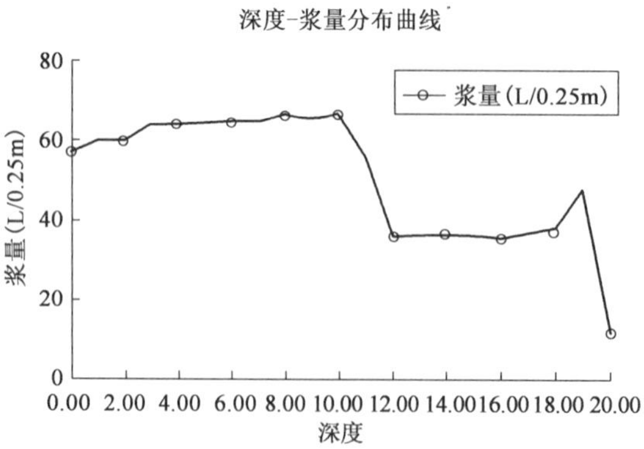

深度-浆量分布曲线

浆量(L/0.25m)

80 60 40 20 0

浆量(L/0.25m)

0.00 2.00 4.00 6.00 8.00 10.00 12.00 14.00 16.00 18.00 20.00

深度

图6 深度-浆量分布曲线图

3.3 每根桩施工全过程跟踪与评价

水泥搅拌桩施工全过程监控系统通过采集水泥土搅拌桩的各项施工数据，包含：实际桩长、平均灰量、每米灰量、最大钻速、最大提速、最大外钻杆电流等因素，基本实现了每根搅拌桩施工数据全数字化、施工全过程跟踪、可反馈和可追溯。监测系统实时生成的施工现场数据原始记录表如图7所示。

(钉形)水泥土(双向)搅拌桩施工现场原始记录

工程名称：杭州二绕联络一标　　施工单位：中铁十六局

桩机编号：021

桩号：A42-82-12

扩大头桩长：0.00m　扩大头桩径：0mm　扩大头灰量：0.0kg/m　下钻速度：120.0cm/min

设计总桩长：20.00m　下部桩体桩径：500mm　下部桩体灰量：65.0kg/m　提升速度：120.0cm/min

开始时间：2018-08-19 09:30:02

深度(m)	+0.00	+0.25	+0.50	+0.75	段浆量(L/m)	密度(g/cm3)	灰量(kg)	备注
0.00	14.1	15.5	15.4	14.6	59.6	1.71	63.3	
1.00	12.8	12.9	12.8	13.0	51.5	1.70	54.4	
2.00	12.9	12.9	13.2	13.5	52.5	1.71	55.6	
3.00	12.9	13.2	13.3	13.4	52.8	1.71	56.0	
4.00	13.6	13.6	13.4	13.2	53.8	1.71	57.3	
5.00	13.0	13.0	13.2	12.9	52.1	1.71	55.4	
6.00	13.2	13.1	12.9	12.9	52.1	1.71	55.3	
7.00	12.9	12.8	12.9	13.8	52.4	1.71	55.5	
8.00	13.6	14.0	14.0	14.1	55.7	1.71	59.3	
9.00	14.1	14.1	14.1	14.1	56.4	1.71	60.0	
10.00	14.0	14.5	14.2	14.6	57.3	1.71	60.9	
11.00	14.4	14.6	14.4	14.4	57.8	1.71	61.4	
12.00	14.3	14.8	14.7	13.5	57.3	1.71	60.8	
13.00	13.4	13.4	14.0	13.7	54.5	1.71	57.7	
14.00	13.5	14.1	14.1	13.3	55.0	1.71	58.2	
15.00	13.7	13.5	13.7	13.3	54.2	1.71	57.4	
16.00	13.7	13.6	13.8	13.3	54.4	1.71	57.6	
17.00	13.7	14.7	14.7	14.8	57.9	1.71	61.5	
18.00	14.9	14.8	14.8	14.9	59.4	1.71	63.2	
19.00	14.7	14.9	14.9	16.0	60.5	1.71	64.4	
20.05	10.9	0.0	0.0	0.0	10.9	1.71	11.6	

结束时间：2018-08-19 10:19:55　　成桩总时间:000:49:53　最大斜度:0.00%

实际桩长:20.05m　扩大头桩长:0.00m　往复深度1:0.00m　往复深度2:20.05m

最大钻速:178.8cm/min　最大提速:203.3cm/min　最大外钻杆电流:42.1A　最大内钻杆电流:0.0A

扩大头　累计浆量:0.0L　平均浆量:0.0L　累计灰量:0.0kg　平均灰量:0.0kg/m

常规桩体　累计浆量:1118.1L　平均浆量:55.7L/m　累计灰量:1186.8kg　平均灰量:59.1kg/m

操作：　技术：　现场监理：

图7　施工现场实时数据记录

4 现场工作

水泥搅拌桩施工在线实时监控系统自2018年4月9日运转以来，高效地采集了杭州绕城西复线湖州段LTJ01、LTJ02、KTJ01三个标段52台桩机所施工的水泥土搅拌桩的各项施工数据和相应图表，利用该监控系统数据和图表，通过计算分析，找到水泥土搅拌桩施工过程中存在的问题，进行归类；在此基础上及时对施工单位进行整改，确保水泥搅拌桩施工质量的可控性。CL－M1型软基处理施工在线实时监控系统可反馈如下几类施工问题。

4.1 施工时间过短(超速)问题

根据前期试桩结果，双向水泥土搅拌桩采取的“四搅二喷”施工工艺参数为：下钻速度1.2m/min、提升速度1.6m/min，以此确保成桩质量，保证路基稳定、减少沉降。实际施工中出现“两搅一喷”、下钻提升速度过快的问题。图8所示是LTJ01标段一根只进行了“两搅一喷”、且最大提速已达200cm/min的搅拌桩时间-深度、速度曲线图。

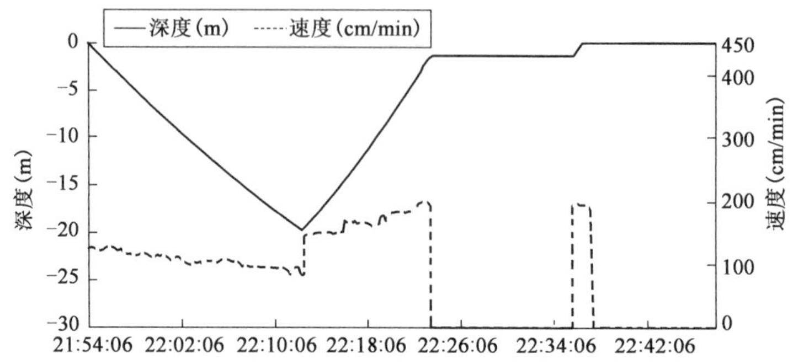

图 8　LTJ01 标段 A13-29-15 号桩时间-深度、速度曲线

4.2　桩身整体平均灰量不达标

桩身整体平均灰量不足,远低于 55.0kg/m 的设计要求。图 9 是 LTJ01 标段一根平均灰量不足的桩深度-浆量分布曲线图,图中虚线标出了设计桩体灰量为 55kg/m 对应的平均浆量 51.46L/m(设计水灰比为 0.60)。该桩桩身 2 ~ 19m 灰量都在 30kg/m 及以下,桩体灰量严重不足,难以满足承载力要求。满足设计要求桩的浆量-深度曲线应高于图 9 中的虚线。

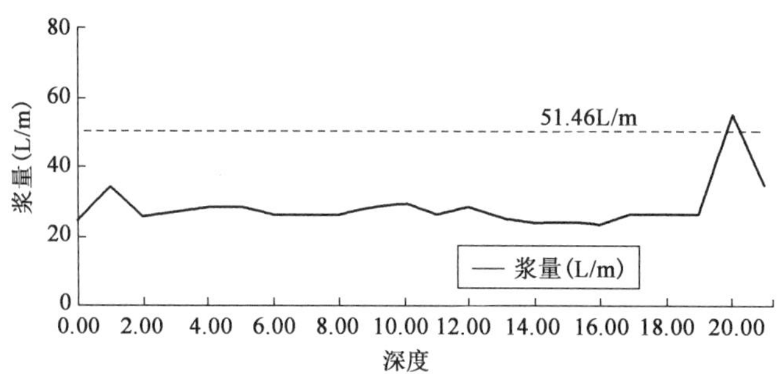

图 9　LTJ01 标段 A58-8-59 号桩深度-浆量分布曲线图

4.3　桩身灰量不均匀

该类问题中桩身平均灰量满足 55kg/m 设计要求,但是部分区段平均灰量远远低于设计要求、甚至无浆,造成桩身强度不均匀甚至断桩,导致桩整体施工质量较差。图 10 展示了 LTJ01 标段一根桩的深度-浆量分布曲线图。由深度-浆量分布曲线可以直观看出,该桩在 1 ~ 11m深度范围内浆量变少,低于虚线所标注的平均浆量 51.46L/m,即对应灰量远低于 55kg/m 的设计要求,在 9 ~ 10m 深度处对应灰量仅为 7.4kg/m。

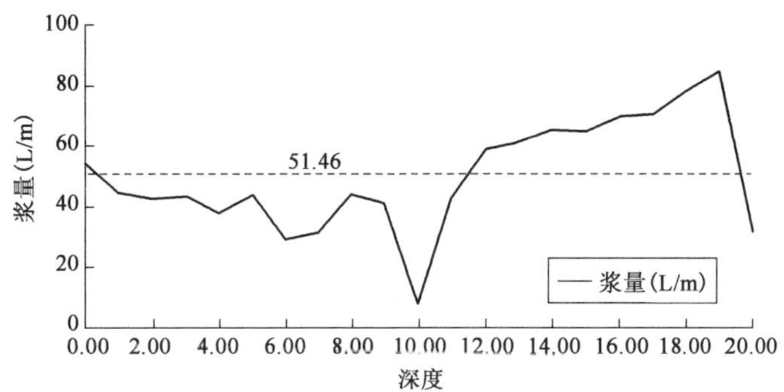

图 10　LTJ01 标段 A43-14-9 号桩深度-浆量分布曲线图

4.4　桩长短于设计桩长

在 18 年 6 月份以来的施工在线监控记录中发现以下问题：部分桩长短于设计桩长，导致搅拌桩承载力达不到设计要求（部分可能是搅拌桩进入硬壳层无法继续）。图 11 为 LTJ02 标段一根桩长不满足设计要求的桩的时间-深度曲线图。由时间-深度曲线可以直观看出，该桩未完成施工工序要求的“四搅两喷”工艺，且钻头钻进深度也仅为 6.94m，远未达到设计桩长 15m。结合时间-外、内钻杆电流曲线等监控图表，可判断出机组操作人员水平较低导致成桩质量较差。

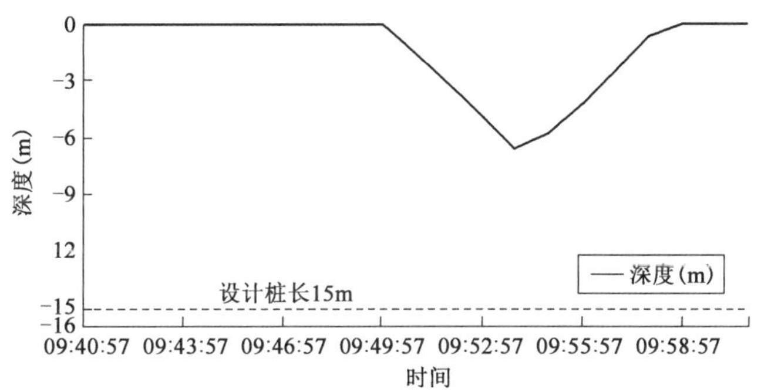

图 11　LTJ02 标段 Y113-9 号桩时间-深度曲线图

上述四类水泥搅拌桩施工中出现的问题都被实时监测系统报警，发送至施工质量管控部门。以往，由于搅拌桩施工过程的隐蔽性，只能通过后期的桩身质量检测工作来控制施工质量，在面对规模较大的软基处理工程时，这种方法具有一定的滞后性，且检测频率相对较低，无法全面掌握真实的搅拌桩施工质量。

然而，在 CL-M1 型软基处理施工在线实时监控系统得到应用后，水泥搅拌桩施工过程中的数据可以得到实时的追踪与反馈，并进行实时计算分析。相应的监测结果可以同步反馈到工程的管理者手中，从而大幅提高工程的管理水平，实现创新管理方式和科学管理。在监测记录中发现这些问题后，杭州绕城高速公路西复线指挥部及时采取多管齐下的处理方法：将施工工艺要求的操作方法以及智能化设备使用方法及时反馈施工监理和搅拌桩机操作人员予以培训学习；要求施工单位指派专人每日负责进行监控系统施工记录监控，并将统计报表交由项目经理签字,不合格桩及时补打。

在软基处理施工在线实时监控系统获得的数据和图表的基础上,可进一步结合大数据分析每根桩施工情况的综合评价方法和现场检测情况,综合评价每根桩的施工质量和加固区段的施工质量。在基于物联网的搅拌桩施工质量远程监控及搅拌桩质量检测及评定体系的基础上,针对数字化施工特点,结合大数据分析,梳理出重要控制过程参数与节点,根据各参建单位的主要把控环节,从管理机制上建立适合于各参建单位的质量管理模式,从而保证施工质量的真实性。

5 结语

(1)施工在线实时监控系统可实现对水泥搅拌桩施工过程中的数据进行实时的追踪与反馈,并进行实时计算分析,及时发现水泥土搅拌桩施工过程中如施工时间过短、桩身灰量较少、桩体灰量不均匀、桩长短于设计桩长等问题并报警。

(2)将基于物联网+技术的施工在线实时监控系统应用到隐蔽工程的监测中,可大幅提高工程的管理水平,实现创新管理方式和科学管理。

参考文献

[1] 邢皓枫,徐超,叶观宝,等.可溶盐离子对高含盐水泥土强度影响的机理分析[J].中国公路学报,2008,21(6):26-30,42.

[2] 叶观宝,陈望春,徐超,等.水泥土添加剂的室内试验[J].中国公路学报,2006,19(5):12-17.

[3] 叶观宝,陈望春,徐超,等.复合添加剂在水泥土搅拌法中的应用[J].公路交通科技,2006,23(5):29-31.

[4] 叶观宝,王艳.如何控制水泥土搅拌法对土体的扰动[J].地下空间与工程学报,2007,3(2):263-267.

[5] 张镇.高速公路软基处理水泥搅拌桩施工质量控制[J].无线互联科技,2015,04:147-148.

[6] 李孟芳.软基处理水泥搅拌桩施工控制[J].科技与创新,2017(08):103-105.

[7] 陈廷文.浅谈水泥搅拌桩在软基施工中的质量控制措施[J].黑龙江科技信息,2015(11):264.

[8] 杨加兴.水泥搅拌桩在软弱地基处理中的应用与质量控制[J].中华建设,2016(04):143-145.

基于物联网技术的路基沉降监测系统应用研究

徐 渊[1] 胡伟东[1] 陈 毅[1] 叶观宝[2] 张 振[2]
(1. 杭州都市高速公路有限公司;2. 同济大学地下建筑与工程系)

摘 要 软土地区路堤填筑过程中路基沉降监测对于指导施工和设计具有重要实际价值。而人工监测的成本高、连续性差、易受环境影响等局限性,已越来越不适用工程建设的需要。本文以杭州绕城西复线湖州段软基处理工程为依托,创新性地采用物联网+技术进行路基沉降的实时监控。该系统实现了高速公路施工期和运营期路基沉降的远程、实时、高精度监测和预警,为准确预测路基沉降发展、指导施工和道路运维提供支持。

关键词 物联网+ 路基沉降 实时监测 路堤

1 引言

在软土地区进行路堤填筑施工时,对路基沉降精准的监测,对于控制填筑施工工期和工后沉降都会起到重要的作用[1,4-5,7]。路基工后沉降和不均匀沉降过大是路基最主要的病害[6]。目前,常规的监测方法存在适用范围有限、监测频率低、受人为因素和环境影响大、人工成本高等缺点[8]。同时由于监测方法以人工监测为主,难以做到连续、实时监测,无法满足监测数据信息化和智能化的要求,阻碍了行业的发展[2,3]。

本文以杭州绕城西复线湖州段路基工程为依托,借助物联网+技术,实现了路基沉降的远程、自动、连续、实时、高精度监测和预警,大幅提高工程的管理水平,实现创新管理方式和科学管理。

2 工程概况

杭州绕城高速公路西复线湖州段全线软基段共计32.5km(主线11.7km,匝道17.9km,连接线共计2.9km)。其中填方路基工程地质条件如下:①LK0~LK2+300段的湖沼相平原区,涉及填方路基约560m,浅表部分布软~可塑粉质黏土,厚约2~3m;下为海积淤泥质黏土,厚约2~5.1m,底深度一般3.5~9.3m,软土物理力学性质差,需进行地基处理;②LK5+800~LK12+997段的湖沼相平原区,涉及填方路基数量较多,填方高度较大。浅部分布软~可塑粉质黏土,厚约1~3m;下为两层海积流塑淤泥、淤泥质黏土层(局部分布),厚度变化较大,场地上部软土物理力学性质差,需进行地基处理;③LK2+000~LK5+800段沿线填方路基主要位于坡洪积斜地及剥蚀丘陵区，场地浅部分布坡洪积、残坡积粉质黏土及含黏性土碎石等，下伏强～中风化基岩，地基土物理力学性质较好，多属正常路段。

3 监测系统

3.1 监测系统框架

沉降远程监控系统自下而上由数据采集层（测点）、数据传输层及数据管理层组成，数据管理使用一套“自动监测数据管理平台”。沉降传感器采集到的数据通过 RS485 数据线传输到数据采集控制器，控制器再通过无线信号把监测数据发送到数据管理平台（图 1）。

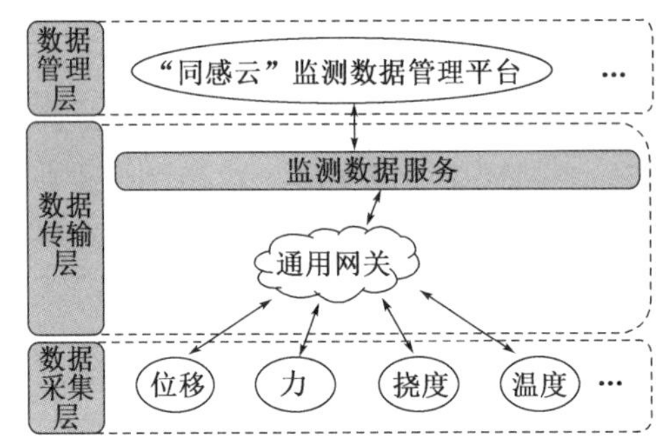

图 1 采集系统架构图

监测项目布点示意图如图 2 所示。本实验项目底层数据采集层由总线、支线组成。在每个路基的监测横断面布设一条监测支线，在横断面的两端路肩及中心点处布设压差式沉降仪，支线测点用 PE 管保护，每条支线通过总线与基准点相连；数据传输层主要由智能网关组成，通过智能网关采集及传输数据；数据管理层包含桌面端和移动端，管理层对采集到的数据进行分析处理生成报表、曲线等。

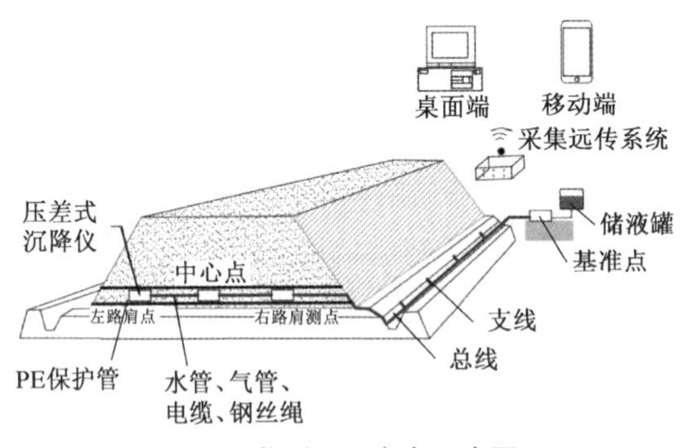

图 2 监测项目布点示意图

3.2 数据采集层

沉降测点采用压差式原理。重力作用下静止平衡流体系统中任意两点相对高程变化将引起两点间流体压强差值变化。由此可建立流体应力（静压强）与沉降量值的对应函数关系，达到沉降测试的目的。如图3所示，沉降一条测线中仅存在储水罐一处自由液面，基准点及所有测点通过专用水管与该储水罐导通，当某个测点的高程发生变化时，对应沉降罐内置的高精度压力传感器便能感知到液体静压力的变化。

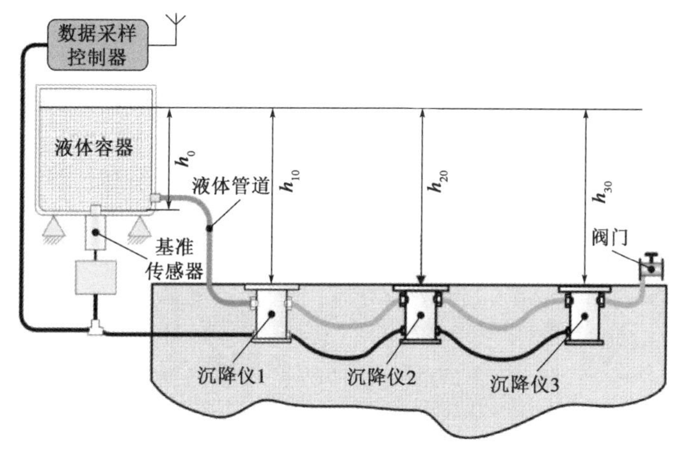

图3　压差式沉降仪测量原理图

根据下式计算压力值：

$$P = \rho g h \tag{1}$$

式中：P——压力值；

ρ——液体的密度；

g——重力加速度；

h——液面至压力传感器感压面的高度。将基准传感器的高程值与各沉降仪的高程值相减，得到各测点相对基准点的标高

$$\Delta h_1 = h_0 - h_1, \Delta h_2 = h_0 - h_2, \Delta h_i = h_0 - h_i \tag{2}$$

由于同时采集器定时读取每个测点及基准点的数据，从而自动计算每个测点相对基准点的高程变化。计算出的监测值通过通用数据采集控制器传输至云端，客户端再从云端抓取数据呈现给技术人员。本项目所使用的压差式沉降仪技术参数见表1。

TH-STC压差式沉降仪参数表　　表1

参数名称	技术参数	参数名称	技术参数
测量方式	压差式	工作温度	-40℃~70℃
量程	2000mm	输出信号	MODBUS输出
过压能力	2倍量程	信号接口	RS485
分辨率	0.01mm	输入电压/电流	24~48VDC
精度	±1mm	防水等级	IP68

3.3　数据传输层

数据采集系统由数据采集控制器与传输导线组成，控制器与测点间采用有线连接，使用

RS485 通信方式,采集到的数据实时保存在本地,控制器中配备通用智能网关和无线模块。通用智能网关保证传感器数据的统一接入,然后通过无线网络连接远程服务器的数据流接口,上传数据。硬件数据流接口根据数据量、响应率及实时性的不同要求可以采用简单高效的 UDP 或 TCP/IP 协议,或采用 Kafka 等消息发布/订阅系统,提高数据的并发性、可扩展性与稳定性。

3.4 数据管理层

数据远传管理系统通过针对性设计的 Restful Web API 数据服务接口,满足所有浏览器端和移动 App 端的应用数据需求。服务器后端通过使用阿里云的 ECS 云服务器、E-MapReduce 大数据分析服务、RDS 云数据库等技术,为前端服务提供保障(图 4)。此实验项目自动化监测采样频率默认为 2min/次,因此可以生成海量的监测数据,对路基的沉降分析提供充足的数据保障。数据处理包含数据的预处理和后处理。预处理包括异常数据的剔除,噪声数据的处理及温度影响处理。后处理以预处理数据为依据判断路基边坡稳定状态、指导路基填筑速率、确定卸载及面层施工时间。

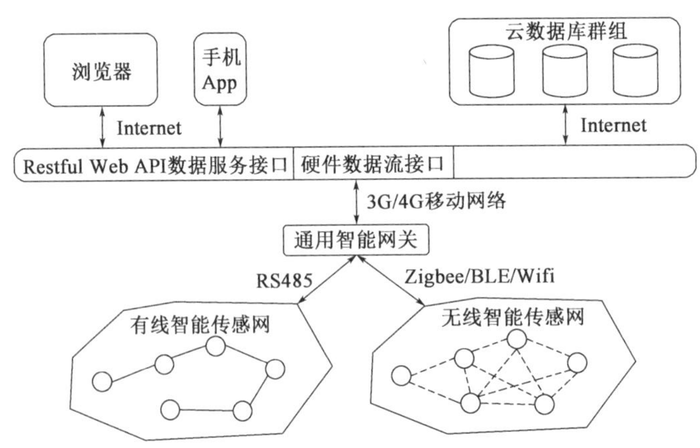

图 4 数据采集控制器

数据远程管理平台主要包括平台登录入口,每个客户都有一个特定的账号可以查看项目。通过登录入口后进入平台的各级界面(图 5),查看项目的信息、监测信息等,同时可以生成测线的差异沉降曲线及单测点的历时曲线等,曲线图可以任意溯时查看。

4 现场实施情况

4.1 监测方案

监测路段为 G25 德清至 G60 桐乡高速联络线湖州路段中的软基区段。原自动化路基监测方案共分为三个路段,合计路基长度为 2.457km,其中联络线 1 标一段,里程 LK7 +000 ~ LK9 +200,路段类型:高填桥头路段及悬浮桩路段。联络线 2 标两段,分别如下:里程 LK14 +

965 ~ LK15 +243,路段类型:两桥之间长短桩渐变过渡路段;LK23 +550 ~ LK23 +700,路段类型:临河路段。由于施工条件限制,最终布设 17 个监测断面,每个监测断面布设 3 个监测点,共布设 51 个监测点。安装示意图见图 6 所示。现场无市电电源,本实验项目提供了太阳能供电系统为通用数据采集控制器供电,供电系统配备了大容量的蓄电池,确保在极端天气情况下也能够连续 7d 的正常供电。

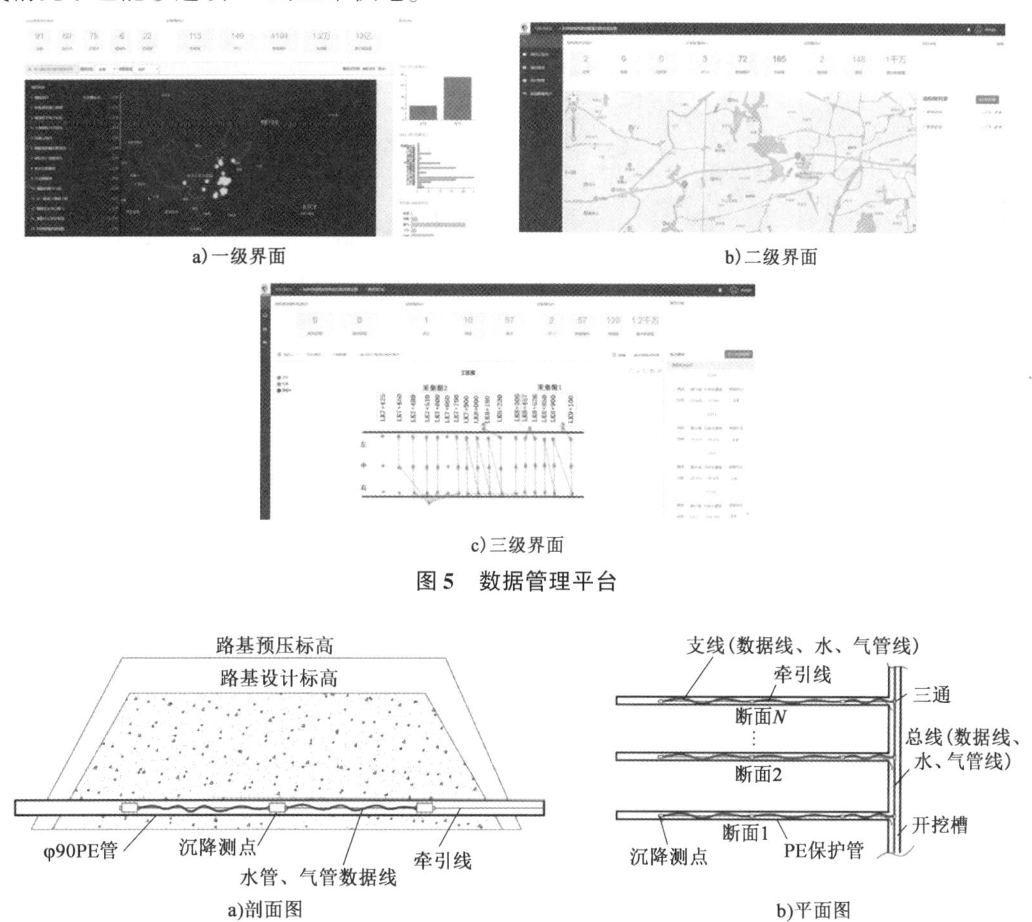

a)一级界面

b)二级界面

c)三级界面

图 5 数据管理平台

a)剖面图

b)平面图

图 6 监测方案示意图

4.2 仪器布设

路基底层土压实两遍后,确定管线埋设断面位置及测点在此断面的安装位置,管线在埋设处开挖埋管的沟槽,并计算测点间的距离从而预留牵引线长度,保证穿管后测点仍位于路基的路肩及中心位置,然后连接管线、灌水、排气泡、穿管、接入电源并调试,判定支线是否正常工作,若一切正常,则开始进行下一支线的安装调试(图 7)。

4.3 监测数据与分析

联络 1 标和 2 标监测数据对比见图 8 所示。根据采集到的数据可知,截至 2019 年 10 月

22 日，联络 1 标人工监测数据与自动化监测数据两者差异 0.18 ~ 4.41mm，偏差平均值为 1.03；截至 2019 年 10 月 24 日，联络 2 标人工监测数据与自动化监测数据两者差异 0.11 ~ 0.65mm，偏差平均值为 1.05。结合实际情况分析，此差值的产生可能与自动化监测仪灵敏度较高，易受到周边施工机械设备行走的影响有关。图 9 为 LK7 + 700 标段 CD26 监测点沉降随时间变化。可以看出，自动监测具有较好的可靠性。

图 7　现场布设照片

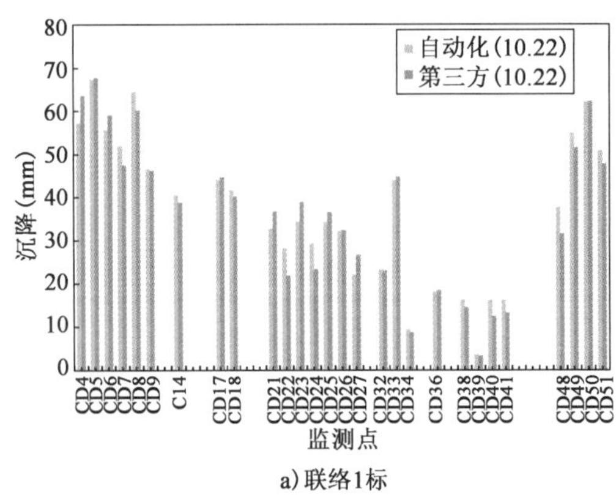

a) 联络1标

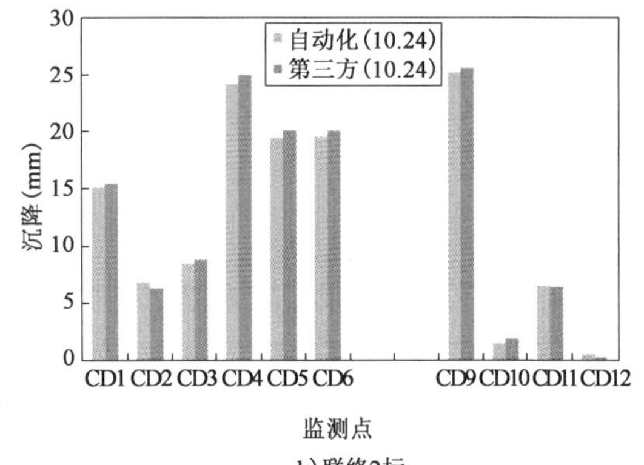

b) 联络2标

图 8　自动化与人工监测数据对比

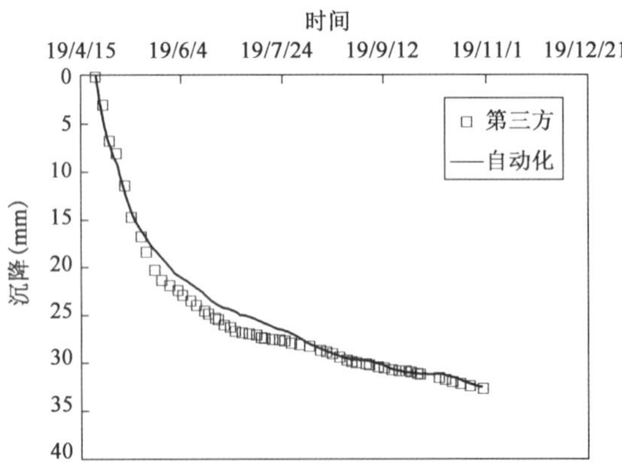

图 9　监测点沉降随时间变化

5 结论

本文以 G25 德清至 G60 桐乡高速联络线湖州路段中的软基区段为实验路段，借助物联网+技术，实现了路基沉降的远程、自动、连续、实时、高精度监测和预警。该套系统可用于精准指导路基填筑速率、确定卸载及面层施工时间；同时实现工后长期监测，对道路运营期间的安全性起到了重要的保障作用。通过人工监测数据与自动化监测数据的对比分析可知，自动监测具有较好的可靠性。

参考文献

[1] 高彦斌，张松波，郭永发. 软土地基的变形速率及稳定性控制[J]. 中国公路学报，2017，30(02)：11-17.

[2] 邱颖新，张献州，张拯，等. 基于物联网模式的高速铁路工后变形监测预警体系研究[J]. 铁道科学与工程学报，2016，13(04)：606-612.

[3] 王珣，刘勇，袁焦，等. 沉降智能监测与评估系统的开发及应用[J]. 铁道工程学报，2019，36(04)：20-25.

[4] 王博林，马文杰，王旭，等. 最优组合预测模型在高填方体沉降中的应用研究[J]. 土木工程学报，2019，52(S1)：36-43.

[5] 吴昌胜，朱志铎. 沪苏浙高速公路软基处理评价[J]. 岩土工程学报，2015，37(S1)：105-109.

[6] 肖玉辉，朱自强，鲁光银. 高速公路软基病害的探测方法及实践[J]. 公路，2003(11)：53-55.

[7] 姚仰平，黄建，张奎，等. 机场高填方蠕变沉降的数值反演预测[J/OL]. 岩土力学，2020(10)：1-11[2020-09-04]. https://doi. org/10. 16285/j. rsm. 2020. 0402.

[8] 叶观宝，饶烽瑞，张振，等. 基于监测数据反演的软土高填方地基性能分析[J]. 岩土工程学报，2017，39(S2)：62-66.

图像测量技术在隧道工程中的应用

沈宏辉[1]　高　鹏[1]　张苏龙[2]　王　捷[2]　付春青[3]
(1.德清县杭绕高速有限公司;2.江苏东交智控科技集团股份有限公司;
3.北京住总集团有限责任公司)

摘　要　图像测量技术主要分为图像采集技术和图像处理技术。本文基于案例对比分析,对图像测量技术在隧道工程中的变形监测、病害监测、隧道信息采集、交通监控、防灾减灾、超欠挖监测等领域应用进行分析比较,讨论了图像测量技术在隧道工程中的发展前景与难点,同时对其将来的应用和发展提出了展望。

关键词　图像测量技术　隧道工程　图像采集　图像处理

1　引言

图像测量是近年来在测量领域中新兴的一种高效的测量技术。它以光学技术为基础,将光电子学、计算机技术、激光技术、图像处理技术等多种现代科学技术融合为一体,构成光、机、电、算综合体的测量系统。所谓图像测量,就是测量被测对象时,把图像当作检测和传递的手段或载体加以利用的测量方法,其目的是从图像中提取有用的信号。它通过获得二维图像并进行处理和分析,实现不同测量目的。目前图像测量技术已经开始应用于工业产品质量检测、安防、智能交通等多个领域。

随着我国经济和社会的发展,交通网络建设日益完善,隧道作为城市地铁、高速公路、高速铁路建设中重要组成部分,其数量和总里程数与日俱增。隧道作为一种埋置于地层中的地下建筑,是交通建设的关键枢纽,在交通网络中扮演着重要角色[1]。目前,我国已经成为世界上地下工程及隧道数量最多,规模最大,修建技术发展最迅速的国家[2]。在隧道基础设施施工和使用过程中急需自动化、智能化的检测和监测技术来及时养护、维修,以保障隧道的安全性和经济性。近年来,科技的快速发展促进了各类高新技术在隧道工程中的应用,其中图像测量技术已经广泛应用于隧道工程中,如变形监测、病害检测、隧道信息采集、交通监控、防灾减灾等方面。

隧道工程方面,图像测量技术的发展主要集中在图像采集技术和图像处理技术上。

2　图像采集技术

图像采集技术主要用三维激光扫描法、摄影测量、红外成像三种方法来获取图像数据。

2.1 三维激光扫描法[8]

通过三维激光扫描仪,获得密集的三维点云,再进行数据处理,结合监测平台达到智能监测的目的。地面三维激光扫描测量系统的工作过程,实际上就是一个不断重复的数据采集和处理过程。地面三维激光扫描测量系统对物体进行扫描后,采集到的物体表面各部分的空间位置信息是以扫描坐标系为基准的。对于单个采集点,原点到被测点的距离为 S,扫描仪测得的水平和竖直扫描角度分别为 α 和 θ,则被测点在扫描坐标系中的坐标可表示为:

$$x = S\cos\theta\cos\alpha, y = S\cos\theta\sin\alpha, z = S\sin\theta$$

通过连接点拼接可通过六参数转换模型将各测站的点云坐标转换到统一坐标系中:

$$\begin{bmatrix} x_c \\ y_c \\ z_c \end{bmatrix}_i = \begin{bmatrix} x_0 \\ y_0 \\ z_0 \end{bmatrix} + \begin{bmatrix} a_1 & a_2 & a_3 \\ b_1 & b_2 & b_3 \\ c_1 & c_2 & c_3 \end{bmatrix} \begin{bmatrix} x \\ y \\ z \end{bmatrix}_i$$

式中:$[x_0 \quad y_0 \quad z_o]_i^{\mathrm{T}}$——统一坐标系的点云坐标;

$[x_0 \quad y_0 \quad z_o]^{\mathrm{T}}$——仪器坐标系中的点云坐标;

$\begin{bmatrix} a_1 & a_2 & a_3 \\ b_1 & b_2 & b_3 \\ c_1 & c_2 & c_3 \end{bmatrix}$——两坐标系间的旋转矩阵,由三个旋转角度 (φ,ω,κ) 确定;

$[x \quad y \quad z]_i^{\mathrm{T}}$——各仪器坐标系的原点在统一坐标系中的坐标。

转换所需的六个参数 $(x_0,y_0,z_0,\varphi,\omega,\kappa)$ 的确定至少需要两个连接点,采用最小二乘平差的方法解算。该方法在 2005 年即得到应用,但是由于隧道内干扰复杂,设备安装困难,常常只能在盾构施工间隙中使用。目前国内采用单一测站扫描和标靶配准法已经在新奥法施工项目中应用。

2.2 摄影测量法

摄影测量法通过非接触的方式使用摄像设备,生成数字图像,然后通过目标点测量或特征点测量,采用多种分析方法来计算目标点或特征点的空间坐标,最后得到数据处理所需的各种数据。例如应用于裂缝监测当中,当隧道开挖面为平面时,推求裂隙产状的方法为:数码摄影设备采集到图像,并通过解译,计算出在三维空间中的坐标位置。坐标系统如图 1 所示,△ABC 为裂隙面的位置,n 是法向量。AB、BC 分别是出露在掌子面和左壁面(以开挖方向为参照)上的两条裂隙迹线。由数学几何关系可知,迹线 AB 和 BC 确定一个裂隙面,其法向量 n 为:

$$n = AB \times BC = \begin{bmatrix} i & j & k \\ x_B - x_A & 0 & z_B - z_A \\ 0 & y_C - y_B & z_C - z_B \end{bmatrix}$$

式中:$AB = (x_B - x_A, y_B - y_A, z_B - z_A) = (x_B - x_A, 0, {}_zB - z_A)$

$BC = (x_C - x_B, y_C - y_B, z_C - z_B) = (0, y_C - y_B, z_C - z_B)$

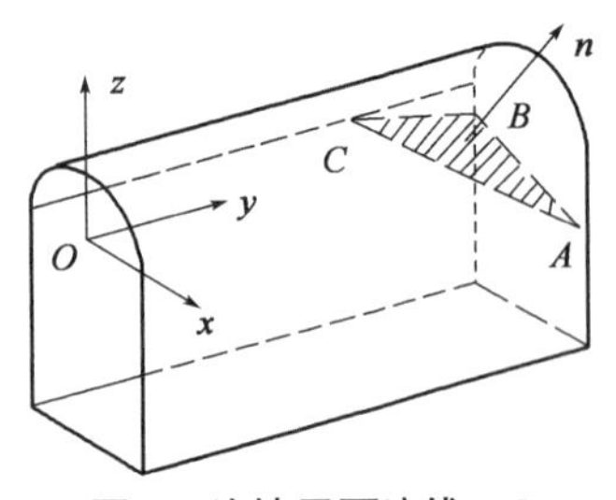

图1 边墙平面迹线 BC

根据平面及其法线间的关系，即可推求裂隙产状。

此种方法更可以进一步使用多台 CMOS 线性扫描摄像机安装在轨道车上对衬砌内表面进行连续的全景拍摄，从而获得大量图片数据并且进行处理，实现对地铁隧道裂缝的自动化监测。

2.3 红外成像法

相比于三维激光扫描和摄影测量法，红外成像方法在隧道工程中的应用较少，主要用来检测渗水、漏水，墙体空鼓等病害，或者火灾识别、定位等。周春霖等学者运用红外照相技术获得新奥法施工隧道中粉尘含量较高情况下的掌子面照片，根据其噪声较多，过曝、欠曝等特点提出“去噪-均衡化-阈值分割”图像处理方法，并采用霍夫变换对阈值分割所得照片进行线性特征识别。

3 图像处理技术

图像处理一般指利用计算机对图像进行分析处理，以达到所需结果的技术。图像处理技术一般包括图像压缩、增强和复原，匹配、描述和识别三个部分。这些图像处理技术都是通过各种不同的算法实现的，常用算法包括：图像分割法、边缘识别法、图像局部各向异性法、多级滤噪法、图像地理特征法、视觉显著程度法、图论法、小波变换法等。

图像处理一般为数字图像处理，源于 20 世纪 20 年代。数字图像处理作为一门科学形成于 20 世纪 60 年代。早期的图像处理以改善图像质量为目的，从 1964 年美国喷气式推进实验室对旅行者 7 号获取的大量月球照片运用数字技术进行图像处理后，越来越多的相应技术被运用到图像处理方面。自 1986 年以来，小波理论与变换方法迅速发展，它克服了傅立叶分析不能用于局部分析等方面的不足之处，被认为是调和分析半个世纪以来工作之结晶。Mallat 在 1988 年有效地将小波分析应用于图像分解和重构。小波分析被认为是信号与图像分析在数学方法上的重大突破，随后数字图像处理技术迅猛发展。

随着人工智能的迅猛发展，机器学习广泛应用于计算机系统用以实现快速、准确识别目标，实现图像处理。机器学习的方法往往需要大量的有效数据，复杂的训练和数据收集、预处理、特征提取过程，结合大量数据的严格模型训练过程才能应用实际问题处理当中。如今深度学习是最热门的人工智能技术，根植于并属于机器学习的分支。基于深度神经网络、卷积神经网络、循环神经网络等算法的深度学习促使视频、图像处理、识别领域有了突破性进展[2]。深度学习方法能够更好地提取图像更深层次的特征，减少其他因素干扰，在实现裂缝识别的过程中能够满足效率与精度的双重要求。

4 图像测量技术的应用

图像测量技术在国内于 1999 年即用于成都市大邑县孙家坡隧道设计[3]、施工投标当中。该项目通过图像处理，全面逼真地反映了整个隧道的要素及景象，对隧道设计投标开发了积极用途。现今随着计算机技术的不断发展,图像技术在隧道工程当中得到了更广泛的应用,下面从隧道工程的角度来分类介绍图像技术在隧道当中的应用。

4.1 变形监测

隧道横截面的变形情况能够反映隧道的总体结构状况,因此测量和监测隧道截面是确保安全的主动监测、维养的必要措施。多种方法可用以测量隧道断面,如机械测厚仪、卷尺引伸计、地面激光扫描(TLS)和大地测量仪器[4]。

Ukai[5,6]开发设计了基于线阵相机连续拍摄的隧道扫描系统(图2),通过拍摄隧道衬砌的高清照片来记录监测隧道墙体变形。该系统拍摄速度可达20km/h,实现了较为高效准确的扫描隧道衬砌结构。

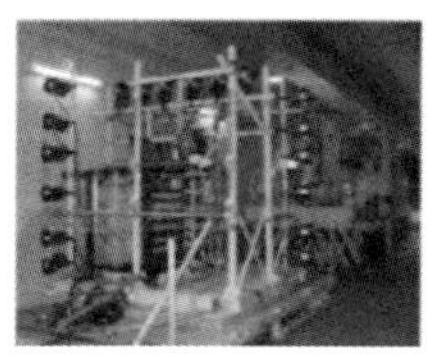
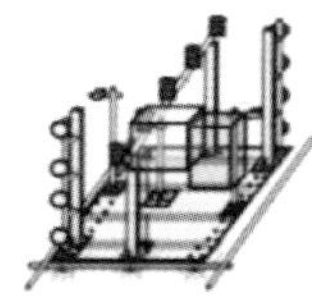
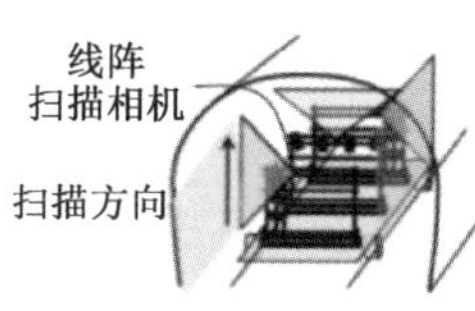

图2 Ukai等设计的隧道墙体图像扫描系统

Scaioni[7]等人在2014年提出了一种利用物理指标的专业隧道测量系统,通过在隧道拱顶上安装参考目标,并在沿墙拍摄的图像中测量其坐标,由此实现隧道横断面的变形测量[8]。Wang[9,10]等人在2010年提出了隧道横断面测量方法,他们使用激光指示器对隧道表面进行光束照射,再使用摄像机拍摄捕捉隧道轮廓(需要确保的是激光照射轮廓平面与摄像机图像平行),并将校准点定位在轮廓外围,如图3所示。最后利用透视投影法求出全局三维坐标与局部二维坐标的变换关系,来确定隧道横断面的变形。

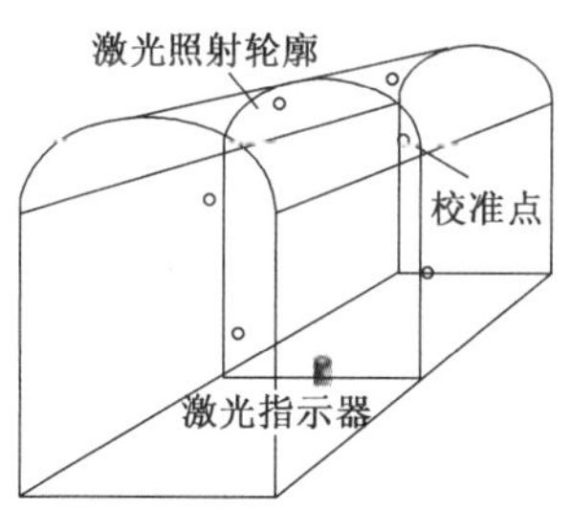

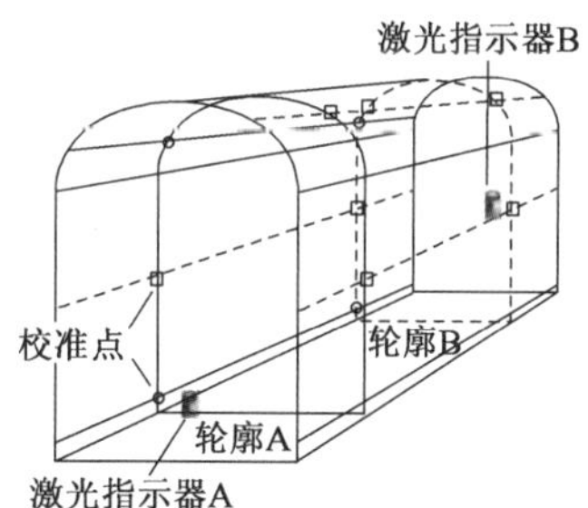

图3 Wang等的隧道横断面监测示意图

如图4所示,Simon等人于2013年实现了利用图像技术进行视觉变化监测。该团队通过图像处理技术识别出隧道内部的离断面,也可以整体展现得到隧道的变形特征。

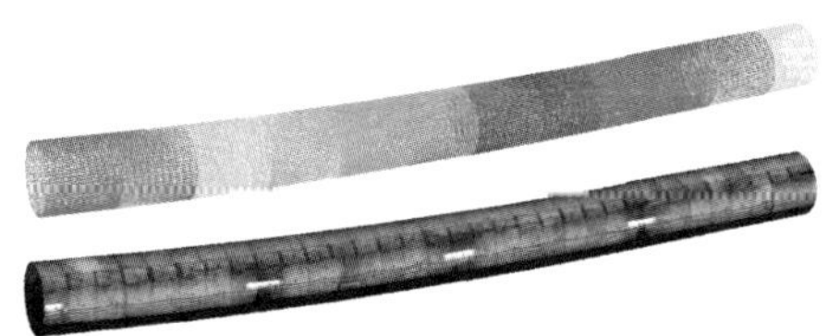

图4 Simon等利用重叠图形子集重建隧道

4.2 病害检测

目前传统的隧道病害检测主要是通过专业人员的定期无损伤检测来发现裂缝、剥落、渗水等病害，与此同时也会与之前的检测结果进行对比，以此来判断结构健康状况。传统无损伤检测方法通常包括：目视检查，基于强度的声波和超声波、电子、热成像、雷达和内窥镜检查等方法。每种方法都需要较为昂贵的特定检测仪器，同时需要检测人员在隧道内沿途测试，检测效率低下。此外传统的检测方法有以下缺点：费时费力，检测人员在隧道中处于黑暗、潮湿、通风不足的环境中，甚至可能吸入有害气体；检测结果主观性强，难以在天窗时间范围内完成全部检测。因此近年来全自动的检测方法被开发和应用到隧道病害检测中，同时随着图像技术在实体工业领域广泛运用，经济而高效的基于图像技术的隧道病害检测方法得到大力推广和使用。

李永强等将摄影测量技术应用于隧道衬砌检测当中，该团队通过隧道检测车上16个沿弧形分布的相机成像，得到多张部分重叠的隧道实景图像，这些重叠的影像在不同弧形半径处拼接缝合，形成隧道完整的三维柱面影像。对衬砌进行全面观察，检测肉眼难以观察的衬砌病害。刘学增等实现了基于数字图像处理的隧道渗漏水病害检测（图5），通过灰度处理、基于数学形态学方法的病害区域修正等方法，提出了识别隧道渗漏水病害的办法。

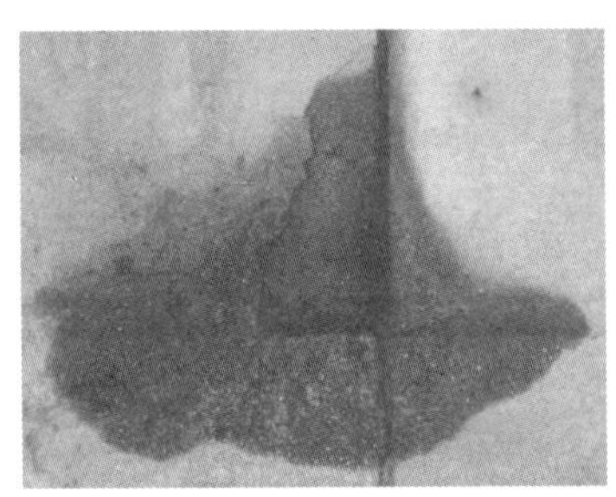

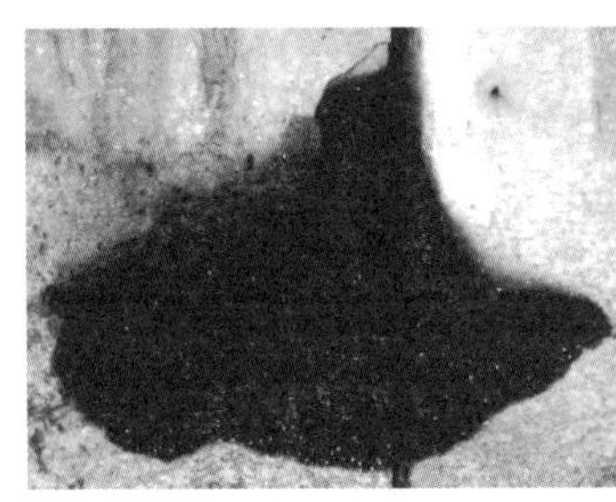

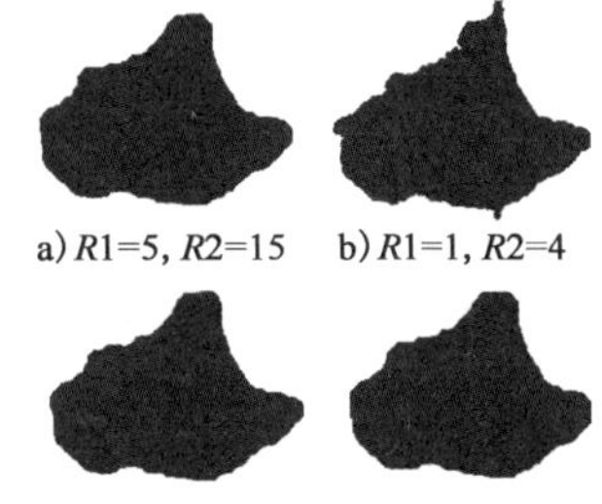

图5　刘学增等隧道渗水病害图像处理

裂缝是隧道工程中最常见也是最严重的病害，如今广泛使用的裂缝识别检测方法采用了各种图像技术，有采用简单的图形分割和形态学等经典图像处理方法，也有采用小波变换，NSCT算法，机器学习等理论来处理图像识别裂缝，这些基于算法的图像处理方法本质就是在一张复杂的裂缝图像中去噪，提取有效的裂缝部分。许多学者使用上述类似办法对隧道裂缝问题进行了研究，提出了隧道衬砌裂缝的图像测量技术，通过图形预处理、裂缝识别、提取裂缝区域、裂缝区域修正、裂缝边缘提取等步骤对隧道裂缝进行了分析。

4.3 隧道信息采集

图像技术同样广泛应用于隧道信息采集当中，如结合机器视觉构建BIM模型、构建导航系统等民用用途。杨莹于2016年提出了基于机器视觉的公路隧道图像快速采集系统，通过软件设计实现了公路隧道图像快速采集，可同时控制三台相机、陀螺仪、编码器、激光三维扫描仪的协调工作，实现了隧道全景的拍摄、图像处理，并提供数据库支持等功能。

4.4 交通监控

隧道中是交通事故多发地,国内如今隧道的信息化管理水平低,隧道照明模式等也存在问题,因此对隧道中进行交通监控十分有必要。丁磊等[20]将视频图像应用于隧道交通的监控,通过视频图像解析技术获得车辆通行信息,提升了隧道监控的现代化水平;同时与大数据应用相结合,对监控数据进行加工处理并存储,为日后进行隧道交通数据分析、车辆特征数据提取提供了保障。

4.5 防灾减灾

公路隧道火灾有着烟雾大、温度高;易爆炸、蔓延快;空间小、疏散难;条件差、扑救难等特点。江仲庆、刘帅对公路隧道火灾进行模拟实验,整理出温度、火焰和烟雾等多种在火灾发生时的要素的特征,并对其进行分析和机器学习,提出了一种图像识别技术作为非接触式的火灾报警,使得火灾在前期就能被准确发现。

4.6 超欠挖监测

德清县杭绕高速有限公司创新性地将图像三维重建技术投入超欠挖监测应用中,基于图像技术的超欠挖监测技术具有高精度的同时能实时快速地完成隧道超欠挖的监测任务,具备数据采集和处理一体化功能,同时兼并三维空间分析的能力。该技术将图像的三维重建通过 GPS 全景云台现场采集隧道内部数据,对隧道内部的全貌复原,直接以高分辨率、高清晰度的影像来呈现出隧道内部对象最原始的数据信息。采用可量测实景影像获取的可挖掘、可视、可量的信息基础上,对实景影像进行测量与标注,并和设计数据进行对比,记录隧道实测信息,并统计超欠挖等信息,以便安排施工、修复工作及安全管理。此项应用具有巨大的社会经济效益和良好的应用前景,也推动了隧道超欠挖监测向系统化、实时化、高精度和自动化的方向发展。

5 图像技术应用于隧道工程中的发展前景

费用较低的摄影设备,高速发展的计算机性能使基于图像技术在隧道工程中应用兼有较高的经济性和高效性,也逐渐替代传统检测方法,得到了越来越多的实践。图像技术在隧道中的应用也存在着很多困难与挑战:首先,隧道内光线不足,加上管道、涂鸦、广告等复杂环境,使得隧道内获取的图像暗淡、对比度低,噪声较多,图像特征难以提取;其次已有的图像样本有限,没有大量的有限数据对机器学习或深度学习方法进行训练和特征提取,使得图像识别准确率有限;最后由于每个隧道的差异性和独特性,某个隧道适用的图像技术并不适用于其他隧道。

随着传感器领域的发展,多种传感器可以和摄影摄像设备一起在隧道内进行数据采集,将多种数据进行融合为后面的分析提供更好的数据。同时人工智能领域在算法、算力方面不断地更新和发展,数据样本逐步的增加和收集,有助于促进深度学习在图像处理技术方面效率和准确率进一步提高。无人驾驶车辆及无人机方面技术的日益更新,也使其用于隧道工程中进行更安全,高效、准确的图像采集、处理成为可能。

6 结语

传统隧道相关测量依赖于目测或者其他人工手段,为了提高测量效率和减少主观干扰,应用于隧道领域的图像测量技术应运而生。有关隧道的图像测量技术尽管已经在变形监测、病害监测、隧道信息采集、交通监控、防灾减灾、超欠挖监测等广泛领域得到了应用,但尚有不足有待进一步完善。尤其在隧道工程领域,图像测量技术存在限制条件多、使用率低、不成系统的问题。前述案例中,Ukai、Scaioni、Wang 等在隧道变形监测中对图像采集技术的应用,Simon 等在隧道变形监测中对图像处理技术的应用,李永强等在隧道病害控制中对图像采集技术的应用以及刘学增等在隧道病害控制中对图像处理技术的应用都卓有成效,如何能适宜地结合使用这两种技术将是研究人员未来的挑战。着力于能有效提升隧道安全水平和监测效率的应用方法将是未来图像测量技术的发展方向。

参考文献

[1] 折昌美.地铁隧道复杂裂缝病害的图像识别算法研究[D].北京:北京交通大学,2019.

[2] 谢晓汶.基于深度卷积网络的公路隧道裂缝图像分类识别[D].南昌:南昌大学,2018.

[3] 黄凯.电脑图像技术在工程投标中的应用[J].世界隧道,1999,(4):37-39.

[4] Leanne A,Carl J D, Gianluca V, et al. Tunnel inspection using photogrammetric techniques and image processing: A review[J]. ISPRS Journal of Photogrammetry and Remote Sensing, 2018, 144:180-188.

[5] Ukaim. Advanced inspection system of tunnel wall deformation using image processing[J]. Quarterly Report of RTRI, 2007, 48(2): 94-98.

[6] Ukai,M, Nagamine, N. A High-performance Inspection System of Tunnel Wall Deformation Using Continuous Scan Image[D]. Tokgo:Railway Technical Research Institute,2011.

[7] Scaionim M, Barazzetti L, Giussani A, et al. Photogrammetric techniques formonitoring tunnel deformation[J]. Earth Science Informatics, 2014, 7(2): 83-95.

[8] 赵宇,詹建勇,杨勇勇.基于三维激光扫描技术的隧道施工期变形监测研究[J],科技通报,2019(9):173-179.

[9] Wang T T, Jaw J J, Chang Y H, et al. Application and validation of profile-imagemethod for measuring deformation of tunnel wall[J]. Tunnelling and underground space technology, 2009, 24(2): 136-147.

[10] Wang T T, Jaw J J, Hsu C H, et al. Profile-imagemethod formeasuring tunnel profile-Improvements and procedures[J]. Tunnelling and Underground Space Technology, 2010, 25(1): 78-90.

基于远程监控系统的搅拌桩施工工艺分析

陈　毅[1]　胡伟东[1]　徐　渊[1]　叶观宝[2]　沈鸿辉[2]
(1.杭州都市高速公路有限公司;2.同济大学地下建筑与工程系)

摘　要　水泥土搅拌桩作为一种常用的地基处理手段,其施工质量管控一直难以较好解决。本文以杭州绕城西复线湖州段软基处理工程为依托,开展了基于搅拌桩施工远程监测系统的应用研究,实现了搅拌桩的信息化施工和全过程管控。基于监测数据和现场标贯试验,对几种典型的搅拌桩施工工艺进行分析,得出:搅拌桩的成桩质量与施工工艺和地质条件有密切关系。对于上部土性好、深部土性差的地层,浅部可适当减少喷浆量和加快提升速率,而深部为保证桩身质量,应提高喷浆量和搅拌次数。

关键词　水泥土搅拌桩　实时监测　物联网+　标贯击数　施工工艺

1　引言

水泥土搅拌桩是软土地区最常用的地基处理方法之一,能够有效提高地基承载力、减少工后沉降和提高边坡稳定性。然而,由于水泥搅拌桩大部分施工工序在地下进行,其施工质量问题一直难以较好解决[1-3]。杭州绕城西复线湖州段软基处理工程采用了基于物联网技术的搅拌桩施工在线实时监控系统,实现了每根搅拌桩施工全过程跟踪、可反馈和可追溯[4]。

本文基于该监测系统获得搅拌桩施工数据,选取有代表性的桩,通过对比分析施工数据(搅拌工艺、喷浆量和搅拌次数等)和现场标贯击数,探讨不同施工工艺的搅拌桩施工质量,为搅拌桩施工提供指导意见。

2　工程背景

2.1　远程监测系统

杭州绕城西复线湖州段软基处理工程位于杭嘉湖平原水网地区,软基处理施工量大、周期长、处理形式多[4]。为了保证搅拌桩施工质量,本项目采用基于物联网技术的搅拌桩施工全过程远程监测系统。

CL-M1 型软基处理施工在线实时监控系统通过安装在施工设备上的传感器(转速传感器、流

基金项目:浙江省交通投资集团有限公司科技项目计划(项目编号:201813),国家自然科学基金项目(项目编号41772281)。

量传感器、深度传感器等）同时监测钻进深度、喷浆压力、喷浆量、提升速率等数据，并及时上传到信息化智慧云平台（图1）。实现了水泥土搅拌桩的全过程跟踪、可反馈和可追溯。

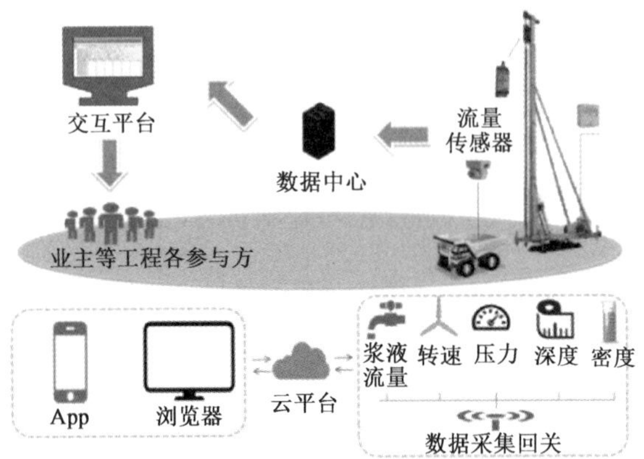

图1　软基处理施工在线实时监控系统

远程监控平台（图2）提供了各里程不同桩号的水泥土搅拌桩的详细施工情况，包括对应施工机械编号、施工时间、水灰比、水泥浆量、上提（下沉）速率等，并生成原始记录表（图3）和曲线图（图4、图5）。施工管理人员可以通过PC端和手机查看现场施工情况。

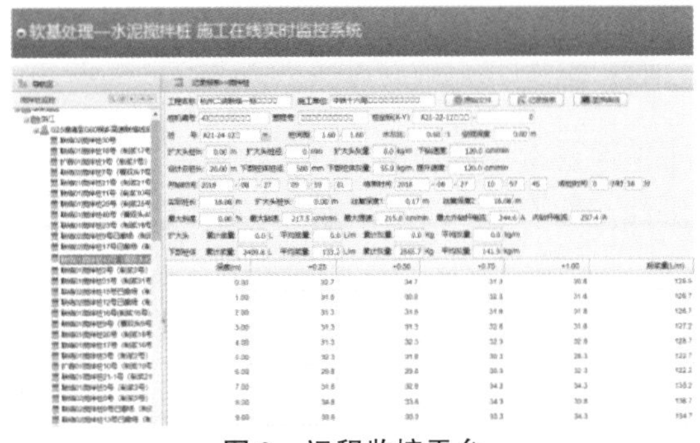

图2　远程监控平台

水泥土(双向)搅拌桩施工现场原始记录

工程名称：杭州二绕联络一标　　施工单位：中铁十六局

桩机编号：39　　桩坐标(X-Y):A31-26-11　　-

桩号：A31-24-11　　桩间距:1.40m-1.40m　　水灰比：0.60:1　　空搅深度：0.00m

扩大头桩长：0.00m　　扩大头桩径:0mm　　扩大头灰量:0.0kg/m　　下钻速度:120.0cm/min

设计总桩长：20.00m　　下部桩体桩径：500mm　　下部桩体灰量:55.0kg/m　　提升速度:120.0cm/min

开始时间:2018-07-25 17:13:05

深度(m)	+0.00	+0.25	+0.50	+0.75	段浆量(L/m)	密度(g/cm3)	灰量(kg)	备注
0	9.5	11.4	11.2	11.1	43.2	1.71	45.9	
1	10.7	10.9	11.1	11.2	43.9	1.71	46.6	
2	11	10.8	11	11.4	44.2	1.71	47	
3	11.5	11.4	12	11.9	46.8	1.71	49.6	
4	11.6	12	11.7	12	47.3	1.71	50.1	
5	12.2	11.9	12	11.9	48	1.71	50.8	
6	12.5	12.4	12	11.8	48.7	1.71	51.7	
7	12.1	12.2	12.1	12.1	48.5	1.71	51.3	
8	12.9	13.7	13.1	13.1	52.8	1.71	56	
9	13.1	12.6	13.1	13.4	52.2	1.71	55.4	
10	13.3	13.2	20.1	24.8	71.4	1.71	75.9	
11	24	21.3	17.2	17.3	79.8	1.71	85	
12	16.9	17	17.9	17.2	69	1.71	73.5	
13	17.5	18.6	18.9	18.8	73.8	1.71	78.5	
14	19.3	18.6	18.6	18.9	75.4	1.71	80.2	
15	19.1	19.2	19.9	19.4	77.6	1.71	82.4	
16	11.9	11.9	11.9	11.6	47.3	1.71	50.1	
17	12	12	12.6	12.9	49.5	1.71	52.5	
18	12.9	13.1	13.2	14.6	53.8	1.71	57.1	
19.06	6.4	0	0	0	6.4	1.71	6.8	

结束时间：2018-07-25 17:59:36　　成桩总时间:000:46:31　　最大斜度:0.00%

实际桩长:19.06m　　扩大头桩长:0.00m　　往复深度1:0.00m　　往复深度2:0.00m

最大钻速:228.0cm/min　　最大提速:196.6cm/min　　最大外钻杆电流:70.6A　　最大内钻杆电流:0.0A

扩大头　　累计浆量:0.0L　　平均浆量:0.0L　　累计灰量:0.0kg　　平均灰量:0.0kg/m

常规桩体　　累计浆量:1079.6L　　平均浆量:56.6L/m　　累计灰量:1146.4kg　　平均灰量:60.1kg/m

操作：　　技术：　　现场监理：

图3　施工现场实时数据记录

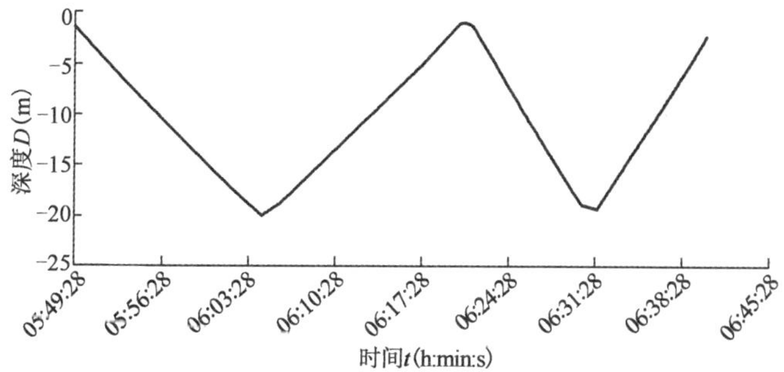

图 4　水泥土搅拌桩施工过程中时间-深度曲线

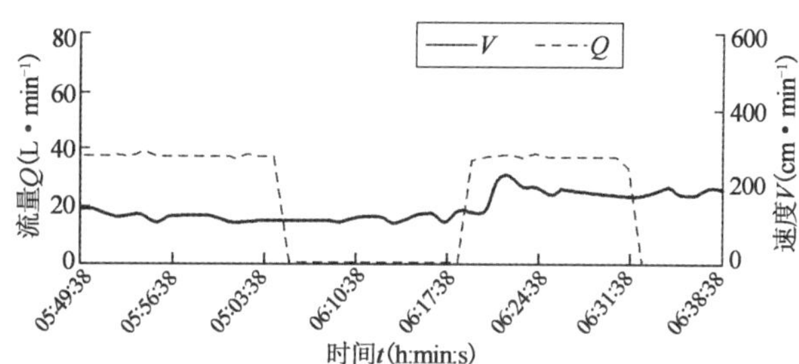

图 5　水泥土搅拌桩施工过程时间-流量、速度曲线

2.2　搅拌桩施工要求

搅拌桩桩长不超过 10m 时可用普通单向搅拌成桩工艺；桩长超过 10m 时应采用双向搅拌成桩工艺。采用“四搅二喷”进行施工（共搅拌四次，钻进时喷浆，提升时不喷浆）。采用 42.5 级普通硅酸盐水泥，水灰比为 0.45 ~ 0.55。桩径 0.5m，设计水泥用量为 55kg/m。注浆压力不小于 0.5MPa，送浆管路不得大于 50m。搅拌头翼片的枚数、宽度与搅拌轴的垂直夹角，搅拌头的回转数，搅拌头的提升速度相匹配。加固深度范围内土体任何一点均应搅拌 20 次以上。桩身 28d 无侧限抗压强度平均值应不小于 0.8MPa，最小值应不小于 0.5MPa；桩身 90d 无侧限抗压强度平均值应不小于 1.2MPa。

3　水泥搅拌桩施工工艺分析

基于远程监测系统获得搅拌桩施工数据，根据是否达到施工要求，将搅拌桩的现场施工情况分为四类。类型Ⅰ：搅拌桩完全按照施工要求进行；类型Ⅱ：搅拌桩采用“四搅两喷”工艺，每点总搅拌次数满足要求，但灰量不达标；类型Ⅲ：未采用“四搅两喷”工艺，每点总搅拌次数和灰量均不达标。

根据以上四种类型，选出代表性的桩，进行现场标贯试验，获得桩身标贯击数随深度变化。通过施工工艺和相应标贯击数曲线的对比分析，研究不同施工工艺对搅拌桩桩身质量的影响。

3.1 类型Ⅰ

选择 LTJ01 标 K10 +972-K11 +027 里程桩号为 A75-67-17 的水泥土搅拌桩。该桩的施工监测数据如图 6 所示。搅拌桩 A75-67-17 满足“四搅两喷”工艺(图 7),提升(下降)速率在 150cm/min 左右,每一点总搅拌次数在 20 次以上,且段灰量远超过 55kg/m。现场试验标贯击数随深度变化表明(图 8),标贯击数在 16 ~ 27 之间,沿深度逐渐减小。这可能与下部软土土性较差有关;同时,由于深部土体与空气缺乏联通,无法发挥水泥的气硬性效果,水泥土固化速率较慢。

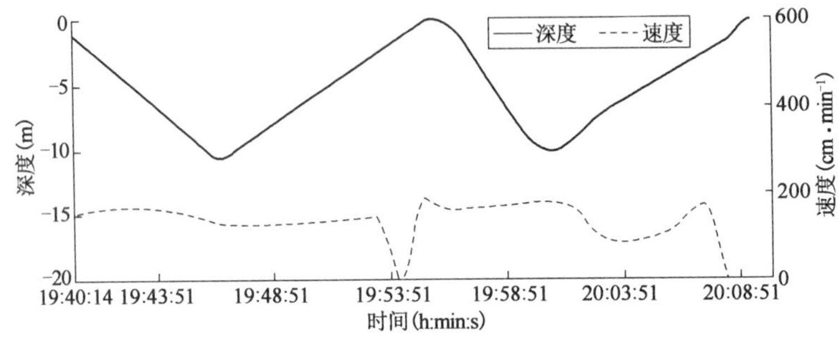

图 6 LTJ01 标段 A75-67-17 号桩时间-深度、速度分布曲线

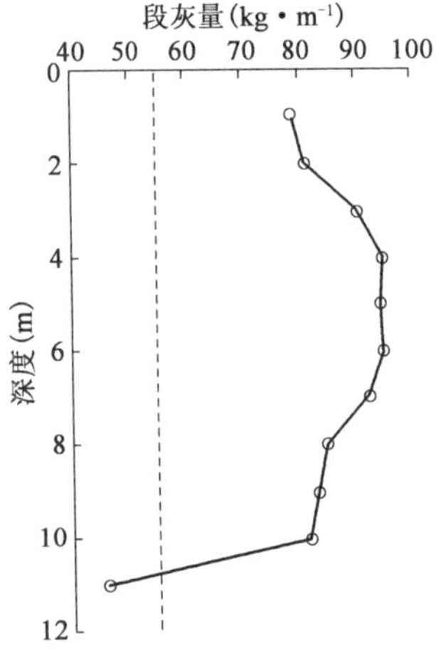

图 7 LTJ01 标段 A75-67-17 号桩深度-段灰量分布曲线

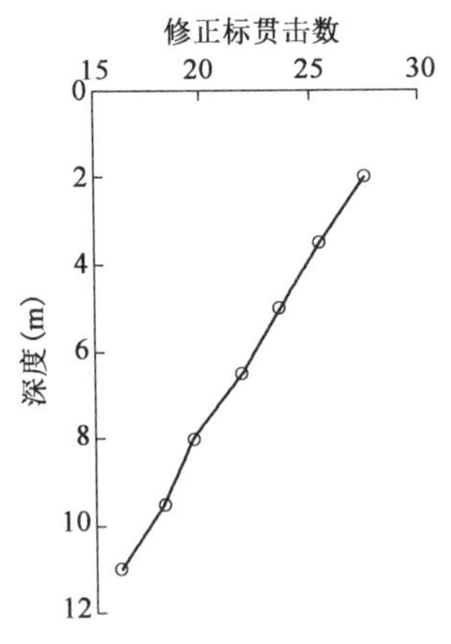

图 8 LTJ01 标段 A75-67-17 号桩深度-修正标贯击数曲线

3.2 类型Ⅱ

选择 LTJ01 标 K7 +425 ~ K7 +450 里程桩号为 A9-8-6 的水泥土搅拌桩。该桩的施工监测数据如图 9 所示。从图 10 可知,该搅拌桩满足“四搅两喷”工艺,计算每点总搅拌次数在 20 次以上;但水泥用量在 11 ~ 19m 深度处不满足要求,在 45 ~ 50kg/m 范围内。标贯击数随深度变化表明(图 11),10m 以下桩体质量较差,标贯击数小于 5 击。现场取芯亦反映出该桩深部水泥土质量差,桩身甚至未成形(图 12)。这可能与软土特性、水泥土固化机理等有关[5]。由于

下部软土埋层较深，土性较差，含水量高，水泥水化反应进行较慢。为了避免这种情况发生，可以通过改进工艺、提高水泥掺量以及掺入外加剂等方法改善深部搅拌桩的加固效果[6]。

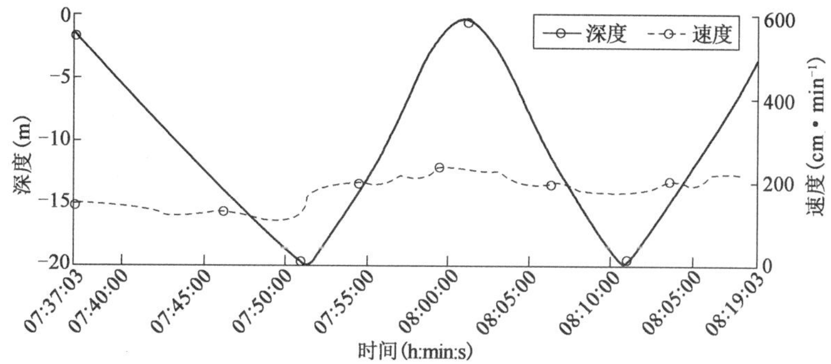

图 9 LTJ01 标段 A9-8-6 号桩时间-深度、速度分布曲线

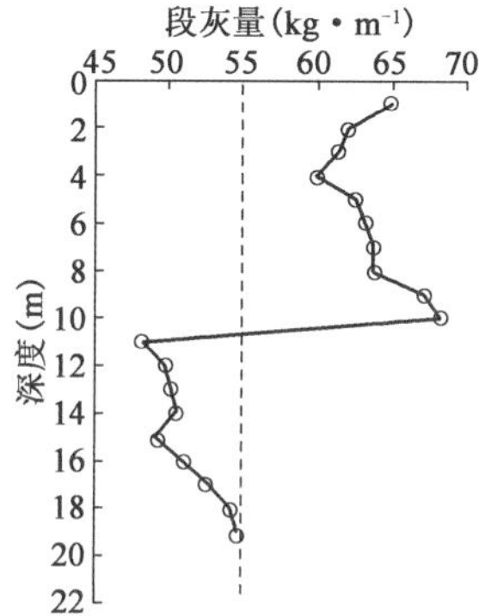

图 10 LTJ01 标段 A9-8-6 号桩深度-段灰量分布曲线

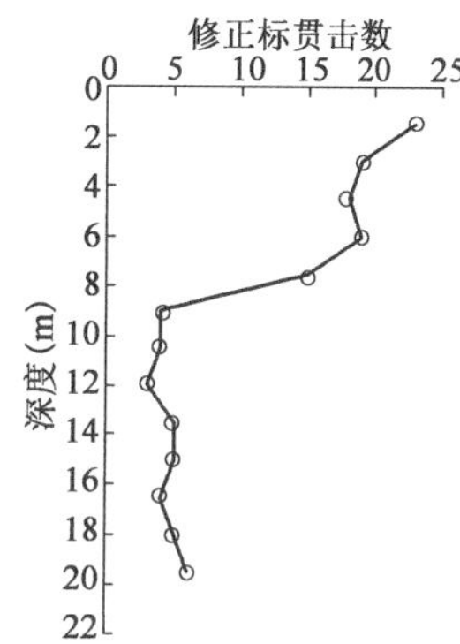

图 11 LTJ01 标段 A9-8-6 号桩深度-修正标贯击数分布曲线

图 12 LTJ01 标段 A9-8-6 号桩取芯结果

3.3 类型Ⅲ-1

选择 LTJ01 标 K9 + 316 ~ K9 + 340 里程桩号为 A31-30-4 的水泥土搅拌桩。监测数据如图 13 所示。从图 14 可知，该桩局部不满足“四搅两喷”工艺；0 ~ 12m 处段灰量均不满足要

求,且低于 50kg/m,12m 以下段灰量较高;每一点总搅拌次数甚至低于 10 次,以下搅拌次数高于上部(图 15)。

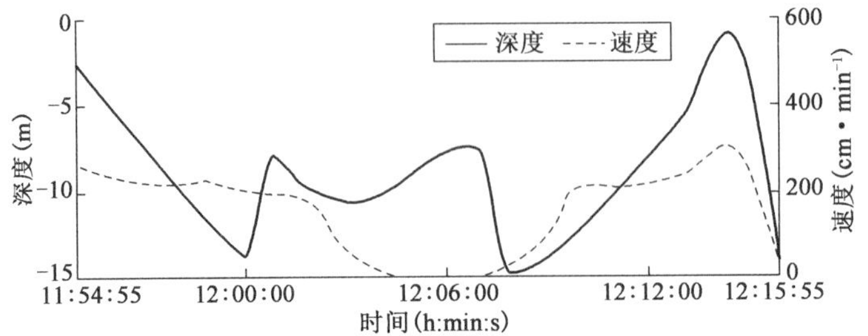

图 13 LTJ01 标段 A31-30-4 号桩时间-深度、速度曲线

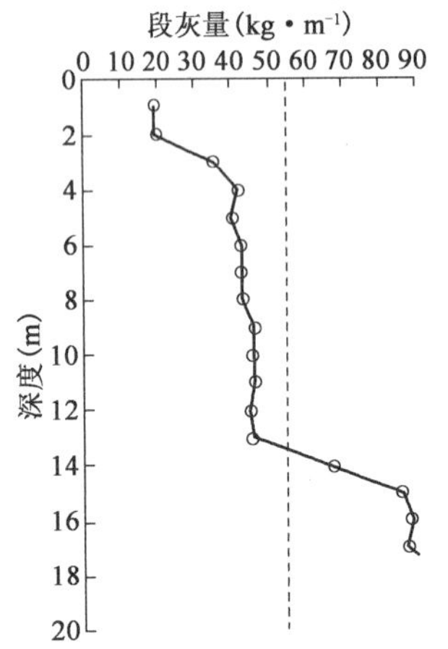

图 14 LTJ01 标段 A31-30-4 号桩深度-段灰量分布曲线

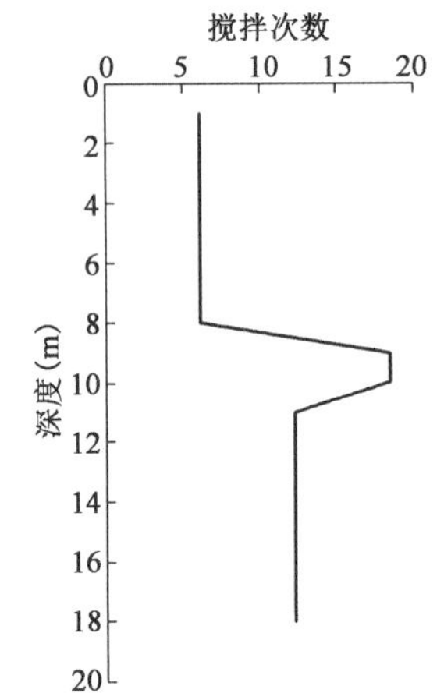

图 15 LTJ01 标段 A31-30-4 号桩深度-每一点总搅拌次数分布曲线

现场标贯试验结果表明(图 16),现场试验得标贯击数在 17 ~ 30 之间,沿深度逐渐减小。标贯试验结果与 3.1 节中的 A75-67-17 号桩基本一致。

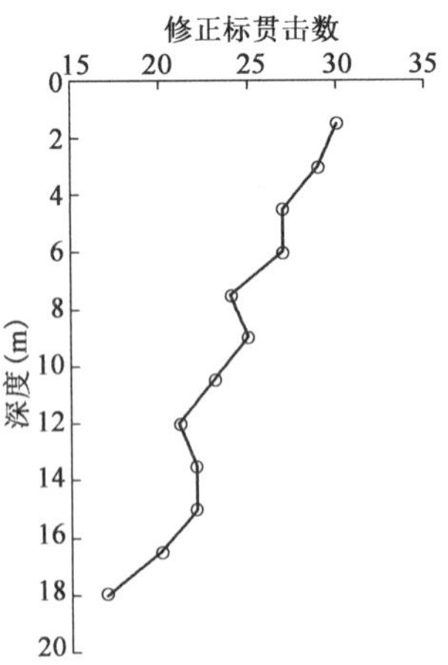

图 16 LTJ01 标段 A31-30-4 号桩深度-修正标贯击数分布曲线

由地勘资料可知，该桩所在线路浅部分布耕植土$①_0$，上部主要分布粉质黏土$②_1$和粉土$②_2$，层厚为5~15m，承载力容许值在100kPa以上。下部主要分布淤泥质粉质黏土，土层为流塑状，含少量有机质及腐殖质，层底深度在20m以上，承载力容许值为60kPa左右。由于上部土性好于下部软土，虽然上部段灰量和搅拌次数没达到要求，桩身质量仍较好；相反，下部应多喷浆、多搅拌，保证搅拌桩在下部软土层中的搅拌效果。

3.4 类型Ⅲ-2

选择LTJ01标K11+278~K11+357里程桩号为A37 97 10的水泥土搅拌桩和LTJ02标QK0+168~300里程桩号为Q30*4的搅拌桩。监测数据分别如图17所示。由图18可知，中搅拌桩A37-97-10为“两搅一喷”，下部段灰量较上部大。搅拌桩Q30*4为“两搅一喷”，但上部复搅一次，上部段灰量和搅拌次数较下部大。在6~20m范围内，搅拌桩A37-97-10与搅拌桩Q30*4相比，段灰量高出10kg左右，每一点搅拌次数高出5次左右(图19)。

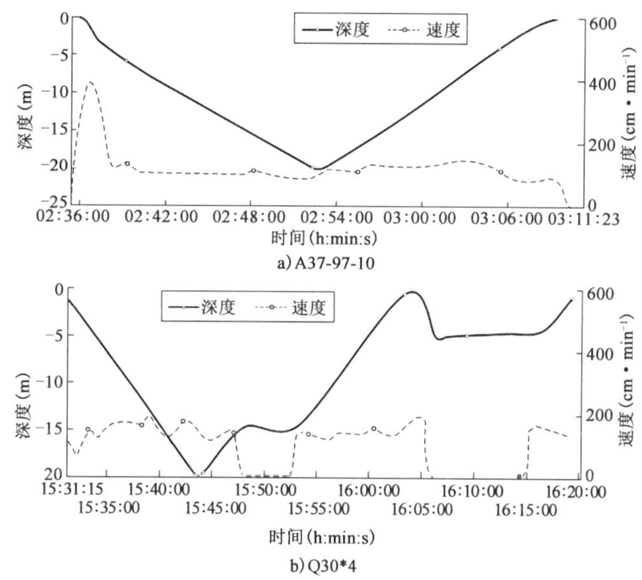

图17 时间-深度、速度分布曲线

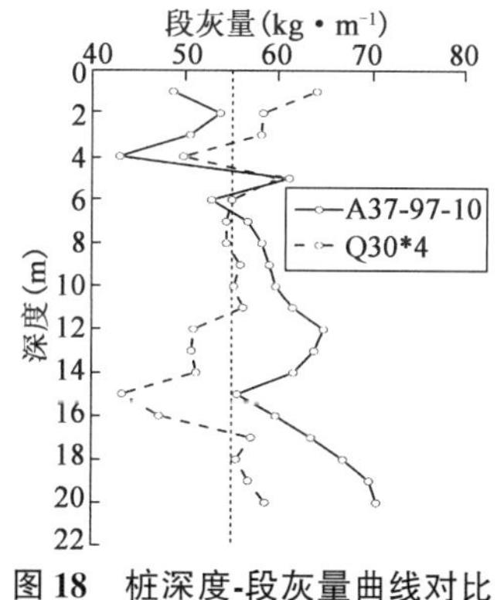

图18 桩深度-段灰量曲线对比

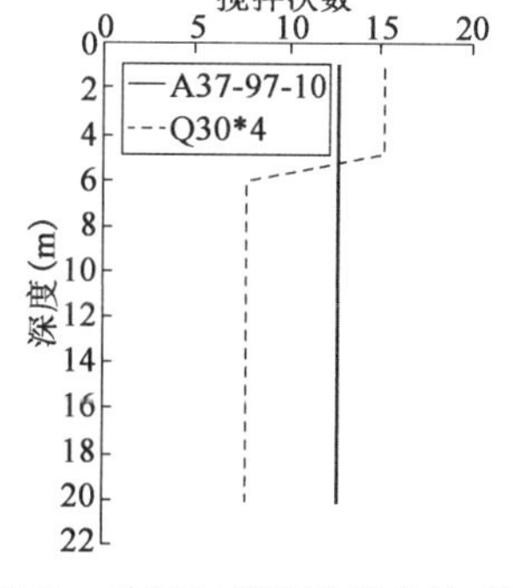

图19 桩深度-搅拌次数曲线对比

图 20 为这两根桩桩身标贯击数随深度变化曲线。两者对应的修正标贯击数总体随深度增加而逐渐递减，且搅拌桩 A37-97-10 击数比搅拌桩 Q30 * 4 大 5 ~ 10 不等。结果表明，上部硬土层土性较好，搅拌桩 Q30 * 4 在上部硬土层增加水泥浆量和搅拌次数对整体加固效果提升并不明显。为了显著提升施工效果，应在中下部软土层增大段灰量和搅拌次数。前述搅拌桩 A31-30-4 也支持这一结论。

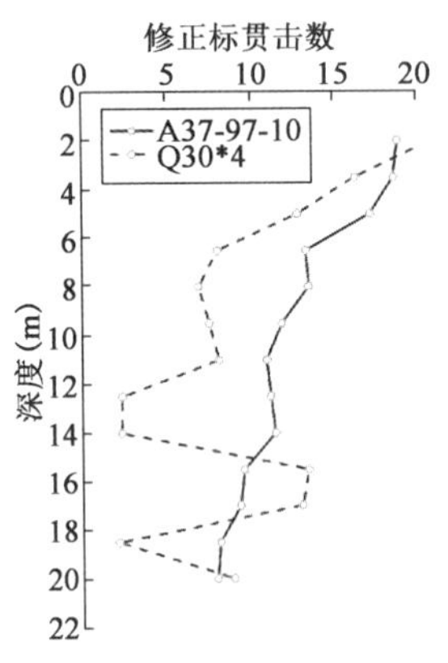

图 20　桩深度-修正标贯技术曲线对比

万瑜等(2019)通过水泥土搅拌桩智能化施工控制系统外钻杆电流值判断土层软硬实时下调下钻喷浆量，硬土层少喷浆，软土层多喷浆，在保证成桩质量的同时节约水泥量[7]。CL-M1 型软基处理施工在线实时监控系统能够监测到外钻杆电流，可借鉴该思路实现加固效果的最大化。

4　结语

本文依托杭州绕城西复线湖州段软基处理工程，开展了基于搅拌桩施工远程监测系统的应用研究，实现了搅拌桩的信息化施工和全过程管控。基于监测数据和现场标贯试验，对几种典型的搅拌桩施工工艺进行分析。研究表明，搅拌桩的成桩质量与施工工艺和地质条件有密切关系。对于上部土性好、深部土性差的地层，浅部可适当减少喷浆量和加快提升速率，而深部为保证桩身质量，应提高喷浆量和搅拌次数。

参考文献

[1] 叶观宝，陈望春，徐超，等. 水泥土添加剂的室内试验[J]. 中国公路学报，2006，19(5)：12-17.

[2] 叶观宝，陈望春，徐超，等. 复合添加剂在水泥土搅拌法中的应用[J]. 公路交通科技，2006，23(5)：29-31.

[3] 叶观宝，王艳. 如何控制水泥土搅拌法对土体的扰动[J]. 地下空间与工程学报，2007，3(2)：263-267.

[4] 程义,叶观宝,戚德健,等.基于物联网技术的搅拌桩施工全过程远程监测系统应用研究[J].勘察科学技术,2019(03):19-23.

[5] 唐瑞龙,郭续,武小宇,等.水泥搅拌桩施工成桩质量控制技术[J].施工技术,2019,48(S1):198-200.

[6] 黄坚生.支护及止水桩在泥炭土中成桩质量的改进措施[J].地下空间与工程学报,2016,12(S2):739-742.

[7] 万瑜,朱志铎,高波,等.水泥土搅拌桩智能化施工控制研究[J].施工技术,2019,48(13):43-47.

基于FLAC3D的公路隧道深大竖井初期支护参数研究

潘江波
(浙江交通集团股份有限公司大桥分公司)

摘 要 本文针对公路隧道深大竖井初期支护结构稳定性的四个主要影响因素:锚杆长度、锚杆间距、每圈锚杆数量、喷射混凝土厚度,利用有限差分软件FLAC3D,模拟深度分别为30m、60m、90m、120m、150m、180m、210m和240m八处截面上围岩节点的径向方向上的最大位移,分析研究不同竖井深度初期支护结构最适宜选取的影响因素大小;再通过单因素敏感性分析方法,分析研究不同竖井深度此四个主要因素的敏感性大小;进而得处基于不同深度的竖井初期围岩支护参数设计。结果表明:初期支护结构最适宜选取的影响因素在不同深度处不一致;支护结构参数的敏感性大小在不同深度处并不完全一致。

关键词 竖井初期支护 影响因素 敏感性 竖井深度

1 引言

随着计算机技术的迅速发展,数值模拟仿真分析方法已经广泛用于岩土及地下工程的研究和设计中。FLAC3D是一种显式有限差分程序。FLAC3D将二维FLAC推广到三维空间,不仅包括了所有FLAC的功能,并在该程序基础上进一步开发,能够模拟计算三维岩土体及其他介质中工程结构的受力与变形性态与类似问题。适用于材料的弹塑性计算、大变形分析、流变预测和施工过程的岩土工程的数值模拟,因而得到国内外广泛认可和应用[1-8]。

很多学者利用FLAC3D软件模拟了岩土工程中的锚杆支护及锚喷支护。杨新安等[9]采用FLAC程序研究了锚杆与注浆复合支护加固隧道围岩的机理,给出一个完整的应用实例。林杭等[10]通过FLAC3D模拟全长注浆锚杆的作用效果,说明了FLAC3D模拟边坡开挖以及支护的简便性。刘继国等[11]运用FLAC3D软件对武汉长江过江隧道江南明挖段深基坑进行了开挖与支护模拟。本文利用FLAC3D采用摩尔库仑模型模拟竖井开挖后,设置不同的混凝土衬砌和锚杆的参数,比较研究影响初期支护结构稳定性的四个主要因素:锚杆长度、锚杆间距、每圈锚杆数量和喷射混凝土厚度,模拟深度分别为30m、60m、90m、120m、150m、180m、210m、240m八处截面上围岩节点的径向最大位移;通过单因素敏感性分析方法,确定这四个主要因素的敏感性大小,进而确定不同竖井深度初期支护结构最适宜选取的影响因素大小;为隧道竖井初期支护设计提供一定参考。

2 竖井初期支护结构的稳定性影响因素分析

隧道竖井支护以锚喷初期支护为主要承载结构，二次衬砌作为安全储备作为承载机理，初期支护对隧道竖井的安全性和稳定性具有很重要的影响[12]。不同深度下，围岩的受力情况各不相同，但规范[13,14]中推荐的竖井的支护参数没有考虑深度的影响，所以，有必要进行进一步的研究不同深度情况下围岩的位移情况。

现行规范中关于Ⅴ级及以下围岩下竖井的支护结构，规定是由初期支护和二次衬砌构成的复合结构，其中初期支护由锚杆、钢筋网、钢圈梁和喷射混凝土组成，二次衬砌为模筑混凝土或者钢筋混凝土。为了充分考虑竖井支护各个因素对于竖井稳定性的影响利用FLAC3D软件建立模型（图1），此模型中竖井的内径为7m，深度为250m，

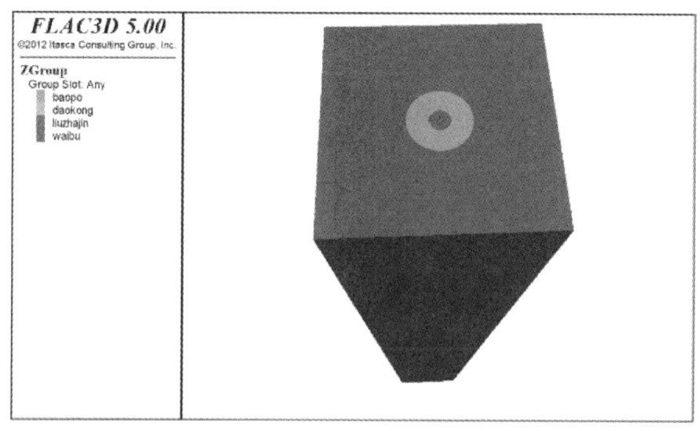

图1 竖井FLAC3D模型

围岩级别为Ⅴ级岩质围岩，考虑Ⅴ级围岩，喷射混凝土后围岩的荷载释放率为80%。根据《公路隧道设计规范》（JTG D70—2004）中关于竖井支护参数的规定，竖井的支护结构选取为锚杆直径为25mm、长3.5m、间距为1m、每圈锚杆数量27根，喷射混凝土为厚度为25cm的C25混凝土材料。混凝土材料和支护结构材料的参数选取如表1所示，Ⅴ级岩质围岩地层物理力学参数如表2所示。

材料物理参数的选取 表1

材料名称	弹性模量 E(GPa)	泊松比 μ
锚杆	210	0.2
C25喷射混凝土	23	0.2

地层物理力学参数 表2

材料名称	重度 γ (kN/m^3)	弹性模量 E(GPa)	泊松比 μ	内摩擦角 φ(°)	黏聚力 c(MPa)
Ⅴ级围岩	18.0	1.5	0.4	22	0.12

由于竖井结构以及井筒的成拱效应，所以本次建立的模型选择竖井的整体进行计算，根据工程经验和FLAC3D软件的计算实例，模型的计算范围选择不小于开挖半径的3~4倍。

本模型选用的边界为正方形,边界大小为 30m,X、Y 方向位移为零,底边界面上各向位移均为零。喷射混凝土支护采用壳单元 shell,锚杆采用的是锚杆单元 cable。锚杆通过与围岩节点建立约束方程连接,并与喷射混凝土支护刚性连接。锚杆和喷射混凝土支护模型如图 2 所示。

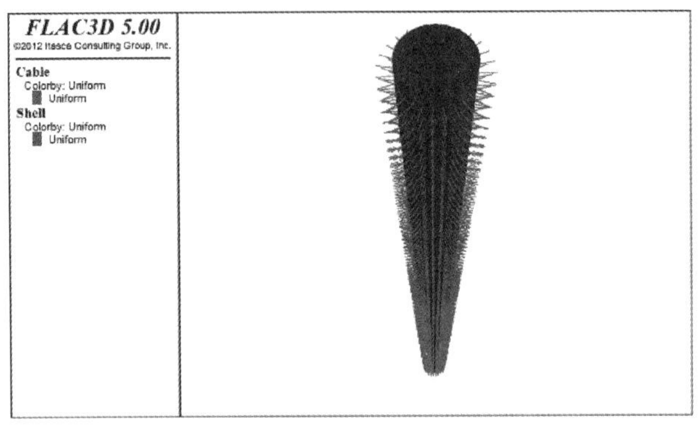

图 2　锚杆和喷射混凝土支护模型

根据《公路隧道设计规范》(JTG D70—2004)中规定的竖井支护参数,通过修改锚杆直径和长度、每圈锚杆数量、喷射混凝土的厚度,研究在相同工况下,不同深度(30m、60m、90m、120m、150m、180m、210m、240m)围岩的变形情况,所得结果见图 3 ~ 图 6。从图中可以发现,整体上来看,随着四个设计参数的变化,围岩的径向最大位移均随着竖井深度的增加而减小。锚杆长度和锚杆间距的变化随着深度增加对围岩径向位移影响较小且趋势一致,锚杆数量和混凝土厚度对围岩径向位移影响较大。从图 5 分析发现,围岩的径向最大位移在竖井深度越大时值越小;竖井深度在 30m 和 240m 处时,围岩的径向最大位移随着每圈锚杆数量的增加基本不变;每圈锚杆的数量布置 21 根或者 27 根最适宜,此时围岩的径向最大位移最小。从图 6 分析发现,当喷射混凝土厚度为 0.1m、0.15m 和 0.2m 时,在竖井深度为 120m 处围岩径向位移有一个大幅度的增加,通过查看塑性区分布图发现此处围岩已经发生塑性破坏,因此喷射混凝土厚度建议因当大于 0.2m。

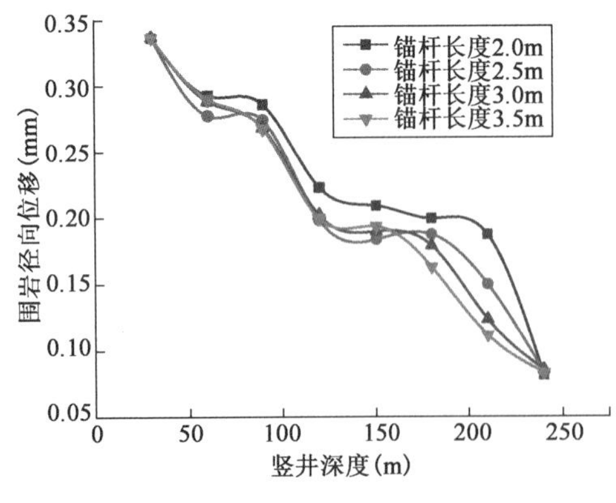

图 3　不同锚杆长度下围岩的径向位移

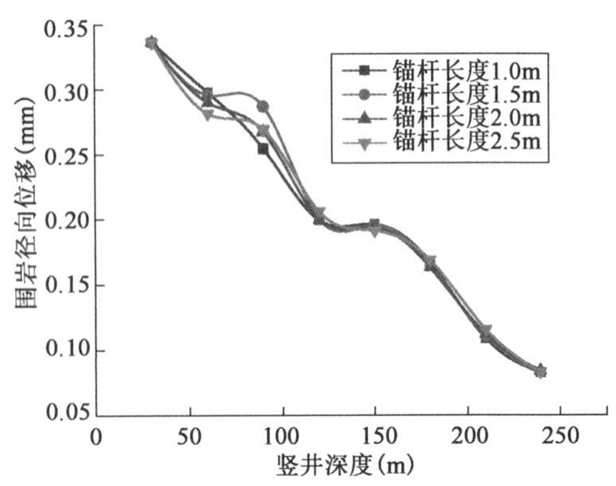

图 4　不同锚杆间距下围岩的径向位移

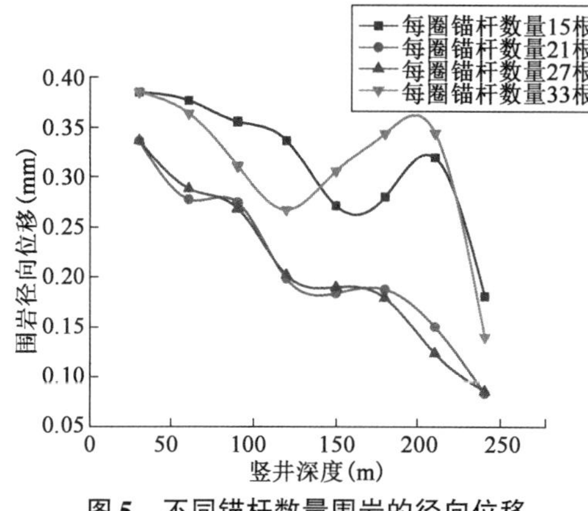

图5 不同锚杆数量围岩的径向位移

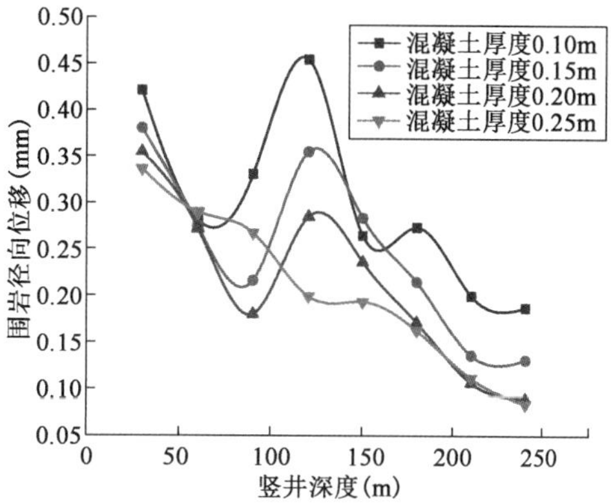

图6 不同混凝土厚度下围岩的径向位移

3 竖井支护结构稳定性单因素敏感性分析

在单因素敏感性分析中,敏感性系数的计算首先应计算所分析的因素的相对变化范围内的变化率 α_i,公式如下:

$$a_i = \frac{\Delta x_i}{x_{\max} - x_{\min}} = \frac{x_i - x_{io}}{x_{\max} - x_{\min}}$$

式中:x_i——因素的各级水平;

x_{io}——因素设定的基准值;

Δx_i——第 i 级因素水平相对该因素基准值的变化量;

$x_{\max}$——因素在变化范围内的最大值;

$x_{\min}$——因素在变化范围内的最小值。

再计算所分析可变因素发生变化时响应的变化率,计算公式如下:

$$b_i = \frac{\Delta F(x_i)}{F(x_{io})} = \frac{F(x_i) - F(x_{io})}{F(x_{io})}$$

式中:$F(x_{io})$——因素在基准值时的响应值;

$F(x_i)$——因素在第 i 级水平时的响应值。

因素发生变化时的敏感性系数的计算公式为:

$$\eta = \frac{b}{a}$$

敏感性系数的物理意义就是:当某一因素相对其变化范围发生一定幅度的变化时,因素响应值相对基准值变化程度大小的定量化描述。对不同因素进行单因素试验,并计算试验响应的敏感性系数,如果某一因素试验结果的敏感性系数整体偏大,那么该因素的敏感性强。

前面通过变换单一参数求得了不同支护结构情况下竖井围岩的径向最大位移,下面分别对锚杆长度、锚杆间距、每圈锚杆数量和喷射混凝土厚度这四个影响因素进行敏感性分析。本文选取的单因素水平如表3所示,设定第1计算点为基准点,利用上面的计算方法得到敏感性系数,结果如表4所示。

单因素水平表 表3

因素分档编号	锚杆长度(m)	锚杆间距(m)	喷射混凝土厚度(m)	每圈锚杆数量(根)
1	2	1	0.1	15
2	2.5	1.5	0.15	21
3	3	2	0.2	27
4	3.5	2.5	0.25	33

不同竖井深度各支护结构参数的敏感性大小 表4

竖井深度(m)	支护结构参数的敏感性大小
30	喷射混凝土厚度 > 每圈锚杆数量 > 锚杆长度 > 锚杆间距
60	喷射混凝土厚度 > 每圈锚杆数量 > 锚杆长度 > 锚杆间距
90	喷射混凝土厚度 > 每圈锚杆数量 > 锚杆间距 > 锚杆长度
120	每圈锚杆数量 > 喷射混凝土厚度 > 锚杆长度 > 锚杆间距
150	每圈锚杆数量 > 喷射混凝土厚度 > 锚杆长度 > 锚杆间距
180	每圈锚杆数量 > 喷射混凝土厚度 > 锚杆长度 > 锚杆间距
210	每圈锚杆数量 > 喷射混凝土厚度 > 锚杆长度 > 锚杆间距
240	每圈锚杆数量 > 喷射混凝土厚度 > 锚杆长度 > 锚杆间距

4 不同竖井深度下初期支护结构最适宜选取

结合图3~图6围岩径向位移数据规律和敏感性分析的结果,在不同竖井深度下挑选围岩径向位移数据最小的支护结构作为最适宜布置,可得基于不同深度的竖井初期围岩支护参数(表5)。

不同竖井深度初期支护结构最适宜选取 表5

竖井深度(m)	锚杆长度(m)	锚杆间距(m)	喷射混凝土厚度(m)	每圈锚杆数量(根)
30	—	—	0.25	21
60	2.5	2.5	0.2	21
90	3.5	1	0.2	27
120	2.5	1	0.25	21
150	2.5	2.5	0.25	21
180	3.5	2	0.25	27
210	3.5	1	0.2	27
240	—	—	0.25	21

5 结语

本文利用有限差分软件 FLAC3D 通过比较研究影响初期支护结构稳定性的四个主要因素:锚杆长度、锚杆间距、每圈锚杆数量、喷射混凝土厚度,以此模拟深度分别为 30m、60m、90m、120m、150m、180m、210m、240m 八处截面上围岩节点的径向方向上的最大位移,确定了不同竖井深度初期支护结构最适宜选取的影响因素大小;通过单因素敏感性分析方法,确定不同竖井深度四个主要因素的敏感性大小。

参考文献

[1] 王泳嘉,邢纪波. 离散单元法同拉格朗日元法及其在岩土力学中的应用[J]. 岩土力学,1995(02):1-14.

[2] 程桦,孙钧. 三峡船闸及高边坡非线性大变形数值分析[J]. 岩土力学,1998(04):1-7.

[3] CarsughiF, Giacometti A , Gazzillo D . Small-angle scattering data analysis for dense polydisperse systems: the FLAC program[J]. Computer Physics Communications, 2000, 133(1):66-75.

[4] 寇晓东,周维垣,杨若琼. FLAC3D 进行三峡船闸高边坡稳定分析[J]. 岩石力学与工程学报,2001,20(1):6-6.

[5] 李英杰,张顶立,刘保国,等. 考虑围岩性质劣化的深埋软弱隧道破坏机理数值模拟研究[J]. 土木工程学报,2012,45(09):156-166.

[6] 李为腾,杨宁,李廷春,等. FLAC3D 中锚杆破断失效的实现及应用[J]. 岩石力学与工程学报,2016,35(04):753-767.

[7] 李国锋,李宁,刘乃飞,等. 基于 FLAC3D 的含相变三场耦合简化算法[J]. 岩石力学与工程学报,2017,36(S2):3841-3851.

[8] 李仲奎,戴荣,姜逸明. FLAC3D 分析中的初始应力场生成及在大型地下洞室群计算中的应用[J]. 岩石力学与工程学报,2006,21(z2):2387-2392.

[9] 杨新安,黄宏伟,丁全录. FLAC 程序及其在隧道工程中的应用[J]. 同济大学学报:自然科学版,1996(4):39-44.

[10] 林杭,曹平,周正义. FLAC3D 模拟全长注浆锚杆的作用效果[J]. 岩土力学,2005(S2):167-170.

[11] 刘继国,曾亚武. FLAC3D 在深基坑开挖与支护数值模拟中的应用[J]. 岩土力学,2006(03):167-170.

[12] 吴金刚,宋艳彬,陈仁东,等. 公路隧道洞口段支护结构加强设计优化研究[J]. 现代隧道技术,2014(6).

[13] 中华人民共和国交通运输部. 公路隧道设计规范:JTG D70—2004[S]. 北京:人民交通出版社,2004.

[14] 中华人民共和国交通运输部. 公路隧道设计细则:JTG/T D70—2010[S]. 北京:人民交

通出版社,2010.

[15] Zh S A. Nonaxisymmetric loss of stability in a verticalmine shaft [J] International Applied-mechanics,1976,12(05):517-519.

[16] Klrkbridem. Ultra-deep shaft construction [J]. Tunnels and Tunnelling International,2002, 34(6):38-40.

[17] 杨官涛,李夕兵,刘希灵.竖井围岩-支护系统稳定性分析的最小安全系数法[J].煤炭学报,2009(02):175-179.

[18] 于学馥,郑颖人,等.地下工程围岩稳定分析[M].北京:煤炭工业出版社,1983.

基于爆破参数优化的深大通风竖井爆破块度控制研究

黄 曼 李庆祥 潘江波 王国树
(浙江交工集团股份有限公司)

摘 要 针对运用反井法施工的隧道通风竖井排渣井易堵塞问题,利用双隐层 LM 神经网络算法建立爆破大块率预测模型,用以优化爆破参数,减少大块率。以浙江省金华山深大通风竖井的实测数据为例,选取单耗、最小抵抗线、单孔最大药量、孔深、孔距、炮眼数、岩石抗压强度 7 个参数作为输入因子,选取爆破块度最大尺寸 X90 为输出因子。结果表明,双隐含层 LM 神经网络模型的预测值与实测值的最大误差为 5.6cm,验证了该大块率预测模型的可行性和适用性,可用于指导竖井爆破工程。

关键词 竖井 排渣井堵塞 爆破技术 神经网络 LM 算法

1 引言

运用反井钻机法建设隧道通风竖井,已成为建设竖井的常用方法,该方法又称反井法(图 1)。其中,排渣井起着排除岩渣和裂隙水的作用,是反井法区别于传统正井法的关键。由于排渣井属于细长构筑物,在溜排岩渣过程中极易堵塞,渣井的堵塞问题一直掣肘着反井钻机法施工的效率。江西洪屏抽水蓄能电站工程 1 号竖井建设工程[1],采用反井钻机法施工,初次爆破就发生堵井事故,堵塞段位于井口以下 150m 处,堵塞段长度约为 30m;厄瓜多尔 CCS 水电站 1 号和 2 号竖井[2],施工时在导井的上部、中部和下部均出现过堵塞现象;湖北省十房高速公路通省隧道 1 号通风竖井建设项目[3],在施工时排渣井堵塞,通过现场检测,发现堵塞原因是大块率过高,爆破效果不满足要求。从以上案例可以看出,爆破后岩渣粒径过大是导致排渣井堵塞的主要原因。

国内外相关学者很早就注意到爆破块度分布对于爆破效果的评价具有重要意义,并做了大量研究,提出了许多爆破块度的分布预测模型[4-6]。随着机器学习技术的不断发展,结合机器学习算法预测岩石爆破块度已经成为可能。汪学清等[7]将 BP 神经网络模型应用到岩石的块度分布;Bahrami[8]等运用人工神经网络建立预测模拟模型,来预测爆破工程中岩石块度和爆破飞石的分布,通过实践证明神经网络模型是一个有效通用的技术手段。王泽文[9]等,利用粒子群算法(PSO)优化极限学习机(ELM)的输入权值与隐含层阈值,建立 PSO-ELM 爆破块度预测模型,优化了别斯库都克露天煤矿的爆破参数,取得了良好的效果。

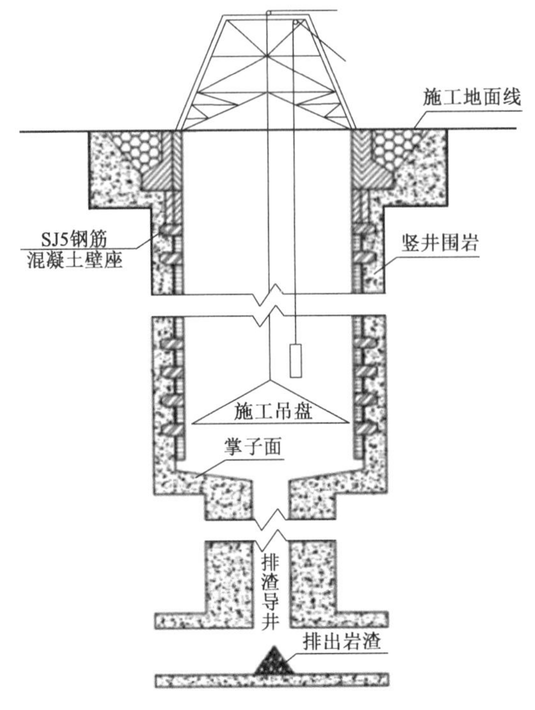

图1　反井法施工示意图

上述理论都是基于煤矿开采,块度控制以平均块度为主,以取得合理级配为目标,而竖井掘进爆破不设掏槽眼,没有爆破台阶,块度以大块控制为主,没有级配要求,因此竖井爆破参数的选取和控制目标与煤矿开采有着明显的区别。本文通过现场爆破试验获得完整的爆破和粒径参数,运用双层 BP 神经网络算法实现对爆破大块率的预测,结果可用于指导施工,防止排渣井堵塞。

2　BP 神经网络算法

BP 神经网络是模拟人脑对外部输入产生的动态响应,用以解决复杂的非线性的数学问题。BP 网络是典型的多层网络,由输入层、隐藏层和输出层三层组成。BP 神经网络的结构体系设计包括确定输入层和输出层神经元数量,并确定隐含层的层数和各隐含层神经元数量。其中,输入层和输出层的神经元数量即输入参数和输出参数的数量,隐含层的层数和各隐含层的神经元数量会对网络的训练精度和训练速率产生影响。然后确定 BP 神经网络训练中用于学习和记忆的样本,样本的数量根据研究问题决定,需满足网络的学习要求。BP 算法是一种反向传播算法,其原理是根据训练结果,调整输入网络结构的权重和偏置值来使得网络结构更好地满足输入和输出的映射关系(图 2)。

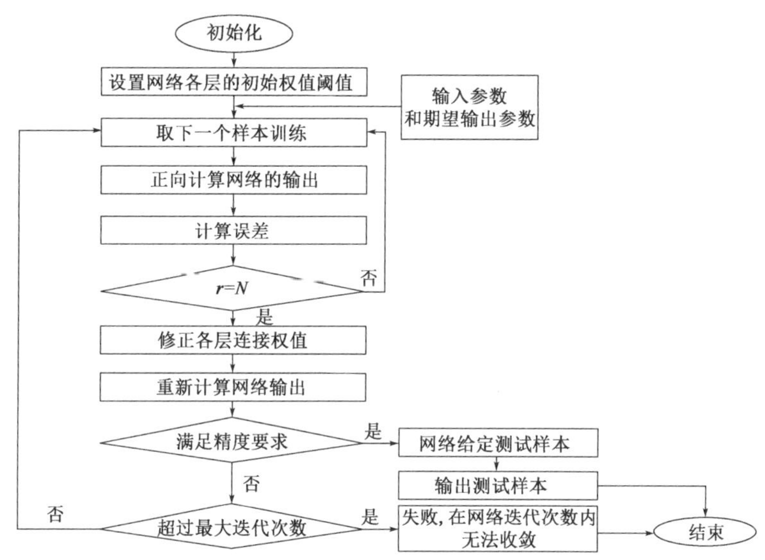

图2 BP神经网络训练过程图

其原理如下：假设隐含层中的第j个神经元的输入和输出分别为S_j和b_j，则

$$s_j = = \sum_{i=1}^{4} w_{ij} a_i - \theta_j \quad j = 1,2,3,\cdots,N \tag{1}$$

$$b_j = f_1(s_j) \quad j = 1,2,3,\cdots,N \tag{2}$$

$$f(x) = \frac{1}{1 + e^{-x}} \tag{3}$$

式中：w_{ij}和θ_j——输入层与隐含层之间的权值和阈值。

式(3)为双曲正切传递函数Sigmoid函数，其作为隐含层的传递函数训练神经元。

假设第t个输出层神经元的输入和输出分别为L_t和C_t，则

$$L_t = \sum_{i=1}^{1} v_{it} b_j - \gamma_t \tag{4}$$

$$C_t = f_2(L_t) \tag{5}$$

$$f_2(x) = x \tag{6}$$

式中：v_{it}、γ_t——隐含层与输出层之间的权值、阈值。

采用式(6)所示的线性函数为激活函数。

BP神经网络的训练根据期望输出和实际输出的误差不断调整权值和阈值，使误差小于预设值，从而建立输入参数和输出参数之间的高度非线性关系模型。BP神经网络的优化目标函数为：

$$MSE - \frac{1}{T} \sum_{t=1}^{T} (y_t - C_t)^2 \tag{7}$$

式中：y_t——期望输出；

T——训练数据集的数量。

BP神经网络通过梯度下降学习法调整权值和阈值，使目标函数值最小，从而得到一个

优化的训练神经网络。训练过程中的 v_{it} 和 γ_t 按式(8)和式(9)进行调整：

$$v_{jt}(m+1) = v_{jt}(m) + \alpha(y_t - C_t)C_t(1 - C_t)b_j \tag{8}$$

$$\gamma_t(m+1) = \gamma_t(m) + \alpha(y_t - C_t)C_t(1 - C_t) \tag{9}$$

式中：m——训练过程中 BP 神经网络的调整次数；

α——隐含层和输出层之间的调整速度，且 $0<\alpha<1$。

w_{ij} 和 θ_j 按式(10)和式(11)进行调整：

$$w_{jt}(m+1) = w_{jt}(m) + \beta\left[\sum_{t=1}^{1}(y_t - C_t)C_t(1 - C_t)v_{jt}\right]b_j(1 - b_j)a_j \tag{10}$$

$$\theta_j(m+1) = \theta_j(m) + \beta\left[\sum_{t=1}^{1}(y_t - C_t)C_t(1 - C_t)v_{jt}\right]b_j(1 - b_j) \tag{11}$$

式中：β——输入层和隐含层之间的学习速度，且 $0<\beta<1$。

神经网络训练过程中有多种算法可以选择，每种算法都有其优缺点。不同训练目标意味着训练算法的选择没有统一标准。经过对各种算法的优缺点分析，本文选择双隐层 Levenberg-Marquardt 算法进行网络训练，该算法结合了高斯-牛顿算法和梯度下降法的优点，收敛速度快且训练结果稳定。

3 工程背景

为满足金华山特长深埋隧道的火灾排烟和通风要求，需要建设通风竖井。竖井位于金华山隧道 YK2467 +400 处，内轮廓净宽 7.0m，井口标高 476.0，井底标高 222.5，井身长 253.5m，属于埋藏深、孔径大的通风竖井。为防止竖井在建设过程中发生排渣井堵塞事故，在竖井开挖过程中，在施工现场进行了 10 次爆破试验，采集了相应的爆破参数用于进行神经网络的训练。

首先运用层次分析法（AHP）对爆破参数进行筛选，选择有效的爆破参数进行收集和分析。根据王泽文[9]的研究，影响爆破块度分布的因数主要分为炸药性能、爆破设计参数和岩石特性这三个方面。根据现场实际情况，不考虑炸药性能，将爆破设计参数和岩石特性参数作为层次分析的准则层，选用炸药单耗（P）、最小抵抗线（L_0）、单孔最大药量（M_0）、孔深（H）、孔距（L）、炮眼数（N）、岩石抗压强度（τ）和岩石抗拉强度（φ）作为因数层，建立层次分析模型（图 3），运用层次分析软件 Yyahp 10.3 进行分析，依据前人研究和专家对准则层和因素层打分，可得出各模型的权重及排序（表 1），从排序结果中可以看出岩石抗拉强度对爆破参数影响较小，考虑神经网络的规模和参数训练的简易性，因此，选取排名前 7 的参数进作为分析和网络训练的参数。

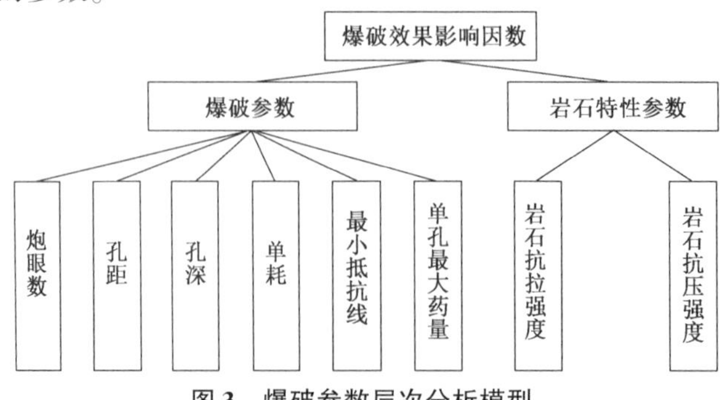

图 3 爆破参数层次分析模型

爆破参数权重排序 表1

备选方案	权重	权重排名
单耗	0.2111	1
岩石抗压强度	0.2083	2
最小抵抗线	0.1621	3
单孔最大药量	0.1209	4
炮眼数	0.928	5
孔深	0.0820	6
孔距	0.0810	7
岩石抗拉强度	0.0417	8

在爆破结束后，采集爆破后的岩堆图像（图4），运用 Split-desktop 4.0 软件对爆破后的图像进行分析，可得到爆破后的岩块分布结果（图5）。选取通过率为90%的块度尺寸（F90）作为输出参数，将相应的爆破参数作为输出参数，汇总见表2。

图4 split-deskto4.0 软件分析界面图

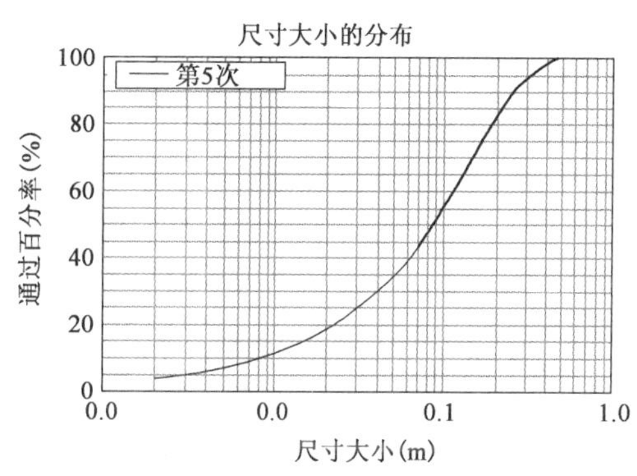

图5 岩块分布结果图

神经网络训练参数表 表2

序号	炸药单耗	单孔最大药量(kg)	孔深(m)	炮眼数(个)	孔距(cm)	岩石抗压强度(MPa)	最小抵抗线(cm)	X_{90}(m)
1	0.80	1.20	2.5	98	0.84	74.6	0.40	0.15
2	0.87	1.35	2.5	96	0.84	79.7	0.40	0.18
3	1.14	1.35	3.0	98	0.78	81.0	0.45	0.25
4	1.05	1.50	3.0	110	0.80	83.2	0.45	0.20
5	1.00	1.20	2.5	110	0.79	84.2	0.40	0.26
6	1.20	1.00	2.5	108	0.80	78.3	0.40	0.64
7	1.31	1.50	3.0	110	0.84	86.0	0.50	0.54
8	1.50	1.80	3.5	110	0.86	87.2	0.45	0.48
9	1.50	1.80	3.5	109	0.83	84.2	0.50	0.47
10	1.65	1.80	3.5	110	0.80	80.7	0.50	0.49

4 神经网络的训练及模型评价

以 Matlab 为平台进行神经网络的搭建和训练,建立的神经网络模型见图 6。该模型具有 2 个隐藏层,1 个输入层和一个输出层,双隐含层节点均为 6 个。为了体现所建立的双隐含 LM 算法的神经网络模型的准确性,给出了该块度模型实测值与预测值的误差图(图 7),可看出预测值与实测值较为接近,最大误差为 0.5,满足工程需求。同时,对于相同的训练数据,还采用了遗传算法(GA)优化的 BP 神经网络(GA-BP 神经网络)和普通单隐含层 BP 神经网络的训练结果进行对比,对比结果(图 8)显示双隐含层 LM 算法精度优于其他两种算法。

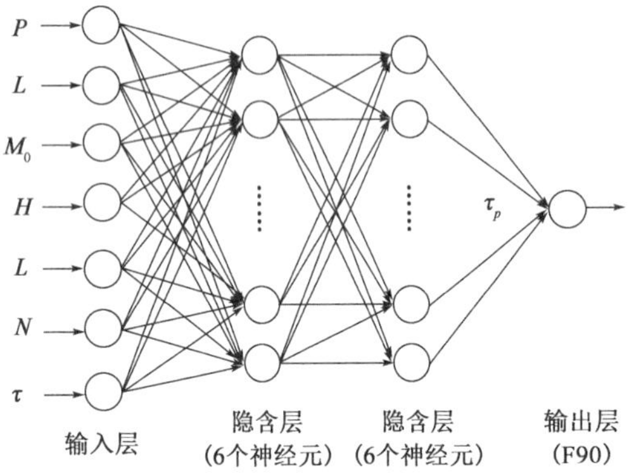

图 6 BP 神经网络结构图

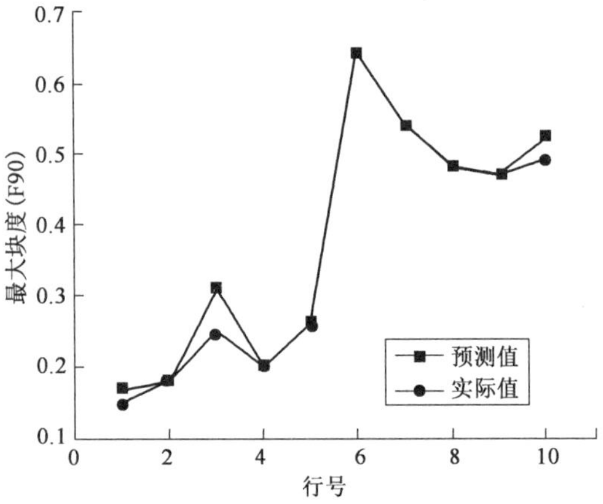

图 7 预测值与实测值对比图

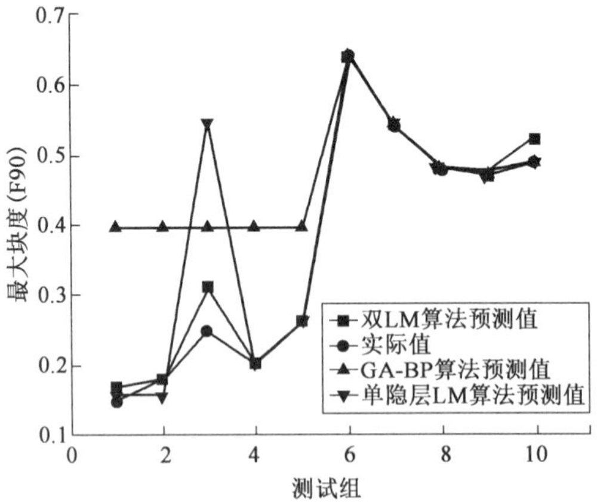

图 8 三种算法对比图

5 结语

从结果中可以看出,通过神经网络算法可以有效地预测岩石的大块率,且训练得到的模型精度较高,相对于采用 GA-BP 神经网络算法和单层神经网络算法,双隐层 BP 神经网络的模型的预测效果更好。运用该模型可有效控制指导爆破作业，采用合理的爆破参数，防止大块的产生，为防止竖井排渣堵塞具有实际的工程意义。

参考文献

[1] 夏万求. 竖井开挖堵井原因、预防措施及处理方案[J]. 云南水力发电,2014,30(02):52-53+62.

[2] 杨继华,魏斌,齐三红,等. 厄瓜多尔 CCS 水电站超深竖井反井钻机法施工关键问题研究[J]. 现代隧道技术,2018,55(06):183-190.

[3] 李广健. 公路隧道大口径深竖井施工技术及支护参数研究[D]. 西安:长安大学,2017.

[4] 郑瑞春. 爆破块度分布预测的 Bond-Ram 模型[J]. 金属矿山,1988(6):25-28.

[5] 邹定祥. 矿岩爆破块度分布规律及其在工程爆破中的应用[[J]. 爆破,1985,2(2):35-21.

[6] 黄志辉. 台阶爆破块度分布测定及其优化研究[D]. 泉州:华侨大学,2005.

[7] 汪学清,单仁亮. 人工神经网络在爆破块度预测中的应用研究[J]. 岩土力学,2008,29(S1):529-532.

[8] Bahrami A,Monjezi M,Goshtasbi K,et al. Prediction of rock fragmentation due to blasting using artificial neural network[J]. Engineering with computers,2011,27(2):177-181.

[9] 王泽文. 别斯库都克露天煤矿台阶爆破块度分布预测研究[D]. 贵阳:贵州大学,2019.

[10] 王仁超,吴松. 基于 LM 算法的神经网络模型预测爆破块度[J]. 水力发电学报,2019,38(7):100-109.

覆盖型岩溶塌陷演化过程数值模拟研究

胡康俊
(杭州都市高速公路有限公司)

摘　要　浙江省岩溶以覆盖型为主,近年来越来越多的高速公路穿越浙西北岩溶地区。由于岩溶地质灾害的隐蔽性和突发性,给高速公路的勘察设计、施工和运营管理带来了诸多难题。本文通过建立覆盖型岩溶(土洞)塌陷数值模型对塌陷机理进行研究,从微观角度分析土洞的形成和演化过程,得到覆盖层土体颗粒的位移特征及土洞形成过程中裂纹扩展情况,求出覆盖型岩溶区土洞形成的临界土洞高度。该模拟结果丰富了覆盖型岩溶塌陷理论研究体系,并为勘察处治工作提供依据。

关键词　覆盖型岩溶　塌陷　演化　数值模拟

1　引言

岩溶地区工程地质问题主要是由于岩溶形态的隐蔽性和复杂性引起的,隐蔽性造成勘探困难,复杂性造成难以评价。相比于我国西南部贵州、广西、云南等地广泛分布的裸露型岩溶,浙江省主要以覆盖型岩溶为主,隐蔽性更强。近年来,越来越多的高速公路穿越浙西北岩溶地区,如临建高速公路、杭金衢高速公路和黄衢南高速公路等,由于岩溶地质灾害的隐蔽性和突发性,给高速公路的勘察设计、施工和运营原理带来了诸多难题。

长期以来,众多学者在岩溶塌陷形成的演化机理和发育判据等方面进行了不同程度的研究[1-3],德国学者 Konietzky 等人[4]利用 Ansys 软件对振动产生的岩溶塌陷过程进行数值模拟,我国于贺艳[5]等学者用 FLAC 数值软件对岩溶塌陷机理进行了专项模拟分析,李万有[6]通过数值试验的方法,研究重力作用和其他外力作用下土洞型岩溶塌陷区的高度和覆盖层抗剪强度之间的关系。孙金辉[7]在典型岩溶路基试验模型的基础上,采用数值模拟的方法,模拟不同裂隙,对岩溶塌陷宽度的变化规律,得出土洞塌陷临界高度。王滨[8]研究了岩溶塌陷时土体底部土洞的临界高度,推导出了岩溶塌陷临界土洞的极限平衡高度公式。目前众多学者对岩溶塌陷地研究较为广泛,但是对于覆盖型岩溶塌陷演化规律和土洞孕育过程研究相对较少。

本文利用离散元法(PFC)对覆盖型岩溶塌陷机理进行研究,从微观角度上展示岩溶塌陷全过程,包括:裂纹形成—颗粒剥落—土洞形成—土洞扩张—覆盖层塌陷等;分析塌陷过程中特殊土体颗粒的位移、裂纹的发展趋势和系统不平衡力的变化情况等,并求出覆盖型岩溶区土洞形成的临界土洞高度。

2 岩溶塌陷数值模型

2.1 地质条件概述

典型覆盖型岩溶地质概化模型表层为第四系覆盖层，盖层以黏性/粉质黏土为主，第四系与灰岩交界面起伏变化大，常形成溶沟和石芽，在个别溶沟处存在土洞。塌陷区覆盖层厚度多小于10m，厚度小于5m的地段塌陷点密集，且岩性多为黏土。本文将研究区典型岩溶塌陷模型设计如下[9,10]：①塌陷模型的大小为10m×6m，覆盖层厚度为5m，覆盖层以下为基岩，基岩厚度取为1m；②覆盖层岩性为黏土，基岩为灰岩；③研究区岩溶裂隙及沟槽较为发育，土洞以下为的溶蚀裂隙/沟槽开口宽度取1.2m；④初始土洞为高H，弦D的圆弧（H，D在模拟中随着模拟工况不同而变化）。岩溶塌陷地质模型剖面如图1所示。

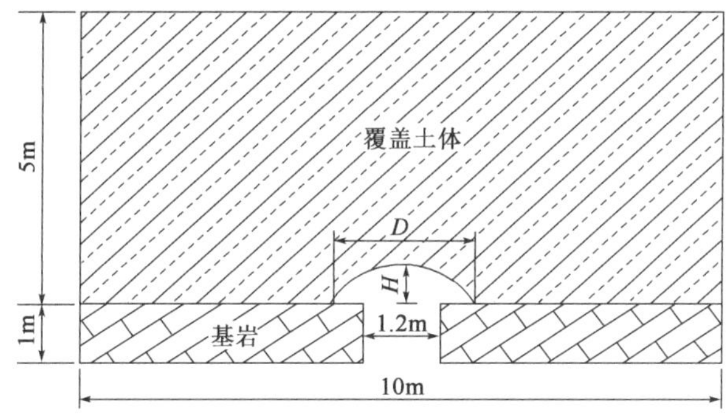

图1 岩溶塌陷地质模型 *Y-Z* 剖面图

2.2 数值模型建立

本文岩溶塌陷模型以野外岩溶塌陷灾害点为实例，取其典型剖面做二维数值模拟分析，利用PFC软件生成覆盖型岩溶数值模型，如图2所示。

（1）模型尺寸为100mm×60mm，颗粒半径大小为0.1～1.8mm，且均匀分布，颗粒之间采用接触黏结。

（2）覆盖层厚度为50mm（PFC主要力学计算区域），基岩地层为1mm（不参加力学计算）。此模型中，溶蚀沟槽统设为长12mm，宽为5mm。

（3）初始土洞的圆心为(0，−40)，半径为8mm，跨度为49mm，高度为13mm。

（4）对处于地面附近的颗粒进行加压处理来模拟地表水的入渗作用，考虑到边界对模型的影响，本模型中假设水流已进入土体，且在某一范围内产生连续的、恒定的水压，模型加压范围为：$X(-45,45)$，$Y(30,20)$。

（5）模型的水体最终排泄点为溶蚀沟槽，此处水压设置为0，其范围为：$X(-12,12)$，$Y(-25,-23)$。

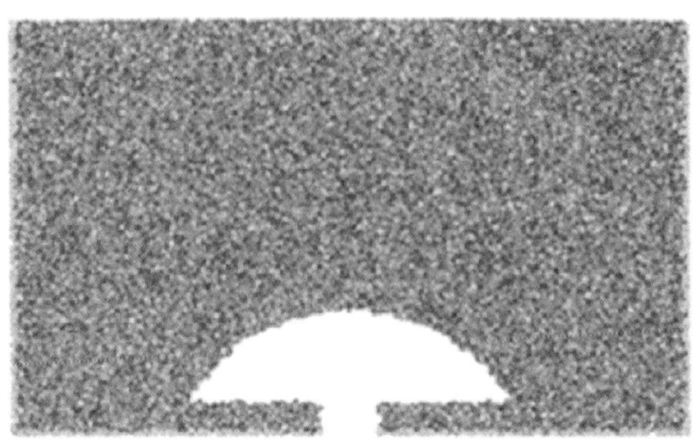

图 2 模型边界示意图

2.3 模型破坏的判断标准

覆盖型岩溶塌陷模拟过程中,地面是否稳定是根据覆盖层土样内部是否发生破坏来判断的,故土体的破坏判别十分重要。此次模拟过程中,土体是否破坏通过下面三种情况进行判别:

(1)裂纹大量出现且形成渗流通道;

(2)计算过程中系统不平衡力的不收敛;

(3)土体位移大幅度增加。岩溶模型同时满足上面三种情况时,才可视为覆盖层土体内部发生了渗流破坏。因此模拟过程中,在覆盖层土体内设置的监测变量为:裂纹数目、系统平均不平衡力、颗粒位移。

3 模拟过程及分析

模型中土体颗粒的颜色代表着此颗粒的位移大小,红色颗粒显示此颗粒的位移较大,蓝色颗粒显示此颗粒的位移较小,颗粒位移越大说明土体受到扰动且扰动力越大。塌陷过程如图 3 所示。

本模型中设定颗粒位移大于 0.5 时自动删去,代表颗粒已经剥落。对覆盖型岩溶塌陷过程分析如下:①模型运行初期,地表水垂直入渗地层,地表附近的土体颗粒受外力的影响较大,因此地表附近土体颗粒的位移较大;②模型运行到 15000 时步时,水压逐渐到达溶蚀沟槽处,在垂向渗透压力的影响下,土洞顶部的颗粒位移逐渐增大,颗粒间的接触黏结发生破坏,游离土体颗粒在重力作用下剥落、土体内部发生部分坍塌,土洞向上扩张。同时,左右两侧的土颗粒受到扰动,土体变形较大,扰动区向两侧逐渐扩大,且破坏土体,厚度以外的土体,发展为第一级土层顶部;③模型运行到 16500 时步时,覆盖层在垂向渗透压力和重力作用下,土洞两侧变形较大的土体颗粒发生剥落,土洞向两侧扩张,发展为第二级土洞;④模型运行到 330000 时步时,在垂向渗透压力和重力作用下,扰动变形区的土体颗粒已全部剥落、坍塌,土洞继续向上扩张,此时土洞发展到覆盖层中间位置,为三级土洞。此阶段发育过程用时较长,土洞达到了一个相对稳定的状态;⑤模型运行到 335000 时步时,覆盖层内部发生瞬时塌陷,在较短时间内(模拟运行时间在 335000 ~ 360000 时步内),土洞扩张至地表表面导致地表塌陷。地表塌陷过程用时较短,塌陷速度快,且地表塌陷并不是覆盖层整体坍塌而是从覆盖层内部逐步发展到地表的。

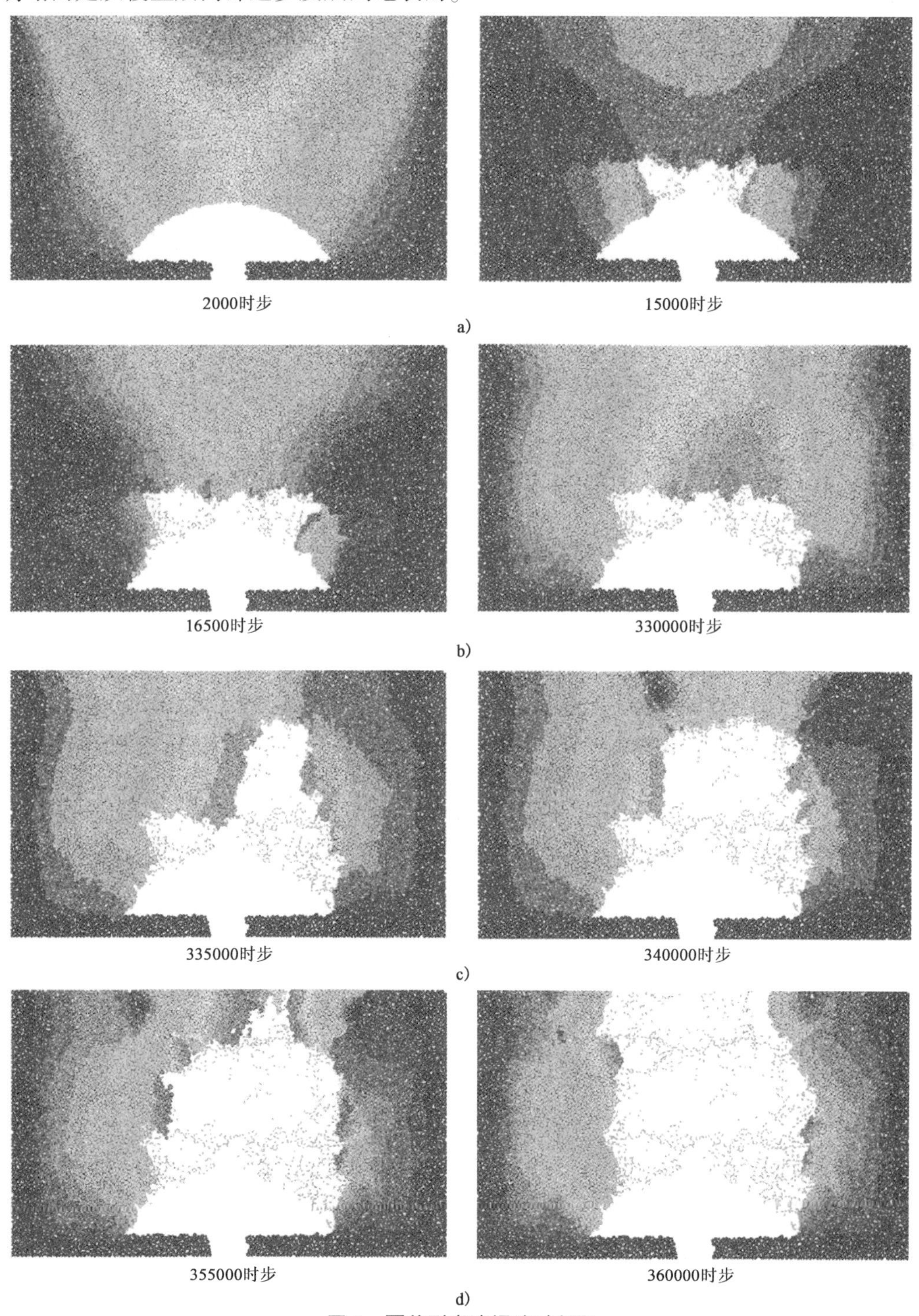

图 3　覆盖型岩溶塌陷过程图

以上分析表明:岩溶塌陷过程中,土洞扩张是从土洞顶部逐级扩展的,其发育过程为:向上扩张→两侧扩张→继续向上扩张→地表塌陷。并且当土洞发展到某一阶段时,土洞不再扩张,模型达到临界状态,此时覆盖层直接塌陷,且坍塌过程从内部发展至地表。

4 裂纹扩张及模型破坏判定

4.1 模型不同位置颗粒位移

对岩溶塌陷模型中特殊位置的颗粒位移进行监测,颗粒位置分别为:土洞洞顶附近的颗粒3,土洞右侧附近的颗粒4,覆盖层中间位置的颗粒5,地表附近的颗粒6,颗粒位置如图4所示。土体颗粒位移如图5所示。

对图5分析可得:14000时步时,土洞向上发展、覆盖层发生局部崩塌;16500时步时,土体发生崩塌,土洞向两侧扩展;330000时步时,土洞继续向上扩展;335000时步时,土洞不在扩展,覆盖层发生瞬时塌陷。颗粒位移图证实了图3中的塌陷过程,并且很好地说明了覆盖型岩溶塌陷过程中土洞的发展过程具有阶段性和方向性,也验证了土洞发展到某一阶段不再扩展而是直接塌陷。

图4 土体颗粒监测位置图

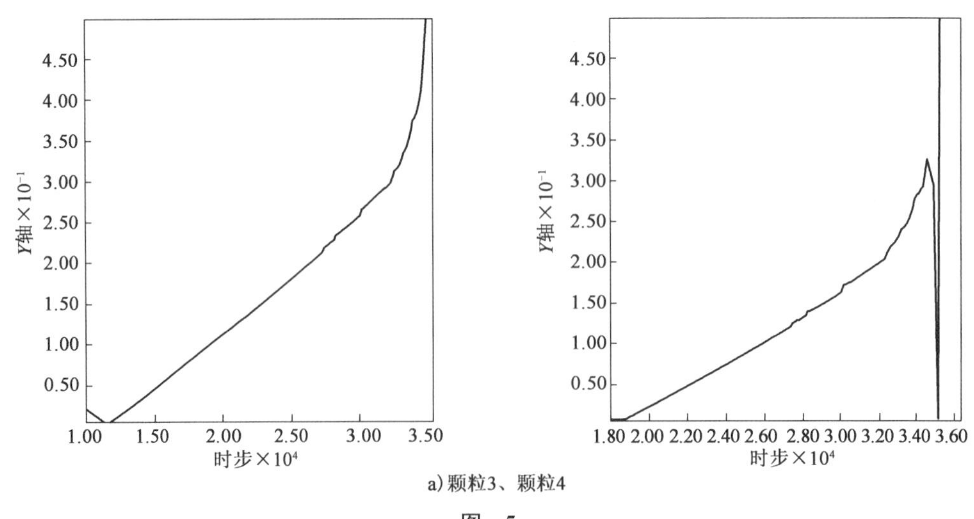

a)颗粒3、颗粒4

图 5

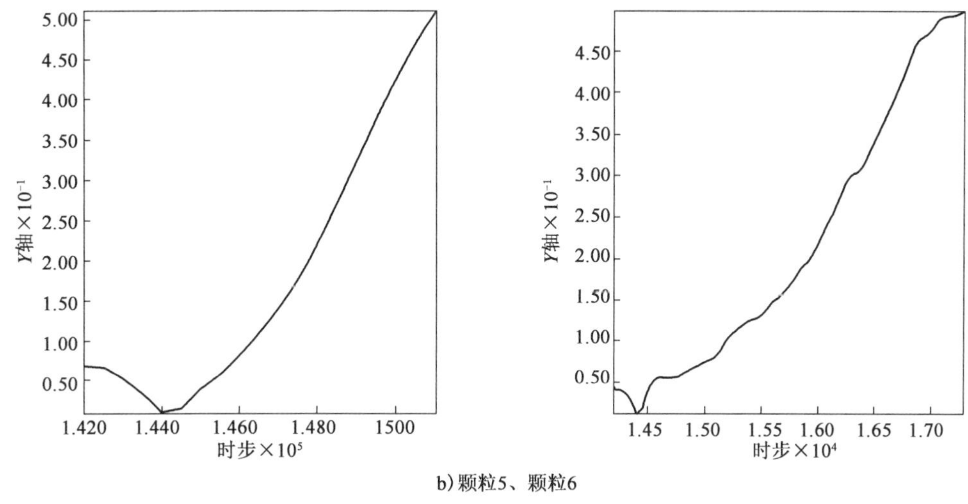

b)颗粒5、颗粒6

图5　土体颗粒位移图

4.2　裂纹扩张与贯通

覆盖型岩溶塌陷过程中颗粒之间的接触力矩、裂纹发展过程如图6所示。

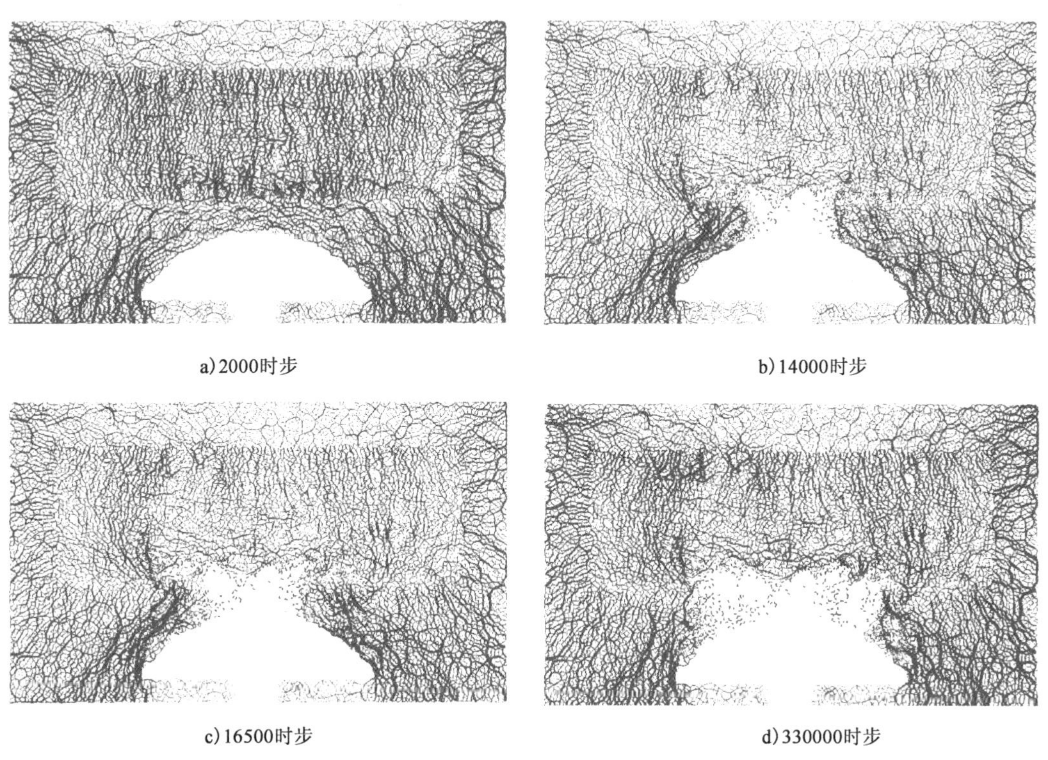

a)2000时步　b)14000时步　c)16500时步　d)330000时步

图　6

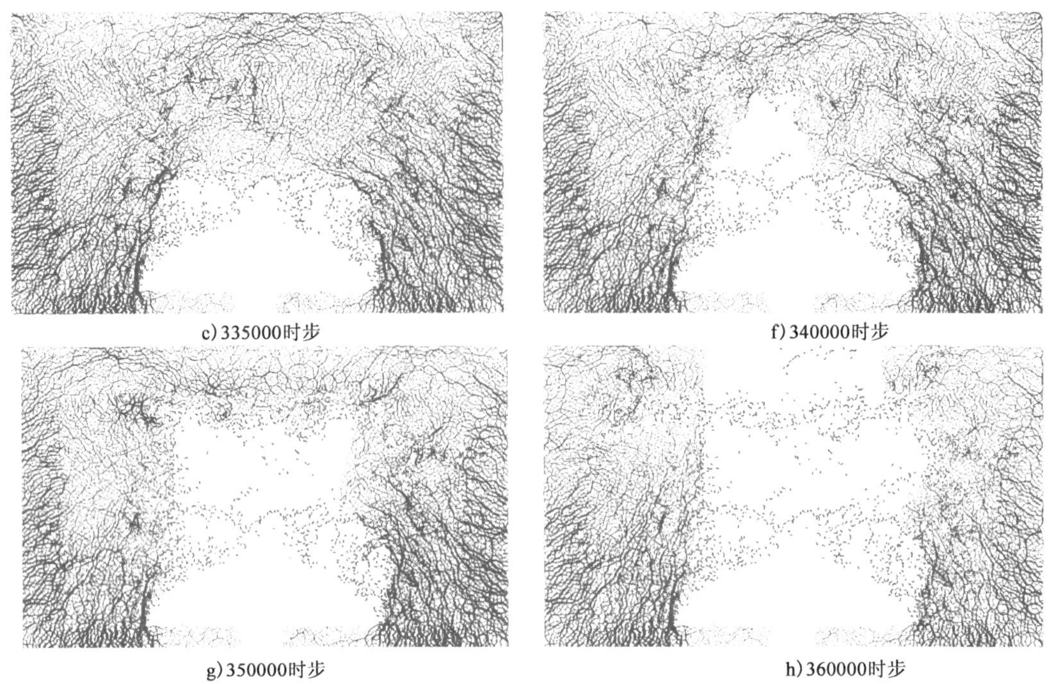

c) 335000时步　　f) 340000时步

g) 350000时步　　h) 360000时步

图6　裂纹、力矩发展趋势变化图

从图6分析可知：①模型运行到14000时步时，地表水入渗土层，土洞顶部的土层发生应力集中，在应力集中处，颗粒所受合力大于颗粒的接触黏结强度导致土体结构破坏，土洞顶部最先出现裂纹；②模型运行到16500时步时，土洞两侧的土体中发生了应力集中并形成了明显的应力拱，土体中出现了大量的裂纹，裂纹数目-时间曲线大幅度增长，裂纹逐渐贯通形成了连通面，土体颗粒沿着连通面剥落，土洞向上扩展；③模型运行到330000时步时，土洞两侧的应力拱逐渐消失，裂纹增长缓慢并形成新的连通面，导致土洞向两侧扩张，土洞拱趾处发生应力集中；④在335000～350000时步内，模型中产生大量裂纹且裂纹迅速扩展、贯通形成新的连通面；⑤模型运行360000时，裂纹急剧上升并形成了垂直连通面，土体沿着垂直连通面发生滑动，整个覆盖层迅速发生塌陷；⑥覆盖层完全塌陷后，模型达到稳定，裂纹不在继续增长，且应力拱消失。

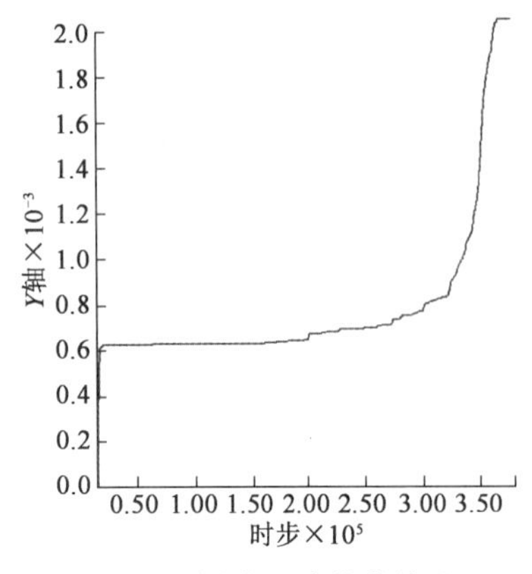

图7　裂纹数目变化曲线图

分析结果：①裂纹形成的原因为土体颗粒接触处发生了应力集中导致颗粒所受应力大于颗粒间的接触黏结，黏结发生断裂形成裂纹；②土洞的发育过程可分为裂纹形成阶段和裂纹形成连通面两个阶段。

裂纹数目变化如图7所示。

4.3　模型不平衡力

模型不平衡力变化如图8所示，塌陷模型未发生破坏时，不平衡力较小，且浮动的范围较小，此时模型相对稳定；模型运行到14000时步时，不平衡力发生较大的浮动,其最大值达到了75000N。不平衡力的急剧增长说明了塌陷模型稳定性发生了变化,土层内部发生了渗透破坏。如图8a)所示,土体内部初次发生渗透破坏的时间段为14000～20000时步;如图8b)所示,土层内部初次发生渗透破坏后,系统不平衡力波动幅度较小,塌陷模型恢复到相对稳定状态,模型稳定期的时间段为20000～60000时步;如图8c)所示,在60000～320000时步段内,系统不平衡力多次发生小幅度波动,说明模型在此时间段内发生了小型渗透破坏;如图8d)所示,时间范围为320000～350000时步,系统不平衡力波动频率高、幅度大,在350000时步附近不平衡力最大值达到了800000N,覆盖型岩溶模型发生坍塌。

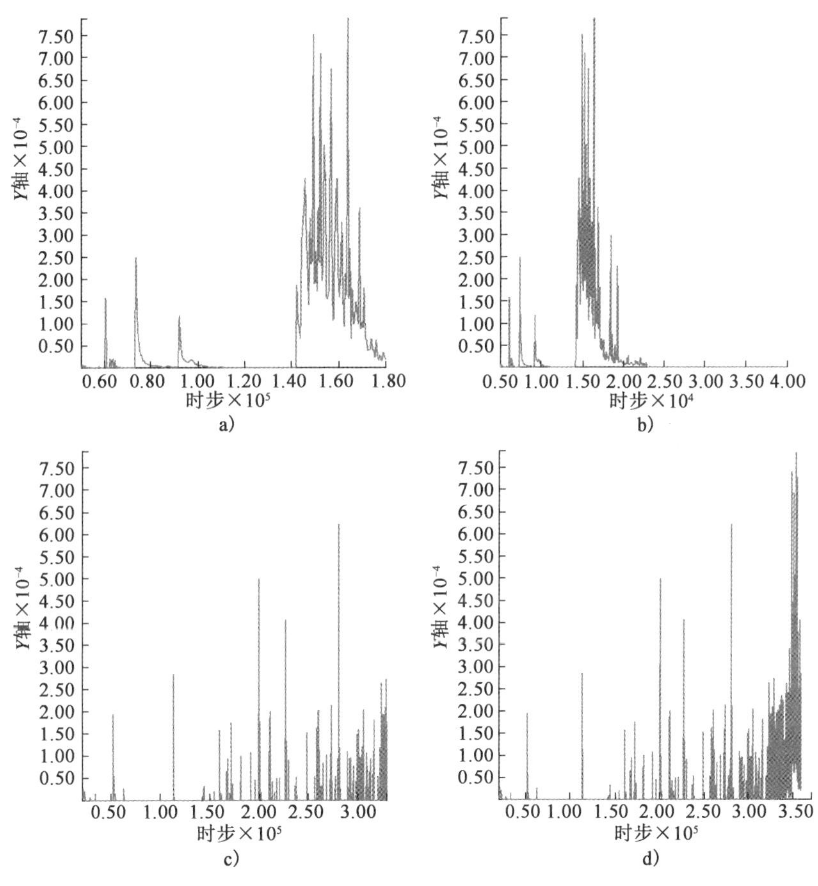

图8 模型不平衡力变化图

综上对颗粒位移、裂纹发展规律、系统不平衡力的分析对比可知:①不平衡力波动幅度较大,渗透破坏程度越大。②覆盖型岩溶的塌陷过程中可分为四个阶段:第一阶段(14000时步时),土洞向上扩展,形成第一级土洞,此时裂纹形成小型连通面;第二阶段(16000时步时),第二级土洞形成,裂纹增长较快且贯通成大型连通面,覆盖层上体颗粒发生较大规模的崩塌;第三阶段(330000时步时),第三级土洞形成,此过程中耗时较长,土洞发展较为缓慢,覆盖层中多次发生小型坍塌,此阶段可得到土洞最大临界高度;第四阶段(330000～360000时步之间),土洞规模不在扩大,裂纹数目急速上升且形成垂连通面,地表发生塌陷。

5 土洞临界高度模拟结果及分析

5.1 土洞临界高度模拟结果

由上述模拟可得,在覆盖型岩溶模型中存在初始土洞的情况下,土洞发育过程具有阶段性。当土洞扩展到某一程度时,覆盖层土体不再发生渗透破坏、土洞高度达到最大临界值,在雨水渗入和土体重力作用下覆盖层将发生瞬时塌陷。根据相关研究,地表发生瞬时塌陷前的土洞高度为临界土洞高度,由上述模拟结果可知,模型运行到 330000 时,此时土洞高度为最大临界值。

图 9 结果分析表明,土体发生破坏前的临界土洞形状等效为圆弧形,此时压力拱(圆弧)的跨度 $D=48$mm,测量模型中基岩面到土洞顶端的距离为 22.9mm。覆盖层土体厚度为 H,土洞的极限平衡高度 h,由土洞临界平衡高度的应用前提为 $H>2h$,此模型中覆盖层土体厚度 $H=55$mm,土洞极限平衡高度 $2h=45.8$mm,符合前提条件 $H>2h$。

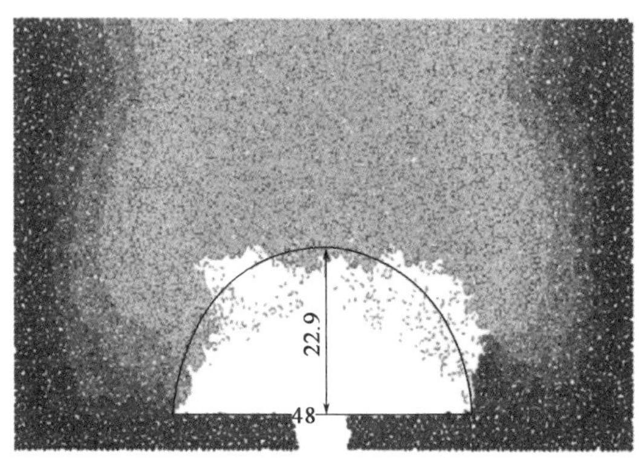

图 9　覆盖型岩溶塌陷土洞临界高度模拟图(尺寸单位:mm)

5.2 结果分析及对比

5.2.1 临界高度模拟值与理论值

由王滨[8]提出了临界土洞的极限平衡高度的计算方法,得出极限临界土洞高度和土洞跨度之间的关系式:

$$h_{max} = 0.828\frac{D}{2f_k}$$

式中:h_{max}——土洞的极限平衡高度(m);

D——土洞的跨度(m);

f_k——盖层土体的坚固性系数,其中中砂、细砂:$f_k=0.5$;砂质黏土:$f_k=0.6$;粉质黏土、黏土:$f_k=0.8$,此模型中覆盖层土体为黏土,$f_k=0.8$。

将 $D=48$mm 代入公式可得,$h_{max}=24.8$mm。

$$H = 55\text{mm} > 2h_{max} = 49.6\text{mm}$$

$$W = \frac{h_{max} - h}{h_{max}} = \frac{24.8 - 22.9}{24.8} = 7.6\%$$

由计算可得,理论土洞的极限高度与实际土洞极限高度的误差 W 为 7.6%,误差小于 15%。

5.2.2 模拟塌陷现场与实际现象

如图 10、图 11 所示,PFC 数值模型塌陷图为近似直筒式塌陷,因其边界条件影响,塌陷形状不太规则,以实际塌陷图对比,PFC 模拟的岩溶塌陷在宏观现象上符合实际情况[11]。由上文分析可知,覆盖层塌陷前土洞的跨度 D 约为 13m、临界土洞高度约 H 为 6m,故土洞跨度 D 和最大临界高度 H 的比值为:

$$I_{实际} = \frac{D}{H} = \frac{6}{13} = 0.46$$

$$I_{理论} = 0.526$$

$$I_{模拟} = \frac{22.9}{48} = 0.48$$

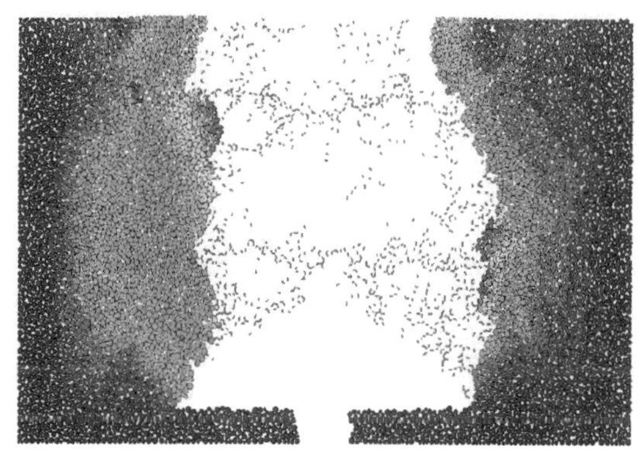

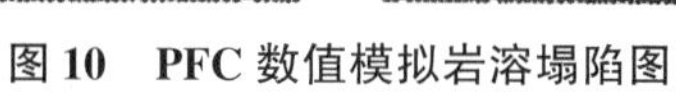

图 10 PFC 数值模拟岩溶塌陷图

图 11 实际岩溶塌陷图

通过比较土洞跨度 D 和最大临界高度 H 比值的实际值、理论值、模拟值,可得三者较为接近,说明 PFC 计算结果是符合理论与实际的。通过验算说明 PFC 计算得到的岩溶塌陷过程中的土洞临界高度的是符合理论并可行的,也说明用颗粒流数值模拟方法得出覆盖型岩溶塌陷的裂纹发展、颗粒剥落、地表塌陷等现象符合实际。

6 结语

本文采用 PFC 软件对覆盖型岩溶塌陷发展过程进行模拟,得到如下结论:覆盖型岩溶塌陷过程中的应力变化情况为:应力平衡→应力集中→裂纹形成→裂纹形成连通面→颗粒剥落→应力平衡。土体中发生应力集中,颗粒所受应力大于土体强度时,接触破坏、形成裂纹,颗粒沿着连通面剥落后,模型达到短暂的稳定状态;覆盖型岩溶塌陷数值模拟中,可把塌陷过程分为四个阶段:第一阶段,土洞向上扩展,形成第一级土洞;第二阶段,土洞向两侧扩展,形成第二级土洞;第三阶段,土洞发展较为缓慢,覆盖层中多次发生小型坍塌,第三级土洞形成;第四阶段,土洞规模不在扩大,裂纹数目急速上升且形成垂连通面,地表发生塌陷。

利用 PFC 软件计算得到土洞最大临界高度,与理论值对比,误差较小,符合理论情况。在微观过程中,土洞高度达到最大临界值时,地表迅速塌陷,用时较短,且塌陷从内部延伸至地表,并不是覆盖层直接塌陷。

参考文献

[1] Margiotta S, Negri S, Parisem M, et al. Karst geosites at risk of collapse: the sinkholes at Nociglia (Apulia, SE Italy) [J]. Environmental EarthSciences, 2016,75(1):8.

[2] Antonio S, Paolo B, Giovanni F, et al. Karst collapse susceptibility assessment: A case study on the Amalfi Coast(Southern Italy) [J]. Geomorphology,2017:247-259.

[3] Emerson S M dos Santos, Raymundo W S Silva, Edson E S Sampaio. Analysis of the risk of karst collapse in Lapao, Bahia, Brazil[J]. ExplorationGeophysics,2012,43:198-212.

[4] Heinz K, Johannes W, Jens H. Coupled three-dimensional analysis of the slab foundation for themagnetic levitation transportationsystem (TRANSRAPID) in Germany[J]. American Society of Civil Engineers,2014:500.

[5] 于贺艳. 武广客运专线英德段岩溶塌陷模式及致塌因素的研究[D]. 成都:成都理工大学,2007.

[6] 李万有,陈立龙,李爽. 覆盖层的抗剪强度与土洞型岩溶塌陷高度关系的数值分析研究[J]. 林业科技情报,2010,42(1):102-104.

[7] 孙金辉. 覆盖型岩溶塌陷临界参数模型试验与数值模拟研究[D]. 成都:西南交通大学,2011.

[8] 王滨,贺可强. 岩溶塌陷临界土洞的极限平衡高度公式[J]. 岩土力学,2006(03):458-462.

[9] 陈诗礼. 我国抽、排(突)岩溶地下水引起地面塌陷的研究现状[J]. 地质灾害与防治,1991,2(02):45-53.

[10] 陈国亮. 岩溶地面塌陷的成因与防治[M]. 北京:中国铁道出版社,1994:33-94.

[11] 陈冬琴,唐仲华. 岩溶塌陷水动力-力学耦合过程数值模拟——以武汉市青菱乡为例[J]. 中国农村水利水电,2016(02):139-144.

杭州西复线天空地一体化环保管控技术流程研究

谢洪波 张 伟
(杭州都市高速公路有限公司)

摘 要 通过调查研究、实验对比分析,开展公路建设期天空地一体化环保管家工作内容研究界定,研究制定有效的公路建设期环境管控内容,针对杭州西复线项目特征,分析确定工作流程,形成固定的天空地一体化环保管控业务程序,实现公路工程天空地一体化环保管控标准化工作模式。

关键词 天空地 一体化 环保管家 标准化

1 引言

天基生态环境监测已有较长研究历史。自20世纪60年代开始,美国、加拿大和欧洲一些国家相继建立了各自的遥感系统;60年来,卫星遥感技术发展迅猛,广泛应用于军事、测绘、地矿、农林、考古和环境监测等领域。在环境监测领域,传统方法耗时长、空间局限性强、信息难以成体系、成本高。遥感技术以其空间性、实时性、多波段性、探测周期短、信息量大、成本低等优点,迅速成为环境监测的有力辅助手段。我国环境遥感技术有40余年的发展历史,目前,遥感技术已经广泛应用于水环境监测、大气环境监测、生态环境影响评价等。卫星遥感技术在水环境监测中的应用主要体现在对水质的监测、以赤潮为代表的水污染事件监测、海洋污染监测等方面。前人的工作为利用卫星遥感技术探明水质、痕量污染物质、溢油污染事件等提供了大量研究依据,为环保管家业务多维集成、一体化服务提供了丰富的技术支持。卫星遥感在大气环境现状评价中主要应用于大气环境现状监测,遥感监测大气污染区主要有两种方法,一是根据大气污染区地物反射率的变化、边界模糊的情况来估计有害气体污染情况,二是利用间接解译标志-实际反演来推断某地区大气污染的程度和性质。在国家环保局《环境影响评价技术导则非污染生态影响》颁布施行之前,国内生态影响评价专题图一般采用图形叠置法制作,即把多个环境特征重叠表示在同一张图上,构成一份复合图,用以在开发影响所及的范围内,指明被影响的环境特征及影响的相对大小。卫星遥感(RS)与地理信息系统(GIS)在生态环境影响评价中的应用,改变了原有的传统,减少了评价时间和耗费人力、物力,评价结果也日趋精确[1]。

空基平台是指以高空飞行器搭载的探测仪器及其监测系统,包括火箭、飞机、热气球、无人机等,其中民用生态环境监测多用无人机来完成。从20世纪20年代到21世纪初期,无人机先后经过了无人靶机、控制无人侦察机和电子无人机、指令遥控无人侦察机和复合控制多用途无人机的发展，技术日趋成熟。无人机遥感系统是在无人机等相关技术发展成熟之后形成的一种新型的航空遥感系统。它利用无人机作为遥感平台，集成小型高性能的遥感传感器和其他辅助设备，形成灵活机动、续航时间长、全天候作业的遥感数据获取和处理系统。美国航空航天局（NASA）将多种无人机应用于海洋遥感（包括监测飓风和龙卷风）等研究项目。进入21世纪以后，无人机逐步进入民用领域并形成产业，美国能源部在大气辐射测量（ARM）计划中应用Altus无人机对大气对流层中的云层进行辐射和散射测量，以研究云层与来源于太阳和大地的辐射的相互作用，为准确预测二氧化碳引起的地表温室效应研究服务[2]。

空天一体化是遥感技术发展的一种必然趋势，而空天一体化平台在生态环境监测领域有诸多优势：①空天一体化的融合式发展，有效解决了数据冗余问题。遥感卫星的高分化带来了数据量大、数据传输速度慢等问题，数据的选取和频次选择等成为数据使用时的重要问题。空天一体化发展，将空间格局大、分辨率相对较低的卫星数据和空间范围聚焦、分辨率更高的航拍影片结合起来，不必做到全局高分，又可对局部感兴趣区域做到厘米级的精确监测；②空天一体化的融合式发展，解决了数据选取的周期问题[3]。卫星过境有其固定的周期限制，如高分2号卫星在地球上任一区域的重复过境周期为5天，在特定环境事件监测中，对时间分辨率有特殊要求，在卫星遥感系统不能满足的情况下，就可以使用空基监测系统进行灵活补充。因此，在观测周期上，可将长时间间隔的卫星相片和灵活时间间隔的航拍相片有效结合起来，做到生态环境监控上的有的放矢、统筹兼顾；③空天一体化的融合式发展，可将常态化监测和突发事件监测有机结合起来。对生态环境的常态化监测，往往不需要太精细的时间、空间分辨率，只需在特定周期上掌握其大体变化规律即可[4]。当突发性污染事件发生时，常态化监测的卫星影像就成为重要的背景数据，可以第一时间为决策部署提供依据。而无人机等航片可以提供更为在空间上精细的数据，能为环境监测事态发展的情况掌握、灾情控制提供珍贵的一手资料[5]。

2 杭州西复线“天空地一体化”施工期环境监管技术流程

根据本项目的研究目标，将研究内容分解为：不同分辨率的卫星遥感影像及无人机遥感影像在杭州西复线高速公路环境管控中的适用性对比研究，高分辨率遥感影像在公路工程环境监理中的应用技术研究，2个研究专题来开展具体的研究工作。图1为天空地一体化环保管控示意图。

杭州西复线“天地一体化”施工期动态监管技术是根据监管信息采集、分析、管理的需求，基于多尺度遥感、GIS、空间定位、无人机、移动通信、快速测绘、互联网、多媒体等技术应用的信息化集成技术。其中：“天”主要指基于多种航天、航空平台的多尺度遥感技术，为区域扰动宏观调查提供时空信息采集、分析的手段；“地”主要指基于GIS、空间定位、快速测绘、多媒体等技术集成的移动信息采集技术，为杭州西复线项目现场调查提供信息采集、管理、分析的手段；“一体化”主要指在GIS、互联网、移动通信等技术的支持下，对“天”“地”采集、处理的多源时空信息进行集中管理、分析、传输等，以实现各监管主体之间、多角度调查手段之间、内外业各工作环节之间的信息实时交互、共享、协同操作，为杭州西复线高速公路施工期动态环境监管工作提供一体化支持。

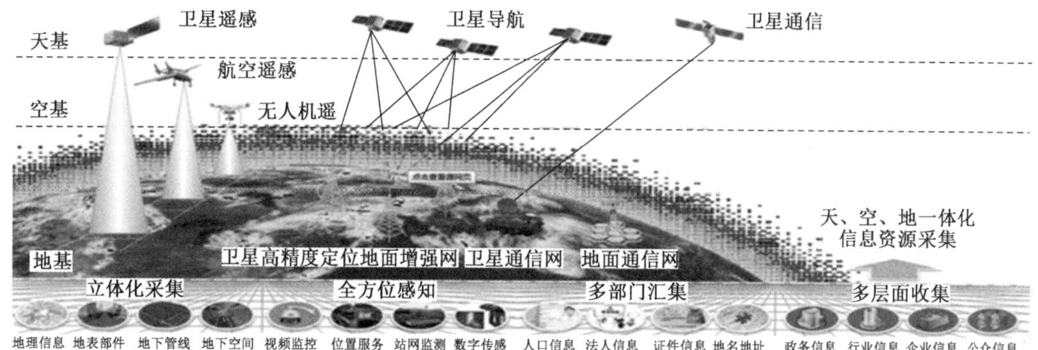

图1 天空地一体化环保管控示意图

3 杭州西复线高速公路“天空地一体化”施工期环境监管示范应用

高速公路弃渣场无人机监测流程与方法为：①根据高速公路弃渣场主要监测指标体系，筛选出无人机监测指标及内容；②根据无人机监测指标及内容，设计作业流程和方案，具体包括外业数据获取、内业数据处理、监测信息提取三个步骤；③在高速公路建设工程中进行实际验证与应用。

3.1 弃渣场无人机监测指标及内容

高速公路建设期弃渣场主要监测指标包括弃渣场特征、弃渣场类型、弃渣物质组成、是否分层堆放、水土保持措施、水土流失危害等。其中，弃渣物质组成、是否分层堆放2个指标需要通过实地调查进行，弃渣场特征、弃渣场类型、水土保持措施、水土流失危害4个指标可以通过无人机进行监测。

在4个无人机监测指标中，弃渣场类型通过一次监测即可明确，在公路建设过程中一般不会发生变化。弃渣场特征、水土保持措施、水土流失危害监测需要贯穿整个高速公路建设期，通过周期监测的方式进行动态监管。主要监测指标见表1。

杭州西复线高速公路建设期弃渣场主要监测指标　表1

监测指标	详 细 内 容
弃渣场特征	弃渣场的位置、面积、方量、堆高、坡度等
弃渣场类型	平地(缓坡)型、沟道(山谷)型、坡面型、填洼(塘)型、岗地型
弃渣物质组成	土质、石质、土石混合或其他物质类型
是否分层堆放	弃渣是否分层堆放，分几层堆放
水土保持措施	水土保持措施类型和工程量，一般有截排水工程、拦挡工程、边坡防护工程、植被恢复工程等
水土流失危害	弃渣场是否临近农田、道路或房屋，是否存在崩塌、滑坡、渣体下泄淤积农田等水土流失危害

3.2 作业流程和方案

3.2.1 无人机外业航飞

无人机外业航飞拍摄弃渣场时，需要根据弃渣场类型制定不同的航飞方案。对于平地(缓坡)型、填洼(塘)型、岗地型弃渣场来讲,由于弃渣场周围无地形遮挡,航飞条件较好,可以通过规划规则航线的方式来飞行,此时飞行高度可固定为一常数值,计算公式如式(1)所示:

$$h = \frac{f}{a}d \tag{1}$$

式中:f——相机焦距;

a——相机焦平面像元大小,可通过相机说明文件查询;

d——地面分辨率(GSD),一般应优于5cm;

h——飞行高度。

然后,根据任务要求,设置航线重叠度。如果需要将拍摄的单张照片拼接成数字正射影像(DOM)和数字表面模型(DEM),需要保证航向重叠度(FO)不低于30%,旁向重叠度(SO)不低于25%。如果进一步进行倾斜摄影三维建模,则需要保证航向重叠度不低于60%,旁向重叠度不低于50%。

在确定了上述参数后,可根据弃渣场的平面范围,根据航拍区边界坐标导入来设定规定的飞行区域,通过无人机自带的航线规划软件,自动生成规划路线及相机曝光拍照点,生成航线任务。

对于沟道(山谷)型、坡面型弃渣场来说,由于周围有地形遮挡,航飞条件较为复杂,一般不适合采用自动规划航线的方式飞行,在这种情况下,人工操作飞行模式更加适用。在拍摄弃渣场主体时,根据弃渣场的范围的大小,将无人机抵近至适当距离,将相机云台旋转至适当部位,从弃渣场的头部或尾部开始,通过平移飞行的方式拍摄照片,相邻照片间重叠度不低于30%(制作DOM、DEM)或60%(制作三维模型)。如果单张照片无法覆盖弃渣场的范围,则需要调整云台角度,连续拍摄多张有重叠度的照片,确保拍摄的完整性,照片拍摄角度(SA)以20°~70°间为佳,两相邻照片间的夹角(PA)最大不超过30°。另外,如果需要表达弃渣场和公路主线的相对关系时,还需拍摄靠近弃渣场的公路主线照片,弃渣场照片和公路主线照片要有明显重叠度,且拍摄角度和高度尽量平稳过渡,以便后续统一进行数据处理。必要时还可进行重点拍摄和视频录制,为监督执法取证提供资料。

3.2.2 内业数据处理

根据弃渣场主要监测指标内容要求,无人机数据处理成果主要包括三类:DOM、DEM和三维模型,具体处理步骤为:

(1)照片质量检查和预处理。对照片质量进行检查,判断地面分辨率、重叠度、拍摄角度、相邻照片夹角等指标是否满足要求,如果不满足则需要进行外业补拍。此外,如果因天气原因造成照片间的色调存在较大差异,需要通过直方图均衡化等算法进行照片匀色,确保色调统一,以满足后续处理要求。

(2)同名点匹配、空三加密。同名点匹配是实现相邻照片间建立联系的关键步骤,在无人机数据处理中有承上启下的作用。目前,国内外针对无人机数据特征点提取的算法大部分采用Harris+SIFT算子组合利用的方法进行,已被大多数无人机数据处理软件采用。空三加密是数据生产的关键环节,只有通过空三加密后才能获取每张影像的外方位元素,恢复影像初始姿态,得到多视点立体影像,从而开展后续产品制作。目前,空三加密的模型包括航带法加密、独立模型法加密、光束法模型加密等。

(3)产品制作。基于上一步空三加密后得到的多视点立体影像,通过密集匹配方法(例如物方面元最小二乘的批多视立体匹配方法 PVMS、半全局立体匹配方法 SGM 等)提取多视点影像中的同名像点,使用共线方程求解同名像点的空间三维坐标 X、Y、Z,从而生成具有真实坐标信息的密集点云,进一步通过三角网构建算法生成 DEM 和三维模型,之后通过 DEM 对照片进行正射纠正得到 DOM,完成产品制作。

目前,大多数无人机数据处理软件(Bentley Contextcapture、Agisoft Photoscan、Pixel 4D 等)都可以通过简单人工交互的方式,高度自动化地完成无人机数据处理工作,大大降低了无人机数据处理的专业难度,间接推动了无人机在水保监测领域的研究与应用。

3.2.3 监测信息提取

在 DOM、DEM 和三维模型上分别进行监测信息提取。

(1)数字高程模型 DEM:提取堆高、坡度信息,弃渣方量变化情况则可以通过两期具有一定时间差异的 DEM 计算得出;

(2)数字正射影像 DOM:通过图斑勾绘的方式,提取弃渣场位置、范围、尺寸、扰动面积等信息;

(3)三维模型:提取弃渣场类型、水土保持措施类型和工程量、水土流失危害等信息。

综上所述,无人机在高速公路弃渣场监测中的应用流程如图 2 所示。

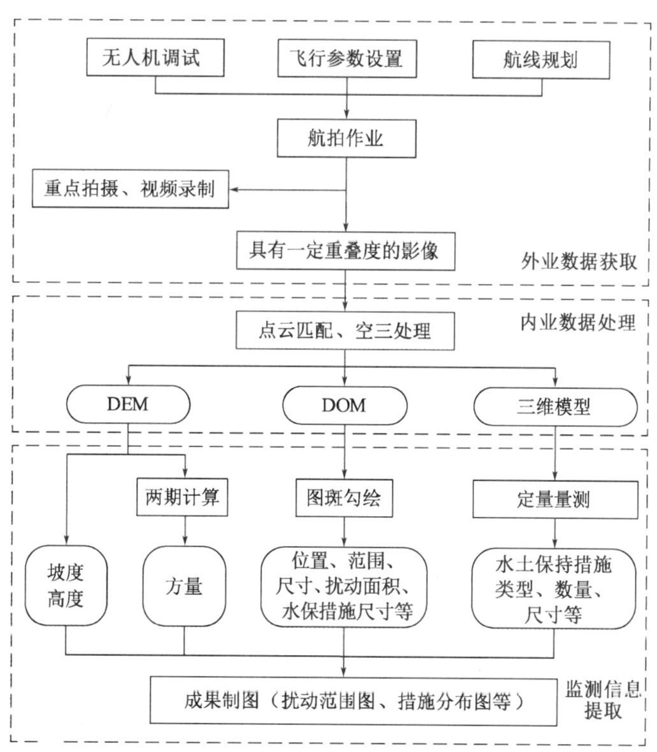

图 2 无人机在高速公路弃渣场监测中的应用流程

4 结语

本文从总结我国环境保护监管体系建设现状的基础上提出了“空地一体化”的环境应急监测与管理体系的框架和功能设计，并介绍了引入无人机监测系统对环境应急体系的功能改进。最后从无人机机载传感器、“空地一体化”数据分析处理和通信保障3个维度对关键技术的选择问题进行了分析、应用和探讨，以期为后面的平台开发提供有益的参考。

参考文献

[1] Wu xiaoping, et al. The Study of Graph overlaymethod Applied to Environmental Impact Assessment of Railway Noise [J]. Journal of Central South University of Technology, 2005, 12(2): 237-242.

[2] 唐然，张卿川. 新形势下环保管家服务模式探索[J]. 环境与发展，2017，29(04)：14-16.

[3] 王海峰，王皓楷，虞涛. 公路工程环境监理体制、程序和内容[J]. 内蒙古公路与运输，2011(6)：60-62.

[4] 刘欢，赵风云，邢会娟. 环保管家服务工作必备装备——一种新型智慧环境监测车[J]. 环境与发展，2017，29(2)：29-30.

[5] 杜丽英. 高速公路建设项目环境监理工作探讨[J]. 西部交通科技，2011(1)：93-96.

企业文化篇

高速公路品质工程建设谋划与实践

程 义 叶 旻
(杭州都市高速公路有限公司)

摘 要 基于交通运输部明确提出的打造"品质工程"的新形势、新理念,杭州板块明确站位,对标一流,充分借鉴国内优秀项目的经验,从项目谋划、过程管控、现场管理、智慧化建设、以及人才培育等方面总结了"品质工程"建设的若干经验,为后续类似项目的建设提供了借鉴和参考。

关键词 品质工程 项目谋划 过程管控 现场管理 工程建设 人才培育

1 引言

浙江省交通集团杭州板块建设指挥部(以下简称杭州板块指挥部)主要负责杭州绕城西复线杭绍段、湖州段和长深高速公路建德至金华段、临金高速公路临安至建德段,四条高速公路项目的建设管理,总里程近300km,总投资约700亿元,涉及杭州、湖州、绍兴、金华四市11个县(市、区),设计时速均为100km/h,共需建设桥梁约82.89km/238座、隧道80.56km/74座、互通枢纽38处。里程数占浙江省"十三五"拟建成高速公路的30%。

其中:杭州绕城西复线杭绍段项目连接杭长、杭徽、杭新景、杭金衢、诸永5条高速公路,项目政策处理难、交叉施工组织复杂,经过良渚遗址等环境敏感点,生态环保要求高;杭州绕城西复线湖州段项目连接练杭、杭宁高速公路,软基施工是难点,涉及水泥搅拌桩、素混凝土桩、就地固化等多种工艺,水泥搅拌桩的施工总量达到380万延米;长深高速公路建德至金华段项目涉及华东地区在建项目中的第二长公路隧道,金华山隧道(全长7388m)穿越岩爆区域,施工安全及进度压力大;临金高速公路临安至建德段项目位于浙西山区丘陵地带,土地稀缺,地质条件复杂,岩溶分布范围广,同时桥隧结构比达到66%,施工难度大。各个项目特点明显,建设任务重,要求高。

杭州板块指挥部始终以"勇当交通建设排头兵、建设人民满意交通"为初心和使命,秉持"政治硬、管理严、服务优、业绩佳"的管理要求,坚定"高质量高水平"建成项目的总体目标,担当作为、攻坚克难,高标准建设品质工程。

2 项目谋划"专业化"

2.1 设计阶段"专业化"

在设计阶段贯彻全寿命周期的设计理念,从设计标准化角度出发,合理归并桥梁上部结构跨径，减少模板种类，加快预制效率，如临金高速公路临安至建德段项目，全线T梁中正交30mT梁有7800片，占T梁总数的89%，标准跨径(20m、30m、40m)T梁有8716片，占T梁总数的99%)；从设计精细化出发，补勘岩溶发育情况，精细化程度达“逐桩钻孔”，满足动态设计和施工要求；从解决质量通病出发，加强对容易出现质量问题的高边坡防护、台背回填、桥头高填方、路基路面防排水等的针对性设计，对流量大、位置特殊的路面进行特殊设计。

同时围绕交通运输部、浙江省交通运输厅关于品质工程“优质耐久、安全舒适、经济环保、社会认可”建设总要求，以“系统解决质量通病、贯彻永临结合、零散转为集中、野外转为室内、现浇转为装配、人工转为机械”等理念为指引，做到专业化的设计。

2.2 招标阶段“专业化”

杭州板块指挥部坚持管控重心前移，在招标阶段以“大标段科学划分”“招标文件针对性设置”“三集中场站布控”为主要抓手，注重全线现场踏勘，统筹考虑宕渣、弃方等资源调配方案，结合各项目周边特点，合理设置梁板预制标段，统筹三场临建设施，为各个项目的规模化施工组织、集约化施工管理、大型化设备采用、工厂化生产管理奠定基础，提升资源配置效率；在招标文件中高标准制定项目品质工程需求引导，将项目总体目标、项目管理要求和品质需求作为投标人响应条件逐一明确，同时对隧道湿喷、多臂凿岩台车等先进施工工艺、先进设备进行针对性设置，引导施工单位机械换人，加强大型化、智能化施工设备的投入和使用，提升项目建设质量。

2.3 管理体系“专业化”

杭州板块指挥部以“建设管理、安全管理”两大纲、“品质工程创建、环保水保”两方案为核心，落实“质量管理、安全管理”两体系，构建起制度保障、主体履责、要素受控三位一体的“品质工程”管理体系，对项目品质工程建设管理进行全面思考和深入谋划。

在建设过程中，根据项目建设实际情况，对各类制度、管理经验进行优化提升，集思广益，不断提炼总结，形成了如浙江省《高速公路项目建设管理前期工作指南》等的各类指导文件。

同时，针对高速公路沥青路面施工开展专题调研，通过对标江苏、上海等地区高速公路优秀项目，学习路面施工先进管理经验。结合项目建设实际，相继编制完成《路面工程标准化施工手册》《路面信息化手册》《石料自加工操作手册》《路面施工班组标准化手册》等手册文件，为项目品质工程建设奠定坚实的技术支持。

2.4 第三方服务“专业化”

充分依托具有专业资质的检测机构、中心试验室、跟踪审计、设计咨询、水保环保技术服务等第三方单位，对项目的建设全过程进行专业化的跟踪管控，协助指挥部提升专业化的建设管理水平。

3 过程管控“精细化”

3.1 首件管控“精细化”

在项目建设过程中,杭州板块指挥部以“首件制”管理为核心,严格执行首件工程认可制,发挥示范工程效应。制定《首件工程认可制实施办法》,规范项目首件管理标准和流程。项目所有的首件工程在施工前均要求做好组织计划,组织首件工程工艺评审,完善补充工法,确定后续项目的施工工艺。施工中加强指导,规范操作,达到样板工程后,以首件工程为样板,后续施工中原材料,工艺流程均照此办理,实现整个项目的标准化管理。在施工情况发生变化时(班组设备变更、时间推移、质量偏差等),重新进行“首件施工”,进一步做好总结提升,以此作为精细化管理的基准,循环往复,让“首件制”的标准成为管理的习惯,让“首件”的质量成为通常化,让“精细化”渗透过程管理的每一个环节,切实发挥示范工程的效应。同时,在工程实施过程中组织现场技术操作观摩和交流,以达到对施工工艺验证,对施工过程中存在的问题和薄弱环节警示、总结、提高,对后续分项工程起到大面积推广和示范引领的效果。

3.2 施工管控“精细化”

杭州板块指挥部从“方案、工艺、材料、设备”四个主要方面进行施工过程的全面控制,根据要求对重大施工技术方案分级把关,严格执行“先方案后实施”;建立健全设备进场验收制度,加强大宗材料和关键设备进场控制。严格对原材料进行检测;规范质量检验与控制,强化各类验证试验和标准试验。严格执行工序、班组“自检、互检和交接检”的三级检验制度。严把质量关,消除质量隐患。加强对隐蔽工程、关键工序的过程控制与验收。深入贯彻管理行为标准化,在施工管理中形成“实施有标准、操作有程序、过程有控制、结果有考核”的标准化管理体系,保证工程质量形成过程的没个环节都符合标准。

对重要工序重点关注。如推行水稳过冬,让水稳裂缝充分发展,并进行裂缝步检排查整治,尽可能减少半刚性基层反射裂缝对沥青路面早起损坏的影响;对关键项目深度参与,为切实提升路面工程品质,主动牵头,联合路面、附属单位,以点带面,在项目全线推行1km样板路段打造,推进“品质工程”建设,提高一线作业人员职业技能及质量意识,消除工程质量通病,提升工程质量的整体水平和项目的整体形象。同时针对沥青路面早期破损、桥头跳车等质量通病,专门指定《工程质量通病预防措施》,采取“事前防控”原则,开展质量通病防治专项研究,通过技术创新、工艺创新、新材料应用等手段,全面提升工程内在质量。以核心工艺示范引领。杭州板块指挥部各项目充分通过核心工艺的展示,如软基施工、机制砂加工、路面施工品质打造等,对品质工程建设进行强有力的示范推进。

3.3 材料管控“精细化”

做好大宗材料集中采购,加强原材料进场控制,严格执行原材料进场准入制,实施远程监控，如在碎石加工场加装摄像头，应用信息化手段24小时不间断对材料加工进行监控，确保材料加工质量，对黄沙进行氯离子检测，防止海砂进场等。在试验检测上，从源头把控原材料质量，加强试验检测，确保施工单位自检率达到100%，沥青等原材料2次抽检不合格，即清退出场。在监理单位、施工单位专人负责母材加工质量管理的基础上，进一步指派专人负责母材加工质量管理，提高原材料质量管控的力度。

为有效破解集料短缺、外购不及时，质量不稳定等难题，推广采用路面碎石自加工，优化碎石自加工设备及工艺，并总结推广“43211”碎石加工工艺流程(4处除尘、3级破碎、2级筛分、1次整形、1个中转仓)，从源头控制加工材料的进场质量，保证成品质量的均匀性和稳定性。

4 现场管理“标准化”

切实推进施工、安全管理的标准化，抓稳工点、安全标准规范化建设，严格现场管理，在推动项目各参建单位“比学赶超”的同时，以点带面全面推动项目品质工程建设。同时，以环保标准化为出发点，严格绿色建设理念，创新绿色施工技术。

4.1 工点工序“标准化”

要求各施工单位科学规划施工便道、临建设施及施工场地布局，因地制宜，实现功能齐全、分区合理、布设规范、标识清晰、安全措施落实到位的“三化三集中”，即：“工厂化、标准化、智能化”“混凝土集中拌和、钢筋集中加工、构件集中预制”的建设目标。结合地方农村道路，合理规划施工便道，便道建设及防护按等级公路标准，辅以各类防尘措施；主要施工场地(隧道、桥梁等)严格按照标化指南建设，力求使用功能丰实；小型构件预制场利用现状厂房改造，减少临时用地，实现资源节约。

充分实现了工点工厂化的管理，有效减少对地方土地资源使用。实现混合料集中拌制、钢筋集中加工、构件集中预制，充分发挥集约化施工的优势。

4.2 安全管理“标准化”

积极完善安全标准化管理规范，系统整合安全管理制度。探索以公路建设项目为考核对象的安全生产标准化考评模式，深入实施安全生产标准化对标管理。制定《施工现场通道安全》《施工现场安全标识标志》和《施工现场临边防护》的标准化管理手册，全面推广定型化、装配式通道专项设计与验收，统一规范全线安全标志标牌与高空作业、跨路施工等区域的安全防护措施，提高对作业的安全保障能力。

积极探索了以公路建设项目为考核对象的安全生产标准化考评模式，首创安全标准化评价指标，填补了国内交通建设项目安全标准化评价指标的空白。

4.3 环保管控“标准化”

结合项目桥隧占比高的实际情况，杭州板块指挥部积极践行绿色环保理念，将“高速公路轻轻放到山水之间”的理念贯穿项目全生命周期。如项目水稳拌和站、沥青拌和站和碎石加工场的设备均进行封包，避免加工过程扬尘和烟气四散；各场站都安装环境监测仪和扬尘、噪音自动报警系统，实时监测，准确发现超标状态，及时报警处理；场站内安装雾炮机，各料仓顶部及便道两侧设置雾化装置水雾降尘；场内设置五级沉淀池，污水沉淀后，用于清洗进出场运输车辆等。碎石加工场各传输带上安装自动喷雾降尘设备，最大限度减少扬尘；沥青拌和采用天然气加热，减少有毒有害废气的排放，沥青罐与废粉回收全封闭、确保空气质量优良。

通过设置绿色围挡、增设喷淋装置、增加洒水车等方式对工地扬尘进行控制，切实有效改善了沿线的施工环境；通过在全线推广机制砂取代天然砂，既解决了开采天然砂带来的环境污染及破坏问题，又提高了自然资源的利用率，有效地保护了环境资源，符合循环经济和科学发展观的要求；通过推广路面干洗设备代替传统清扫设备，确保路面污染物只进不出，保证气体排出干净，无污染，在减少对空气环境污染的同时有效解决了路面的污染源，提高了路面的施工质量。

结合各项目实际情况，在杭州绕城西复线湖州段项目创新采用了项目软基路段的环保施工。通过反复的分析论证，合理利用项目周边的水系，采用水袋堆载替换堆土对软基路段进行预压，不但节约了堆土预压后需要重新将土运走所花费的时间，还大大降低了施工时对沿线环境的影响，预压的效果也好于预期。

通过对绿色环保施工的落实，有效降低了环境监管的人工成本，大幅度降低了噪音、扬尘、气体排放等环境污染，二氧化硫、PM10 等污染气体的排放量降低幅度超过 80%。在项目高效建设的同时，最大限度地保护了周边生态环境，为争创生态工程打下坚实基础。在建设期间实现了环保“0”投诉，污水“0”排放。同时也积极践行了“绿水青山就是金山银山”理念，改“造景”为“融景”，成功打造了景区化的高速公路。

5 工程建设“智慧化”

随着近些年信息科学技术快速迭代发展，高速公路建设施工作业与管理逐步与信息化深度融合，物联网、大数据等新一代信息科学技术在高速公路建设主战场不断寻找应用场景，新技术的更新演进给高速公路建设带来更多新的可能。

为了更好地推进品质工程建设，杭州板块指挥部积极将信息化与工程建设深度融合，利用阳光系统、物联网 + 技术等，将信息化与工程建设深入融合，实现项目管理的高效率。以“机械换人” 实现“减人力、提质量、保安全”等目标。

5.1 管理系统迭代升级

不断优化升级阳光工程动态管理系统，加快实现各方信息集中归集、各方力量科学调配、各方问题快速处理，改变施工项目现场参建各方的交互方式、工作方式和管理模式，持续改进工程质量、进度、成本，以合理的资源投入，实现项目效益最大化。

5.2 “机械换人”广泛应用

以“工点标准化”建设为切入点,大力推广现代化、自动化的装备,积极采用新工艺、新设备,推行机械换人,全面推广了、钢筋加工九台套、隧道施工九台套、桥面系“4 +3”等先进设备,钢筋保护层合格率控制在95%以上,桥面平整度控制在3mm以内(标准规定为5mm),切实提升了工程施工的质量。

落实冲击碾、单或多锤头液压补强夯(台背补强)、平地机等提高路基施工质量,预防桥头跳车。有效控制了路基弯沉及桥面平整度,全线路基弯沉指标控制在150/0.01mm(原设计232.9/0.01mm),使路基品质有了跨越式提升。

积极探索机电新工艺,成功自制机械挖沟机,由“人工开槽”转变为“机械开槽”,开槽效率提升近50%,提高项目实施效率,减少对道路污染,克服了硬路肩难以开挖的困难,降低施工成本。

5.3 路面施工智能化管控

建立路面智能施工监管平台,实施自动采集数据,加强参数指标过程管控,沥青采用红外光谱法进行SBS含量、光谱图基因检验,普通沥青老化试验改用旋转薄膜加热法,改进原材料检验手段,进一步做好原材料入场检验,并将采集样本数据和光谱分析结果上传至物联网管理平台,达到过程控制和可追溯的目的,保障工程质量。

建立现场物联网系统值班机制,随时反馈施工,日清周洁,物联网数据切实指导施工,反馈管理。

结合路面痛点,组织力量对各类设备进行改进,如摊铺机加装防离析链条、胶轮压路机隔离剂采用自动喷洒装置取代传统人工涂油等、压路机配备倒车影像、雷达防撞等,充分利用信息化管控手段提升路面工程品质。

5.4 “物联网 +”技术应用

将“物联网 +”技术应用于隐蔽工程监测,尤其是针对项目的软基施工。明确要求进场的搅拌桩机加装物联网监控系统,保证钻速、流量、电流强度、喷浆量等关键施工数据可以实时采集,并通过无线网络上传至监控平台,通过PC端和手机端能够实时查看现场施工情况,便于及时发现问题,并对单桩及整体处理段做出评估,全面把控施工质量,实现了搅拌桩质量全数字化、施工全过程跟踪、可反馈和可追溯。

杭州绕城西复线湖州段项目全线软基施工工点统一采用定型化、标准化布置,对防护棚、地锚、搅拌桩机、泥浆管固定夹等进行了规范化要求,标准化程度走在了全省前列。借助物联网监控系统,全线115个搅拌桩机钻头均处于电子芯片的监督之下,通过严控搅拌桩钻速、成桩时间等关键数据,搅拌桩超速现象得到明显改善,成桩均匀性得到明显提高,软基施工质量得到有效管控。全线水泥搅拌桩(10米以下)取芯合格率93.5%,水泥搅拌桩(10米以上)取芯合格率85.4%,相比以往传统施工提升了近20%。全线最大累计沉降量78mm远低于设计预计的预压期230mm沉降量,全线平均累计沉降量仅为45mm,沉降结果好于预期效果,切实提升了软基施工的品质,成功打造了软基施工示范的标杆。

6 人才培育"常态化"

杭州板块指挥部在推进品质工程建设的同时,也注重人才的培养建设。结合"两美"浙江立功竞赛等活动,从严管理、正向激励,同步加强人才队伍建设,培养高素质、高水平、专业化的人才,打造"产业化"的班组。各参建单位由合同关系相聚一起,形成命运共同体,依托项目为平台,共同成长,互相成就。

6.1 持之以恒开展培训教育

建立班前会制度,通过专业技能培育和人文环境感召,以"专业化、工厂化、智能化、精细化"为引导,促进农民工向产业工人转型,助力行业产业化转型进程。

积极组织开展各类线上、线下的培训、宣贯活动,召开桩基施工标准化、路基施工标准化等各类现场交流会,多次组织至省内外各个优秀项目考察学习,让施工、监理主要管理人员和班组清晰有关规范、工程、工序和工艺的标准,掌握示范单位的好经验、好做法,切实提升自身的能力水平。

6.2 持之以恒开展技能比武

充分利用"两美"浙江、"两美"交通立功竞赛等平台的"助推器"作用,结合项目进展,适时开展"技能比武"等活动,充分展示班组技能水平,实现"纵向"方面各参赛单位有特色、有亮点、出成绩,"横向"方面各专项竞赛活动有目标、有内涵、出实效。

通过创建"美丽班组",深化推进"工艺微改进、设备微改造、工法微改良"的三微改实施,抓好首件常态化管理,推动施工标准化活动向施工班组延伸。

积极开展"最美班组""最美工人"等荣誉评选活动,通过"比学赶超"正向激励,为班组、工人切磋技术、争夺荣誉奖励搭建平台。

6.3 持之以恒改善生活条件

主动关心建设一线人员,把职工幸福放在建设环节的重要位置,积极响应"厕所革命",持续改善人员生活条件,适时开展夏季高温慰问、春节节前慰问等工作,通过"家文化"氛围的营造,加强人才培育,不断增强企业凝聚力。

6.4 注重专业化产业工人队伍打造

建立质量体验馆和安全体验馆,以亲身体验促进工程技术人员和班组的质量意识提高,通过"鼓励创新,培养产业工人;正向激励,提高工人获得感;人文关怀,共建家园文化"的"三结合"管理,同时引入"党建联合体",深化班组党建建设,激发班组争先创优活力,培养创建了一支团结协作、有凝聚力、专业化的产业工人队伍。

7 结语

杭州板块指挥部深入贯彻落实习近平总书记考察浙江重要讲话精神、交通强国战略部署，着力打造“一流设施、一流技术、一流管理、一流服务”的“四个一流”，按照“更深、更细、更实”要求，充分发扬“两路”精神，精准发力、积极行动、有效作为，全力推进品质工程建设，促进浙江公路工程建设品质的进一步提升，全面助推浙江交通强省建设。

参考文献

[1] 交通运输部关于打造公路水运品质工程的指导意见(交安监发〔2016〕216号).

[2] 刘傲.高速公路品质工程建设的几点思考[J].公路交通科技(应用技术版),2018,14(8):267-270.

安全第三方服务在高速公路建设中的应用探索

梁钗军[1]　秦昭珩[1]　张乐飞[2]　罗士瑾[3]
(1.杭州都市高速公路有限公司;2.浙江交通职业技术学院;3.舟山市铁路建设中心)

摘　要　交通建设工程引入第三方安全管理服务,是建筑行业在新时期建设环境下实施高标准安全管理的新型模式。杭州绕城高速公路西复线杭绍段工程,是本地区高等级公路建设的大型工程,因其点多线长、工程宏大,且桥隧占比高、地质结构复杂、参与建设单位多等特点,防范事故压力巨大。为切实做好建设过程中的安全管理,建设方在项目建设之初,就专门引进2家第三方安全管理服务单位,为本项目工程提供相关咨询服务。实践中,业主单位与第三方服务单位密切协作,严格落实安全生产法规要求,不断吸收借鉴国际、国内其他工程的第三方安全服务的经验,探索创新管理模式,在保证工程建设开展以来实现零死亡目标的同时,也极大提升了参建单位的安全管理水平。

关键词　安全第三方　高速公路建设　服务内容　推广应用

1　引言

贯彻落实习近平总书记关于安全生产系列重要讲话精神,坚持"安全第一,预防为主,综合治理"的方针,高标准、严要求加强交通建设工程的安全管理,已日益成为建设单位、施工企业的共识和自觉行为。然而由于当前安全管理基础依然薄弱,仍存在诸多不利的抑制因素,以致风险管控屡屡失灵,事故频频发生。近年来尽管政府、行业管理部门孜孜以求,相继推行安全生产网格化管理、差别化管理、安全生产标准化建设和诚信机制建设融合推进等许多措施与新办法,但短期内仍无法迅速改变一些企业安全生产管理不到位的问题。借助社会力量,引入第三方参与建设工程尤其是重大建设工程的安全管理,充分发挥安全专业人员的作用,是政府、企业在新形势下做好安全生产工作创新举措,不仅有效弥补了企业安全管理专业力量不足的短板,较好地解决了一些企业安全生产"无人管、不会管、管不好"等问题,同时也有力促进了参建单位安全生产管理向规范化、标准化发展。杭州绕城高速公路西复线工程自接受第三方安全服务三年来,安全生产平稳有序,规章制度不断完善,现场管理日趋规范,员工安全意识、安全技能日益增强,圆满实现"零亡人"和不发生100万元以上经济损失的安全目标。

开展工程建设安全第三方服务是做好当前高速公路建设项目安全生产工作的有效措施之一。当前发达国家都非常重视工程建设安全管理,主要原因无非是工程建设过程中存在较高的安全风险;事故的发生,以及由此带来的巨大损失,迫使他们不得不重视安全管理。鉴于安全管理涉及方方面面,专业性、技术性偏强,一般企业尤其是施工企业较难独立承担。为解决这一问题,通常做法就是借助专业力量,多元结合,多管齐下,共同寻求防控安全风险、避免事故发生的方法和途径。委托具有专业资质第三方单位提供安全咨询服务,是较为通常的一种做法,并且这种做法在实际工作中已有不少成功的范例。故一些国家将其以法律法规的形式加以固化。譬如韩国在《产业安全健康法》中,统一规范了安全健康管理人员名称和专业分工。根据该法的规定,应配备安全管理员的施工单位,可委托安全服务中介机构来实施施工安全管理。同样,日本的注册劳动安全卫生顾问制度伴随着该国1972年颁布《劳动安全卫生法》而诞生,至今已有44年的历史,在立法及制度建设、考试管理、注册管理、组织管理,特别是促进中小企业提升劳动安全卫生管理水平等方面形成了较为成熟的经验。

改革开放以来,我国社会蓬勃发展、经济快速增长。然而由于安全生产基础薄弱,这一时期各类事故也呈多发高发态势,损失巨大。为扭转这种局面,国家在强调依法严格监管的同时,积极倡导安全第三方服务,以不断改善企业安全管理,最大限度消除安全隐患,减少事故发生。2016年《中共中央国务院关于推进安全生产领域改革发展的意见》(中发〔2016〕32号),就加强安全基础保障能力建设,健全社会化服务体系提出了要求,鼓励和支持中小企业与社会化专业服务机构或同类企业签订服务协议。2014年《安全生产法》修订颁布,也明确将引入第三方专业力量为企业安全生产管理服务,作为加强安全生产工作的措施和要求。2016年,浙江省出台了《关于推进安全生产社会化服务工作的指导意见》,强调要加强引导和培育安全生产第三方服务市场,改善当前企业安全生产管理力量不足、事故防控能力不强的状况。

交通工程建设是国家确定的高危行业之一,安全风险高、管理难度大。尤其是随着国家基础建设投入不断加大,交通建设工程规模和数量急剧放大,现有专业安全管理人员数量不足的矛盾异常突出。有资料显示,2011年,国家基础设施投资5.11万亿元,包括交通工程、城市建设、水利工程等,同时以每年5%~7%的增速扩大。在此大背景下,全国建筑市场一片繁荣,施工工地遍地开花,工程建设安全管理人员供不应求。许多建设单位、施工单位安全管理岗位往往无人应聘,不少单位让无经验、非专业人员项岗,人员安全素养低、经验不足,“无人管、不会管”问题严重。因此,引入安全管理第三方服务尤为迫切。

国内交通工程较早引入第三方服务机构的代表项目为港珠澳大桥。该项目是在“一国两制”条件下粤港澳三地首次合作共建的超大型基础设施项目,引进第三方服务机构介入工程模块化管理,实行机电顾问、环保顾问、安全顾问等参与工程的咨询服务。浙江省乐清湾跨海大桥及接线工程,借鉴港珠澳大桥引进第三方服务的做法,并根据项目情况对第三方服务的内容进一步深化。而浙江省嘉兴市杭州湾大桥北接线(二期)工程引入的是安全顾问服务,采用的则是“量身定制”菜单式服务方式。此外,浙江交通工程引进第三方安全生产服务机构的项目还有:台金高速公路东延段工程、沈海高速公路瑞安出口改造工程等,都给开展安全生产社会化服务提供了可资借鉴的经验。

2 安全第三方服务在杭州绕城高速公路西复线工程中的应用实践

杭州绕城高速公路西复线杭绍段工程(以下简称“西复线”)在项目开工之初,项目建设指挥部通过公开招投标方式引进了2家第三方安全服务机构,分别承担扩容段与联络线段安全管理咨询服务。

2.1 服务模式

西复线扩容段安全第三方服务是在项目"大安全"概念下运作的一种服务模式,即由指挥部、标段施工企业共同签署多方合同,确定第三方机构服务主体为扩容段全线施工安全管理的技术咨询,归口指挥部安全处领导。服务组人员3名,其中项目负责人1人,常驻服务人员2人,每月实施考勤考核管理。第三方机构服务费由扩容段安全生产经费列支,各标段按比例摊销。该运营方式符合《企业安全生产费用提取和使用管理办法》(财企〔2012〕16号)相关规定,对于施工企业也是公平合理的。

2.2 工作内容

2.2.1 协助健全完善安全生产管理体系

协助参建各方建立健全安全生产管理体系,审查安全生产管理体系中安全生产管理制度的合法合规性,查漏补缺制度内容以及必备项安全生产管理制度,使管理体系做到完整、充分、合法、合规。及时掌握国家法律法规的修订和更新情况,协助参建单位持续完善相关安全管理制度和应急预案。

参与编制指挥部层级突发事件综合应急预案以及自然灾害的专项应急预案,如"三防"应急预案、防台风专项应急预案、消防应急预案等。指导督促各标段施工单位及监理办在综合应急预案的框架下,编制危大工程专项应急预案和现场处置方案,审查预案的完整性和可操作性。

2.2.2 编制安全管理大纲

科学、系统地全面梳理项目建设过程中的安全特点和重点,严格遵照相关法律法规、标准规范和行政监管要求,编制《安全管理大纲》,做好安全管理顶层设计,明确参建各方安全职责,特别是重点节点工程安全管理工作,以保证整个建设过程的规范有序和安全平稳。

2.2.3 开展施工现场安全检查和隐患排查和协助安全生产经费使用计划必要性审查

服务组每月定期开展综合安全检查和隐患排查;在关键工序、特殊时期开展专项安全检查和隐患排查。具体工作包括:安排专业人员开展安全检查和隐患排查,形成图文并茂的安全检查报告(报告含安全隐患类型统计分析图表,并对安全生产管理现状进行分析,提出进一步改进的措施和建议)。

根据安全生产经费使用相关要求,施工单位需编制安全经费使用总体计划、年度计划及月度计划,安全第三方服务单位协助指挥部审查安全经费使用计划的合理性和必要性。

2.2.4 协助开展安全教育培训

每年根据指挥部提供的培训计划开展安全教育培训。根据参建方培训计划,首先安排相关专家对参建方主要安全管理人员进行安全业务培训，协助培养安全管理团队（内部讲师团）。同时，根据工程进展情况，编制培训计划与编写培训教材，从内容、教材的种类形式、适用的对象等进行系统分类，形成以平面媒体、多媒体、网络等形式为主的安全教育教材系列，增强培训的针对性、有效性。

2.2.5 协助审查安全专项施工方案

依据相关规范，协助审查施工方编制的安全专项施工方案，对施工中的重点、难点问题提出解决的意见或建议。对超过一定规模且危险性较大的分部分项安全专项施工方案，在召开评审会之前进行审查，通过文献查询、工程类比、数值计算等方法，审查施工方案的可行性、完整性和准确性，提出审查咨询意见。

2.2.6 协助开展“平安工地”创建、“安全生产月”“安康杯”等活动

协助策划“平安工地”创建、“安全生产月”“安康杯”等活动计划，组织指导相关活动的开展，为活动的开展提供相关资料和建议。在活动结束后协助开展安全评奖评优工作。

2.2.7 协助开展有关安全管理工作

如协助开展安全事故（轻微事故、险情）的调查、分析原因，提出改进工作的措施和建议。并根据项目工程安全管理实际需要，适时提供建设性的专项建议，协助开展亮点的策划、实施、推广、经验总结等。

3 安全第三方服务的作用

安全第三方服务，从本质上讲，就是通过对企业生产经营过程中的深入调查、分析，找出企业安全管理中可能存在的问题及其产生的原因，有针对性地提出科学的、切实可行的解决方案，并指导方案的实施，借以提高企业本身安全管理水平、实现安全管理目标的智力服务过程。

其作用主要有：

（1）预防作用。项目工程通过风险评估，使建设主体（施工主体）充分了解安全风险所在和安全管理重点，避免可能出现的风险事件，起到预防作用。

（2）纠错作用。帮助企业排查发现既有的安全管理问题及其原因，有针对性地提出改进措施，起到纠错的作用。

（3）改善作用。帮助企业找出与行业内先进水平存在的差距，引进、推荐其他工程可行的做法，改善自身的安全管理水平。

（4）创新作用。针对项目安全管理技术难点，组织专业力量帮助企业进行安全技术创新，形成行业新经验，成为新标杆。

（5）总结提高作用。通过全过程参与安全管理，有利于系统总结提炼，梳理工作亮点，形成系统全面、重点突出、体系完备的经验总结。

4 安全第三方服务在高速公路建设项目中的推广应用价值

西复线扩容段安全第三方服务,依约履约,兢兢业业,为项目施工安全管理做了大量的工作,成效显著,形成了双赢的局面。笔者认为,深挖安全第三方服务潜能,拓展服务范围,助力施工企业搞好安全生产,是可行之道。尤其在当下建设工程的高标准、高起点的条件下,具有实际意义。

4.1 有利于发挥专业优势,提高本质安全水平

安全第三方服务单位,普遍为专家型团队。专业基础知识扎实,融合系统安全管理理论,并具有丰富经验。随着时代进步,第三方服务人员最有条件首先获取和接触安全管理新理念、科学技术新成果。新技术的采用是提高施工生产本质安全的重要手段,如近年来所推行的机器换人、智慧用电、隐患排查 App、质量工序 App、BIM 技术、远程视频监控、装配式施工工艺等,都是向本质安全目标前进的阶段成果,施工企业事故大幅下降的实践也充分证明了这一点。

4.2 有利于积累安全管理精粹,为中国建筑拾贝

一个项目一篇风采。每个项目建设过程中在安全管理上必然会遇到一些技术难题、管理问题。安全第三方通过安全服务,参与了项目全周期、全过程的安全管理,参与了相关问题的解决,不仅可以发现问题,同时也可以积累经验。通过发现、采集、提炼,把各项目建设中的突出亮点选编成集,使之成为精粹,既为项目工程留下技术财富,也能为中国建筑业整体水平的提高积累点滴经验。

4.3 充分发挥技术支撑作用,解决重点难点问题

社会化服务是企业落实主体责任的技术支撑,扮演的是参谋、助手的‘补缺’角色。安全管理第三方服务是作为“智囊团”引进的,因而建设单位、施工企业遇到重点难点问题,安全第三方可以通过文献查询、专家咨询、工程类比等方式解决,从而为企业提供多方位的支撑技术,解决实际问题。

4.4 有效推动企业安全文化建设,提升安全基础工作

安全文化直接影响安全管理基础。提高和转变人的安全思想意识,是安全文化建设的主要内容,也是做好安全生产工作的最重要保障。第三方服务中包含了安全宣传教育工作内容,通过各种人们喜闻乐见形式的宣传以及专业人员对各个层次不同人员开展针对性的安全教育培训,不仅能有效提高相关人员的安全技能和素养,而且能促进员工养成安全文明施工的习惯,从而整体上提升安全生产基础工作。

5 安全第三方服务推广应用中问题分析

安全第三方服务,已经在浙江省交通工程建设项目中得到了广泛的应用,实践证明,安全第三方充分发挥其专业团队的安全管理技术和水平,为助力交通建设工程平安顺畅推进发挥了一定的作用,但是也存在一些问题有待解决。

5.1 建立安全第三方服务指南或者服务标准

目前,在省内交通建设项目安全第三方的应用中,服务内容、费用来源、费用标准及支付、服务要求等方面,尚无任何可借鉴标准,实际应用中大部分费用通过安全谈判或者招投标约定,通过项目安全经费途径并由施工单位支付。由于交通建设项目安全生产主体责任为施工单位,安全第三方服务费通过施工单位安全经费支付,给服务方的准确定位带来较大的困惑。因此,建立相关的安全第三方服务指南或者服务标准,必将规范安全第三方服务的推广应用。

5.2 建设项目参建各方对安全第三方服务的正确定位

建设单位引进安全第三方,起到预防、纠错、改善、创新、总结提高等作用,同时也是国内当下交通工程建设单位管理力量的有效补充,因此,定位服务对象为建设单位,协助建设单位实施对项目建设全过程的安全咨询、指导服务。安全第三方是建设单位安全管理的有力支持,但不是建设单位的安全员,同时,建设单位树立安全第三方在项目安全管理中的专业顾问地位和威信也是推进安全第三方服务效果的保障。

5.3 安全第三方服务单位准入机制有待明确

由于安全第三方服务在交通建设项目中的应用处于初级阶段,目前尚未有任何地方和部门对安全第三方服务提出相应的企业准入标准,无门槛的管理,造成目前建设单位采购安全第三方服务的困难,同时,也不利于安全第三方单位的自身规范的发展。

5.4 安全第三方服务机构的技术水平有待进一步提升

交通建设工程中引入安全第三方,作为建设单位安全管理的有效补充和顾问,这对安全第三方组织机构、人员组成、人员素质和技术能力等方面提出了较高的要求。杭州绕城高速公路安全第三方服务人员应具备较好的交通建设项目专业技术素养和能力,同时应具备安全管理、熟知相关法律法规等,实际服务人员与项目服务需要之间尚存在一定的差距。

6 结语

安全第三方服务在浙江省交通工程建设项目上的广泛应用,证明了交通工程建设项目引入安全第三方的必要性。同时实践证明,要有效发挥安全第三方的专业顾问的作用,行业主管部门、建设单位、安全第三方服务机构自身,都需要做一定的工作,为促进交通工程建设项目推广应用做出努力。

参考文献

[1] 阚有俊,刘小勇.泰州大桥建设安全管理创新模式实践[J].建筑经济,2012(4):44-47.
[2] 吴四英.交通施工工程管理和安全控制探析[J].江西建材,2015(15).
[3] 沈建军.浅析公路工程的施工现场管理[C].//建筑科技与管理学术交流会论文集,北京:中国经贸出版社,2016:128-131.
[4] 石宝林.我国交通发展模式转型研究[D].西安:长安大学,2010.
[5] 张征祥.工程建设第三方安全管理模式初探[J].建筑与装饰,2018(1):71-71.
[6] 潘思哲.第三方安全管理参与下工程安全监管博弈分析[D].武汉:华中科技大学,2015.
[7] 高嘉亮.高速公路建设项目安全管理模式及其有效性研究[J].交通世界(运输车辆),2016,000(006):88-89.
[8] 吴佳宁.高速公路建设施工的安全管理工作[J].交通世界(建养机械),2014,000(003):79-80.

杭州绕城西复线智慧公路建设的几点思考

吴向阳
（杭州都市高速公路有限公司）

摘　要　本文依托杭州绕城高速公路西复线智慧公路建设、、基于大数据的路网综合管理、新一代国家交通控制网三个智慧公路等试点方向实现路径和技术手段进行研究，拟解决高速公路智慧化程度不高、公路管理信息滞后、与司乘人员公路出行信息不对称无互动等问题，对新建高速公路智慧化建设具有参考意义。全文研究的目的方法成果背景不需要再摘要中提出。

关键词　大数据路网　智慧公路

1　引言

据交通运输部发布的数据显示，截至2019年底，全国高速公路通车总里程已超过14.26万km，排名世界第一。同时2019年1至11月份高速公路总车流量为1003775万辆次，同比增长9.4%，其中客车流量770166万辆次，同比增8.3%，货车流量233609万辆次，同比增长6.8%。面对不断增加的车流、不断加密的路网、屡屡爆出的恶性事故、大面积的路网拥堵以及因车辆超限超载导致的结构性灾难，传统的高速公路已不能满足人民对美好生活向往的需求，特别是日益增长的出行需求，智慧公路的发展便成为我国高速公路发展的必然选择。

面对当前互联网、云平台、大数据颠覆性的发展，传统的监控系统单点、离散、孤立的监控数据（如视频监控、流量监测等），仅依据标准规范、统计分析、经验总结等低智化的管理，已经越来越难以满足社会对多样化、个性化精细化、智能化的需求。现代信息技术为智慧公路的实现奠定了必要的基础，更提供了无限的遐想。建设让交通更安全、出行更便捷、管理更高效的智慧高速公路是我们必然选择。

2　杭州绕城西复线项目概况

杭州绕城西复线高速公路是G25长深国家高速公路杭州过境路段通道的分流公路，主要功能之一是疏解杭州绕城高速公路西线交通压力，改善杭州及项目沿线区域的招商引资环境，促进杭州都市经济圈城市合理空间布局的形成和区域经济的迅速发展；承担世界互联网大会、云栖大会、工业大数据大会等重要会议和第19届亚运会外围交通流疏导的责任。项目全长约148.8km，共设置互通枢纽23处，收费站17处，服务区3处，养护工区4处，隧道管理站4处。桥梁137座共42.76km，隧道27座共32.43km。项目具有以下四个特点：一是桥隧比高(50.53%),杭绍段有25座隧道和5个隧道群;二是沿线气候条件复杂,台风、暴雨和团雾气象多发,在冬季易发桥面结冰现象等;三是交通组织复杂,与省内多条高速公路、国省道相连接;四是预计交通组成以小客车为主(50%以上),其次为小货中货车(25%以上)。

3 西复线智慧公路建设的主要内容

根据《交通运输部办公厅关于开展新一代国家交通控制网和智慧公路试点(第一批)工作的通知》(交办规划函〔2017〕1084号)要求,西复线智慧公路试点方向包括:基础设施数字化、基于大数据的路网综合管理和新一代国家交通控制网。

3.1 建立全寿命周期的高速公路资产管理平台

应用倾斜摄影、BIM、GIS等技术,根据道路、桥梁、交安设施、机电设备数字化入库结合西复线建设期保留的大量前期、设计、施工、检测数据以及营运管理期的行车、日常巡查、桥隧边坡结构检测等数据,对道路性能评测模型、桥梁退化模型进行分析处理,实现对基础设施运行状态实时在线监测及数据质量动态评估,生成养护计划、服务决策管理、构建后评估系统,实现建管养一体化的全寿命周期管理,提高资产管理水平。

3.2 构建基于大数据分析的综合管理一体化平台

3.2.1 数据平台一体化

在传统机电工程基础上,优化调整前端感知设备部署密度和智慧化程度,统一接口标准、数据采集处理存储标准及方式,融合第三方如气象、货车、导航等数据,主攻数据标准和数据分析建模,掌握数据治理的核心能力,构建高速公路数据管理一体化平台。

3.2.2 综合管理平台一体化

在数据一体化基础上,整合原来营运管理各分项系统功能,实现一个平台访问,一个平台管理,一个平台发布,一个平台协同,改变以往孤岛现象,简化管理人员操作。

3.2.3 提升通行效率

利用大数据、云平台和软件算法,建设基于交通行业与互联网行业深度融合智能分析系统,达到交通态势提前感知、异常事件主动发现、应用处置智能联动、道路主动管控等目的,降低事故发生率,预防二次事故发生,提高信息流转速度和事件处置效率以及相关资源和管理方案的优化配置,保障安全通行,提高道路通行效率。

3.2.4 提升管理效能

建管养一体化系统实现了对重点高边坡、隧道监测管理,同时结合日常养护巡查管理,实现在线派单、档案查询、巡查记录、养护计划、施工组织评估、养护作业评估等,同时结合智能装备如智能锥桶等,实现施工点精准定位和预警功能。应急联动处置系统在监控人员进行简单事件确认及评估以后,系统自动联动巡查、施救、交警、路政、集团相关部门及行业主管部门等,同步信息、处置、救援方案评估及记录,评估交通态势进行主动管控,提升道路管理效能。

3.2.5 提升道路服务水平

通过导航、智能终端、隧道调频广播、情报板、交通诱导屏等基于用户位置、出行习惯生成策略发布道路交通状况、气象状况、施工信息、交通管理信息、交通诱导信息、交通事件信息、交通事件处理进展等信息为用户提供多样化精准的出行服务,提升道路服务水平。

3.3 新一代国家交通控制网车路协同试点

西复线智慧公路试点项目新一代国家交通控制网依托于车路协同展开,鉴于该项技术尚处于研究阶段,主要小规模试点尝试车辆在高速运行状态下的通信可靠性研究,同时考虑到目前车企、路方并未实现真正意义的协同,试点工作在自有管理车辆中通过安装智慧终端方式展开。

4 西复线智慧公路建设实施的途径

智慧公路关键在于"人、车、路、货、环境、信息"之间,如何实现不依赖于人的直接介入而实现自适应、自运行、自循环、甚至纠正人为错误。围绕着这一目标,结合西复线自身建设特点,按照需求导向、重点提升、迭代发展、动态优化的原则,通过总结借鉴国内外智慧公路建设经验,把握数字化、网络化、智能化融合发展的契机,推进互联网、大数据、人工智能等新技术新应用,并结合传统机电落地应用开展智慧公路试点建设工作。

4.1 科学布点

避免全路段"撒芝麻"。在施工图设计阶段与设计院加强对前端采集设备的设置科学性、完备性的研究,在"实用"角度上深度融合数据分析,避免因设备过度布设带来的投资浪费。

4.2 上云下端

感知互联,打破系统壁垒,唤醒沉睡数据。通过构建数字化的采集体系、网络化的传输体系、智能化的应用体系,打破原有烟囱式的系统布局方式,让数据活起来、联起来、用起来。通过数据关联分析,使原有过车数据不再仅用于收费额的计算,扩展应用于监控流量分析、车辆路径的还原、超速车治理、当量轴次对养护决策关联性分析等以及利用 AI 算法,深度分析视频监控数据,用于路网态势分析、偷逃通行费费稽查、危险驾驶管控等工作。

4.3 提升数字化水平

提高数据分析能力。以路面养护管理为例,基础设施的数字化可以快速调取路面设计、施工全过程数据,结合运营期过车轴载、断面流量数据,可以多维度、多指标探索交通载荷与路面病害之间的关系,为路面预防性养护提供决策依据和数据支持。通过轴载时空分布分析，重点关注接近设计轴载区间和轴载波动大的区间，预测剩余轴载使用寿命，为路面设计提供数据参考依据，对养护对象实现科学排序，科学安排养护资源投入。结合历史交通流特征，优化施工组织方案，评估施工影响，合理安排养护作业时间，科学占道施工以提高施工期间路网服务水平，降低通行费流失。数字化水平、数据深层分析和应用能力是智慧公路核心。

4.4 探索实现从有感觉的路到会说话的路

从简单感知交通状态到提供车路及车车交互平台，车路协同技术为各交通参与方提供交互能力和手段。实现交通信息的采集与汇聚、边缘计算、信息上传与下发，路侧单元和终端在出行者和路之间架起了沟通桥梁，车路协同技术是智慧公路实现精准控制的重要载体。

5 关于智慧公路建设的思考

5.1 建设方向选择

智慧公路是一个系统工程，涉及公路管理和出行的方方面面，如路网运行监测、联动应急处置、公众出行服务以及车路协同等，但现阶段智慧公路的建设仍处于无经验可借鉴、无标准可适用、无模板可复制的探索阶段，如何利用低成本、小切口方式，打开智慧公路建设局面，是需要我们重点思考的问题。综合目前高速公路运营管理需求的迫切性和相应技术的成熟度，我们认为智慧公路应首先解决涉及高速公路安全运行的问题，这也是间接增强司乘人员获得感的有效途径。一是做好重点结构物监测工作。主要包括边坡监测，桥梁结构物及路面技术状况的自动监测等，这部分技术通过近年探索已取得了一定的经验，相应技术也较为成熟。结合西复线智慧公路建设，我们对沿线重点 6 座土质边坡、两座隧道实施了边坡监测系统和隧道结构监测系统，实时监测形变状况，对突变超过阈值或接连发生形变的情况均会进行预警处置，可以弥补人工巡查周期长、不到位等问题，特别是恶劣天气时期的重点监测对及时发现安全隐患有重要意义。二是道路异常事件的分钟级发现。抛洒物、局部团雾、车辆异常行驶状态、故障车辆、道路积水（冰）等道路异常事件是引起道路交通事故及进一步发生次生交通事故的主要诱因，能否做到早发现、早处置是高速安全管理的重要工作和难点工作。西复线全线建设了基于 AI 分析的视频结构化系统，可以做到道路异常事件的有效发现，结合路网管理系统，自动匹配最佳预案，联动行业部门采取应急措施。三是要加强“二客一危”车辆主动管控的研究。“二客一危”车辆事故发生频率高，影响大，近年来一直是高速公路交通管理的重中之重。各管理方关注度高，车辆管控技术条件好，结合智慧公路建设，会同交警、车辆管理单位等相关方有针对性加强智慧管控研究，有助于提升高速公路的运营安全水平。

5.2 技术选择

随着科技的进步，现阶段智慧公路建设有一个明显的特点，充斥着各种不同类型、不同功能的设备以及解决方案试点,但总体成熟的技术设备较少,相关应用尚处于"试错阶段"。综合考虑智慧公路技术设备现状,为了避免"沦为"设备试验场,在技术、设备选择方面不应追求高大上的新技术,应立足需求,按照适用为先、迭代提升的理念,选用技术相对成熟的设备和技术,对部分新技术应先试点,再推广。西复线智慧公路建设以小范围试点为主,选取市场上相对成熟的解决方案或设备,通过案例调研、已通车路段试验、召开专家论证会等形式逐步推进应用落地。

同时从节约成本、统一测试环境角度考虑,可以建设高速公路开放测试场,对设备的基础能力、性能、同类设备的优劣进行同平台的测试,测试结构更具权威和可靠性,也可避免多头测试带来的资源浪费。

5.3 数据采集和应用

智慧公路数据采集不仅包括路段沿线感知设备的数据采集,还包括同样作为高速公路道路管理方的交警、路政部门的数据共享,业务合作单位如施救、养护单位的数据融合以及与道路通行密切相关的气象、导航等数据的接入。如何建立相应合作机制,打通相关方数据,实现真正意思的大数据、分数据的分析,对智慧公路实现多源数据融合、精准路网感知、交通态势的预判至关重要。

5.4 队伍建设

集中交通集团研究院、设计院、运营公司、施工企业人员力量高效协作、优势互补,在现阶段智慧公路从业者相对匮乏,显得尤为重要。特别是从中发掘或定向培养能转化营运管理痛点、管理需求的需求分析师、方案解决师;精于数据分析和算法构造的数据分析师、算法工程师以及系统架构师等软件工程方面的人才,做到对关键技术集成以及核心算法的掌握,把握建设的主动权。与此同时,智慧公路建设的成功与否,还与智慧公路系统应用密不可分,充分理解管理和转化需求的同时,还应加强对使用人员的应用培训,正向促进系统的应用,在实践不断优化完善。

6 结语

《交通强国建设纲要》提出大力发展智慧交通。推动大数据、互联网、人工智能、区块链、超级计算等新技术与交通行业深度融合。推进数据资源赋能交通发展,加速交通基础设施网、运输服务网、能源网与信息网络融合发展,构建泛在先进的交通信息基础设施。构建综合交通大数据中心体系,深化交通公共服务和电子政务发展。推动交通发展从追求速度和规模向更加注重质量和效益转变,由各种交通方式相对独立发展向综合交通发展转变,由依靠传统的要素驱动向更加注重创新驱动转变。

智慧赋能让高速公路实现从提供物理通行条件向提供信息通信条件转变,用户出行体验从基本线形转向立体全面转变,道路服务从被动接受到主动服务转变。

参考文献

[1] 王少飞,祖晖,付建胜,等.智慧高速公路初探[J].中国交通信息化,2017(S1):7-14.
[2] 谭伟珉.智慧高速公路标准体系建设研究[J].中国科技纵横,2017(17):91.
[3] 交通运输部公路局.2018 全国公路统计资料摘要[J].北京:交通运输部公路局,2019.

关于交通建设项目审计三方协作机制的探索试行

戴以敬　赵　红　许肖军
(杭州都市高速公路有限公司)

摘　要　党的十八大以来,党中央、国务院要求加强对公共资金、国有资产、国有资源和领导干部履行经济责任情况实行审计全覆盖,并建立健全与之相适应的工作机制,统筹整合审计资源,加强内部审计工作,充分发挥内部审计作用。进一步加强国家审计对内部审计工作的业务指导和监督。本文就交通建设项目国家审计、行业主管部门审计、企业内部审计三方协作机制的构建实施进行实践性探索。

关键词　交通建设项目　审计　三方协作机制　试行

1　引言

党的十八大以来,党中央、国务院要求加强对公共资金、国有资产、国有资源和领导干部履行经济责任情况实行审计全覆盖,并建立健全与之相适应的工作机制,统筹整合审计资源,加强内部审计工作,充分发挥内部审计作用。《审计署关于加强内部审计工作业务指导和监督的意见》(审法发〔2018〕2 号)指出,积极加强国家审计对内部审计工作的业务指导和监督,坚持问题导向,突出工作重点,创新方式方法,推动内部审计充分发挥在促进企业规范管理、完善内控机制、防范风险和提质增效等方面的作用,为实现审计全覆盖创造有利的条件。

2　建立交通建设项目审计三方协作机制的现实意义

国家审计与内部审计是我国审计监督体系中不可或缺的两支力量,两者根本目的一致,实施职责各不相同,相互之间存在联系和补充,目前两者的关系朝着协作审计的方向发展。根据《审计署关于进一步完善和规范投资审计工作的意见(审投发〔2017〕30 号》)、《浙江省审计厅关于贯彻落实审计署推进投资审计转型电视电话会议精神的实施意见》(浙审投〔2017〕132 号)文件精神,强调国家审计监督职能的回归,这就迫切需要构建国家审计与内部审计协作机制,统筹协作、整合联动、共享资源、共促互补,实现既分工又协作、互为一体的审计监督全覆盖大格局。交通运输厅作为交通行业的主管部门,通过行业审计经验加强对杭州板块内部审计业务指导;指导协调杭州板块加强对跟踪审计单位的日常工作管理、审计质量管理,同时又可以充分利用跟踪审计单位的专业优势提升杭州板块的内部管理水平。

浙江省交通集团高速公路杭州板块建设指挥部(以下简称“杭州板块”)于 2016 年 8 月 26 日设立,承担着全省“十三五”时期 30% 的高速公路建设任务,目前负责杭州绕城高速公路西复线杭绍段、杭州绕城高速公路西复线湖州段、临金高速公路建德至金华段、临金高速公路临安至建德段四个项目的建设管理工作,建设总里程为 294. 34km,估算投资总额 716. 17 亿元,其中杭州绕城高速公路西复线杭绍段项目为全省目前单体投资最大的公路项目。杭州板块具有建设投资规模大,工程建设结构类型比较全的特点,在交通投资建设项目具有代表性,建立交通建设项目审计三方协作机制,为探索构建公共投资项目审计全面覆盖提供了现实条件。

3 交通建设项目审计三方协作的内容

为进一步加强省审计厅、省交通运输厅对杭州板块内部审计工作的业务指导和监督,有效推进杭州板块建设项目规范管理、完善内控机制、防范风险和提质增效,最大限度发挥内部审计在规范管理、防范风险、完善治理等方面的基础性、源头性自我监管作用,拟从以下三个方面进行三方协作。

3.1 探索建立国家审计以“风险清单督导”为重点的协同机制

探索开展三方协作审计、联合审计等协同方式,积极推进“风险清单督导”的协同方式,省审计厅固定资产投资审计处在总结历年交通基础设施投资建设领域审计发现的典型性、普遍性、倾向性问题的基础上,动态编写风险防范清单,督促指导杭州板块按清单内容加强自我监管。杭州板块结合风险防范清单内容开展内部审计,加强预防工作,实现自我监管。

3.2 建立与交通运输厅财务审计处的协作配合机制

充分发挥行业主管部门的指导作用,根据行业内部审计指导意见、内部审计工作指引、风险防范清单等,协调开展对杭州板块内部审计工作的指导,及时通报年度审计计划、监督检查结果,形成监督合力。协助杭州板块加强对跟踪审计单位日常工作管理、跟踪审计质量管理等,对杭州板块落实整改跟踪审计发现问题的情况进行监督检查。

3.3 建立健全内部审计资料备案与成果利用机制

杭州板块定期将内部审计工作计划、审计报告、审计整改情况、工作总结以及审计发现的重大违纪违法问题线索、根据清单开展审计项目情况和结果等资料向审计厅固定资产投资审计处、交通运输厅财务审计处备案。同时在国家审计、行业审计的平台交流推广杭州板块内部审计的特色、亮点及审计机制创新的经验。

4 交通建设项目审计三方协作机制的运行机制

构建交通建设项目审计三方协作机制作为一个全新的审计管理实践创新,为实现构建审计协作机制的初衷,必须建立一套与之相适应的工作机制来保障其合理、有序、高效地运行。

4.1 建立组织保障机制

杭州板块作为试点单位,进一步强化组织领导,把试点工作作为推进建立健全内部审计制度、防范风险的重要手段,由审计厅固定资产投资审计处、交通运输厅财务审计处、杭州板块共同组织业务工作开展,建立协作三方联络人机制,结合杭州板块工程建设进展的实际情况,确定不同阶段的审计工作重点,根据实际情况对不同时期的工作计划内容进行会商交流,切实推进与国家审计、行业主管部门审计的协作机制。

4.2 建立指导监督机制

4.2.1 加强源头防范教育,开展廉洁从业教育警示活动

定期邀请省审计厅、省交通运输厅等投资审计领域的专家结合审计经验进行现场授课,用交通投资建设领域的真实案例对全体人员敲响警钟,正面引导员工,提升业务能力,减少差错风险,防范廉洁风险。加强对杭州板块内部审计人员的业务培训和指导。充分利用审计厅的培训平台优势和交通运输厅的行业管理优势加强对杭州板块内部审计人员业务素养和前沿理论等方面的培训、指导,进一步提升杭州板块内部审计的能力。

4.2.2 加强对杭州板块内部审计工作的监督检查

审计厅固定资产投资审计处、交通运输厅财务审计处结合历年审计经验,动态编写风险防范清单,按照清单指导杭州板块加强工程建设领域风险防范,完善内审制度框架设计;加强对杭州板块内部审计工作的检查监督,及时掌握杭州板块内部审计部门的依法履行职责情况,采取重点抽查等方式,强化审计整改,防范内部审计风险,切实提高内部审计工作水平。

杭州板块确定年度内部审计计划后同时报省审计厅固定资产投资审计处、省交通运输厅财务审计处备案。杭州板块内部审计计划内容应坚持问题导向,突出审计重点为原则,重点关注资金分配和使用、工程建设招投标和物资采购、劳务工资的发放、经济安全、工程质量安全等领域,紧盯权力集中、资金密集、资源富集、资产聚集的岗位,并关注企业经营过程中是否存在损害国家和企业利益、重大违纪违法、重大履职不到位、重大损失浪费、重大环境污染和资源毁损、重大风险隐患等问题。

4.2.3 做到责任分工明确和权责义务对等

杭州板块在省审计厅固定资产投资审计处、省交通运输厅财务审计处的指导下,研究制订跟踪审计管理办法,从制度上规范与跟踪审计单位合同双方的工作界面,做到责任分工明确、责权义务对等。

在三方协作机制的平台下,定期召开跟踪审计工作例会,定期组织分析跟踪审计工作成果,及时总结经验进行交流。通过举办契合项目建设特点的审计知识讲座、审计知识竞赛,

结合当前热点提出的提升审计效能的审计思路或举措等,打造具有鲜明特色的企业审计文化,营造人人要求参与审计的氛围。采取杭州板块各跟踪审计单位之间的交叉检查等措施,加强对杭州板块跟踪审计单位日常工作管理、审计质量管理。探索建立跟踪审计单位考核评价体系,从审计规范执行情况、审计质量情况、审计时效情况、审计配合情况、审计成效情况等方面加强对跟踪审计单位的考核评价管理。

4.3 建立会商沟通机制

定期、不定期地组织协作各方会议,通过经验交流、座谈等方式,开展审计实务研讨、审计方式方法深化等,提升审计效能,促进杭州板块内部管理的有效提升。对内部审计过程中发现的事项按重大程度可由杭州板块提议召开分层级的临时会议,通过建立会议评审制度,让协作各方共同会审所议的重要事项。

4.4 建立工作通报机制

建立内部审计结果报送制度和审计情况通报制度。杭州板块向审计厅固定资产投资审计处、交通运输厅财务审计处报送内部审计工作开展情况,作为对杭州板块内部审计工作考评的主要依据。审计厅固定资产投资审计处、交通运输厅财务审计处定期不定期向杭州板块通报在工程审计领域中出现的新情况、新问题,以便杭州板块在内部审计中加以重视和关注。

4.5 建立协作审计机制

加强国家审计、行业审计与内部审计的协作审计。审计厅、交通运输厅在对杭州板块实施国家审计、行业审计时,可抽调杭州板块的内部审计人员参与审计。有计划地安排杭州板块内审人员参与其他国家审计、行业审计相关项目,锻炼培养内部审计人才。

省审计厅固定资产投资审计处、省交通运输厅财务审计处和杭州板块在审计中合理分工,并在一定情况下积极开展协作审计。

4.5.1 内部审计计划实施方式

(1)由内审人员自行实施方式主要由内部审计机构按照年度审计计划或特定事项自行实施内部审计。充分调动项目建设指挥部全员的积极性和创造性,加大三方协作机制审计平台的参与度,积极推行项目建设指挥部按照风险防范清单开展自我审计,并对自我审计发现的问题主动进行整改,杭州板块内部审计机构对项目建设指挥部自我审计的结果和整改落实情况进行评估。

(2)利用跟踪审计单位实施方式杭州板块内部审计机构根据审计计划要求,适时建立杭州板块、项目指挥部、跟踪审计单位的协查协审机制,充分发挥跟踪审计单位的专业资源优势,有计划的安排跟踪审计单位实施各类专项审计,为项目建设提供工程管理、财务管理、内部控制等咨询服务。

4.5.2 省审计厅固定资产投资审计处

交通运输厅财务审计处在实施国家审计、行业审计时，可以采取与杭州板块协作审计的方式：

(1)联合审计方式省审计厅固定资产投资审计处、交通运输厅财务审计处在对杭州板块实施审计时，可抽调杭州板块的内部审计人员参与实施审计。

(2)内审人员参与国家审计项目、行业审计项目方式。

在遵守保密纪律的前提下，有计划地安排杭州板块不同专业、技术专长的内部审计人员参加相关的审计项目，锻炼培养杭州板块内部审计人才。

4.6 建立成果利用和交流推广机制

审计厅固定资产投资审计处、交通运输厅财务审计处对杭州板块内部制度健全性、有效性及内部审计工作基础进行评估，在评估内部审计工作质量的基础上，加大内部审计成果利用，减少重复性工作，引导内部审计与国家审计相向而行。探索搭建协作三方的业务交流推广平台，积极学习运用大数据审计工作模式等先进审计技术方法；交流推广杭州板块内部审计的特色、亮点及审计机制创新的经验；推广杭州板块跟踪审计管理的经验和做法，努力打造交通建设项目跟踪审计管理的样板。

经过协作三方共同努力，2018 年 5 月共同签署《关于在杭州板块试行交通建设项目审计三方协作机制的协议》，完成协作机制框架搭建，正式启动交通建设项目审计三方协作机制试行工作。

交通建设项目审计三方协作机制的构建，是国家审计、行业审计、企业内部审计的一次融合协作创新，有利于推进三方在交通建设项目审计方面开展深度合作，是《审计署关于内部审计工作的规定》(审计署 11 号令)新规出台后的具体举措，也是浙江省交通投资集团“清廉交投”建设落地杭州板块的具体实践。通过建立健全与审计全覆盖相适应的审计三方协作机制，统筹整合审计资源，将有力推动杭州板块工程建设项目廉洁高效推进。

参考文献

[1]《审计署关于加强内部审计工作业务指导和监督的意见》(审法发〔2018〕2 号).

[2]《审计署关于内部审计工作的规定》(审计署令第 11 号).

[3]《浙江省人民政府关于进一步加强内部审计工作的意见》(浙政发〔2015〕17 号).

[4] 浙江省审计厅关于进一步加强内部审计工作业务指导和监督的意见(试行)(浙审科〔2018〕61 号).

[5] 关于进一步加强我省交通运输系统内部审计监督工作的意见(浙交〔2018〕25 号).

坚持共商共建共享 助推品质工程建设

——都市公司项目“党建联合体”品牌创建经验

戴以敬
(杭州都市高速公路有限公司)

摘 要 都市公司目前主要负责杭州绕城西复线杭绍段、湖州段和建德至金华高速公路、临安至建德高速公路四个项目的建设管理,总里程近300km,总投资约700亿元,里程数占浙江省“十三五”期间拟建成高速公路的30%。高速公路项目是线性工程,具有建设工期长、参建单位多、协调难度大等特点。4个在建项目跨越杭州、湖州、绍兴、金华四市十一个区县(市),体量巨大,各方利益诉求各异,建设初期更受征地拆迁、各标段工程进度、品质不平衡等问题制约。如何打破传统行政区域限制?如何与参建各方达成共识、凝聚力量?如何有效发挥党建引领中心工作作用?

都市公司党委立足落实交通强国、交通强省、助推长三角一体化发展战略高度,从大党建引领大项目出发,聚焦项目建设中的重点、难点和痛点问题,全面总结提炼各支部党建工作做法,探索创新了“党建联合体”项目党建新模式,明确了“1+3+N”的“党建联合体”特色品牌。由各项目指挥部主动联合沿线地方党委政府、省市行业管理部门和各参建单位党组织成立1个“联合体党委”,下设要素保障、品质工程、阳光工程3个功能型党支部,分别聚焦土地要素保障、工程品质和项目保廉等项目建设中的重点、难点和痛点问题,“N”则是以党建带群团,联合地方工会、共青团、科协等组织,一同开展共建活动。

关键词 党建联合体品质工程

1 强化领导赋予“联合体党委”新功能

由各项目指挥部联合沿线地方党委政府、省市行业管理部门和各参建单位党组织成立的联合体党委,从大党建引领大项目出发,聚焦项目建设中的重点、难点和痛点问题,通过联合办公会、现场协调会、“联建互访”等形式,强化党的领导,强化党政企合作,高效协调解决项目发展中的重难点问题,推动项目重难点攻坚,真正把党的领导和党的建设贯穿到项目建管全过程、各领域、各环节,确保以人民为中心的建管理念在项目落地生根、开花结果。

2 紧盯不放助力“要素保障”推进新引擎

在高速公路项目建设前期,土地报批与征迁问题是公司面临的“头等难题”,涉及县、市、省、国等不同层级众多的政府机构与行业部门,又需要与数量众多的民众沟通协调,一度成为制约项目推进的最大难题。针对这一问题,都市公司充分发挥要素保障支部作用,借力联合体成员单位优势,成立由党员组成的土地报批小组,建立环节运转机动、过程跟踪受控、催办有效响应的审批体系,有效提升了前期报批速度。

西复线杭绍段仅用时2个月完成12处先行用地国土资源部的批复,诸暨段引入"督考"模式,3个月内实质性交地完成比例从48%提高到96%,湖州段3个月红线交地完成91.33%。目前,建金高速公路、西复线杭绍段、湖州段三个项目基本实现主线征迁清零。临建高速公路成为永农新政颁布后全省首个受理并获批的省级高速公路项目,前期工作准备比计划提前3个月完成,并于2019年9月10日开工建设,土地报批速度走在全省同期项目的前列。另外,杭绍段完成了富春江特大桥涉航码头审批、六弓山特长隧道涉千岛湖配水工程两项关键问题,共计节约建设资金6000余万元,更节省3亿元征地社保风险准备金。

3 资源共享形成"品质工程"建设新合力

"争当交通建设排头兵,建设人民满意交通"是都市公司的目标与使命,而建造"品质工程"是践行使命的必要条件之一。为此,"联合体"以品质工程支部为战斗堡垒,充分发挥参建各方党员的先锋带头作用,快速整合建设过程中的人力、物力,不断推动技术创新,有效将党建力量转为推动工程建设的组织力、凝聚力和战斗力,助力工程品质迈上新台阶。

都市公司在建项目涉及桥梁249座、隧道66座、互通枢纽38处,桥隧比达56.5%,面对如此高的桥隧比,品质工程支部党员们积极推动"机器换人",在全线推广运用"隧道九台套机械化施工装备"、桥梁"钢筋车间九台套"等,大幅提升施工质量,总结出了桩基施工"三架、三箱、三防护"等经验。西复线杭绍段项目成为浙江省第一个使用预制装配式涵洞施工技术的交通工程项目,节约材料用量20%以上,缩短工期30%。

"以人为本,安全先行"项目建设中安全管理是重中之重。在建金高速公路之前,国内交通运输行业只有建设施工企业已建立成熟的安全生产标准化体系,建设单位、监理单位尚未形成成熟可用的评价体系。为提升高速公路的安全生产水平,建金高速公路先行先试,建立了一套体系、一套台账,推行一个标准、一个依据(安全管理大纲),安全生产管理资源得到有效整合,安全管理效率大大提高。2019年4月25日,建金高速公路获交通运输部制发的交通运输企业安全生产标准化建设一级达标证书,成为全国首家建设项目安全生产标准化达标单位,填补了国内交通工程建设项目安全生产标准化评价体系、评价指标等空白,当年6月还承办了全省交通建设工程"三防"及高处坠落应急救援演练。

群团成为建功中心新引擎。按照把"农民工"培养成合格的"产业工人"目标要求,联合体党委积极联合属地工会、科协等组织,开设"工人学堂""技术大讲堂"等,以"三微改"等为平台,开展岗位练兵、技能比武、"五小"创新等活动,助推优化设计、标化施工,提升项目建设品质。2019年,公司三个在建项目全部列入2018—2019"两美浙江"立功竞赛参赛名单,全部荣获2018—2019年“两美”交通重点工程立功竞赛优秀项目称号。西复线湖州段《基于物联网技术的搅拌桩软基加固全过程质量管控体系》、建金高速公路《特长公路隧道互补式通风系统防灾救援及节能控制技术研究》课题分别荣获共青团省委、省国资委主办的青工创新创效大赛银奖和优胜奖,“临金高速临安至建德段工程BIM应用”“杭州绕城西复线扩容段湖州段BIM设计应用”获全国第九届“创新杯”BIM应用大赛双冠,都市公司专业化建设板块品牌进一步打响。

“干一个工程,出一个精品,创一块牌子”。2019年,西复线杭绍段指挥部与建金指挥部分别承办了全省路面品质工程现场会和全省公路建设项目机制砂应用推广现场会。在2019年省交通厅上半年度交通建设工程项目质量和安全生产综合检查中,三个在建项目指挥部综合排名跃升至2、3、4名,工程品质实现大提升。

4 廉洁共维构建“阳光工程”保廉新网络

“信任不能代替监督”。都市公司以“清廉杭州板块”建设为目标,搭载党建联合体“阳光工程”支部建设,积极构建保廉共建新网络。

公司充分发挥党建联合体平台优势,积极与行业主管部门、沿线地方党委政府开展共建工作,形成保廉合力。西复线湖州段与德清纪(监)委签订湖州市监察体制改革后首个合作协议《项目保廉工作合作协议》,全线组建14名清廉建设监督员和30名行风监督员队伍。借力监督员队伍开设交通领域腐败案例剖析、树立正确的人生观价值观等警示专题讲座,进一步营造以案为鉴、警钟长鸣廉洁氛围,构建了清廉建设和行风监督无死角监督大网。自组建以来,都市公司未发生一起违法违纪事件。

派驻纪检组是公司纪委委派到项目指挥部现场,对项目指挥部的党组织、党员干部及其他相关人员进行监督的专职机构。派驻纪检组以就近监督、深入监督为主要目标,深入沿线地方和参建单位开展走访座谈,推进纪(监)企保廉共建,协助组织廉政教育和廉洁谈话,推进项目指挥部党风廉政建设向纵深发展,发挥了“驻”的优势。

积极创建“廉洁文化示范点”。西复线湖州段以“如玉至臻、廉洁齐家”为主题,以“一廊两墙两展”为主要载体,通过“教育倡廉、读书思廉、活动兴廉、家庭助廉、制度保廉”的创建思路,创新打造身边的廉政教育平台,发挥廉政文化示范引领作用,促使廉政意识内化于心,形成“人人思廉、人人倡廉、人人促廉”的良好氛围,为项目发展保驾护航。

针对高速公路项目存在的廉政防范风险,都市公司创建了全省首个交通建设项目审计三方协作机制,通过建立健全与审计全覆盖相适应的工作机制,统筹整合审计资源,有力推动工程建设项目廉洁高效。此外,阳光工程支部还大力推动“十二公开”阳光工程建设,依托动态管理平台,通过视频监控等科技手段,实现建设依据、廉洁从业、招标工作、设计管理、征地拆迁、履约行为、监督服务、工程进展、文明施工、立功竞赛、质量管理、安全管理等“十二公开”,主动接受社会各界监督。

“党建联合体”作为都市公司较为成熟的经验与品牌,已经在其他交通建设项目中应用推广,临建项目便是第一个实践者。2019 年 11 月 7 日,以“党建引领强,项目推进强,带动发展强,保障联动优,工程品质优,项目廉洁优”为主题的临安区与杭州临建高速公路工程建设指挥部党建联创活动正式启动。至此,都市公司 4 个在建项目实现“党建联合体”全覆盖。

新时代、新担当,新征程、新作为。都市公司“党建联合体”积极按照省委书记车俊提出的五个“争做一流”的要求,有效地将党的领导和党的建设贯穿到项目管理全过程、各领域、各环节,在实践中打破了地域领域限制和纯契约关系,汇聚了沿线地方党委政府、省市行业管理部门和各参建单位的合力,探索出一条高质量党建引领高质量高水平建成项目的新路子!

参考文献

[1] 王淑英. 对新时期党建工作的几点思考[J]. 吉林财税,1995 (12):25.

[2] 巨世卓. 新时期加强和改进基层党建工作的思考[J]. 渭南师范学院学报,2003 (S1):4-6.

[3] 刘胜清. 开创基层党建工作新局面的对策研究[J]. 理论观察,2005(01):27-28.

加强重点项目“党建联合体”品牌建设的实践与思考

王伟力
（杭州市都市高速公路有限公司）

摘　要　“十三五”时期是我省交通设施补短板的决胜期，为进一步推进省内交通项目工程建设，杭州市都市高速公路有限公司通过加强党建联建工作，整合现有资源，探索建立了项目党建联合体的新模式，打破传统的行政区域限制，形成了以地方党委政府为核心，业主单位、沿线乡镇街道及设计、监理、分包等参建单位之间相互合作、同心协力的良好氛围，从而保障了项目工程的健康运行。

关键词　党建　联合体　品牌　实践

1　引言

坚持党的领导、加强党的建设，是我国国有企业的“根”和“魂”。发挥国有企业党组织的领导核心和政治核心作用，是实现党对国有企业领导的重要途径。为进一步树立国企党建品牌，近年来，省交通集团高速公路杭州板块围绕重点交通工程发展实际，从大党建引领大项目出发，积极创新项目党建区域共建的组织形态，进行了基层党建探索实践，逐步形成了以建金高速“456”一体化创新平台为领先品牌的项目党建新格局，有力提升了基层党建组织力、创新力、发展力和源动力。通过总结现有材料、查阅相关资料、组织座谈交流、走访项目工地等形式，课题组对项目党建工作作了进一步调查分析，形成本课题报告。

2　新时期国企党建工作面临的新形势新要求

2.1　以习近平同志为核心的党中央对创新和加强国企党建工作提出了新要求

党的十九大对党建工作的新精神和新要求，是做好今后一个时期党建工作的基本遵循和指导。十九大报告明确指出要“全面推进党的政治建设、思想建设、组织建设、作风建设、纪律建设，把制度建设贯穿其中”，这一重要思想，深刻阐述了政治建设在党的建设中的地位，这也标志着国有企业党组织定位将从“围绕及融入企业生产经营和改革发展”向“政治引领、思想引领和组织引领”转变。十九大报告中，还首次提出要“不断提高党的建设质量”，体现了习近平总书记管党治党新思想，反映了党的建设实践探索和理论探索新进展，确立了新时代党的建设新目标。

2.2 浙江省委对创新和加强我省国企党建工作提出了新要求

省委省政府高度重视国企党的建设,车俊书记在全省国有企业党的建设工作会议上明确指出,要深入学习贯彻习近平总书记的重要讲话精神,坚持党对国有企业的领导不动摇,坚持建强国有企业基层党组织不放松,以党建新成效引领、推动国有企业新发展,为全省实现“两个高水平”贡献更多的国企智慧和力量。按照车俊书记“以党建新成效引领国企新发展”的要求,我们必须牢固树立“党建工作也是生产力”的理念,加强和完善对国有企业的领导,加强和改进国有企业党的建设,努力把党的政治优势、组织优势转化为企业发展优势,实现党建工作与企业发展同频共振、互促互进。

2.3 省交通集团党委对创新和加强党建工作提出了新要求

党的十九大立足新时代新征程,作出了建设交通强国的重大决策部署,省第十四次党代会积极响应十九大精神,明确要实施交通强省行动,集中力量建设高速铁路、高速公路、机场、轨道交通和内河航道等重大项目,完善国省道路网格局。车俊书记在交通集团调研时也指出,要围绕五个“争做一流”要求抓好各项工作,要以党建引领、清廉交投建设为统领,强化党的建设、制度建设、廉洁从业教育,研究提出优化队伍的举措,以更扎实的作风、更有力的措施,建设一流项目。为全面贯彻落实新时代国企党建工作的新要求,集团党委明确了今后一个时期党建工作总的目标任务是:“新时代打造国企党建工作新高地”。这一目标任务,是集团党委结合实际对贯彻落实国企党建工作要求的明确化、具体化。

2.4 杭州板块对创新和加强党建工作提出了新思路新目标新要求

当前集团公司改革发展的新要求,也呼唤我们站在政治和全局高度,认清新形势、扛起新使命、展现新作为,开创党建工作新局面。杭州板块以新时代党的建设总要求为遵循,以政治建设为统领,以提高党的建设质量为目标,明确提出要进一步统筹推进领导班子和干部队伍建设、基层党组织和党员队伍建设、人才队伍建设、“清廉杭州板块”建设,厚植党建工作创新土壤,展示杭州板块“国企先锋”“交通先锋”新担当、新作为、新气象,为打造“三个样板、两个示范”,实现项目又好又快建设履好职、带好头、建好功,努力打造党建工作新高地,力争杭州板块的项目党建走在集团前列。

3 杭州板块重点项目党建工作的基本做法和经验

高速公路项目工程量巨大,往往需要动员数十个参建单位的力量,跨行业、跨部门、跨地区合作。如建金高速公路长58.09km,涉及杭州、金华两地四县市,不同参建、协建单位近50家,高峰期参建人员达7000人。要使大家心往一处想、劲往一处使、拧成一股绳,除了行政指挥、合同约束、制度管理外,更需要思想的引领。这就得依靠项目党组织发挥总揽全局、协调各方的作用,结合工程建设实际,探索党建新模式。

3.1 杭州板块重点项目“党建联合体”建设的基本做法

3.1.1 加强功能型党组织建设,全面落实“党建联合体”工作责任制

一是成立项目联合党委。杭州板块指挥部提前谋划,充分发挥项目建设前期工作优势,针对参建单位,在招标文件中,明确中标施工企业项目部进驻后第一时间组建项目部党组织等相关要求;同时,积极开展沿线调研走访,全面加强与地方党委政府的对接沟通,提出项目党建联创方案,在不改变参联单位原党组织隶属关系情况下,形成由地方党委主导,省市两级指挥部党组织主抓,项目沿线有关部门和乡镇党组织主推,施工、监理等参建单位党组织主办的区域性党建联合体,挂牌成立项目联合党委。二是积极推动“党建联合体”落地。根据项目建设分工、党员队伍状况、党建工作基础等客观条件,成立功能型党支部,如西复线诸暨段下设的阳光工程党支部、品质工程党支部和要素保障党支部,建金高速公路兰溪段下设的保廉工程支部、保优工程支部和保障工程支部,分别聚焦项目党风廉政建设、“品质工程”建设与和谐征迁平台搭建等,一切工作归支部的局面全面打开。三是完善工作运行机制。联合党委根据不同党支部的特点和阶段性任务,分别制订不同的企地共建行动计划,明确完成时限和责任人,并以责任书的形式予以下达,由项目联合体党委办公室组织对各功能型支部的党建工作进行检查、指导、考核,确保项目党建真正落地。同时,在项目建设中大力推行“干部在一线工作、问题在一线解决、成效在一线检验”的“一线工作法”。四是发挥大群团组织作用。建金指挥部创造性提出打造项目党建带群团组织创新平台的构想,推动成立地方与项目共建的联合工青妇科组织,进一步强化省市合作、建立联动机制,在政策协调、科技攻关、创先争优等方面开展深度合作,以求共赢。按照群团改革“专兼挂轮”的队伍建设要求,实行干部双向进入、交叉任职。

3.1.2 强化责任担当意识,进一步深化“清廉板块”建设

一是高度重视廉政建设,依靠地方和全社会力量,建金高速公路实现从严治党“五位”齐抓共管,即由地方纪委(监察委)、检察院、公安局、建设单位(包括两级指挥部及参建单位)、沿线各乡镇五方共同实施保廉护廉,并建立党纪检警企“五位一体”联合预防职务犯罪的联络互动机制、联席会商机制和联合行动机制;二是加强风险防控的沟通交流,明确失责问责、失责追责的边界底线,开展共建单位联席座谈、培训教育等活动;三是通过“阳光工程”全覆盖,深化阳光招投标、阳光采购、阳光交易、阳光预算等工作,打造基层一线“阳光工程”样板;四是建立快速应急反应机制,主动应对工程建设过程中出现的违法犯罪案件,共同营造无障碍的施工环境;五是建立行风监督员机制,聘请地方沿线乡镇纪委领导和两代表一委员组成项目行风监督员队伍,组织行风监督员进工地,向行风监督员全面公开“阳光工程”系统端口,实现最大限度整合社会监督力量,实现全天候“阳光监督”;六是签订《廉洁从业承诺书》、开展系列廉政活动,做好廉政风险点排查和自查自纠“回头看”工作;七是加强纪监企共建工作,杭州绕城西复线湖州段指挥部与德清县纪委监委签订《项目保廉工作合作协议》,进一步加强与地方纪委监委在反腐倡廉和预防职务犯罪方面的合作,切实保障工程廉洁和

项目顺利实施。

3.1.3　完善重点工作对标体系,构建基层党建分层管理整体推进机制

一是针对地方党委、政府行业管理部门,全面加强与地方党委政府的对接沟通,以支部主题党日联建、联合上党课、联合组织培训教育等形式,增强组织凝聚力,加强政企联动,保障工程项目建设又好又快推进。二是针对沿线乡镇街道,通过开展党建联创活动,实现项目和谐征拆和地方美丽经济的互惠共赢,助力地方争先创优,打造和谐、富裕、美丽、文明的美丽乡村升级版。树立以人为本的党建理念,引导文明施工,保持施工现场良好的作业环境、卫生环境和工作秩序,减少施工对周围居民和环境的影响,如针对工程对沿线居民的影响建立"最多反映一次"机制,针对工程内部管理审批程序确保"最多退一次"就可以办结,全力助推项目建设"加速跑";加强爆破管理的"一户一档"精细化管理;鼓励开展"联建互访"活动,组织项目部党员"走进去",同时将地方党员、群众代表"请进来",虚心征求村镇意见建议,鼓励沿线村党员群众主动反映诉求,推动项目建设。三是针对参建单位,探索"网格建党",实现重点建设工程网格化管理,切实发挥网格在信息收集、矛盾化解、公共服务等方面的功能;围绕项目建设目标,大力开展"两美浙江"劳动立功竞赛,全面实施"美丽班组"标准化建设,在国内率先实施"建设项目安全生产标准化达标考核",创建品质工程,助力项目建设。

3.1.4　打造操作性强的特色亮点,发挥基层党建品牌示范引领作用

一是做好顶层设计。超前谋划下一阶段重点工作,制定党建三年规划,打造在集团层面可推广的项目党建实践样本,总结并形成项目党建工作指导手册,复制推广项目党建经验。二是加强服务点建设。综合考虑建设和营运需要,融合区域内资源,试点建立区域联合体党群服务中心,以党建带群建,充分发挥学习、活动、培训等功能,为项目工程做好服务保障。三是创建支部特色品牌。充分挖掘各党支部工作亮点,围绕中心工作,开展"一支部一特色"创建工作,形成"党建+最多跑一次""党建+品质创优""党建+综合服务"等党建品牌,激发党建新活力。四是抓实党建融入中心。在"党建+实的基础上,紧扣党组织的作用发挥,推出党组织定期研究制度、区域党建联动机制、"党建+"责任清单等载体。紧扣党员的作用发挥,推出党组织书记项目领办制、党员项目领办制、党员精品工程、党员承诺制等载体。

3.1.5　重视员工职业成长空间,激发党员内在动力和党组织战斗力

一是加强教育培训。为进一步营造干事创业的浓厚氛围,号召全体员工争当学习型人才,要求项目指挥部党总支整合各方资源,通过邀请专家授课、开设"工友学堂"、组织"师带徒"活动等,加强职工学习教育培训,努力提高个人职业素质和专业技能;依托行业管理部门和属地工青妇科等专业机构和师资,鼓励工人通过参加培训学习及考评考试获得相应的知识和技能等级,推动农民工向理论知识和专业技术"双过硬"的产业工人转型。二是创新活动方式。鼓励开展党员"亮形象、亮标准、亮承诺"活动,设立党员责任区、先锋岗,组织党员突击队、先锋队,做到"关键岗位有党员、困难面前有党员、突击攻关有党员",发挥党组织红色堡垒作用和党员先锋模范作用。三是推进企业文化建设。要求项目指挥部党总支进一步深化"同责同心同创"文化内涵,积极开展各类"家文化"活动,以亲情温暖每一位员工,让员

工在企业有安全感、归属感、尊重感。

3.1.6 健全目标管理考核机制,树立正确选人用人导向

一是完善激励约束机制。完善激励政策,将考评结果与“劳动立功竞赛”等考核结合,树立优秀典型,营造争先创优氛围;建立先进党员帮扶机制,针对落后的项目工程进度或技术,组织先进党员干部工人进行困难帮扶,以“先进”带动“后进”。二是试点推行“双述双评”制度。要求各功能型联合党支部书记每年向联合体党委和党员群众代表述职,并接受评议,根据干部平时工作、评议结果以及工作实绩情况确定考核等次,作为评先评优、奖优罚劣的重要依据。三是做好人才培育工作。创新项目管理模式,优化人才队伍结构,搭建人才交流平台。

3.2 杭州板块重点项目党建工作的经验总结

3.2.1 始终坚持围绕中心服务大局

要紧紧围绕高速公路项目工程建设来谋划项目党建工作,突出“融入、引领、升级”三大目标主题,提高党建与中心工作融合的深度、广度和均衡度,促进党建工作与发展目标一致、与发展模式匹配、与经营管理协调,打牢思想基础、健全组织体系、丰富党建内涵、创新党建形式,不断提高项目党建服务大局、服务职工、服务发展的能力,使其更好地体现时代性、把握规律性、富于创造性。

3.2.2 积极构建科学规范运行机制

结合项目实际情况,因地制宜来设计制度、规范制度、执行制度,优化项目党建工作流程,做到人人责任分明、处处有章可循、事事有始有终。充分利用有限资源,形成既从严治党,又合作共赢的新局面,使基层党建工作开展更加科学、规范、系统和高效,确保企地共建常态长效,共同提升重点建设项目党建工作的引领力和对地方经济的推动力。

3.2.3 注重党建引领国企文化建设

要把制度的“刚性”和文化的“柔性”有机结合起来,把国企党建和“同责同心同创”企业文化建设结合起来,树立以人为本的党建理念,深化党建文化内涵、打造党建 + 支部品牌特色、树立党员先锋模范、加强党员群众的思想教育和职业技能培训等,不断增强职工对国企、对项目的认同感、归属感,不断提升团队的向心力、凝聚力和战斗力,真正实现党建引领国企文化的共建共享。

4 重点建设工程“项目党建”创新面临的问题

4.1 思想认识的滞后性与现实需求的迫切性不相适应

党要管党,首先要强化党的意识,树立起党作为领导核心的意识。但在推进项目党建中,主要存在三种错误思想:一是无关紧要的思想。部分干部视党建工作为软指标,在心理

上对党建工作不重视,个别参建单位还一定程度存在“有单位无党员,有党员无组织”的现象;二是无能为力思想。部分参建单位认为要打破传统的以行政区划、单位隶属来重新规范基层党组织建设,标准难把握,政策难出台,从而被动等待,畏难退缩;三是无所作为思想。认为基层组织建设,党章已有明确规定,重点建设工程项目只要依章办事就行,忽略了行业的特殊性,这些错误的思想认识导致参建单位党组织无论在思想准备还是工作准备上都相对滞后,在依规治党要求下存在不想抓、不敢抓、不会抓的现象。

4.2 党组织功能定位模糊性与基层党组织作用发挥示范性不相适应

一是各方诉求不一致导致工程建设难推动,高速公路建设涉及指挥部、施工、监理和地方管理部门、协同部门、沿线镇村,牵涉面极广,虽然总体目标一致,但工作分工和具体诉求千差万别,难以形成稳定的共识。二是部分基层党组织属性仍有弱化“政治功能”,只注重“服务功能”的倾向。这些年来,特别是在推进基层服务型党组织建设中,一些基层党组织的政治功能不同程度地出现了弱化的倾向。三是党建责任制不完善,部分重点建设工程对党建工作责任制目标考核中,任务指标比较笼统,考核评价缺乏操作性。

4.3 项目党组织设置的行政依附性与项目治理的差异性不相适应

由于指挥部、项目部、监理驻地办等参建单位均为阶段性组织,党组织关系均隶属原行政上级单位,难以形成党建合力。具体表现为,一是在单位制设立党组织的传统设置模式与现有的具有综合性经济组织的项目发展不相适应。二是单位制党组织体系的稳定性制约了党组织的创新。

4.4 建设项目党员队伍教育管理的宽松软与项目治理水平的高要求不相适应

由于项目自身条件、人员配备、业主要求以及相关单位的配合等多方面原因,项目党建工作的开展缺乏针对性和工作亮点。此外,还有一些参建单位不具备建立项目党支部的条件;部分项目党支部在党员管理、员工教育等方面尽管有执行力,但缺少创造力,工作思路、方法、途径上难以逾越传统模式的羁绊,需要加强创新和突破的力度。

5 进一步提升项目党建质量的路径与思考

5.1 始终突出政治属性,以党建规范引领基层建制

开展重点建设项目基层党建工作,必须更加突出政治功能,更加突出提升组织力,坚持问题导向,创新方式方法,持续用力,久久为功。一是在党建理念上要与时俱进。在推进项目党建规范化建设过程中,始终按照从严治党的方针来谋划,进一步优化理念、整合资源、营造氛围,确立以人为本、资源开发的发展理念,将供给与需求紧密联系,构建开放式大党建格局,确保发挥国有企业党组织领导核心和政治核心作用的充分发挥。二是在组织体系上要持续优化,以项目党建为突破口,进一步探索党建带群建,打造开放式、集成化、综合性的群

团平台,增强党员队伍生机活力。通过开展丰富多彩的群团活动,把组织的关怀传递到每个人身上,服务重点项目工程推进工作。

5.2 始终注重队伍建设,以先锋骨干引育治理力量

党员队伍建设是党的建设的基础,要通过加强队伍建设,形成以党建带动工程建设,以工程建设推动党建深入的良好局面。一是注重发挥党员先锋模范作用。注重发挥以支部书记为“领头雁”的干部队伍的作用,把党建落实在项目上,让支部在项目一线战斗,让党员在项目一线冲锋。在工程建设中搭建争先创优的竞争平台,营造比学赶超的良好氛围,树立先进人物典型,充分发挥党员的先锋模范作用。二是坚持正确的选人用人导向,加强职工教育培训,做到“六个结合”,即“脱产与业余相结合、理论与实践相结合、基础知识与专业技术相结合、系统与重点相结合、政治理论与时事政策相结合、思想教育与业务培训相结合”,积极推进人才交流工作,保障项目工程建设。

5.3 始终坚持制度管党,以制度供给规范组织运行

贯彻落实党的十九大精神,必须坚持把加强制度建设作为全面从严治党的长远之策、根本之策,推动管党治党常态化、长效化。一是健全运行机制凝聚向心力,根据项目党组织存在的专业化、特色化差异,细化制订符合不同党组织运行管理的各类规章制度,对工作交流、会商协商、学习培训及活动开展等作出明确规定,发挥党员各自优势,带动和吸收群众参与到党组织开展的各类活动中,提高党组织的向心力和凝聚力。二是完善考核机制提高执行力,明确和细化项目党建工作的责任内容、目标要求和完成时限等,形成责任清单,使党建工作主体明确、要求具体、路径清晰。强化结果运用,充分发挥考核的激励任用。

5.4 始终强化基础投入,以党建基础筑牢工作基础

习近平总书记反复强调,要强化强基固本思想,牢固树立大抓基层的鲜明导向,扎实打基础,反复抓落实,推动基层建设全面进步、全面过硬。一是推进党建工作实现全覆盖,增强联合党支部管党治党意识,进一步夯实基层党建工作基础,通过全面从严治党,抓实支部工作,进一步增强基层党组织的凝聚力和战斗力,查找党建基础工作存在的不足,下功夫加以整改提升。二是统筹各类资源向基层倾斜,加大党建基础投入,建成或进一步完善党群服务中心、党员活动中心等办公活动场所,保证职工教育培训等经费所需,为他们创造良好的工作和成长条件。

5.5 始终强调阳光工程,以公开透明构建和谐征拆

坚持全面从严治党,必须坚定不移推进党风廉政建设。工程建设领域的腐败问题,不仅给国家造成巨大损失,甚至还会危及人民群众生命安全,由此形成社会不稳定因素。一是建立预防性保障制度,完善党风廉政建设责任制,建立健全监督管理办法,深化“阳光工程”建设,促使重点建设工程项目的监督管理机制着重由事后追责转为事前事中事后的预防与监督,形成重点建设工程的全过程、全方位、立体式监督管理机制,打造品质工程。二是加大信

息公开力度，围绕征地拆迁工作中群众关心的难点、热点问题，深入实施征地拆迁阳光工程建设，着力规范征地程序，公开征地和补偿安置政策，依法保障被征地农民的知情权、发言权、监督权和补偿权。

5.6 始终贯彻共建共享，以资源融合促进共同发展

充分发挥区域化党建优势，把指挥部与地方党委、政府、参建单位等融合起来，形成大方向达成一致、小目标求同存异的相融共生局面。一是实现各类资源的有效整合利用，创新共建方法，为项目基层党组织人才、信息搭建交流沟通平台，打通优质资源对接通道，不断满足各方需求，推进党建工作取得实效。二是把党建工作融入项目推进中，利用优势资源，携手开展志愿服务、扶贫帮困、环境整治等工作，为当地群众办好事、办实事，进一步激发党建新活力，推动工程项目建设，不断提高基层党组织的创造力、凝聚力和战斗力。

参考文献

[1] 韩露．刘玉芝．当前党建工作存在的问题及对策[J]．哈尔滨市委党校学报，2000(02)：34-35.
[2] 向继桂．创新党建工作理念，加强基层组织建设[J]．恩施州党校学报，2006(01)：23-25.
[3] 王国华．不断开拓创新党建工作之路[J]．政策，2001(07)：61-62.
[4] 贺敬纯．论切实抓好党建工作[J]．理论观察，1992(04)：1-2.